高等院校物业管理专业“十三五”规划教材

# 物业管理概论

主　编　张德春　韩俊丽
副主编　党　锋　杨国利
参　编　王少轩　王　璇

武汉理工大学出版社
·武　汉·

## 内 容 提 要

本教材主要介绍了物业和物业管理的基本概念;物业管理的产生与发展;物业管理市场的构成要素;物业管理的三个基础理论,即建筑物区分所有权理论、公共产权理论和委托代理理论;物业管理的四个基本环节,即早期介入、招投标、前期物业管理和物业管理;物业管理的五项基本内容,即工程维修管理、公共安全管理、物业环境管理、客服管理和档案管理;物业经营管理和风险管控。

本教材主要适用于高等学校物业管理本科专业日常教学,也可以作为物业服务行业、企业为员工进行培训的教材,还可以作为继续教育、自学考试用书等。

**图书在版编目(CIP)数据**

物业管理概论/张德春,韩俊丽主编. —武汉:武汉理工大学出版社,2020.7(2021.11 重印)

ISBN 978-7-5629-6109-3

Ⅰ.①物… Ⅱ.①张… ②韩… Ⅲ.①物业管理-概论 Ⅳ.①F293.347

中国版本图书馆 CIP 数据核字(2019)第 278667 号

**项目负责人**:楼燕芳　　**责任编辑**:雷　蕾
**责 任 校 对**:楼燕芳　　**排　　版**:芳华时代
**出 版 发 行**:武汉理工大学出版社
**社　　址**:武汉市洪山区珞狮路 122 号
**邮　　编**:430070
**网　　址**:http://www.wutp.com.cn
**经　　销**:各地新华书店
**印　　刷**:武汉市籍缘印刷厂
**开　　本**:787×1092　1/16
**印　　张**:18
**字　　数**:449 千字
**版　　次**:2020 年 7 月第 1 版
**印　　次**:2021 年 11 月第 2 次印刷
**印　　数**:2001—3500 册
**定　　价**:46.00 元

凡使用本教材的教师,可通过 E-mail 索取教学参考资料。
E-mail:10124159@qq.com
本社购书热线电话:027-87384729　87664138　87165708(传真)
凡购本书,如有缺页、倒页、脱页等印装质量问题,请向出版社发行部调换。

# 前　言

“物业管理概论”是物业管理专业的一门学科基础课，主要讲述的内容有：物业管理的基本理论，即建筑物区分所有权理论、公共产权理论和委托代理理论；物业管理的基本环节，即早期介入、招投标、前期物业管理和物业管理；物业管理和服务的基本内容，即工程维修管理、公共安全管理、物业环境管理、客服管理、档案管理；物业经营管理与风险管控。

本教材在结合学生认知逻辑、物业管理工作开展逻辑的基础上，将内容分为四个部分，即物业管理的理论基础、物业管理的基本环节、物业管理的基本内容、物业经营与管理。教材体系合理，结构完整，理论与实践并重，满足应用型本科物业管理专业的教学要求。

本教材主要适用于高等学校物业管理本科专业的日常教学，也可以供物业服务行业、企业从业人员继续教育、培训使用，还可以作为房地产产业链上非物业管理专业人员的扩展教材使用。

本教材由张德春、韩俊丽担任主编，党锋、杨国利担任副主编，王少轩和王璇参编。全书共十六章。具体编写分工如下：张德春编写第一章至第五章；韩俊丽编写第十四章至第十六章；党锋编写第六章、第七章、第十二章、第十三章；杨国利编写第八章至第十一章；课后习题及配套的测试题由王少轩提供；案例由王璇提供。

在编写本教材的过程中，我们得到了许多专家、学者与朋友的帮助和指导，在此表示感谢！特别感谢河南万夏物业管理有限公司的苏丽荣、河南正生合物业服务有限公司的靳延芳、河南林恒物业服务有限公司的李松林等。

由于编者水平有限，本教材难免存在不足和瑕疵，恳请广大读者批评指正，以便我们进一步修改和完善。

**编　者**

2019 年 7 月

# 目　　录

## 第一部分　物业管理的理论基础


第一章　导论…………………………………………………………………………(1)
■ 本章要点 ……………………………………………………………………(1)
■ 知识目标 ……………………………………………………………………(1)
■ 能力目标 ……………………………………………………………………(1)
■ 案例导引 ……………………………………………………………………(1)
第一节　物业与物业管理……………………………………………………(2)
一、物业 ………………………………………………………………………(2)
二、物业管理 …………………………………………………………………(4)
第二节　物业管理的产生与发展……………………………………………(7)
一、物业管理的起源 …………………………………………………………(7)
二、我国物业管理的发展 ……………………………………………………(8)
第三节　物业管理的作用 …………………………………………………(11)
一、促进国民经济的发展……………………………………………………(11)
二、促进房地产业的可持续发展……………………………………………(11)
三、促进物业的保值和增值…………………………………………………(11)
四、提升人居环境质量………………………………………………………(12)
■ 本章小结……………………………………………………………………(12)
■ 关键概念……………………………………………………………………(12)
■ 基础知识训练………………………………………………………………(12)
■ 实践操作训练………………………………………………………………(12)

第二章　物业管理的基本理论 ……………………………………………(13)
■ 本章要点……………………………………………………………………(13)
■ 知识目标……………………………………………………………………(13)
■ 能力目标……………………………………………………………………(13)
■ 案例导引……………………………………………………………………(13)
第一节　产权理论 …………………………………………………………(14)
一、物权………………………………………………………………………(14)
二、建筑物区分所有权理论…………………………………………………(15)
第二节　委托代理理论 ……………………………………………………(17)
一、委托代理理论概述………………………………………………………(17)

二、物业管理委托代理与激励机制…………………………………………………… (18)
第三节　公共产品理论和准公共产品理论 …………………………………………… (19)
一、公共产品理论与准公共产品理论概述…………………………………………… (19)
二、物业管理与准公共产品理论……………………………………………………… (20)
■ 本章小结 ……………………………………………………………………………… (21)
■ 关键概念 ……………………………………………………………………………… (21)
■ 基础知识训练 ………………………………………………………………………… (21)
■ 实践操作训练 ………………………………………………………………………… (21)

**第三章　物业管理市场** ……………………………………………………………… (22)
■ 本章要点 ……………………………………………………………………………… (22)
■ 知识目标 ……………………………………………………………………………… (22)
■ 能力目标 ……………………………………………………………………………… (22)
■ 案例导引 ……………………………………………………………………………… (22)
第一节　物业管理市场概述 …………………………………………………………… (23)
一、物业管理市场的概念……………………………………………………………… (23)
二、物业管理市场的构成……………………………………………………………… (23)
三、物业管理市场的特点……………………………………………………………… (24)
四、物业管理市场的运行机制………………………………………………………… (24)
第二节　物业服务企业 ………………………………………………………………… (27)
一、物业服务企业的概念及性质……………………………………………………… (27)
二、物业服务企业的分类……………………………………………………………… (28)
三、物业服务企业的权利和义务……………………………………………………… (30)
四、物业服务企业的组织结构与机构设置…………………………………………… (30)
第三节　业主和业主大会 ……………………………………………………………… (35)
一、业主………………………………………………………………………………… (35)
二、业主大会…………………………………………………………………………… (36)
第四节　业主委员会 …………………………………………………………………… (39)
一、业主委员会的概念………………………………………………………………… (39)
二、业主委员会的职责………………………………………………………………… (39)
三、业主委员会的产生与换届………………………………………………………… (39)
四、业委会委员的变更………………………………………………………………… (40)
■ 本章小结 ……………………………………………………………………………… (41)
■ 关键概念 ……………………………………………………………………………… (41)
■ 基础知识训练 ………………………………………………………………………… (41)
■ 实践操作训练 ………………………………………………………………………… (41)

**第四章　物业管理的相关法律、制度**………………………………………………… (42)
■ 本章要点 ……………………………………………………………………………… (42)

■ 知识目标 …… (42)
■ 能力目标 …… (42)
■ 案例导引 …… (42)
第一节　《物业管理条例》介绍 …… (42)
一、指导思想和立法原则 …… (43)
二、主要内容的归纳与分析 …… (44)
第二节　《物权法》介绍 …… (45)
一、基本原则 …… (45)
二、主要内容分析 …… (45)
三、相关司法解释 …… (46)
第三节　《前期物业管理招标投标管理暂行办法》介绍 …… (50)
一、制定原则 …… (50)
二、主要内容分析 …… (50)
三、《前期物业管理招标投标管理暂行办法》的内容 …… (51)
第四节　《业主大会和业主委员会指导规则》介绍 …… (55)
一、制定原则 …… (55)
二、主要内容分析 …… (55)
三、《业主大会和业主委员会指导规则》的内容 …… (56)
■ 本章小结 …… (63)
■ 关键概念 …… (63)
■ 基础知识训练 …… (63)
■ 实践操作训练 …… (63)

**第二部分　物业管理的基本环节**

**第五章　物业管理早期介入** …… (64)
■ 本章要点 …… (64)
■ 知识目标 …… (64)
■ 能力目标 …… (64)
■ 案例导引 …… (64)
第一节　物业管理早期介入概述 …… (65)
一、物业管理早期介入的含义和性质 …… (65)
二、物业管理早期介入的必要性 …… (65)
三、物业管理早期介入的作用 …… (66)
第二节　物业管理早期介入的内容 …… (67)
一、项目论证阶段 …… (67)
二、规划设计阶段 …… (67)
三、施工安装阶段 …… (68)
四、竣工验收阶段 …… (69)
五、销售策划阶段 …… (69)

■ 本章小结 …… (70)
■ 关键概念 …… (70)
■ 基础知识训练 …… (70)
■ 实践操作训练 …… (70)

**第六章　物业管理招投标** …… (71)
■ 本章要点 …… (71)
■ 知识目标 …… (71)
■ 能力目标 …… (71)
■ 案例导引 …… (71)
第一节　物业管理的招标 …… (72)
一、物业项目管理权的获取 …… (72)
二、物业管理招标的基本内容 …… (73)
第二节　物业管理的投标 …… (78)
一、物业管理投标的程序 …… (78)
二、物业项目投标的策略 …… (80)
第三节　物业管理的评标 …… (83)
一、评标专家的确定及监督 …… (83)
二、评标的要求 …… (84)
三、否决投标的情况 …… (85)
四、评标结果的确定 …… (85)
第四节　物业服务合同的签订及注意事项 …… (85)
■ 本章小结 …… (86)
■ 关键概念 …… (86)
■ 基础知识训练 …… (86)
■ 实践操作训练 …… (87)

**第七章　前期物业管理** …… (88)
■ 本章要点 …… (88)
■ 知识目标 …… (88)
■ 能力目标 …… (88)
■ 案例导引 …… (88)
第一节　前期物业管理概述 …… (89)
一、前期物业管理的概念 …… (89)
二、前期物业管理的起止时间及注意事项 …… (89)
三、前期物业管理经费的来源 …… (89)
四、物业管理用房的配备 …… (89)
第二节　前期物业服务合同与物业服务合同 …… (90)
一、广义物业服务合同的概念和分类 …… (90)

二、前期物业服务合同 …… (91)
三、物业服务合同 …… (92)
第三节　物业服务方案 …… (94)
一、制定物业服务方案的一般程序 …… (94)
二、制定物业服务方案的要求 …… (94)
三、编制物业服务方案的基本原则 …… (95)
四、编制物业服务方案的要点 …… (95)
第四节　物业承接查验 …… (100)
一、承接查验概述 …… (100)
二、物业承接查验与工程竣工验收的区别 …… (100)
三、物业承接查验的依据和原则 …… (101)
四、新建物业的承接查验 …… (101)
五、物业管理机构更迭时的承接查验 …… (109)
第五节　业主入住服务 …… (112)
一、业主入住服务的概念 …… (112)
二、入住各方主体的责任界定 …… (112)
三、入住服务的流程及要求 …… (112)
四、业主入住注意事项 …… (115)
第六节　装饰装修管理 …… (116)
一、装饰装修管理的基本内涵与内容 …… (116)
二、装饰装修管理各方主体的责任 …… (116)
三、装饰装修管理的流程及要求 …… (117)
四、装饰装修管理注意事项 …… (120)
第七节　物业工程质量保修 …… (121)
一、工程质量保修的内涵及内容 …… (121)
二、工程质量保修各方的主体责任 …… (122)
三、工程质量保修流程及要求 …… (122)
四、工程质量保修注意事项 …… (124)
五、常见质量缺陷工程问题处理 …… (125)
■ 本章小结 …… (125)
■ 关键概念 …… (126)
■ 基础知识训练 …… (126)
■ 实践操作训练 …… (126)

**第三部分　物业管理的基本内容**

第八章　工程维修管理 …… (127)
■ 本章要点 …… (127)
■ 知识目标 …… (127)
■ 能力目标 …… (127)

■ 案例导引 ……………………………………………………………………… (127)
第一节　房屋维修管理…………………………………………………………… (128)
一、房屋概述 ……………………………………………………………… (128)
二、房屋损坏的原因 ……………………………………………………… (128)
三、房屋维修管理的原则与内容 ………………………………………… (129)
四、房屋完损等级评定 …………………………………………………… (131)
五、危房的鉴定与管理 …………………………………………………… (136)
六、房屋维修工程 ………………………………………………………… (137)
七、房屋维修责任的划分 ………………………………………………… (138)
第二节　设施设备维修管理……………………………………………………… (139)
一、物业设施设备概述 …………………………………………………… (139)
二、物业设施设备管理的含义 …………………………………………… (141)
三、物业设施设备管理的目标 …………………………………………… (142)
四、物业设施设备管理的内容 …………………………………………… (142)
五、物业设施设备管理的要求 …………………………………………… (150)
第三节　物业公共能源管理……………………………………………………… (151)
一、物业公共能源管理的概念 …………………………………………… (152)
二、物业公共能源管理的目标与意义 …………………………………… (152)
三、物业公共能源管理的步骤 …………………………………………… (152)
四、物业公共能源管理的方法 …………………………………………… (152)
五、物业公共能源管理的内容 …………………………………………… (153)
六、建筑能源管理的发展方向 …………………………………………… (153)
■ 本章小结 ……………………………………………………………………… (154)
■ 关键概念 ……………………………………………………………………… (154)
■ 基础知识训练 ………………………………………………………………… (154)
■ 实践操作训练 ………………………………………………………………… (154)

**第九章　公共安全管理**…………………………………………………………… (155)
■ 本章要点 ……………………………………………………………………… (155)
■ 知识目标 ……………………………………………………………………… (155)
■ 能力目标 ……………………………………………………………………… (155)
■ 案例导引 ……………………………………………………………………… (155)
第一节　安全管理………………………………………………………………… (155)
一、安全管理的含义 ……………………………………………………… (155)
二、安全管理的原则 ……………………………………………………… (156)
三、安全管理的内容 ……………………………………………………… (157)
四、安全管理机构设置及岗位职责 ……………………………………… (157)
第二节　消防管理………………………………………………………………… (159)
一、消防管理的含义 ……………………………………………………… (159)

二、物业消防管理的内容 …………………………………………………… (160)
三、物业消防安全检查 ………………………………………………………… (161)
第三节　车辆交通管理…………………………………………………………… (162)
一、交通管理 ………………………………………………………………… (163)
二、车辆管理 ………………………………………………………………… (163)
三、停车场管理 ……………………………………………………………… (163)
第四节　突发事件管理…………………………………………………………… (164)
一、突发事件及其种类 ……………………………………………………… (164)
二、突发事件处理预案 ……………………………………………………… (165)
三、突发事件的处理 ………………………………………………………… (165)
■ 本章小结 …………………………………………………………………… (167)
■ 关键概念 …………………………………………………………………… (167)
■ 基础知识训练 ……………………………………………………………… (167)
■ 实践操作训练 ……………………………………………………………… (167)

**第十章　物业环境管理**……………………………………………………… (168)
■ 本章要点 …………………………………………………………………… (168)
■ 知识目标 …………………………………………………………………… (168)
■ 能力目标 …………………………………………………………………… (168)
■ 案例导引 …………………………………………………………………… (168)
第一节　污染的防治……………………………………………………………… (169)
一、大气污染 ………………………………………………………………… (169)
二、水体污染 ………………………………………………………………… (169)
三、固体废弃物污染 ………………………………………………………… (170)
四、噪声污染 ………………………………………………………………… (170)
第二节　保洁管理………………………………………………………………… (171)
一、保洁管理的含义 ………………………………………………………… (171)
二、保洁管理机构的设置与岗位职责 ……………………………………… (171)
三、保洁管理的工作对象 …………………………………………………… (172)
四、保洁管理的操作细则 …………………………………………………… (173)
五、清洁卫生工作标准 ……………………………………………………… (175)
六、保洁管理的具体措施 …………………………………………………… (175)
第三节　绿化管理………………………………………………………………… (176)
一、绿地建设与绿化养护管理 ……………………………………………… (176)
二、物业居住区环境绿化系统的构成 ……………………………………… (176)
三、绿化机构的设置与岗位职责 …………………………………………… (177)
四、绿化管理的基本内容 …………………………………………………… (177)
■ 本章小结 …………………………………………………………………… (179)
■ 关键概念 …………………………………………………………………… (179)

■ 基础知识训练 …………………………………………………………………… (179)
■ 实践操作训练 …………………………………………………………………… (179)

第十一章 客服管理……………………………………………………………… (180)
■ 本章要点 ………………………………………………………………………… (180)
■ 知识目标 ………………………………………………………………………… (180)
■ 能力目标 ………………………………………………………………………… (180)
■ 案例导引 ………………………………………………………………………… (180)
第一节 客服岗位……………………………………………………………… (181)
一、客服岗位介绍 ………………………………………………………………… (181)
二、客服岗位的职责 ……………………………………………………………… (181)
三、客服工作流程 ………………………………………………………………… (181)
第二节 业主投诉管理………………………………………………………… (184)
一、业主投诉概述 ………………………………………………………………… (184)
二、业主投诉的内容 ……………………………………………………………… (184)
三、业主投诉的处理流程 ………………………………………………………… (185)
■ 本章小结 ………………………………………………………………………… (186)
■ 关键概念 ………………………………………………………………………… (186)
■ 基础知识训练 …………………………………………………………………… (186)
■ 实践操作训练 …………………………………………………………………… (186)

第十二章 档案管理……………………………………………………………… (187)
■ 本章要点 ………………………………………………………………………… (187)
■ 知识目标 ………………………………………………………………………… (187)
■ 能力目标 ………………………………………………………………………… (187)
■ 案例导引 ………………………………………………………………………… (187)
第一节 物业管理档案的含义及分类………………………………………… (188)
一、物业管理档案的含义 ………………………………………………………… (188)
二、物业管理档案的作用 ………………………………………………………… (188)
三、物业管理档案的分类方法及分类 …………………………………………… (189)
第二节 物业管理档案的收集与归档………………………………………… (190)
一、物业管理档案的收集方法 …………………………………………………… (190)
二、物业管理档案的收集与归档 ………………………………………………… (190)
第三节 物业管理档案的整理………………………………………………… (201)
一、物业管理档案整理的流程 …………………………………………………… (201)
二、物业管理档案整理的要求与方法 …………………………………………… (201)
三、物业管理档案术语及部分示例 ……………………………………………… (202)
四、物业管理档案的归档管理 …………………………………………………… (202)
第四节 物业管理档案的鉴定与保管………………………………………… (203)

一、物业管理档案的鉴定 …………………………………………………………… (203)
二、物业管理档案的保管 …………………………………………………………… (203)
第五节　物业管理档案的登记、使用与销毁 ……………………………………… (204)
一、物业管理档案的登记 …………………………………………………………… (204)
二、物业管理档案的检索与使用 …………………………………………………… (204)
三、物业管理档案的销毁 …………………………………………………………… (205)
四、物业档案管理注意事项 ………………………………………………………… (205)
第六节　物业管理档案室的建设与管理………………………………………… (206)
一、物业管理档案室的参考标准 …………………………………………………… (206)
二、档案室物品配备要求 …………………………………………………………… (207)
第七节　物业管理中主要的档案管理制度……………………………………… (208)
一、物业管理档案的保管与安全制度 ……………………………………………… (208)
二、档案室消防管理制度 …………………………………………………………… (208)
三、档案室日常安全检查制度 ……………………………………………………… (208)
四、档案保管制度 …………………………………………………………………… (208)
五、档案保密制度 …………………………………………………………………… (209)
六、档案借阅制度 …………………………………………………………………… (209)
七、档案销毁制度 …………………………………………………………………… (209)
第八节　信息技术在物业档案管理中的应用…………………………………… (210)
一、物业管理档案信息化建设的基本原则 ………………………………………… (210)
二、物业管理档案信息数字化 ……………………………………………………… (210)
■ 本章小结 ………………………………………………………………………… (210)
■ 关键概念 ………………………………………………………………………… (210)
■ 基础知识训练 …………………………………………………………………… (210)
■ 实践操作训练 …………………………………………………………………… (211)

## 第四部分　物业经营与管理

第十三章　物业服务企业的资金来源与管理………………………………………… (212)
■ 本章要点 ………………………………………………………………………… (212)
■ 知识目标 ………………………………………………………………………… (212)
■ 能力目标 ………………………………………………………………………… (212)
■ 案例导引 ………………………………………………………………………… (212)
第一节　物业服务企业的资金来源……………………………………………… (213)
一、物业服务企业收入的构成 ……………………………………………………… (214)
二、物业服务费的模式 ……………………………………………………………… (215)
三、住宅专项维修资金的概念、来源与管理……………………………………… (217)
第二节　物业服务项目的成本及收支测算……………………………………… (221)
一、物业服务项目成本的构成 ……………………………………………………… (221)
二、物业服务收费标准确定的模式和途径 ………………………………………… (222)
三、物业服务项目收支测算的依据 ………………………………………………… (222)

四、物业项目服务费用测算的方法 …………………………………………… (223)
■ 本章小结 …………………………………………………………………… (233)
■ 关键概念 …………………………………………………………………… (233)
■ 基础知识训练 ……………………………………………………………… (233)
■ 实践操作训练 ……………………………………………………………… (233)

**第十四章　物业品牌管理**……………………………………………………… (234)
■ 本章要点 …………………………………………………………………… (234)
■ 知识目标 …………………………………………………………………… (234)
■ 能力目标 …………………………………………………………………… (234)
■ 案例导引 …………………………………………………………………… (234)
第一节　品牌及品牌管理……………………………………………………… (234)
一、品牌概述 ………………………………………………………………… (234)
二、品牌管理概述 …………………………………………………………… (236)
第二节　物业服务企业的品牌建设与管理…………………………………… (237)
一、物业管理品牌概述 ……………………………………………………… (237)
二、物业管理品牌建设 ……………………………………………………… (238)
三、物业管理品牌传播 ……………………………………………………… (241)
■ 本章小结 …………………………………………………………………… (241)
■ 关键概念 …………………………………………………………………… (241)
■ 基础知识训练 ……………………………………………………………… (241)
■ 实践操作训练 ……………………………………………………………… (242)

**第十五章　物业风险管理**……………………………………………………… (243)
■ 本章要点 …………………………………………………………………… (243)
■ 知识目标 …………………………………………………………………… (243)
■ 能力目标 …………………………………………………………………… (243)
■ 案例导引 …………………………………………………………………… (243)
第一节　风险管理概述………………………………………………………… (244)
一、风险与物业管理风险 …………………………………………………… (244)
二、风险管理的含义及目标 ………………………………………………… (244)
第二节　物业管理风险识别…………………………………………………… (244)
一、物业管理早期介入的风险 ……………………………………………… (244)
二、前期物业管理的风险 …………………………………………………… (245)
三、日常物业管理风险 ……………………………………………………… (245)
第三节　物业管理风险的评估………………………………………………… (247)
一、风险评估的含义 ………………………………………………………… (247)
二、风险评估的任务 ………………………………………………………… (247)
三、风险评估的方法 ………………………………………………………… (247)
四、格雷厄姆风险评价方法(*LEC* 法) ……………………………………… (249)

第四节 物业管理风险的控制…………(251)
一、物业服务企业要学法、懂法和守法…………(251)
二、物业服务企业要抓制度建设、抓员工素质和抓管理落实…………(251)
三、妥善处理物业管理活动相关主体之间的关系…………(251)
四、物业服务企业应重视宣传,树立良好形象…………(252)
五、适当引入市场化的风险分担机制…………(252)
第五节 紧急事件处理…………(252)
一、物业管理紧急事件…………(252)
二、处理紧急事件的要求…………(253)
三、处理紧急事件的过程…………(253)
四、典型紧急事件的处理…………(253)
■ 本章小结…………(255)
■ 关键概念…………(256)
■ 基础知识训练…………(256)
■ 实践操作训练…………(256)

**第十六章 物业经营管理**…………(257)
■ 本章要点…………(257)
■ 知识目标…………(257)
■ 能力目标…………(257)
■ 案例导引…………(257)
第一节 物业经营管理概述…………(257)
一、物业经营管理的内涵…………(258)
二、物业经营管理活动的管理对象…………(258)
三、物业经营管理服务的目标…………(262)
四、物业经营管理企业…………(262)
第二节 物业经营管理的层次与战略性工作…………(263)
一、物业经营管理的层次…………(263)
二、物业经营管理不同层次之间的关系…………(264)
三、物业经营管理中的战略性工作…………(264)
第三节 物业经营管理的内容…………(266)
一、常规工作内容…………(266)
二、具体工作内容…………(266)
■ 本章小结…………(269)
■ 关键概念…………(270)
■ 基础知识训练…………(270)
■ 实践操作训练…………(270)

**参考文献**…………(271)

# 第一部分
# 物业管理的理论基础

## 第一章　导　　论

### 本章要点

物业、物业管理的基本概念;物业管理的产生与发展;物业管理的地位与作用。

### 知识目标

1. 了解物业管理的产生与发展;
2. 理解物业管理的地位与作用;
3. 掌握物业与物业管理的基本概念;
4. 掌握物业管理的起源与发展历史。

### 能力目标

1. 能够掌握物业的基本概念;
2. 能够掌握物业管理的基本概念。

### 案例导引

**对物业管理的基本认识**

现实生活中,很多业主拒交物业费,实际上都源于对物业服务范畴的认识不清。那么物业服务到底包括哪些内容呢?

根据《物业服务收费管理办法》第二条的规定:物业服务收费,是指物业管理企业按照物业服务合同的约定,对房屋及配套的设施设备和相关场地进行维修、养护、管理,维护相关区域内的环境卫生和秩序，向业主所收取的费用。

由此，我们可以看出物业公司应按照与业主签订的物业服务合同的内容提供相应的服务，而业主则应交纳合同约定的物业服务费用。如果业主有超出合同以外的其他需求，则需与物业公司另行约定。

**思考题：**

什么是物业管理？

## 第一节　物业与物业管理

### 一、物业

#### （一）物业的含义

“物业”一词源自我国香港地区对房地产的称谓，英文为“Real Property”或者“Real Estate”，译为“财产”“资产”“房地产”等，后来逐步成为规范性术语。

“Property”一词的意思为财产或财产权，既包括有形财产及其财产权，如土地、房屋、物、金钱等，也包括无形财产及其财产权，如版权、专利权等。当它与其他词组合时，可以指特定的事物，如“Real Property”意为真实存在的不动财产或不动财产权（包括土地、房屋建筑及其设备设施）；也有人将其翻译成房地产、房地产权，这里的“产”指财产，而不是指产业。

“Estate”意为财产、状态、不动产、时期、阶层。虽然它有“财产”的含义，但有两点与“Property”不同：一是它侧重于“有形财产”的含义，如“Real Estate”仅指不动产或房地产；二是它有“产业”的含义，而产业是创造物质财富或追求利润的。

《物业管理条例》对物业的定义是：物业是指已建成并投入使用的各类房屋及与之相配套的设施、设备和相关场地。物业可大可小，一个单元住宅可以是物业，一座大厦也可以作为一项物业，同一建筑物还可按权属的不同分割为若干物业。

根据物业的定义，可以看出物业应该包含三个部分：

（1）房屋。包括办公楼宇、商业大厦、住宅小区、别墅、工业园区、酒店、厂房仓库等多种形式。

（2）配套设施、设备。配套设施有学校、路灯、给排水系统、消防系统等；设备有电梯、空调、发电设备等。

（3）相关场地。包括小区内的绿地、道路、活动场地、庭院等。

物业的上述三个组成部分是相互联系、相互制约的，它们之间的配套性和互补性如何，决定了物业的整体水平，也直接影响到其功能的正常发挥。

日常生活中，我们常把“物业”与“房地产”二词混淆使用，但是确切来说二者是有所区别的：其一，房地产一般用于泛指一个国家、地区或城市所有的房产与地产，物业则一般用于指某个具体的房屋建筑及其相关设施、设备与场地；其二，房地产往往是指生产、流通、消费整个过程的房地产产品，而物业主要是指已建成并投入使用、进入消费领域的房地产产品。

#### （二）物业的性质

自然界的任何事物都有自己的属性，了解、分析和把握物业的属性，对于我们掌握物业管理的本质和运行管理具有重要意义。

1.物业的自然属性

物业的自然属性又称物理属性，是指与物业的物质实体或物理形态相联系的性质，主要包含以下几点。

(1)物业的固定性。物业的固定性主要是指物业在空间位置上的不可移动性。建筑物一旦落成，一般是不能移动到其他地区的。

(2)物业的有限性。物业的有限性由土地的有限性决定。由于现代建筑物技术要求高、耗资大，因此物业的规模还受制于社会经济力量和技术的发展水平。

(3)物业的差异性和多样性。物业的差异性取决于两个方面，即土地的差异性和建筑物的差异性。同时，每一建筑物的独特性和土地区位、结构的不同，形成了物业形式的多样性。

(4)物业的长期性、耐久性。承载物业的土地具有不可毁灭性，建筑物一旦落成，其物理寿命通常可达数十年甚至数百年，因而物业具有长期性、耐久性。

(5)物业的二元性。土地和建筑物两部分构成了物业的二元属性，物业兼有土地和建筑物两个方面的物质内容，这是其常态表现。物业的二元属性是一般商品所不具有的。当然，单一土地或者建筑物也可称为物业。

2.物业的经济属性

(1)物业的稀缺性。物业的稀缺性是指物业的数量没有多到使每个人都可以随心所欲地得到它。一方面表现为土地资源供应的绝对稀缺性，另一方面又表现为建筑物资源供应的相对稀缺性。

(2)物业的商品性。物业作为一种商品，具有商品的属性。物业的商品性是指物业是一种具有价值和使用价值的商品。具体而言，物业的开发过程凝结了多个行业工作人员的智力和体力劳动，因而具有价值；物业能够满足消费者的某种需要，所以具有使用价值。物业的价值和使用价值是通过买卖、转让、租赁、抵押等市场交易活动实现的。如土地使用权的出让、转让，物业的开发、管理等活动都是商品经济活动。

(3)物业的保值性和增值性。土地资源的有限性和人口不断增长的矛盾，加之社会经济水平的不断提高，从长远来看，物业的价格会呈现螺旋式上升的趋势，使得物业具有保值性和增值性。就短时间来看，物业的价格可能上下有波动，但是从长远来看，物业的价格呈上升趋势。

(4)物业对政策的敏感性。物业的固定性决定了它不能像其他商品一样，可以随意地从一个区域移动到另一个区域，因此，它难以回避地区宏观政策的影响。另外，由于物业的稀缺性，使得物业对国计民生、社会稳定具有重要意义，需要各级政府对物业各级市场进行调控，而物业市场对各级政府的政策因此显得非常敏感。比如，土地供给量对地价的影响非常大。

另外，物业的经济地位受到社会经济发展阶段、经济发展方式转变等的影响，不是一成不变的。

### (三)物业的类型

(1)物业按用途可分为居住物业、商业物业、工业物业和其他用途物业。居住物业包括住宅小区、单体住宅楼、公寓、别墅、度假村等。根据设施、设备等条件的不同，又可以将居住物业分为普通住宅、公寓和别墅三个层次。商业物业包括综合楼、写字楼、购物中心、酒店、康乐场所等。工业物业包括工业厂房、仓库等。其他用途物业包括车站、机场、医院、学校、图书馆、影剧院、文化馆等。

(2)物业按权属关系可分为公共产权物业和私人产权物业等。公共产权物业归国家所有,是向社会提供公共产品和公共服务的物业,如机场、车站、学校、图书馆等。私人产权物业归个人或家庭所有,如属于个人的私房、私营企业的厂房等。

(3)物业按收益性可分为经营性物业(如商场、餐厅、娱乐中心等)和非经营性物业(如学校、医院、市政基础设施等)。

(4)物业按高度可分为多层建筑、高层建筑和超高层。按照《办公建筑设计规范》(JGJ 67—2006),对办公建筑高度划分的规定如下:① 建筑高度在24米以下的为低层或多层办公建筑;② 建筑高度超过24米而小于100米的为高层办公建筑;③ 建筑高度超过100米的为高层办公建筑。按照《民用建筑设计统一标准》(GB 50352—2019)以及《住宅设计规范》(GB 50096—2011),对民用建筑高度划分的规定如下:① 住宅建筑按层数划分为:1～3层为低层;4～6层为多层;7～9层为中高层;10层以上为高层。② 公共建筑及综合性建筑总高度超过24米者为高层(不包括高度超过24米的单层主体建筑)。③ 建筑物高度超过100米时,不论住宅或公共建筑均为超高层。

## 二、物业管理

### (一)物业管理的概念

从英文的直译角度来看,物业管理可以称为"不动产管理"或"房地产管理"。也有人直接用"物业经营"一词来替代"物业管理",以示与传统的房地产管理的区别。

从我国实践及理论界的研究来看,物业管理的概念可以从广义和狭义两个层面来理解。

广义的物业管理是指在物业的寿命周期内,为发挥物业的经济价值和使用价值,管理者采取多种科学技术方法与管理手段,对各类物业实施全过程的管理,并为物业所有者或使用者提供有效、周到的服务。它涉及物业全部生命周期内的多种管理与服务活动,如物业的开发建设管理、租售管理、装修管理、修缮管理以及为物业使用者的经营、生产、居住而提供的多种形式的服务。

狭义的物业管理是指国务院颁布的《物业管理条例》(国务院2018年3月修订版)第二条中的定义,即:本条例所称物业管理,是指业主通过选聘物业服务企业,由业主和物业服务企业按照物业服务合同约定,对房屋及配套的设施设备和相关场地进行维修、养护、管理,维护物业管理区域内的环境卫生和相关秩序的活动。

本教材中,若没有特殊说明,一般意义上的物业管理指的是狭义的物业管理。应该从以下三个方面来把握此概念:

1. 物业服务企业由业主选聘

物业服务企业是按社会化、市场化、专业化要求组建起来的专门从事物业服务活动的法人组织,是专门从事物业服务的企业。目前,国内物业管理的模式有两种:一种是业主自行管理模式;另一种是业主选聘物业服务企业进行管理的模式。

需要说明的是,是否选聘物业服务企业来对物业实施管理是业主的权利。《物业管理条例》并不强制业主必须选择物业服务企业来实施物业管理,但是,如果业主通过选聘物业服务企业的方式来对物业进行管理,则应当按照《物业管理条例》的规定来进行。

国家提倡业主通过公开、公平、公正的市场竞争机制选择物业服务企业。

2. 物业服务存在的基础是物业服务合同

物业服务合同是明确业主与物业服务企业双方权利和义务关系的协议。物业服务活动的实质是业主和物业服务企业以物业服务企业提供的服务为标的所进行的一项交易。物业服务企业根据物业服务合同的内容提供物业服务，业主根据物业服务合同交纳相应的物业服务费用，双方是平等的民事法律关系。物业服务合同确立了服务者和被服务者之间的关系，明确了物业服务活动的基本内容，它是物业服务存在的基础。

3. 物业服务的基本内容

物业服务的基本内容是对物业的维修、养护、管理和为业主及物业使用人提供公共服务。

物业服务的内容主要包含两个方面：一是对房屋及配套的设施、设备和相关场地进行维修、养护和管理；二是维护相关区域内的环境卫生和秩序，包括物业服务企业提供的保安、保洁、绿化、交通及车辆管理等服务。除此之外，物业服务企业还可以接受业主和物业使用人的特别委托，为其提供物业服务合同没有约定的服务项目，也可接受供水、供气、供热等公用事业单位的委托，向业主代收有关费用等。

国家鼓励物业服务企业采用新技术、新方法，依靠科技进步提高物业管理和服务水平。

**（二）物业管理的性质**

1. 服务性

物业管理的本质是服务，属于第三产业。物业管理向业主或物业使用人提供的是无形的服务，其服务对象是业主或者物业使用人。

2. 社会化

物业管理的社会化是指它摆脱了传统体制下那种自建自管的封闭式管理模式的束缚，解决了由于物业产权多元化所带来的物业的管理、维护和保养问题，替多个产权人找到了一个“总管家”，变多个产权人、多个管理部门的多头、多家管理为物业管理企业的社会化管理。

3. 专业化

物业管理的专业化，是指物业管理这种服务活动应由专门的物业服务企业根据物业服务合同的约定，对物业实施专业化的管理与服务。物业管理的专业化是同社会化相联系的，它的具体内容包括：

(1)组织机构的专业化。物业服务企业通过设立科学、合理的组织机构，满足专业化管理与服务的需要。

(2)管理人员的专业化。物业服务企业的管理服务人员，具有良好的专业基本知识与技能，能够胜任专业化的管理与服务工作。

(3)管理手段的专业化。物业服务企业配备有专门的工具和设备，能够采用计算机等先进的管理手段对所委托的物业实施专业化的管理与服务。

(4)管理技术和方法的专业化。物业服务企业通过建立科学、规范的管理制度和工作程序，掌握科学的管理理念以及先进的物业维修养护技术和手段。

4. 企业化

物业管理的企业化是指物业管理服务属于一种企业行为，物业服务企业要按照社会主义市场经济体制的要求，建立现代企业制度，实行自主经营、自负盈亏、自我发展、自我约束，成为独立的市场竞争主体。

5.市场化

在市场经济条件下,物业管理的属性是经营,所提供的商品是劳务,提供的方式是委托,业主通过招投标选聘物业服务企业,由物业服务企业具体组织和实施服务内容。物业服务企业向业主和物业使用人提供服务,业主和物业使用人购买并消费这种服务,这种服务的性质是有偿的,即推行有偿服务和合理收费。委托和有偿是物业管理市场化的集中体现。

另外,物业服务企业要面向物业管理市场,积极参与物业管理市场竞争,通过合理收费、以收抵支,实现资本的保值增值,做到以业养业,良性发展。

6.持续性

物业管理的持续性体现在三个方面:一是从时间上来看,物业管理时时刻刻都在进行,如保安人员24小时为业主或物业使用人提供安保服务,保洁人员每天定时为业主或物业使用人提供保洁服务等。二是从对象来看,物业管理长期服务于物业范围内的业主或物业使用人。三是从内容来看,物业管理为业主或物业使用人的基本生活、工作等基本活动提供服务,只要生命过程不断,物业管理提供的服务就不会间断。

**(三)物业管理的特点**

1.全天候服务

只要接受物业管理,一年365天,一天24小时,都必须提供物业管理服务,一刻也不能间歇。

2.无形与有形的结合

物业服务企业向业主提供的基本上是无形的服务,业主在消费前看不见、摸不着,并且不一定导致所有权的产生。它的成果可能与某种物质产品相关联,如改善了物业小区的环境,当然也可能与物业的变化毫无关系。

3.生产和消费的同时性

一般商品流通都有三个环节,即生产→销售→消费使用,循序发生。而在物业服务企业提供服务的同时,广大住用人也在消费这种服务。这一特点要求物业管理的组织者对任何时间、任何情况下的具体物业管理服务活动都不可掉以轻心。

4.易逝性

易逝性表现在两个方面:一是服务的易逝性,当物业服务能力不能得到完全使用时,物业服务企业就会发生机会损失,如住用人特约服务的减少导致相关服务能力得不到充分利用等。二是住用人对物业服务的需求在短期内表现出周期性,高峰期和低谷期差别很大,如节假日房屋、设备特约服务就比平时多。

面对需求的变化和服务的易逝性,管理人员有三种基本选择:稳定需求,如采用预约等方式;调整服务能力,如在高峰期雇用临时工等;让顾客等候,这会对服务过程产生消极作用。

5.业主主导性

物业服务企业将自己的服务作为一种特殊的商品向接受服务的对象进行出售,物业服务质量的好坏直接影响到物业住用人的认可度,也就是说物业公司将自己的“商品”卖出后资金是否能够收回,“商品”的质量至关重要。

6.差异性

差异化服务基于业主需求差异性的考虑,体现了对顾客需求差异的尊重。一个小区入住的业主来自社会各界,无论在思想上还是生活需求上都存在着差异。因此,物业服务企业应研究他们不同的需要,提供个性化、差异化的服务。

## 第二节 物业管理的产生与发展

### 一、物业管理的起源

物业管理是社会经济发展到一定水平的必然产物。传统意义上的物业管理起源于19世纪60年代的英国。由于工业革命的发展,大量的农村人口涌入城市,城市原有的房屋及设施远不能满足进城务工农民的需要,这种商机被房地产开发商及建筑商利用了,他们建设了一些简易的住宅,条件极为简陋,出租给进城务工的农民。由于房屋简陋,疏于管理,导致房屋破损严重,环境恶化,工人们拖欠租金甚至人为破坏房屋设备,业主的利益得不到保障。对此,一位名叫奥克维娅·希尔(Octavia Hill)的女士想出了一个办法,即对自己楼房的出租制定了较为详细的服务细则、管理办法,要求租户遵守;并且及时对房屋设备进行修缮和维护,改善工人们的居住环境,收到了意想不到的效果,当地人士纷纷效仿。这可以说是世界上最早的"物业管理"。自此以后,物业管理逐步受到业主和政府的重视,同时英国成立了英国皇家物业管理学会。

但是,现代真正意义上的物业管理起源于19世纪末的美国。当时美国的经济发展进入垄断资本主义时期,官僚垄断资本和金融托拉斯的跨国经营,在积聚巨额财富的同时带动了大规模国内民工潮、国际移民潮的形成,使得美国城市人口急剧膨胀。当时的美国政府出于环境保护等方面的考虑,对城市土地的使用进行了严格的控制,加上当时建筑新材料、新技术、新结构的出现,特别是垂直升降电梯的发明和使用,使高层大厦的建造蓬勃兴起,摩天大楼蔚为壮观,对高层建筑楼体及设备的维修维护、消防、保洁等各方面的要求大大提高,而摩天大楼的业主通常不是一个或几个人,由谁负责管理大楼成了难题。于是,一种适应这种客观要求的专业性物业管理机构应运而生,它提供统一的专业化管理和系列服务,标志着现代物业管理的诞生。

现代物业管理诞生的另一个标志是物业管理行业组织的成立。1908年,芝加哥摩天大楼的所有者乔治A.霍尔特发起成立了世界上第一个物业管理组织——芝加哥建筑物管理人员组织(Chicago Building Managers Organization,CBMO),意在共同交流、探讨解决高层大厦管理中遇到的一些问题。此后,在CBMO的推动下,美国第一个全国性的业主组织——建筑物业主组织(Building Owners Organization,BOO)也宣告成立。在这两个组织的基础上,又成立了"建筑物业主与管理人员协会"(Building Owners and Managers Association,BOMA)。1933年,美国房地产管理协会(Institute of Real Estate Management,IREM)成立,是全美地产经纪商协会(National Association of Realtors,NAR)的附属组织,主要致力于房地产及物业管理相关从业人员的专业教育培训和职业资格认证。IREM对从事物业管理的专业人员颁发两种资格证书:居住物业管理经理(ARM)和注册物业管理经理(CPM)。1933年,美国房地产管理学院成立,对合格的物业管理人员签发3种证书:合格物业经理(ARM)、合格住宅经理(CAM)和合格管理组织成员(AMO)。这些组织的成立有力地推动了美国现代物业管理的发展与繁荣。

时至今日,美国、英国等国的物业管理作为一个固定行业,整体水平居世界一流。除了传统意义上的楼宇维修、养护、清洁、保安外，物业管理的内容已延伸到工程咨询和监理、物业功能布局和划分、市场行情调查和预测、目标客户群认定、物业租售、推广代理、专门性社会保障服务等全方位的服务。各国在普遍推行物业管理的同时，还相应成立了一些学术组织，以英国皇家物业管理学会最为著名，会员遍布世界各地。

20 世纪中叶以后，物业管理在世界范围内得到更为广泛的传播，特别是日本、新加坡等国家和地区的物业管理发展迅速，由此，也为我国物业管理的兴起与发展起到了推动作用。

## 二、我国物业管理的发展

### （一）我国房地产和物业管理萌芽阶段

我国房地产和物业管理的萌芽阶段基本是在 19 世纪 20 年代初到中华人民共和国成立前夕。在此期间，我国的上海、天津、广州、武汉等城市出现了大量高层建筑物。比如上海外滩的建筑群、南京路及淮海路的商业街、幽静的西区住宅群等，都是我国高层建筑的代表。当时，出于房地产交易、使用等的需要，社会上产生了代理经租、清洁卫生、住宅装修、服务管理等经营服务性的专业公司，初具现代物业管理的雏形，标志着我国物业管理萌芽的形成。

中华人民共和国成立后，特别是 1956 年完成资本主义工商业的社会主义改造后，城市房屋绝大部分转为公有制，城市住宅建设资金和建设管理基本上由政府或相应的单位负责，住宅建成后再由单位进行福利分配，不再作为商品进行流通，后续的物业管理由政府设立的管理机构统一管理，基本实行行政化管理，我国的物业管理从此进入冬眠期。

### （二）我国现代物业管理的发展阶段

我国内地真正意义上的现代物业管理是从 20 世纪 80 年代初开始的，经济体制的改革推动了房地产市场的发展和住房制度的改革。从 1981 年 3 月 10 日我国第一家物业管理公司，即深圳市物业管理公司成立，到 2003 年 9 月 1 日正式施行《物业管理条例》，现代物业管理伴随着我国经济发展的进程一路同行，并逐步规范和完善。物业管理作为城市管理的一部分，对城市的进步和发展以及人民生活水平的提高都起到了积极的、应有的作用。从总体来看，我国物业管理的发展基本经历了以下几个阶段：

1. 第一阶段，即我国物业管理的探索和起步阶段

这一阶段的大概时间是从 1981 年至 1989 年。

1981 年 3 月 10 日，我国第一家物业管理公司，即深圳市物业管理公司成立，标志着我国物业管理的正式诞生。1989 年 9 月，原建设部在大庆市召开了第一届全国住宅区管理工作会议，总结推广各地探索、积累的管理经验，部署有关住宅小区管理规章和标准的文件起草工作，拉开了全国统一性住宅小区管理工作的序幕，也标志着我国物业管理工作的全面启动。这一阶段基本是我国物业管理的探索和起步阶段。

1981 年，为了满足深圳第一个涉外商品房住宅区（东湖丽苑小区）业主的要求，深圳市打破了我国 30 多年来原有的福利性房管模式，经市机构编制委员会的批复，成立了我国第一家涉外商品房物业管理的专业公司，即深圳市物业管理公司。1985 年年底，深圳市房管局成立，对全市住宅物业进行了调查研究，肯定并推广了物业管理公司专业化管理的经验。

这一阶段，我国的物业管理作为一个新生事物，探索着适合中国国情、有中国特色的物业管理模式。这期间，物业管理还继承着传统物业管理的一些办法，采用半政半企的方式进行运营。正如任何一个新生事物的诞生都有一段时间的摸索和徘徊过程，在物业管理行业

成长的幼年时期，它就是政府部门的房管所，政府供给人、财、物，物业管理只不过是一个具有修修电、搞搞卫生、看看门等简单的保姆性质的琐碎工作，并且只是象征性地收取少量费用，谈不上什么技术，也没有什么制度和条例等详细的规定约束，比较粗放、散漫。那时候人们意识上的物业管理就是一个家政性质的公司和行当，社会的认可程度较低。

2.第二阶段，即我国物业管理从后台走向前台的阶段

这一阶段的大概时间是从1989年到1994年。

在经历了几年的探索之后，《中华人民共和国城市居民委员会组织法》(1989年12月26日第七届全国人民代表大会常务委员会第十一次会议通过，自1990年1月1日起施行)出台，我国沿海地区率先启动。

就全国来看，深圳市住宅管理部门对物业管理的发展高度重视，在较短的时间内，很快就培育出了如万科、中海、万厦、长城福田、金地、华侨城、国贸等相对规范的物业服务企业，也开创了中国物业管理行业的新模式、新思路，极大地促进了我国物业管理行业的持续、快速发展，行业的定位更趋明显，也得到了社会各界的逐步认可和肯定。物业管理部门从政府部门主管的一个小小的工作部门，逐步发展成为企业法人，或者隶属于房地产开发公司，或者是独立的专业公司。社会化、专业化、一体化、经营型的行业发展框架和方向初步确定，一系列新的运作模式应运而生。

深圳的物业管理理念逐步传输到国内其他地方，促进了各地物业管理市场的活跃，带动了我国物业管理行业的发展。从此，物业管理行业从后台走向前台，逐步从迷茫走向成熟，物业管理企业如雨后春笋般成长，并蔓延开来。

3.第三阶段，即我国物业管理快速发展阶段

这一阶段的大概时间是从1994年到2003年。

这一阶段的标志是原建设部33号令，即《城市新建住宅小区管理办法》的颁布和实施。建设部33号令是全国第一个物业管理方面的法规。该令明确提出住宅小区应该推行社会化、专业化的管理模式，由物业管理公司实施统一管理。

这一阶段，我国物业管理方面的立法明显加快，但是实践总体相对滞后。自1999年原建设部召开了全国物业管理工作会议以后，全国各省市出台的地方性法规层出不穷。如1994年6月18日，深圳市颁布了《深圳经济特区住宅区物业管理条例》，开创了物业管理地方立法之先河。该条例有两个亮点：一是明确了物业管理“企业化、专业化、一体化”的模式，二是改管理单位终身制为由业主选择的有合同期限的聘用制。

物业管理开始深入人心，慢慢为大众所接受，物业管理队伍不断壮大，进入快速发展阶段。这一阶段，我国物业管理市场出现了激烈竞争的局面，物业公司的数量日益增多，而现有物业却十分有限，僧多粥少，加之法律、法规不健全，导致物业公司间的恶性竞争此起彼伏。

与此同时，海外物业机构进入国内市场，使得市场竞争更加激烈。在深圳市住宅局的统计资料中可发现，仅深圳就有240多家“洋管家”在管理着全市85%以上的高档写字楼等相对盈利的物业项目，太平戴维斯、英国威尔斯、德国杜斯曼、日本第一建筑服务株式会社、荷兰管家、世邦威理仕、美国怡高等纷纷入驻。它们不仅在全国各地设立自己的分支机构，而且开展专业的物业管理顾问服务和清洁服务等相关的经营项目，并以其卓越的物业管理服务优势和先进的管理模式，不断分割国内仅有的物业管理市场，竞争优势非常明显。

这一阶段，我国物业管理进入了快速发展阶段，虽然面临着法律、法规不健全，竞争加剧

等一系列问题，但是总体上出现了喜人局面。

4.第四阶段，即法制化、规范化、现代化发展阶段

这一阶段的大概时间是从2003年到现在。

2003年6月8日，国务院正式颁布了《物业管理条例》，并自2003年9月1日起实施，这标志着我国物业管理法制化、规范化的起步。《物业管理条例》共七章七十条，对业主及业主大会、前期物业管理、物业管理服务、物业的使用与维护、法律责任等做出了明确的规定。该条例的公布实施，对规范物业管理活动，维护业主和物业服务企业的合法权益，改善人民群众的生活和工作环境，促进物业管理的健康发展具有十分重要的意义。

2003年6月26日，原建设部颁布了《前期物业管理招标投标管理暂行办法》。该办法对前期物业管理招标原则，招标方式，招标、投标、开标、评标、中标的过程和要求都做了具体规定。《前期物业管理招标投标管理暂行办法》的出台，对规范物业管理招投标活动、保护招投标当事人的合法权益、促进物业管理市场的公平竞争具有重要意义。

2003年11月，国家发展和改革委员会、原建设部联合下发了《物业服务收费管理办法》。该办法对物业服务收费原则、收费形式、物业服务成本构成、物业服务费用的结算等做了明确的规定。

2004年初，中国物业管理协会公布了《普通住宅小区物业管理服务等级标准(试行)》。该标准根据普通住宅物业服务需求的不同情况，将物业管理服务由高到低设定为三级，服务等级的判定由基本要求、房屋管理、共用设施设备维修养护、协助维护公共秩序、保洁服务、绿化养护管理等六项内容组成。级别越高，表示物业服务水平越高，相应的物业服务收费也越高。

2004年3月，原建设部颁布了《物业管理企业资质管理办法》，自2004年5月1日起实施。该办法规定物业管理企业资质等级分为一级、二级、三级，并规定了各资质等级的条件。2018年3月8日，住房城乡建设部发布了废止《物业管理企业资质管理办法》的决定，自此，物业管理企业资质管理时代结束，同时提出“取消资质后，住房城乡建设部要研究制定物业服务标准规范，通过建立黑名单制度、信息公开、推动行业自律等方式，加强事中事后监管”。

2004年7月，发展和改革委员会、原建设部联合颁发了《物业服务收费明码标价规定》。2007年，《中华人民共和国物权法》(以下简称《物权法》)颁布，明确了物权是指权利人依法对特定的物享有的直接支配和排他的权利，包括所有权、用益物权和担保物权。

2007年，国务院对2003年版的《物业管理条例》进行了修订，将“物业管理企业”修改为“物业服务企业”，将“业主公约”修改为“管理规约”，同时对业主大会决定涉及全体业主的重大事项做出了新的规定。

2016年，国务院对2007年版的《物业管理条例》进行了修订，删除了原《物业管理条例》第三十三条、第六十一条的内容。原第三十三条的内容为：从事物业管理的人员应当按照国家有关规定，取得职业资格证书。原第六十一条的内容为：违反本条例的规定，物业服务企业聘用未取得物业管理职业资格证书的人员从事物业管理活动的，由县级以上地方人民政府房地产行政管理部门责令停止违法行为，处5万元以上20万元以下的罚款；给业主造成相关损失的，依法承担赔偿责任。

如果以1981年3月深圳市物业管理公司的成立为起点的话，现代意义上的物业管理在我国从起步到发展经过了将近40年。目前，我国物业管理的发展迎来了“春天”，截至2017年年底，全国物业管理接管面积约为246.65亿平方米，全国物业服务企业约有11.8万家，

全国物业管理从业人员约为 904.7 万人，物业管理行业营业收入达 6007.2 亿元。现在，物业管理的内容已经从为物业售后的整个使用过程提供对房屋及其设备、基础设施与周围环境的专业化管理，发展到了依靠高新技术和现代管理方法、模式及组织形式，向不同消费主体提供更高质量的基础物业服务及个性化、专业化的定制式衍生产品和服务。同时，物业服务不断创新，从产品边界狭窄、服务功能创新有限、行业平均利润率较低，到通过资产管理、资本经营和产业链上的延伸服务，拓展产业边界，实现服务价值创新。

## 第三节　物业管理的作用

物业管理是房地产业和社会经济发展的必然产物，可对各种类型的物业实施专业化的管理与服务，能最大限度地实现物业的经济效益、社会效益和环境效益的有机统一，在很大程度上提高物业住用人的满意度，对国家社会、经济的发展具有重要意义。

### 一、促进国民经济的发展

随着我国经济体制改革的推进，房地产经济体制的改革也在不断向纵深发展，物业产权多元化和物业管理社会化、专业化的新格局已经形成，这为我国物业管理市场的发展奠定了基础。

同时，世界各国经济发展的经验表明，房地产业是国民经济的先导性和基础性产业，无论是从开发建设所需的上游产品来看，还是从建成后的服务对象和依托关系来看，都是一个产业关联度很高、产业链很长的产业部门，它涉及建筑、建材、能源、交通、冶金、化工、机械、电子、通信等 50 多个产业部门。据世界银行统计，房地产业产值每增长 4 个百分点，可以带动整个经济增长 1.5～2 个百分点，房地产业是对国民经济贡献率较高的产业部门之一。房地产业的快速发展，为物业管理的发展带来了机遇。物业管理的发展不仅为我国解决了大量的就业问题，也对我国国民经济的发展具有重要促进作用。

### 二、促进房地产业的可持续发展

物业管理是房地产产业链上最末端的一环。近年来，随着人民生活水平的不断提高，居民在购房时对周围环境的要求也越来越高，物业管理成为居民在购房时考虑的一个重要因素。因此，物业管理对房地产销售价格有很大的影响。对房地产开发商来说，重视售后的物业管理，才能使自己开发的房地产形成一个完整的运作系统，并可望得到较好的发展。

从营销学的角度来看，作为售后服务的物业管理的重要性绝不亚于房地产开发中的其他过程，有时甚至比前面的开发过程显得更重要。现实中，许多房地产开发公司的领导非常清楚这一道理，对物业管理给予足够的重视，常抓不懈，以其优良的售后服务赢得了客户，大大促进了房产的销售。

就整个房地产业而言，在经过了大规模的房地产开发建设以后，存量房的有效管理已经引起了社会各界的重视，如何管理好、利用好已建成的物业成了社会普遍关心的问题，物业管理可以有力地促进房地产业的可持续发展。

### 三、促进物业的保值和增值

以前，一套房子的价值主要看地段、开发商品牌，现在，除了地段、品牌以外，小区的物业管理水平也成了衡量小区房产价值的一个重要参数，成为购房者关注的焦点。良好的物业服务对房地产具有积极的保值、增值作用。

一方面，良好的物业服务可以使房地产处于良好的运行状态，比如损坏的房屋、设施设备可以得到及时、良好的维修或更换，令损耗降到最低，延长房屋和设施设备的寿命，从而促进物业的保值、增值。

另一方面，良好的物业管理可以使物业形象和服务质量获得较高的市场评价，专业、增值的服务可以改善和提高物业的整体功能，从而得到房地产交易商和顾客的青睐，进而促进房地产的增值。

同时，良好的物业服务可以有效地提升房租价格，增加房地产的投资收益。

### 四、提升人居环境质量

住宅社会学研究表明，良好的环境不仅能减少烦恼、焦虑、矛盾、摩擦，乃至某些危害社会的违法行为，还会形成互助、互谅的社会风气，促进人们的身心健康。

从宏观层面来看，现代化的城市需要高质量的物业服务，运行良好的大厦设施、设备有助于工作效率的提高，称心如意的居住环境有助于人际关系的和谐。这一切都是和谐社会建设和城市发展所必须具备的前提条件，物业管理为此应运而生。

因此，高质量的物业管理既可以改善人民的工作和生活环境，又可以提高人们的精神文化素质，还可以有效提升人居环境质量。

## 本章小结

本章主要讲述了物业和物业管理的基本概念，物业管理的作用，以及物业管理的产生与发展。

## 关键概念

物业　物业管理　房地产

## 基础知识训练

1. 简述物业的概念。
2. 简述物业管理的概念。
3. 简述物业管理的发展历史。

## 实践操作训练

通过查找资料，梳理国外“五大行”物业服务机构进入我国物业服务市场的时间、各自经营管理的领域和方向。

# 第二章　物业管理的基本理论

## 本章要点

物业产权理论；委托代理理论；公共产品、准公共产品理论。

## 知识目标

1. 掌握建筑物区分所有权理论；
2. 掌握物业服务中的委托代理理论；
3. 掌握物业服务的准公共产品属性。

## 能力目标

1. 能够掌握专有权、共有权和共同管理权的基本概念；
2. 能够掌握物业服务中委托方和代理方的含义及委托代理理论；
3. 能够应用物业管理的基本理论分析和解决物业管理中的常见问题，开展基础研究。

## 案例导引

### 对物业管理中产权理论的基本认识

某年夏天，某市仲裁委员会受理了这样一起案件：某开发商经该市计划委员会、城市规划管理局等部门批准，开发居民高层公寓楼，先后有400多位客户与该开发商签订了购房合同，并在依约定交纳全部购房款、取得相关产权证的前提下住进了该公寓楼。后开发商将该楼顶部出租给了个体户陈某，每年租金为1万元，陈某利用楼顶空间栽种花卉。由于花卉浇灌用水向楼层渗透，引起马某等居民不满。因与开发商协商不成，马某等联名按购房合同的仲裁条款申请仲裁，要求开发商终止与陈某的合同，停止侵害，并赔偿损失。

**思考题：**

1. 本案例中，楼顶部分的所有权归谁？为什么？
2. 马某等是否有权要求开发商停止侵害，赔偿损失？

# 第一节 产权理论

## 一、物权

### （一）物权的概念

2007 年 3 月 16 日，第十届全国人民代表大会第五次会议通过了《物权法》，自 2007 年 10 月 1 日起施行。《物权法》的制定，对明确物的归属，充分发挥物的效用，维护经济秩序，促进社会主义现代化建设，具有重要的现实意义。

《物权法》第二条第三款规定，物权是指权利人依法对特定的物享有的直接支配和排他的权利，包括所有权、用益物权和担保物权；或者说，指自然人、法人直接支配不动产或者动产的权利，包括所有权、用益物权和担保物权。（不动产指土地以及建筑物等土地附着物；动产指不动产以外的物。）

物权概念的内涵包括：

（1）物权的种类和内容由法律规定，物权的取得和行使应当遵守法律，尊重社会公德，不得损害公共利益和他人的合法权益。

（2）物权是以物为权利客体的民事权利。作为物权客体的“物”，是指有体物，包括动产和不动产。

（3）物权是直接支配标的物并享受其利益的权利。直接支配，是指权利主体依自己的意思对标的物进行使用、收益、处分。

（4）物权人有权排除他人对其享有物权和行使物权的干涉。

### （二）物权的保护

《物权法》第三十二条到第三十八条规定：物权受到侵害的，权利人可以通过和解、调解、仲裁、诉讼等途径解决。因物权的归属、内容发生争议的，利害关系人可以请求确认权利。无权占有不动产或者动产的，权利人可以请求返还原物。妨害物权或者可能妨害物权的，权利人可以请求排除妨害或者消除危险。造成不动产或者动产毁损的，权利人可以请求修理、重作、更换或者恢复原状。侵害物权，造成权利人损害的，权利人可以请求损害赔偿，也可以请求承担其他民事责任。物权保护方式，可以单独适用，也可以根据权利被侵害的情形合并适用。侵害物权，除承担民事责任外，违反行政管理规定的，依法承担行政责任；构成犯罪的，依法追究刑事责任。

### （三）所有权

所有权指的是所有权人对自己的不动产或者动产，依法享有占有、使用、收益和处分的权利。所有权是物权中最重要也最完全的一种权利，具有绝对性、排他性、永续性三个特征，具体包括占有、使用、收益、处分四项权利。所有权包括国家所有权、集体所有权和私人所有权。

### （四）房屋所有权

房屋所有权又叫房屋产权，是房屋所有人独占性地支配其所有的房屋的权利。《中华人民共和国民法通则》（以下简称《民法通则》）规定，房屋所有权分为占有权、使用权、收益权和处分权四项权能。

按照房屋所有权主体内容构成的不同，房屋所有权可以分为单独所有房屋所有权、共同所有房屋所有权和建筑物区分所有权。

(1)单独所有房屋所有权，指一栋房屋归一个所有权人所有。它是房屋所有权归属最简单的形式。这里的房屋，可以是独立的一间平房，也可以是一栋楼房，甚至是相互毗邻的楼群。

(2)共同所有房屋所有权，指两个或两个以上的公民或法人对同一项房产共同享有所有权。两个或两个以上的所有权主体称为共有人，共同拥有的标的称为共有房产，这种特殊的所有权称为房屋共有权。

(3)建筑物区分所有权，指业主对建筑物内的住宅、经营性用房等专有部分享有所有权，对专有部分以外的共有部分享有共有和共同管理的权利。该内容是本章重点讲述的内容。

## 二、建筑物区分所有权理论

### (一)建筑物区分所有权的概念

建筑物区分所有权是我国《物权法》第七十条专章规定的不动产所有权的一种形态。

根据《物权法》的规定，业主的建筑物区分所有权包括三项权利：

(1)专有权，即业主对专有部分的所有权。业主对建筑物内属于自己所有的住宅、经营性用房等专有部门可以直接占有、使用，实现居住或者经营的目的；也可以依法出租、出借，获取收益和增进与他人的感情；还可以用来抵押贷款或出售给他人。

(2)共有权，即业主对建筑区划内专有部分以外的共有部分享有的共有权。每个业主在法律对所有权未作特殊规定的情形下，对专有部分以外的走廊、楼梯、过道、电梯、外墙面、水箱、水电气管线等共有部分，对小区内的道路、绿地、公用设施、物业管理用房以及其他公共场所等共有部分享有占有、使用、收益、处分的权利；对建筑区划内规划用于停放汽车的车位、车库有优先购买的权利。

(3)共同管理权，即业主对共有部分享有共同管理的权利。业主对专有部分以外的共有部分享有共同管理的权利，业主大会就是共同管理权的体现。

### (二)建筑物区分所有权的内容

1. 专有部分所有权，即专有权

(1)专有权的界定

基于物权客体的独立性原则，区分所有的专有部分，须具备一定条件，才可以作为建筑物区分所有权中专有权的客体。这些条件如下：

① 须具有构造上的独立性，即被区分的部分在建筑物的构造上可以加以区分，并与建筑物的其他部分隔离。

② 须具有使用上的独立性，即被区分的各部分，可以为居住、工作或其他目的而使用。其主要界定标准应为该区分的部分有无独立的出入门户。

③ 能够登记成为特定业主所有权的客体。规划上专属于特定房屋，且建设单位销售时已经根据规划列入该特定房屋买卖合同中的露台等，应当为专有部分的组成部分。

(2)专有权的内容

① 业主对其建筑物专有部分享有占有、使用、收益和处分的权利。

② 业主行使专有部分所有权时，不得危及建筑物的安全，不得损害其他业主的合法

权益。

③ 业主转让建筑内的住宅、经营性用房等专有部分，其对共有部分享有的共有和共同管理的权利一并转让。

2.共有部分所有权，即共有权

(1)共有权的界定

共有部分是指建筑物专有部分以外的部分。《物权法》第七十三条规定：建筑区划内的道路，属于业主共有，但属于城镇公共道路的除外。建筑区划内的绿地，属于业主共有，但属于城镇公共绿地或者明示属于个人的除外。建筑区划内的其他公共场所、公用设施和物业服务用房，属于业主共有。具体包括以下内容：

① 建筑物的基础、承重结构、外墙、屋顶等基本结构部分，走廊通道、楼梯、大堂等公共通行部分，消防、公共照明等附属设施、设备，避难层、设备层或者设备同等结构部分。共有设施设备包括：共有的上、下水管道，落水管，信报箱，烟囱，堆放垃圾的设备、设施，供配电房，共用照明，供暖系统，二次加压水泵，消防设施等。

② 其他不属于业主专有部分，也不属于市政公用部分或者其他权利人所有的场所及设施等。

(2)共有权的内容

第一，业主不得违反法律、法规以及管理规约之规定，将住宅改变为经营性用房。业主将住宅改变为经营性用房的，除遵守法律、法规以及管理规约外，应当经有利害关系的业主同意。

第二，业主大会或者业主委员会的决定对业主具有约束力。业主大会或者业主委员会作出的决定侵害业主合法权益的，受侵害的业主可以请求人民法院予以撤销。

第三，建筑物及其附属设施的维修资金属于业主共有。经业主共同决定，维修资金可以用于电梯、水箱等共有部分的大修、更新和改造。维修资金的筹集、使用情况应当公布。

第四，建筑物及其附属设施的费用分摊、收益分配等事项，有约定的，按照约定；没有约定或者约定不明确的，按照业主专有部分占建筑物总面积的比例确定。

第五，业主可以自行管理建筑物及其附属设施，也可以委托物业服务企业或者其他管理人管理。对建设单位聘请的物业服务企业或者其他管理人，业主有权依法更换。

第六，物业服务企业或者其他管理人根据业主的委托管理建筑区划内的建筑物及其附属设施，并接受业主的监督。

(3)享有共有权业主应该承担的义务

第一，区分所有建筑物周围上下及防空避难室等，非依法律规定并经区分所有权人会议决议，区分所有权人或专有部分占有人不得变更其构造、颜色、使用目的及设置广告物。

第二，共用部分的修缮、管理、维护，由管理人员或管理委员会承担，其费用由区分所有权人按其共有的应有部分的比例分担，但修缮费系因可归责于区分所有权人的事由所发生时，由该区分所有权人负担。

第三，专有部分的共同壁、楼地板及专有部分内的管线，其维修费用由该共同壁双方或楼地板上下双方的区分所有权人共同负担，但修缮费系因可归责于区分所有权人的事由所发生时，由该区分所有权人负担。

第四，区分所有权人不得任意弃置垃圾，排放各种污染物、恶臭物或制造喧嚣、振动及其他类似行为。

第五，区分所有权人不得于楼梯间、共同走廊、消防设备及防空设施等地堆放杂物、设置栓栏，或违规设置广告物或私设路障及停车位，不得侵占通道，妨碍出入。

第六，区分所有权人饲养动物，不得妨碍公共卫生、公共安宁及公共安全，法律或规约另有禁止饲养动物的规定的，从其规定。

3.共同管理权

(1)共同管理权的界定

共同管理权是以专有权和共有权为基础产生的，其主要内容为《物业管理条例》规定的业主大会的职责。具体如下：

第一，制定和修改业主大会议事规则。

第二，制定和修改建筑物及其附属设施的管理规约。

第三，选举业主委员会或者更换业主委员会成员。

第四，选聘和解聘物业服务企业或者其他管理人。

第五，筹集和使用建筑物及其附属设施的专项维修资金。

第六，改建、重建建筑物及其附属设施。

第七，有关共有和共同管理权利的其他重大事项。

(2)共同管理权效力的形成

决定上述第五项和第六项规定的事项，应当经专有部分占建筑物总面积三分之二以上且占总人数三分之二以上的业主同意。上述其他事项的决定，应当经专有部分占建筑物总面积过半数且占总人数过半数的业主同意。

业主的建筑物区分所有权三个方面的内容是一个不可分割的整体。在这三个方面的权利中，专有部分的所有权占主导地位，是业主对共有部分享有共有权以及对共有部分享有共同管理权的基础。因此，如果业主要转让建筑物内的住宅、经营性用房，其对共有部分享有的共有和共同管理的权利也一并转让。

## 第二节 委托代理理论

### 一、委托代理理论概述

20世纪30年代，美国经济学家伯利和米恩斯认为企业所有者兼为经营者的做法存在着极大的弊端，于是提出“委托代理理论”，倡导将所有权和经营权分离，企业所有者保留剩余索取权，而将经营权让渡。“委托代理理论”是现代公司治理的逻辑起点。

委托代理理论是建立在非对称信息博弈论基础上的。非对称信息(asymmetric information)指的是某些参与人拥有但另一些参与人不拥有的信息。

(一)委托代理关系

委托代理关系起源于“专业化”的存在。当存在“专业化”时就可能出现一种关系，在这种关系中，代理人由于具有相对优势而可代表委托人行动。现代意义上的委托代理概念最早是由罗斯提出的，他认为：如果当事人双方中，代理人一方代表委托人一方的利益行使某些决策权，则代理关系随之产生。

委托代理关系形成的基本条件有：

(1)市场交易中存在两个或两个以上相互独立的行为主体，他们在一定约束条件下各自追求效用最大化。

(2)市场交易的参与者均面临不确定性风险，而他们掌握的信息处于非对称状态。

（二）物业管理中的委托代理关系

物业管理中涉及多个主体，包括开发商、业主、业主委员会、物业服务公司、专业服务公司等，这些主体之间存在着较大的信息不对称，因此物业管理中存在着复杂的多级委托代理关系，这种复杂的多级委托代理关系对于物业管理的效率和收益有着极大的负面影响，每级委托代理直接影响物业管理相关行业的发展。正确处理和理顺各级代理关系，对于提高整个物业管理的绩效有着积极的意义。通过梳理，可以归纳出以下几种委托代理关系。

1.前期物业管理中的委托代理关系

《前期物业管理招标投标管理暂行办法》规定，前期物业管理是由建设单位通过招投标的方式选聘具有相应资质的物业服务企业进行物业管理的活动。行政主管部门对物业管理招投标活动实施监督管理。前期物业管理中存在两级代理关系，即开发建设单位委托物业服务企业，物业服务企业委托专业服务公司，如图 2-1 所示。

**图 2-1　前期物业管理中的委托代理关系**

2.多个业主的物业管理委托代理关系

这种委托代理关系在住宅物业中最为常见。通过召开业主大会或者业主代表大会的形式，选举产生业主委员会，业主委员会是业主大会的执行机构，受业主大会委托，就物业服务事项开展工作，对业主大会负责，其中的委托代理关系如图 2-2 所示。

**图 2-2　多个业主的物业管理委托代理关系**

3.单一业主的物业管理委托代理关系

单一业主的委托代理中也存在两级委托代理关系，即单一业主与物业服务企业、物业服务企业与专业服务公司间的两级代理关系，具体如图 2-3 所示。

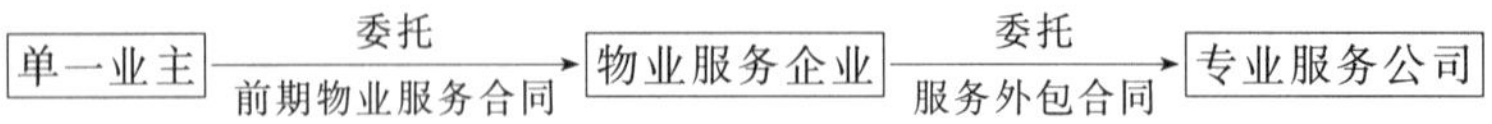


**图 2-3　单一业主的物业管理委托代理关系**

## 二、物业管理委托代理与激励机制

物业管理中存在着复杂的委托代理关系，在委托代理关系的背景下，委托人进行监督与激励的有效性和代理人代理能力的提高都能有效缓解委托代理矛盾，因此，提高业主监督与激励的有效性，对促进物业公司提高工作积极性和服务质量有重要作用。

1.明确委托方、代理方各自的责权

在前期物业服务合同、物业服务合同和专项外包服务合同签订的过程中，要细化和明确甲、乙双方的权利和责任，在法律允许的范围内提高双方的违约成本，减少信息不对称带来的违约行为。

2.有效发挥业主与业主委员会的监督作用

充分发挥业主、业主委员会对物业公司履约行为的监督作用，监督的目的和意义在于激励物业公司、服务外包公司更好地履约，以避免出现物业公司在人、财、物、服务方面的"服务打折"行为。

# 第三节　公共产品理论和准公共产品理论

## 一、公共产品理论与准公共产品理论概述

公共产品是具有非排他性和非竞争性的产品。依据非排他性和非竞争性两种属性，可以将社会产品划分为三类。同时具备两种属性的产品是纯公共产品，两种属性都不具备的是私人产品，只具备非排他性或非竞争性中的一种属性的是准公共产品。

### （一）公共产品理论

根据公共经济学理论，社会产品分为公共产品和私人产品。按照萨缪尔森在《公共支出的纯理论》一文中的定义，纯粹的公共产品或劳务是这样的产品或劳务，即每个人消费这种产品或劳务不会导致别人对该种产品或劳务的消费减少。同时，公共产品或劳务具有与私人产品或劳务显著不同的三个特征：效用的不可分割性、消费的非竞争性和受益的非排他性。

凡是可以由个别消费者所占有和享用，具有敌对性、排他性和可分性的产品就是私人产品。介于二者之间的产品称为准公共产品。

公共产品具有以下特性：

1.效用的不可分割性

私人产品可以被分割成许多可以买卖的单位，谁付款，谁受益。公共产品是不可分割的，比如国防、外交、治安等。

2.受益的非排他性

私人产品只能是占有人才可消费，谁付款，谁受益。然而，任何人消费公共产品都不能排除他人消费（从技术上加以排除几乎不可能或排除成本很高），因而不可避免地会出现"搭便车"现象。

3.消费的非竞争性

公共产品的边际生产成本为零，在现有的公共产品供给水平上，新增消费者不需增加供给成本（如灯塔等）。

公共产品的边际拥挤成本为零，任何人对公共产品的消费不会影响其他人同时享用该公共产品的数量和质量。个人无法调节其消费数量和质量（如不拥挤的桥梁、未饱和英特网等）。边际拥挤成本是否为零是区分纯公共产品、准公共产品的重要标准。

### （二）准公共产品理论

准公共产品是指具有有限的非竞争性或有限的非排他性的公共产品，它介于纯公共产品和私人产品之间，如教育、政府兴建的公园、拥挤的公路等都属于准公共产品。对于准公共产品的供给，在理论上应采取政府和市场共同分担的原则。其包括的内容主要有：

（1）具有非排他性和不充分的非竞争性的公共产品。例如，教育产品是具有非排他性

的。因为对处于同一教室的学生来说，甲在接受教育的同时，并不会排斥乙听课。就是说，甲在消费教育产品时并不排斥乙对教育产品的消费，也不排斥乙获得利益。

但是，教育产品在非竞争性上的表现不充分。因为在一个班级内，随着学生人数的增加，需要的课桌、椅子也相应增加，老师批改作业和辅导的负担加重，成本增加，故增加边际人数的教育成本并不为零。若学校在校生超过某一限度，学校还必须进一步增加班级数和教师编制，成本会进一步增加。因而教育具有一定程度的消费竞争性。正因为这类产品具有一定程度的消费竞争性，因而称为准公共产品。

(2)具有非竞争性特征，但非排他性不充分的准公共产品。例如，公共道路和公共桥梁就属于这种类型。受特定的路面宽度限制，甲车在使用道路的特定路段时，就排斥其他车辆同时占用这一路段，否则会产生拥挤现象。因此，公路的非排他性是不充分的。

同时，公共道路又具有非竞争性：一是公共道路上车辆通过的速度并不取决于使用人的出价，一旦发生堵塞，无论出价高低，都难以通行；二是当道路上的车流量未达到设计的最高限额时，增加一定量车的道路行驶边际成本为零，但若达到或超过设计的最高限额，变得非常拥挤时，需要成倍投入资金来拓宽道路，无法以单辆汽车来计算边际成本。正因为这类公共产品具有非竞争性和不充分的非排他性，因此也称为准公共产品。

#### (三)公共(准公共)产品供给

根据西方经济理论，由于存在“市场失灵”，从而使市场机制难以在一切领域达到“帕累托最优”，特别是在公共产品方面。如果由私人部分通过市场提供公共产品或劳务就不可避免地会出现“免费搭车者”，从而导致休谟所指出的“公共的悲剧”，难以实现全体社会成员的公共利益最大化。这是市场机制本身难以解决的难题，需要政府出面提供公共产品或劳务。此外，由于外部效应的存在，私人不能有效提供公共产品或劳务，也会造成其供给不足，这也需政府出面弥补这种“市场缺陷”，提供相关的公共产品或劳务。

### 二、物业管理与准公共产品理论

#### (一)物业管理准公共产品属性分析

从上述公共产品的定义和物业管理的内容来看，物业管理具有私人产品和公共产品的双重属性。物业管理的内容包括三个方面：常规性的公共服务、针对性的专项服务、委托性的特约服务。体现物业管理私人产品属性的是专项服务和特约服务。而在一定的物业管理范围内，物业服务企业提供的常规性管理和服务是面向小区全体居民的，是公共性的，从这一角度看，物业管理具有公共产品的特性。物业服务企业提供的公共产品不仅体现在物质产品上，更反映在一些非物质产品和服务上，如规章制度、邻里关系、社区环境、治安状况等。具体来说，物业管理的准公共产品属性体现在以下几个方面：

1. 有限“非排他性”

物业服务企业在对房屋及配套设施、设备和相关场地进行维修、养护、管理，维护物业管理区域内的环境卫生和相关秩序活动的过程中，无法全面按照谁付费谁受益的原则限制特定的人群使用，因此，物业服务的过程中“搭便车”现象经常存在。但是，这些服务对于小区外的人来说则是排他的，因此，物业管理具有局部的排他性。

2. 有限“非竞争性”

一个物业管理区域具有一定的消费容量，在消费容量允许的范围内，增加一项居民消费，企业的边际成本为零，即增加一项居民消费不会使得其他居民的受益减少，也不会增加相应的服务和管理成本，这是物业管理具有“非竞争性”的体现。

但是，当消费人员达到区域应有的容量后，再增加消费者，就会产生拥挤效应，同时增加边际成本。因此，物业服务具有有限“非竞争性”。

3. 外部性

外部性是指公共产品的生产和消费会使生产者和消费者以外的社会成员获得利益或遭受损失，而获益者或受损者却无需为此支付成本或得到补偿。物业管理服务也具有很典型的外部性特征。如小区以外的居民可进入小区散步、锻炼身体、休闲娱乐，享受了园林、绿化带来的价值，却不用为此付费；小区垃圾未及时处理，给周边环境和其他小区造成视觉或空气污染，小区居民也不用为此而付出代价。

**（二）物业管理的供给**

根据公共产品理论，物业管理的准公共产品属性决定了私人没有能力完全提供物业管理服务，这为政府介入提供了必要、非充分的条件。物业管理在我国发展的过程中，需要政府和市场共同完成供给。其中，政府的职能主要体现在法律、法规的完善，市场的监管，保障房物业服务的提供，价格的监管等方面；市场的职能主要体现在物业服务的供给方面。

## 本章小结

本章主要讲述了建筑物区分所有权理论、委托代理理论在物业管理中的应用，公共产品理论的基本概念，建筑物区分所有权理论中的专有权、共有权和共同管理权，物业服务中的委托代理理论，以及物业管理的准公共产品属性。

## 关键概念

产权理论　委托代理理论　公共产品理论

## 基础知识训练

1. 简述建筑物区分所有权的概念。
2. 简述物业管理中的委托代理关系。
3. 物业管理的准公共产品属性是如何体现的？

## 实践操作训练

在建筑物区分所有权背景下，如何划分房屋、设备、设施的维修责任？

# 第三章　物业管理市场

## 本章要点

物业管理市场的基本概念；物业管理市场构成的基本要素；物业服务企业的权利与义务；业主、业主大会的权利与义务；业主委员会的权利与义务。

## 知识目标

1. 掌握物业管理市场、业主的基本概念；
2. 掌握物业管理市场的基本要素；
3. 掌握物业服务企业的权利与义务；
4. 掌握业主、业主大会的权利与义务；
5. 掌握业主委员会的权利与义务。

## 能力目标

1. 能够掌握物业管理市场、业主的概念；
2. 能够掌握物业管理市场的基本要素；
3. 能够掌握业主、业主大会的权利与义务；
4. 能够掌握业主委员会的权利与义务。

## 案例导引

### 对物业管理中各方权利和义务的基本认识

北京市顺义区一业主胡先生认为物业公司擅自在小区空地上划分车位，并强迫业主交纳车位租金的做法违反法律规定，将北京某物业管理有限公司推上被告席。据胡先生介绍，在未经过小区业主委员会及业主大会同意的情况下，物业公司单方决定在小区内道路和楼前空地上划分车位，并将车位出租给区内业主，向业主收取泊位租金，每车位年租金为 960 元。物业在小区内张贴通知，要求办理当年停车泊位租用手续，对于不办理此项手续的车辆，保安人员拒绝放行。当时，自己迫于无奈，与物业签订了停车泊位租用协议，并交纳了停车费 960 元。胡先生认为，物业公司在没有任何有关此项收费的法律依据及有关主管部门对该园区停车泊位协议收费批准手续的情况下，采取强制胁迫手段迫使自己签署的该协议严重侵犯了自己作为业主的权益，故向顺义法院提起了诉讼，要求依法确认原、被告所签租用协议无效，判令被告返还向原告非法收取的停车费960元，赔偿误工费300元。

顺义法院审理后认为，住宅小区内的道路和楼间(前)空地为小区内全部业主的公共用地，物业管理企业对该部分用地没有所有权，也无法定的处分权和收益权。法院认为原告与被告签订的停车泊位租用协议系无效合同，被告应将向原告收取的泊位租金返还给原告。原告主张被告赔偿其因诉讼而产生的误工费，没有法律依据，法院不予支持。

**思考题：**

通过本案例的学习，你认为业主、业主大会、业主委员会和物业公司各有什么样的权利和义务？

## 第一节　物业管理市场概述

按照马克思主义政治经济学对市场的广义理解，市场是指商品交换和商品买卖关系的总和。它不仅包括作为实体的商品交换的场所，更重要的是，它还包括一定经济范围内商品交换的活动。生产者与消费者就是通过市场这根纽带相互联系起来的。

### 一、物业管理市场的概念

物业管理是有偿出售智力和劳力的服务性行业，所出售的是无形的商品，其核心是服务。这种以物业为对象的管理服务如同其他商品一样，具有价值和使用价值。物业管理服务进入商品交换领域，便构成了物业管理市场。物业管理市场是指出售和购买物业服务这种无形劳动的场所和由此而产生的交换关系的总和。

### 二、物业管理市场的构成

物业管理市场与其他专业市场一样，由市场主体、市场客体和市场环境三个方面构成。

1. 市场主体

物业管理市场主体是指参与市场活动的各种实体，包括单位和个人。物业管理市场主体包括物业管理服务的需求主体、供给主体和管理主体。

物业管理服务的需求主体，即物业的所有权者(业主)或使用者(使用人)。

物业管理服务的供给主体，即物业管理的经营者，是通过合法手续取得物业服务经营资格的人或组织，如物业服务企业和一些专业服务机构、保安公司、清洁公司和电梯维保公司等。

物业管理服务的管理主体，即按照有关物业管理的法律法规和规则，对物业管理市场参与者的交易行为等进行管理的单位，如各级行政主管部门(住建部、住建厅、房管局)、市场管理职能部门(工商局、公安局、税务局、物价局等)、行业协会等。

2. 市场客体

市场客体是指在市场中买卖双方交换的对象。一个市场区别于另一个市场的主要标志在于它们所交换的对象不同。市场客体可以分为有形的商品和无形的商品(即劳务)两大类。物业管理市场上的交换对象是物业管理服务，为一种无形的劳务。这种劳务具体体现为房屋及其附属设备、设施的维修、养护、管理，安全保卫，清扫保洁，环境绿化，代理租赁，以及应业主或使用人的要求提供的各种服务等。

3.市场环境

市场环境是指进行交换的环境。需要明确的是，这里所指的“环境”并不是进行交换的具体场所，而是指使交换赖以进行的社会制度以及各种相关的法律、法规。就物业管理市场来说，市场环境主要包括：

(1)法律与经济制度，如《宪法》《民法》《公司法》《合同法》等；

(2)行业法规，如《物业管理条例》和各地的物业管理条例；

(3)行业规章、制度，如《前期物业管理招投标管理暂行办法》等。

## 三、物业管理市场的特点

由于物业管理市场交换的是无形的管理服务，是市场细分的结果，因此它有着与其他商品市场不同的特点。

1.非所有权性

物业管理服务必须通过服务者的劳动向需求者提供，这种服务劳动是存在于人体之中的一种能力，在任何情况下，没有哪种力量能使这种能力与人体分离。因此，物业管理市场交换的并不是物业管理服务的所有权，而只是这种服务的使用权。

2.“生产”与消费同步性

物业管理服务是直接向客户提供服务，服务过程本身既是“生产”过程，也是消费过程，劳动和成果是同时完成的。例如保安服务，保安员为业主提供值岗、巡查等安全保卫服务，当保安员完成安全保卫服务离开岗位时，业主的安全服务消费亦同时完成。

3.品质差异性

物业管理服务通过物业管理企业员工的操作，直接为业主提供，服务效果必然受到员工服务经验、技术水平、情绪和服务态度等因素的影响。同一服务，不同的操作，品质的差异性很大。

4.服务综合性

物业管理服务是集物业维护维修、治安保卫、清扫保洁、庭园绿化、家居生活服务等多种服务于一体的综合性服务。这种综合性服务的内容通常是相互关联、相互补充的。业主或使用者对物业管理服务的需求在时间和空间及形式上经常出现相互衔接，不断地由某一种服务消费引发出另一种服务消费。

5.需求的伸缩性

业主或使用者对物业管理服务的消费有较大的伸缩性，客户感到方便、满意时，就会及时或经常惠顾；感到不便或不理想时，就会延缓，甚至不再购买服务。特别是在物业管理的专项服务和特色服务上，如代购车票、船票、机票，代订、代送报刊等，客户可以长期惠顾，也可以自行解决或委托其他服务商。

## 四、物业管理市场的运行机制

### （一）物业管理市场的价格机制

价格机制是指在市场竞争过程中，价格变动与供求变动之间相互制约的联系和作用。价格机制是市场机制中最敏感、最有效的调节机制，价格的变动对整个社会经济活动有十分重要的影响。

1. 物业管理服务的价值构成

物业管理公司的产品——服务，凝结着物业管理公司工作人员的劳动，具有价值和使用价值。物业管理服务的价值在形式上表现为物业管理服务的价格，它是物业管理服务的效用、物业管理服务的相对稀缺性及对物业管理服务的有效需求三者相互作用的结果。也就是说，物业管理服务的价值由这三者的相互作用并通过具体价格表现出来。

（1）物业管理服务的效用。物业管理服务的效用是指物业业主或用户因物业管理公司的服务而得到满足的程度。物业管理服务如果没有效用，就不会有物业管理服务价格，业主或用户也就不会产生占有物业管理服务的欲望。

（2）物业管理服务的相对稀缺性。物业管理服务具有相对稀缺性，意味着对比业主的一般需求，其对物业管理服务需求的满足由于在量上有限而处于不足的状态。因此，物业管理服务价格被看作是稀缺性的价值反映，可以认为是在结合效用和稀缺性后产生的。

（3）物业管理服务的有效需求。除以上两种构成因素外，对物业管理服务的有效需求也是重要的构成因素。人们把具有购买力的需求称为有效需求，业主或用户对物业管理服务具备一定的支付能力是物业管理服务价值构成的因素之一。

2. 物业管理服务的价格形式

目前，我国物业管理服务的价格形式有政府指导价和市场调节价两种。

（1）政府指导价。政府指导价为一种政策性价格形式，是由政府物价部门会同物业管理行政主管部门，根据当地经济发展水平和物业管理市场发育程度制定并公布执行的中准价。物业管理公司与业主委员会共同协商，在政府指导价规定的幅度内确定具体收费标准。政府指导价目前主要适用于部分地区的保障性住房及前期物业服务阶段。

（2）市场调节价。市场调节价是指物业管理服务收费标准由物业管理公司与业主委员会或产权人代表、使用人代表共同协商议定，然后将收费标准和收费项目向当地物价部门报告备案的一种价格形式。这种定价形式完全体现市场规律的作用，是一种市场价格，在发展得较为成熟的物业管理市场中适宜采用这种定价形式。

目前，《国家发展改革委关于放开部分服务价格意见的通知》（发改价格〔2014〕2755 号）中，对于非保障性住房的物业服务费规定实行市场调节价。保障性住房、房改房、老旧住宅小区和前期物业管理服务收费，由各省级价格主管部门会同住房城乡建设行政主管部门根据实际情况决定是否实行政府指导价。放开保障性住房物业服务收费、实行市场调节价的，应考虑保障对象的经济承受能力，同时建立补贴机制。

3. 物业管理服务价格的确定

（1）定价原则

物业服务公司是企业，应遵循市场经济规律，以马克思的劳动价值论为依据，结合物业管理服务的特征，来确定物业管理服务价格。

① 坚持权利与义务相结合的原则。按照市场经济原则，物业服务公司提供的服务与取得的费用应做到质价相符；同样，作为业主，在得到一定等级的服务之后也必须支付一定的费用。

② 坚持依法定价原则。物业服务公司必须按有关部门的政策和标准依法定价，反对物业服务公司单方面定价。

③ 坚持遵循符合业主或用户消费规律的原则。

(2)定价方法(详见第十三章)

① 酬金制。成本一般是通过对物业管理费及其构成进行测算和处理获得,然后加上按目标利润率计算的利润额。

② 包干制。由物业服务公司与业主委员会或产权人、使用人协议定价。这种定价方法适用于造价较高的物业项目。

(3)定价策略

① 差别定价法。针对不同的物业、不同的市场采取不同的价格;或者对同一幢物业,按不同的顾客需求采取不同的价格。

② 增量定价法。通过计算由价格政策产生的利润是否增加来判断定价方案是否可行。如果增量利润是正值,说明定价方案可以接受;如果增量利润是负值,说明定价方案是不可接受的。增量利润等于定价方案产生的总增量收入减去定价方案引起的增量成本。

③ 物业管理服务价格与服务质量的定价技巧。不同的服务质量与相适应的价格标准组合在一起,在物业管理公司与用户或业主认可的范围内是可行的。高服务价格、低服务质量的组合不为业主所接受,高服务质量、低服务价格的组合对物业服务公司来说无利可图。一般的,在既定的服务价格水平上,业主希望得到最优质的服务,或者在既定服务质量水平上,业主希望自己支付最低的价格。

**(二)物业管理市场的供求机制**

在物业管理市场中,供给是指在一定时间内存在于市场和能够提供给市场销售的物业管理服务的总量;需求则是指在一定时间内市场上的消费者对物业管理服务具有支付能力的需求数量。

物业管理市场上的供给与需求是对立统一的关系,二者互为条件、互相对立、互相制约。供给和需求都要求对方与之相适应,达到平衡协调的关系。然而,供求之间不可能永远一致,在一定时期和条件下可能表现为供大于求;而在另一时期和条件下,又可能表现为供不应求。可是,在一定时期的客观条件下,物业管理服务又可能会呈现供求相等的平衡状态。但总的说来,供求之间的平衡只是暂时的、相对的和有条件的,而不平衡则是普遍的、绝对的。

**(三)物业管理市场的竞争机制**

竞争机制是指竞争同供求关系、价格变动、生产要素流动与组合,以及市场成果分配诸因素之间的有机联系和运动趋向。市场经济是竞争经济,没有竞争,也就没有市场经济。

1.物业管理市场竞争的必然性

在物业管理市场中,市场主体之间,尤其物业管理经营者之间的竞争是一个内有动力、外有压力、持续不断的市场较量过程。竞争推动和迫使物业管理经营者进行合理的决策,并且通过优胜劣汰的强制作用,奖励高效率者,惩罚低效率者,对价格信号作出迅速、及时的反应,不断尝试新的生产服务要素组合,开发和扩大新的物业管理市场领域,推出新的服务项目,保证将资源配置到最为需要的地方。

如果没有竞争或缺乏竞争,占据物业管理市场垄断地位的少数企业就会靠牺牲其他市场参与者(包括物业管理服务经营者和业主或使用人)的利益谋取垄断利润;由于没有作出相应的市场贡献,从而导致整个物业管理市场的经济效率和服务水平的降低。

2.物业管理市场竞争的形式

(1)物业管理企业之间的竞争。从市场竞争的范围来考察,物业管理企业之间的竞争主要是围绕提高服务质量、增加 服务项目、降低经营成本等内容而展开的。这种竞争促使各个企业管理服务的个别劳动时间平均化为社会必要劳动时间，其结果必然推动企业的技术进步和劳动生产率的提高。

(2)业主与经营者之间的竞争。从参与竞争的市场主体之间的关系来考虑，业主与经营者之间的竞争主要表现在物业管理服务方面，业主要贱买、经营者要贵卖的竞争。这是经营者与业主争夺物业管理市场主权的竞争。

(3)价格竞争与非价格竞争。从竞争是否围绕价格变动这一角度来考察，价格竞争就是通过降低服务价格来争取较多的消费者，从而扩大物业管理服务销售量的竞争，其实质是企业之间提高劳动生产率的竞争。它要求物业管理企业千方百计加强管理、改进技术、节约资源，达到少投入、多产出的目的。非价格竞争是指不变动价格，而通过其他途径和采用其他方法来争取较多的消费者，从而扩大物业管理服务销售量的竞争，如开发新的服务项目、提高服务质量、扩大广告宣传、改变销售方法等，争取更多的业主购买物业管理服务。

3.市场竞争与经济风险

在社会化大生产的市场经济中，生产技术的迅速变化，市场情况的千变万化，以及某些政治因素的干扰和自然灾害的影响，使物业管理经营者的实际收益低于原预期收益，从而蒙受经济损失，甚至发生亏损或破产，这就是经济风险。随着社会主义市场经济的发展和经济体制改革的深化，物业管理企业作为独立的经济实体，有自身的经济利益，要参与市场竞争，就要承担经营决策的正误以及经营活动的好坏所带来的后果。

在市场竞争中，从产生经济风险的原因来看，经济风险主要有三个方面：

(1)自然风险。由自然因素造成的经济风险，如雷击、火灾、水灾、地震、气候突变等给经营者带来的经济损失即属自然风险。

(2)社会风险。由个人或集团的社会行为造成的经济风险，如盗窃、事故、政治动乱、战争等给经营者带来的经济损失即属社会风险。

(3)经营风险。由物业管理企业自身决策失误或经营管理不善而造成的经济损失即属经营风险。

## 第二节　物业服务企业

### 一、物业服务企业的概念及性质

物业服务企业，或称物业管理企业，是指依法设立、具有独立法人资格，依据物业服务合同从事物业管理相关活动的经济实体。

其特征可以归纳为以下三点：

第一，是独立的企业法人。

物业服务企业严格遵循法定程序建立，拥有一定的资金、设备、人员和经营场所；拥有明确的经营宗旨和符合法规的管理章程，具备相应的物业管理资质；独立核算，自负盈亏，以自己的名义享有民事权利，承担民事责任；所提供的服务是有偿的和盈利性的。

第二，属于服务性企业。

物业服务企业的主要职能是通过对物业的管理和提供的多种服务，确保物业正常使用，为业主和物业使用人创造一个舒适、方便、安全的工作和居住环境。物业服务企业本身并不制造实物产品，它主要是通过常规性的公共服务、延伸性的专项服务、随机性的特约服务、委托性的代办服务和创收性的经营服务等项目，尽可能实现物业的保值和增值。因此，物业服务企业的“产品”就是服务，与工业企业等其他经济组织是有区别的。

物业管理具有服务性，因而物业服务企业属于服务型企业。物业服务企业向社会提供的是服务产品，属于第三产业的范畴。

第三，具有一定的公共管理性质的职能。

物业服务企业在向业主和物业使用人提供服务的同时，还承担着物业区域内公共秩序的维护、市政设施的配合管理、物业的装修管理等职责，其内容带有公共管理的性质。

## 二、物业服务企业的分类

### （一）按组织形式分类

1.隶属于房地产开发企业的物业公司管理模式

这种管理模式是我国目前物业管理行业的一种主流形态。它的基本做法是：房地产开发企业为了对自己开发建设的物业项目实施管理，注册成立了一个隶属于自己的物业服务企业。这类物业服务企业虽然在法律上是独立的，但在实际的经营活动中处处受到房地产开发企业的制约，经营上缺乏必要的自主权。

2.独立的物业公司管理模式

国务院颁布的《物业管理条例》规定，从事物业管理活动的企业应当具有独立的法人资格。最近几年，随着物业管理行业的快速发展，社会上出现了一大批专门为从事物业管理活动而注册的具有法人地位的物业服务企业。这类企业不隶属于任何组织，有多种产权组织形式，通过投标或协议的方式从社会上承揽物业管理项目，具有社会化、专业化、企业化、经营型的特征，代表着物业管理经营模式的发展方向。

3.政府房屋管理部门管理模式

由政府房屋管理部门管理国有住房，是中华人民共和国成立后相当长时期的一种房屋管理模式。随着住房管理体制改革的深化，目前隶属于政府房屋管理部门的房管所已大多转变为企业化的物业服务公司，但相当一部分房屋管理机构转变得还不够彻底，有的虽然已改名为物业服务公司，却仍然是事业单位体制，所管理的物业项目也大多为政府部门开发建设的物业，在物业管理活动中，即使收一点物业管理费，也远远达不到商品房的收费标准，仍然带有一定的福利性质。

4.企事业单位自行管理模式

这种管理模式主要出现在较大的企事业单位，特别是企事业单位自行开发建设、用于分配给本单位职工或以优惠价格出售给本单位职工，以及通过职工集资建设的住宅区。应当说，这种管理模式在我国存量房产的管理中还占有较大的比重，但有相当一部分企事业单位正在探索新型的管理模式。

### （二）按组建方式分类

1.有限责任公司

有限责任公司的股东以其出资额为限，对公司承担有限责任，公司以其全部资产对公司的债务承担责任。公司股东按其投入公司资本额的多少，享有不同的资产收益权、重大决策参与权和对管理者的选择权。公司则享有由股东投资形成的全部法人财产权，依法享有民事权，并承担民事责任。

2.股份有限公司

股份有限公司的全部资本被分为等额股份，股东以其所持股份为限对公司承担经济责任。股东按其股份的多少享有不同的资产收益权、重大决策参与权和对管理者的选择权。公司则以其全部资产对公司的债务承担责任，同时享有由股东投资形成的全部法人财产权，依法享有民事权，并承担民事责任。

（三）按投资主体的经济成分分类

1.国有物业服务企业

伴随着国有企业内部制度的改革，一些物业公司从已有的全民所有制或者行政事业单位分离出来，成为独立的物业公司。其业务范围主要是原有国有企业或者行政事业单位的房屋管理和维修事项。

2.集体所有制物业服务企业

集体所有制物业服务企业一般是以街道原有的房产管理机构为基础，由街道或其他机构负责组建，管理街道区域内的房地产等物业。另外，房地产公司组建的物业公司，管理自己开发的各类项目，也属于集体所有制的物业公司。现在很多地产公司都很重视售后服务，即物业管理。

3.私营物业服务企业

《关于划分企业登记注册类型的规定》第九条规定，私营企业是指由自然人投资设立或由自然人控股，以雇佣劳动为基础的营利性经济组织，包括按照《公司法》《合伙企业法》《私营企业暂行条例》规定登记注册的私营有限责任公司、私营股份有限公司、私营合伙企业和私营独资企业。

简单讲，私营企业是指生产资料属于私人所有，雇工在8人以上的营利性经济组织。

私营企业有三种类型：

(1)独资企业，指一人投资经营的企业。独资企业投资者对企业债务负无限责任。

(2)合伙企业，指两人或两人以上按照协议投资、共同经营、共负盈亏的企业。合伙人对企业债务负连带无限责任。

(3)有限责任公司，指股东以其出资额为限对公司承担责任，公司以其全部资产对公司的债务承担责任。

从以上分类可以看出，在私营企业的三种类型中，只有有限责任公司可以依法取得法人资格，而独资企业和合伙企业都不符合企业法人条件，不能取得法人资格。

在国外，私营物业服务企业比较普遍。随着我国市场经济体制的完善和法制的健全，私营性质的物业企业也日益增多。

4.外商独资物业服务企业

外商独资企业指外国的公司、企业、其他经济组织或者个人，依照中国法律在中国境内设立的全部资本由外国投资者投资的企业。外资企业的组织形式一般为有限责任公司，但不包括外国的公司、企业、其他经济组织设在中国的分支机构，如分公司、办事处、代表处等。

其特点有：

(1)除土地外，企业的投资百分之百为外国投资者所私有，没有中国投资者参股。一个外资企业可以是一个外国投资者独资，也可以是若干外国投资者合资。

(2)独立经营，没有中方参与经营管理。企业依照批准的章程进行经营管理活动，不受干涉。

(3)自负盈亏。经营收入除按中国有关税收的规定纳税后，完全归投资者所有和支配。企业终止，应当及时公告，按照法定程序进行清算。

随着我国政策的不断完善，目前在北京、上海等地出现了外商独资的物业企业。这类物业企业虽然不多，规模不大，但是其管理方法比较成熟、管理手段比较先进，在一定程度上代表了国外物业管理的发展水平。

## 三、物业服务企业的权利和义务

根据原建设部第33号令《城市新建住宅小区管理办法》等，可知物业服务企业的权利和义务为：

1.物业服务企业的主要权利

(1)根据有关法规，结合实际情况，制定小区管理办法；

(2)依照物业管理合同和管理办法对住宅小区实施管理；

(3)依照物业管理合同和有关规定收取管理费用；

(4)有权制止违反规章制度的行为；

(5)有权要求管委会协助管理；

(6)有权选聘专营公司(如清洁公司、保安公司等)承担专项管理业务；

(7)可以实行多种经营，以其收益补充小区管理经费。

2.物业服务企业的主要义务

(1)履行物业管理合同，依法经营；

(2)接受管委会和住宅小区内居民的监督；

(3)重大的管理措施应当交管委会审议，并经管委会认可；

(4)接受房地产行政主管部门、有关行政主管部门及住宅小区所在地人民政府的监督指导。

## 四、物业服务企业的组织结构与机构设置

### (一)企业组织结构的概念和内容

1.企业组织结构的概念

企业组织结构(组织架构)的概念有狭义和广义之分。

狭义的组织结构，是指为了实现组织的目标，在组织理论的指导下，经过组织设计形成的组织内部各个部门、各个层次之间固定的排列方式，即组织内部的构成方式。

广义的组织结构，除了包含狭义组织结构的内容外，还包括组织之间的相互关系类型，如专业化协作、经济联合体、企业集团等。

组织结构是一个组织是否能够实现内部高效运转、是否能够取得良好绩效的先决条件。组织结构通常表现为一个组织的人力资源、职权、职责、工作内容、目标、工作关系等要素的组合形式，是组织在“软层面”的基本形态，其在本质上是实现某一组织的各种目标的一种手段。

2. 企业组织结构的内容

(1)单位、部门和岗位的设置。企业组织单位、部门和岗位的设置，不是把一个企业组织分成几个部分，而是把企业作为一个服务于特定目标，由几个相应的部分构成的组织。

(2)各个单位、部门和岗位的职责、权力的界定。这是对各个部分的目标、功能、作用的界定。这种界定是一种分工，是有机体内部的一种分工。

(3)单位、部门和岗位角色相互之间关系的界定。这是界定各个部分在发挥作用时，彼此如何协调、配合、补充、替代的关系。这三者的关系是紧密联系在一起的，应对组织架构进行规范分析。

(4)企业组织结构设计规范的要求。对于这个问题，如果没有一个组织结构设计规范分析工具，就会陷入众说纷纭、莫衷一是的境地。企业组织结构设计规范化，就是要达到企业内部系统功能完备、子系统功能担负分配合理、系统功能部门及岗位权责匹配、管理跨度合理四个标准。

**(二)物业服务企业常见组织结构**

物业服务企业应根据自身战略目标、发展需要等实际情况，选择适宜的组织结构形式。常见的组织结构形式有直线制、直线职能制、事业部制、矩阵制等。

1. 直线制(图 3-1)

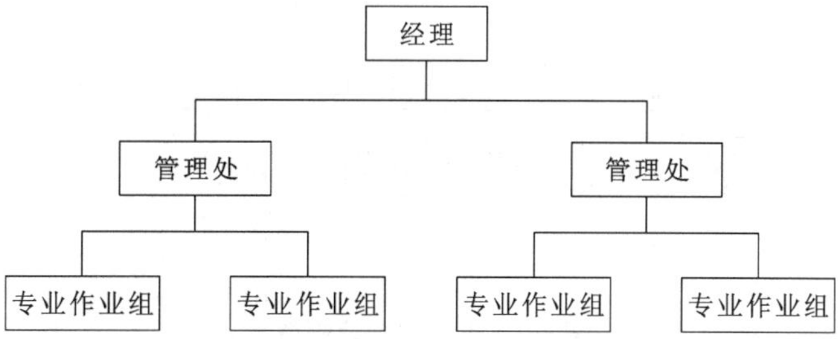


**图 3-1　直线制组织结构**

直线制是一种最早出现也是最简单的组织形式。它的特点是企业各级行政单位从上到下实行垂直领导，下属部门只接受一个上级的指令，各级主管负责人对所属单位的一切问题负责。企业不另设职能机构(可设职能人员协助主管工作)，一切管理职能基本上都由行政主管自己执行。这种组织形式适用于业务量较小的小型物业服务企业。

主要优点：结构比较简单，责任分明，命令统一。

主要缺点：它要求行政负责人通晓多种知识和技能，亲自处理各种业务。

2. 直线职能制(图 3-2)

直线职能制也叫生产区域制或直线参谋制。它是在直线制和职能制的基础上，取长补短，吸取这两种形式的优点而建立起来的。目前，绝大多数企业都采用这种组织结构形式。这种组织结构形式把企业管理机构和人员分为两类：一类是直线领导机构和人员，按命令统一原则对各级组织行使指挥权；另一类是职能机构和人员，按专业化原则从事组织的各项职能管理工作。直线领导机构和人员在自己的职责范围内有一定的决定权和对所属下级的指挥权，并对自己部门的工作负全部责任。而职能机构和人员则是直线指挥人员的参谋，不能对直接部门发号施令，只能进行业务指导。

主要优点：加强了专业管理的职能，适应涉及面广、技术复杂、服务多样化、管理综合性

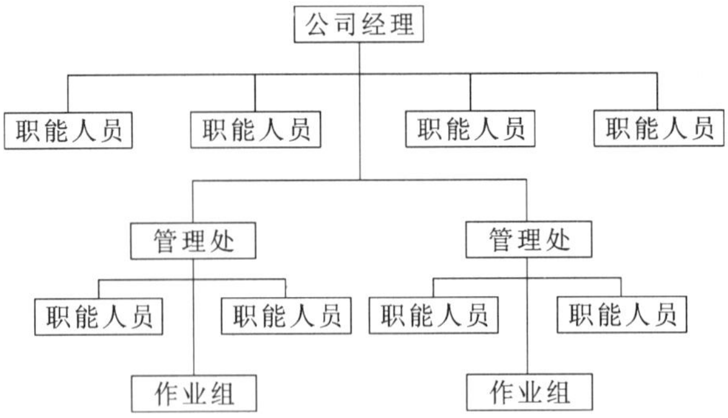


图 3-2　直线职能制组织结构

强的物业服务企业。

主要缺点：机构人员较多，成本较高；横向协调困难，容易扯皮，降低工作效率。

3. 事业部制（图 3-3）

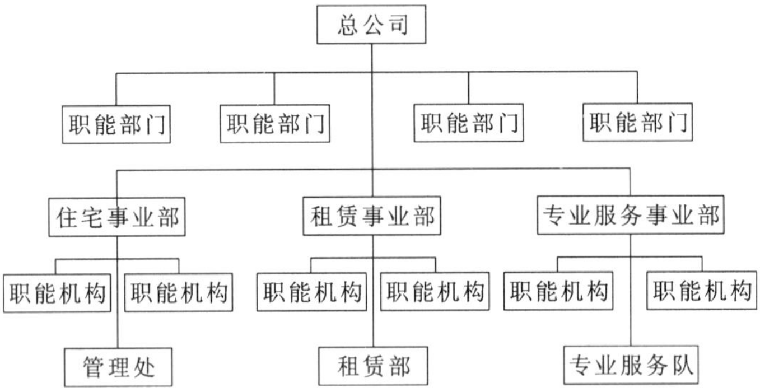


图 3-3　事业部制组织结构

事业部制最早是由美国通用汽车公司总裁斯隆于 1924 年提出的，故有“斯隆模型”之称，也叫“联邦分权化”，是一种高度（层）集权下的分权管理体制。它适用于规模庞大、品种繁多、技术复杂的大型企业，是国外较大的联合公司所采用的一种组织形式，近些年我国一些大型企业集团或公司也引进了这种组织结构形式。这种组织形式的主要特点有：一是实行分权管理，将政策制定和行政管理分开；二是每个事业部都是一个利润中心，实行独立核算和自负盈亏。

主要优点：一是强化了决策机制，使公司最高领导摆脱了繁杂的行政事务，着重于公司重大事情的决策；二是能调动各事业部门的积极性、责任心和主动性，增强了企业的活力；三是促进了内部竞争，提高了公司的效率和效益；四是有利于复合型人才的考核、培养，便于优秀人才脱颖而出。

主要缺点：事业部之间的协调困难，机构重叠，人员过多。

4. 矩阵制（图 3-4）

在组织结构上，把既有按职能划分的垂直领导系统，又有按产品（项目）划分的横向领导关系的结构，称为矩阵制组织结构。

矩阵制组织是为了改进直线职能制横向联系差、缺乏弹性的缺点而形成的一种组织形式。它的特点表现在围绕某项专门任务成立跨职能部门的专门机构上，例如组成一个专门

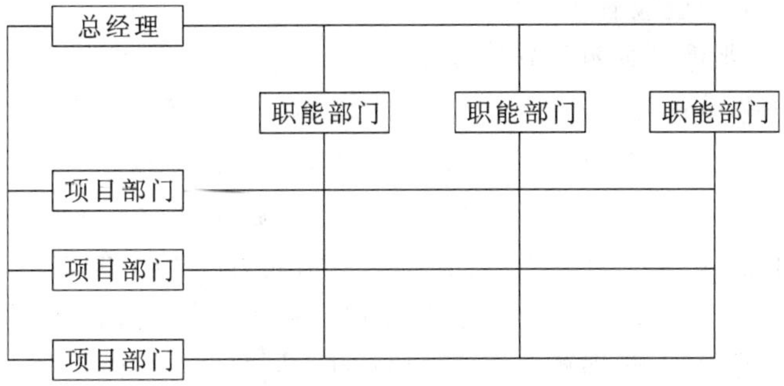


图 3-4　矩阵制组织结构

的产品(项目)小组从事新产品开发工作,在研究、设计、试验、制造各个不同阶段,由有关部门派人参加,力图做到条块结合,以协调有关部门的活动,保证任务的完成。这种组织结构形式是固定的,人员却是变动的,需要谁,谁就来,任务完成后就可以离开。项目小组是临时组织的,项目负责人是临时委任的,任务完成后就解散,有关人员回原单位工作。因此,这种组织结构非常适用于横向协作和攻关项目。

其特点是在同一组织中既设置纵向的职能部门,又建立横向的管理系统;参加项目的成员受双重领导,既受所属职能部门的领导,又受项目组的领导。

主要优点:一是加强了各职能部门之间的横向联系,充分利用了人力资源;二是有利于调动各方的工作积极性,解决、处理各自责任范围内的问题;三是具有较强的机动性和适应性。

主要缺点:一是组织结构的稳定性较差,机构人员较多,容易形成多头领导;二是部门之间关系复杂,协调工作量比较大,处理不当时容易产生矛盾。

(三)物业服务企业组织机构设置的影响因素

1. 企业战略因素

战略是为实现组织目标而确定的产业定位和发展方向。组织机构与组织战略密切相关,一方面,组织战略受到现实组织机构的影响;另一方面,当组织战略发生重大变化时,组织机构应作相应的调整,以适应组织战略的变化。

2. 外部环境因素

外部环境主要包括物业管理的行业特点、人力资源条件、产品特点、客户、市场特点、物业管理的政策和法规、宏观经济形势等因素。在设计组织机构时要考虑外部环境及其稳定性。外部环境越复杂多变,组织机构就越应该强调其适应性,以便采取多种对策来消除外部环境对企业的不利影响。

3. 技术因素

技术因素主要指包括设备、技术、管理知识在内的广义技术概念。一方面,组织活动需要利用技术来进行;另一方面,技术及设备水平影响组织活动,亦影响职责划分、岗位设置及人员素质要求。

4. 组织规模及所处阶段

组织规模直接影响组织机构的管理层次、集权程度、规范化及制度化。组织规模比较大的企业,工作专门化、部门化的程度较高。企业所处的发展阶段不同,面临的主要任务和目标也有所不同,组织机构也应有所差异。

（四）物业服务企业组织机构设置的要求

1.按照规模、任务设置

物业服务企业在设置组织机构时,一方面应考虑管理的规模,一般而言,管理面积越大,员工越多,划分的管理层次就越多,部门和职能设置就越全面,分工越精细;另一方面,在保证关键职能的基础上,又应适当减少部门划分,或者将几个相关的部门合并成一个综合部门,采用一专多能、一职多责的组织机构设置方式。物业服务企业的组织机构设置要服从企业的任务和目标,根据物业管理的任务和目标的不同,组织机构设置的重点也应该有所区别。

2.统一领导、分层管理

物业服务企业各部门和项目应有明确的分工,把企业的任务和目标进行层层分解,落实到每个职能部门和项目,有效控制管理行为,实现集权与分权相结合。物业服务企业无论进行怎样的组织机构设置,都要服从统一指挥的原则,即企业的各个机构在公司总体发展战略和方针的指导下,服从上级的命令和指挥。这样才能避免多头领导和多头指挥,保证政令畅通,提高管理工作的效率。

3.分工协作

在物业服务企业中,应加强上下级之间的纵向协作,改善各职能部门、各项目、各岗位之间的横向协作关系。物业服务企业组织结构的划分包括管理层次的划分、部门的划分和职权的划分。各层级、部门和职位之间要有专业的部门或人员来协调,各部门和人员之间应该保持相互协作关系。

4.精干、高效、灵活

物业服务企业组织机构在精简、精干、高效的同时,还应根据企业外部环境的变化和企业内部业务发展的需要,及时作出必要的调整。

（五）物业服务企业的主要职能机构

一般情况下,物业服务企业的职能机构主要包括总经理室、人力资源部、行政管理部、财务部、品质管理部、市场拓展部、经营管理部、工程管理部、安全管理部、环境管理部。

1.总经理室

总经理室一般设一名总经理和若干名副总经理及“三师”(总会计师、总经济师、总工程师),部分企业还设有总经理助理,他们共同构成企业的决策层,对企业的重大问题作出决策。

2.人力资源部

人力资源部的主要职责包括制订企业各项人力资源管理制度,编制人力资源发展和培训计划,优化人力资源结构和人力资源配置,设计并实施薪酬管理方案,完成人员招募、任免、调配、考核、奖惩、培训、解聘、辞退等工作。

3.行政管理部

行政管理部的主要职责包括编制并实施行政管理、企业文化建设、品牌管理和信息化建设的规划和预算,建立相关规章制度、管理标准和工作标准,完成企业日常行政管理、企业文化和社区文化建设、品牌策划、后勤保障、内部信息管理、信息化建设、对外事务的联络等工作。

4.财务部

财务部的主要职责包括坚持原则,遵守财经纪律,执行财务规章制度;编制财务计划,做好财务核算、成本控制、预算和决算管理、财务分析和财务管理等工作；督促检查各项目的财务收支情况，监督资金和资产的安全运作，增收节支；定期向总经理室汇报财务收支情况。

5. 品质管理部

品质管理部的主要职责包括企业质量管理体系运行和维护，各物业项目服务品质监督，客户满意度评价及监督，管理评审，协助新物业项目建立质量管理体系，外部质量审核的协调，内部服务品质审核的组织协调，客户服务监督管理，客户关系管理，客户投诉处理，客户满意度评价等。

6. 市场拓展部

市场拓展部的主要职责包括物业管理市场调查研究，物业管理市场拓展，物业项目可行性研究、分析，制作标书，投标管理，新接管物业项目早期介入管理的组织和协调，顾问项目管理与协调等。

7. 经营管理部

经营管理部的主要职责包括制订和分解企业经营计划和经营目标，建立物业项目考核体系，确定考核指标和标准，组织对各物业项目进行目标考核等。

8. 工程管理部

工程管理部的主要职责包括工程维修和运行保障，合格工程维修分包商评审，各项维修保养工程和工程改造项目招投标预算及审价、合同评估工作，为各物业项目提供工程技术支持、工程设备运行和维修评审，支持新项目做好新接管物业的移交、验收和工程管理，负责或参与有关工程设备管理文件的编制等。

9. 安全管理部

安全管理部的主要职责包括各物业项目安全管理监督控制、安全管理指导的统筹安排、安全检查的统筹安排、安全管理评审、新项目安全管理支持和协助、负责或参与有关安全管理文件的编制等；具体负责公司安全管理制度及工作计划的制订与实施，并监督、指导、协调和考核各项目的执行情况，完成安全巡查、安全投诉处理、定期消防安全检查等工作；协助对重大安全事故或突发事件进行调查和处理。

10. 环境管理部

环境管理部的主要职责包括负责清洁、绿化管理、保持环境卫生，实施企业对清洁和绿化分包方的监管等；具体负责指导、监督各项目清洁绿化日常维护保养工作；负责对承包方的监督检查与考核；负责制订公共环境卫生防护的各类管理措施，组织编制并实施项目清洁绿化的大、中型维护保养计划。

## 第三节 业主和业主大会

### 一、业主

#### （一）业主的概念

《物业管理条例》第六条规定，业主是指房屋的所有权人。业主可以是自然人、法人和其他组织，可以是本国公民或组织，也可以是外国公民或组织。我国土地所有权分为国家土地所有权和集体土地所有权，自然人不能成为土地所有权的主体。

（二）业主的权利

《物业管理条例》第六条规定，业主在物业管理活动中享有下列权利：

(1)按照物业服务合同的约定，接受物业服务企业提供的服务；

(2)提议召开业主大会会议，并就物业管理的有关事项提出建议；

(3)提出制定和修改管理规约、业主大会议事规则的建议；

(4)参加业主大会会议，行使投票权；

(5)选举业主委员会成员，并享有被选举权；

(6)监督业主委员会的工作；

(7)监督物业服务企业履行物业服务合同；

(8)对物业共用部位、共用设施设备和相关场地的使用情况享有知情权和监督权；

(9)监督物业共用部位、共用设施设备专项维修资金（以下简称专项维修资金）的管理和使用；

(10)法律、法规规定的其他权利。

（三）业主的义务

《物业管理条例》第七条规定，业主在物业管理活动中应当履行的义务主要有以下几个方面：

(1)遵守管理规约、业主大会议事规则；

(2)遵守物业管理区域内物业共用部位和共用设施设备的使用、公共秩序和环境卫生的维护等方面的规章制度；

(3)执行业主大会的决定和业主大会授权业主委员会作出的决定；

(4)按照国家有关规定交纳专项维修资金；

(5)按时交纳物业服务费用；

(6)法律、法规规定的其他义务。

## 二、业主大会

### （一）业主大会的组成和性质

1.业主大会的组成

《物业管理条例》第八条、第九条规定，一个物业管理区域成立一个业主大会，业主大会由物业管理区域内的全体业主组成，代表和维护物业管理区域内全体业主在物业管理活动中的合法权益。业主大会是业主共同管理权实现的体现。物业管理区域内的业主，都必须遵守业主大会制定的管理规约和业主大会议事规则，遵守业主大会制定的各项规章制度，并执行业主大会作出的决定。

2.首次业主大会召开的条件

《物业管理条例》第十条规定，同一个物业管理区域内的业主，应当在物业所在地的区、县人民政府房地产行政主管部门或街道办事处、乡镇人民政府的指导下成立业主大会，并选举产生业主委员会。但是，只有一个业主的，或者业主人数较少且经全体业主一致同意，决定不成立业主大会的，由业主共同履行业主大会、业主委员会职责。

各省、自治区、直辖市对首次召开业主大会规定的条件不尽相同，本书以河南省为例。《河南省物业管理条例》(2018版）第十八条规定，符合下列条件之一的，应当召开首次业主大会会议：

(1)房屋出售并交付使用的建筑面积达到百分之五十以上的；

(2)业主已入住户数的比例达到百分之三十以上的；

(3)物业服务企业在前期物业服务合同期限内依法解除合同或者前期物业服务合同到期前九十天的。

3.首次业主大会的筹备及其职责

各省、自治区、直辖市对首次业主大会筹备的规定不尽相同，本书以河南省为例。《河南省物业管理条例》(2018 版)第二十条规定，符合成立业主大会条件的，建设单位或者十人以上业主联名可以申请成立首次业主大会筹备组。街道办事处、乡镇人民政府应当在收到申请后三十日内组织成立首次业主大会筹备组，并自筹备组成立之日起六十日内组织召开首次业主大会会议。

首次业主大会筹备组由街道办事处、乡镇人民政府和业主、社区居(村)民委员会、建设单位的代表组成，其中业主代表人数比例不低于二分之一；业主代表的产生方式由街道办事处、乡镇人民政府征求业主意见后确定。筹备组组长由街道办事处或者乡镇人民政府的代表担任。

单位小区首次业主大会会议的筹备工作，由其所在单位发起，物业管理行政主管部门、街道办事处、社区居民委员会应当配合。

新建小区首次业主大会会议的筹备经费，由建设单位承担；单位小区首次业主大会会议的筹备经费，由所在单位承担；老旧小区、公租房小区首次业主大会会议的筹备经费，由县级人民政府承担。

《河南省物业管理条例》(2018 版)第二十一条规定，首次业主大会筹备组履行下列职责：

(1)确认并公示业主身份、业主人数以及所拥有的专有部分面积；

(2)确定首次业主大会会议召开的时间、地点、形式和内容；

(3)拟定业主公约或者管理规约、业主大会议事规则；

(4)拟定首次业主大会会议表决规则；

(5)拟定业主委员会组成人员候选人产生办法，确定业主委员会组成人员候选人名单，拟定业主委员会选举办法；

(6)完成召开首次业主大会会议的其他准备工作。

前款内容应当在首次业主大会会议召开十五日前以书面形式在物业管理区域内显著位置公告，公告时间不少于七日。

4.首次业主大会召开前应该提交的材料

原住房和城乡建设部《业主大会和业主委员会指导规则》规定，物业管理区域内，已交付的专有部分面积超过建筑物总面积 50%时，建设单位应当按照物业所在地的区、县房地产行政主管部门或者街道办事处、乡镇人民政府的要求，及时报送下列筹备首次业主大会会议所需的文件资料：

(1)物业管理区域证明；

(2)房屋及建筑物面积清册；

(3)业主名册；

(4)建筑规划总平面图；

(5)交付使用共用设施设备的证明；

(6)物业服务用房配置证明；

(7)其他有关的文件资料。

### (二)业主大会的职责

《物业管理条例》第十一条规定，下列事项由业主共同决定：

(1)制定和修改业主大会议事规则；

(2)制定和修改管理规约；

(3)选举业主委员会或者更换业主委员会成员；

(4)选聘和解聘物业服务企业；

(5)筹集和使用专项维修资金；

(6)改建、重建建筑物及其附属设施；

(7)有关共有和共同管理权利的其他重大事项。

### (三)业主大会的形式

《物业管理条例》第十二条规定，业主大会会议可以采用集体讨论的形式，也可以采用书面征求意见的形式；但是，应当有物业管理区域内专有部分占建筑物总面积过半数的业主且占总人数过半数的业主参加。

业主大会会议分为定期会议和临时会议。

业主大会定期会议按照业主大会议事规则规定的时间和周期由业主委员会组织召开。

业主大会临时会议是面临特殊情况时举行的会议。有下列情况之一的，业主委员会要及时组织召开业主大会临时会议：

(1)20%以上业主提议的；

(2)发生重大事故或者紧急事件需要及时处理的；

(3)业主大会议事规则或者业主公约规定的其他情况。

### (四)业主投票权数的确定

《业主大会和业主委员会指导规则》第二十三条规定，业主大会确定业主投票权数，可以按照下列方法认定专有部分面积和建筑物总面积：

(1)专有部分面积按照不动产登记簿记载的面积计算；尚未进行登记的，暂按测绘机构的实测面积计算；尚未进行实测的，暂按房屋买卖合同记载的面积计算。

(2)建筑物总面积，按照前项的统计总和计算。

业主大会确定业主投票权数，可以按照下列方法认定业主人数和总人数：

(1)业主人数，按照专有部分的数量计算，一个专有部分按一人计算。但建设单位尚未出售和虽已出售但未交付的部分，以及同一买受人拥有一个以上专有部分的，按一人计算。

(2)总人数，按照前项的统计总和计算。

### (五)业主代理人和代表人

业主因故不能参加业主大会会议的，可以书面委托代理人参加。代理人应当在业主委托书的授权范围内行使代理权，如投票、发表意见、参加表决等。

物业管理区域内业主人数较多的，可以以栋、单元、楼层等为单位，推选一名业主参加业主大会会议，推选及表决办法应当在业主大会会议议事规则中规定。

（六）业主大会的决定和决议

业主大会决定业主大会职责中第(5)项和第(6)项规定的事项，应当经专有部分占建筑物总面积2/3以上的业主且占总人数2/3以上的业主同意；决定业主大会职责规定的其他事项，应当经专有部分占建筑物总面积过半数的业主且占总人数过半数的业主同意。

业主大会或者业主委员会的决定，对业主具有约束力。

业主大会或者业主委员会作出的决定侵害业主合法权益的，受侵害的业主可以请求人民法院予以撤销。

（七）业主大会召开的相关要求

《物业管理条例》第十四条规定，业主大会召开前的相关要求有：

(1)召开业主大会会议，应当于会议召开15日以前通知全体业主。

(2)住宅小区的业主大会会议，应当同时告知相关的居民委员会。

(3)业主委员会应当做好业主大会会议记录。

## 第四节　业主委员会

### 一、业主委员会的概念

业主委员会是业主大会的执行机构，是在物业管理活动中代表和维护物业辖区内全体业主合法权益的自治性组织。业主委员会对业主大会负责。

### 二、业主委员会的职责

《业主大会和业主委员会指导规则》第三十五条规定，业主委员会执行业主大会的决定事项，履行下列职责：

(1)执行业主大会的决定和决议；

(2)召集业主大会会议，报告物业管理实施情况；

(3)与业主大会选聘的物业服务企业签订物业服务合同；

(4)及时了解业主、物业使用人的意见和建议，监督和协助物业服务企业履行物业服务合同；

(5)监督管理规约的实施；

(6)督促业主交纳物业服务费及其他相关费用；

(7)组织和监督专项维修资金的筹集和使用；

(8)调解业主之间因物业使用、维护和管理产生的纠纷；

(9)业主大会赋予的其他职责。

### 三、业主委员会的产生与换届

（一）业主委员会委员的任职条件

《业主大会和业主委员会指导规则》第三十一条规定，业主委员会委员应当是物业管理区域内的业主，并符合以下条件：

(1)具有完全民事行为能力；

(2)遵守国家有关法律、法规;

(3)遵守业主大会议事规则、管理规约,模范履行业主义务;

(4)热心公益事业,责任心强,公正廉洁;

(5)具有一定的组织能力;

(6)具备必要的工作时间。

(二)业主委员会的产生

业主委员会委员由业主大会选举产生。业主委员会自选举产生之日起7日内应召开首次业主委员会会议,推选产生业主委员会主任1人,副主任1~2人。业主委员会主任、副主任在业主委员会委员中推选产生。

《物业管理条例》第十六条规定,业主委员会应当自选举产生之日起30日内,向物业所在地的区、县人民政府房地产行政主管部门和街道办事处、乡镇人民政府备案。《业主大会和业主委员会指导规则》第三十三条规定,备案手续包括:

(1)业主大会成立和业主委员会选举的情况;

(2)管理规约;

(3)业主大会议事规则;

(4)业主大会决定的其他重大事项。

(三)业主委员会会议

《业主大会和业主委员会指导规则》第三十八条规定,业主委员会会议由主任召集和主持,主任因故不能履行职责,可以委托副主任召集。

业主委员会会议应有过半数的委员出席,作出的决定必须经全体委员半数以上同意。

业主委员会委员不能委托代理人参加会议。

业主委员会会议应当作书面记录,由出席会议的委员签字后存档。

业主委员会的决定应当以书面形式在物业管理区域内及时公告。

业主委员会应定期或不定期召开业主委员会会议,研究和部署业主委员会的工作。经1/3以上业主委员会委员提议或者业主委员会主任认为有必要的,应当及时召开业主委员会会议。

(四)业主委员会的换届

业主委员会的任期由业主大会通过的业主大会议事规则决定。业主委员会任期届满2个月前,应召开业主大会会议进行业主委员会的换届选举;逾期未换届的,房地产行政主管部门可以指派工作人员指导其换届工作。

原业主委员会应当在其任期届满之日起10日内,将保管的档案资料、印章及其他属于业主大会所有的财物移交给新一届业主委员会,并做好交接手续。

## 四、业委会委员的变更

因各种原因,有时需要对业主委员会委员进行变更。根据《业主大会和业主委员会指导规则》,经业主委员会或者20%以上业主提议,认为有必要变更业主委员会委员的,由业主大会会议做出决定,并以书面形式在物业管理区域内公告。

业主委员会委员有下列情形之一的,经业主大会会议通过,业主委员会委员资格终止:

(1)因物业转让、灭失等原因不再是业主的;

(2)无故缺席业主委员会会议连续三次以上的；

(3)因疾病等原因丧失履行职责能力的；

(4)有犯罪行为的；

(5)以书面形式向业主大会提出辞呈的；

(6)拒不履行业主义务的；

(7)其他原因不宜担任业主委员会委员的。

业主委员会委员资格终止的，应当自终止之日起 3 日内将其保管的档案资料、印章及其他属于业主大会所有的财物移交给业主委员会。

因物业管理区域发生变更等原因导致业主大会解散的，在解散前，业主大会、业主委员会应当在区、县人民政府房地产行政主管部门和街道办事处(乡镇人民政府)的指导监督下，做好业主共同财产的清算工作。

## 本章小结

本章主要讲述了物业管理市场的基本概念，市场构成的要素，业主、业主大会的概念，业主的权利、义务，业主大会的概念、职责，业主委员会的职责等。

## 关键概念

物业管理市场　市场主体　市场客体　市场环境　业主　业主大会　业主委员会

## 基础知识训练

1. 简述物业管理市场的概念。
2. 简述物业管理市场的构成要素。
3. 简述业主的概念。
4. 简述业主大会的职责。
5. 简述业主委员会的职责。

## 实践操作训练

以具体案例来分析某小区召开首次业主大会时，业主人数的确定及投票权的确定。

# 第四章 物业管理的相关法律、制度

## 本章要点

《物业管理条例》介绍；《中华人民共和国物权法》(以下简称《物权法》)介绍；《前期物业管理招标投标管理暂行办法》介绍；《业主大会和业主委员会指导规则》介绍。

## 知识目标

1. 掌握《物业管理条例》的指导思想与主要内容；
2. 掌握《物权法》的指导思想与相关基本内容；
3. 掌握《前期物业管理招标投标管理暂行办法》的指导思想与相关内容；
4. 掌握《业主大会和业主委员会指导规则》的基本思想与内容。

## 能力目标

1. 能够应用《物权法》《物业管理条例》中的基本规定指导和处理物业管理活动事务；
2. 能够应用《前期物业管理招标投标管理暂行办法》指导前期管理招标投标活动。

## 案例导引

**业主的困惑**

作为业主，入夏以来，王女士发现自己所居住小区的巡逻保安经常找个背人的阴凉地方躺下，一睡就是一两个小时。王女士认为这样不行。于是，她要求小区物业公司加强对保安人员的管理。“如果保安工作如此大打折扣，小区的保安不就形同虚设了吗？居民的保安费不就白交了吗？”王女士说。

**思考题：**

你认为王女士的诉求合理吗？

## 第一节 《物业管理条例》介绍

在《物业管理条例》产生的过程中，很多省、市先有了地方性物业管理条例，在梳理地方性物业管理条例的基础上，于 2003 年 6 月 8 日在国务院第九次常务会议上通过《物业管理条例》(国务院令第 379 号)，自 2003 年 9 月 1 日起实施。2003 年版《物业管理条例》的实施，标志着我国物业管理法制化、规范化发展时代的到来。《物业管理条例》自2003年6月8日中华人民共和国国务院令第379号公布以来，先后进行了三次修订：根据2007年8月26日《国务院关于修改〈物业管理条例〉的决定》（国务院令第504号）第一次修订，根据2016年1月13日《国务院关于修改部分行政法规的决定》（国务院令第666号）第二次修订以及根据2018年3月19日《国务院关于修改和废止部分行政法规的决定》（国务院令第698号）第三次修订。

## 一、指导思想和立法原则

### （一）指导思想

在坚持立法的原则和民法基本原则的前提下，《物业管理条例》重点突出了发展、平衡利益、保护弱者的立法理念。《物业管理条例》的立法指导思想主要表现在三个方面：一是强调保护业主的财产权益，协调单个业主与全体业主的共同利益关系；二是强调业主与物业服务企业是平等的民事主体，是服务与被服务的关系；三是强调业主与物业服务企业通过公平、公开和协商方式处理物业管理事项。

### （二）立法原则

1.以建筑物区分所有权为依据确定物业管理权原则

物业管理权利是业主财产权利的重要组成部分。《物业管理条例》对业主权利、义务的规定，其实就是明确了业主作为建筑物区分所有权人的权利、义务。对业主在首次业主大会会议上的投票权的规定，是基于业主拥有的财产权份额，将业主的物业管理权利相应建立在对自有房屋拥有的财产权的基础之上。

2.保护业主相关权益原则

为维护全体业主的合法权益，《物业管理条例》既对物业服务企业的行为、业主大会的职责及其涉及业主共同利益事项的表决、个别业主不按合同约定交纳物业管理费用而损害全体业主利益的行为、有关政府部门的行政监督管理责任等作了明确规定，也对建设单位、公用事业单位等物业管理相关主体依法应当履行的义务作了详尽规定。在处理行政处罚和承担民事责任关系方面，《物业管理条例》设定的法律责任充分体现了优先保护全体业主利益的原则。

3.适当前瞻性原则

《物业管理条例》注重保持法规、政策的持续性和承继性，对被实践证明是行之有效的制度，如前期物业管理招投标、物业服务企业资质管理制度，予以保留。《物业管理条例》注重肯定实践成果，将在实践中积累的良好经验，如加强街道办事处、乡镇人民政府对业主大会的指导和监督等，确立为法律规范。对于如何解决现实中存在的问题，如开发企业不缴纳未出售物业的物业服务费用、任意扩大物业服务企业的治安责任、公用事业单位向物业服务企业转嫁责任等，《物业管理条例》作出了明确规定。同时，《物业管理条例》贯穿着眼未来、着眼发展的指导思想，设立的业主大会和住宅专项维修资金等制度，符合市场经济的基本规律，符合未来立法趋势。

4.实事求是原则

我国各地区的物业管理发展很不平衡，沿海地区与中西部地区、大城市与中小城市，在物业管理市场发育程度、市场环境、管理服务水平等方面差异较大。《物业管理条例》在坚持法律制度统一性的前提下，充分考虑了各地区的实际情况，对房地产开发与物业管理分业经营、物业管理区域划分等问题仅作出原则性规定，有些规定的具体执行办法由各省、自治区、直辖市自己制定。

## 二、主要内容的归纳与分析

1.第一章　总则

该章共5条，对《物业管理条例》的立法目的、调整对象和适用范围、倡导原则和行政管理体制等作了规定。

2.第二章　业主及业主大会

该章共15条，规定了业主的概念、权利与义务，业主大会的组成、宗旨、成立条件、职责、会议制度、议事规则，业主委员会的性质、职责与组成，管理规约的内容、法律效力，业主大会、业主委员会与居民委员会的关系等内容。该章对规范业主行为、保障业主合法权益、促进物业管理活动的健康发展起重要作用。

3.第三章　前期物业管理

该章共11条，是关于前期物业管理的规定，包括前期物业服务合同、临时管理规约、前期物业管理招标投标、物业接管验收、物业资料的移交、物业管理用房、物业的保修责任等内容。

该章的一个基本思想就是通过制度的建立和完善，明确建设单位的责任，打破旧有的“谁开发、谁管理”的模式，增强前期物业管理的透明度。如对前期物业服务合同签订的特殊要求、住宅前期物业管理招投标制度的推行等，都体现了这个思想。

4.第四章　物业管理服务

该章共17条，旨在明确物业管理服务中各方主体的权利、义务关系。该章的各条规定，明确了物业管理当事人之间的法律关系，促进物业管理活动的顺利开展。

5.第五章　物业的使用与维护

该章共7条，对物业的使用与维护相关问题进行了规范。该章规定对于规范业主、物业服务企业以及供水、供电、供气、供热、通信、有线电视等单位的行为，保障物业的正常使用与维护，具有十分重要的意义。

6.第六章　法律责任

该章共11条，规定了物业服务中相关主体的违法行为对应的法律后果。法律责任有以下几个方面的特点：

(1)行政责任和民事责任并存。物业管理本质上是一类特殊的民事关系，即使在其中的一方主体(广大业主)中，也存在着单个业主利益和全体业主共同利益的冲突。同时，物业服务企业的违法行为往往损害的是多数业主的公共利益，不仅要承担民事责任，而且要服从行政机关的监督。因此物业管理中的违法行为，可能同时构成民事违法和行政违法。《物业管理条例》在设定法律责任时，对行政责任和民事责任都作了相应的规定。

(2)为了处理好行政处罚和承担民事责任之间的关系，《物业管理条例》在设定法律责任时遵循了以下原则：凡是能够通过承担民事责任解决的，不再设定行政处罚的原则；确实涉及违反行政管理规定，损害公共利益，需要给予行政处罚的，则优先保证民事责任的承担，以充分体现优先保护全体业主利益的原则。

(3)体现了业主自我管理、自我监督的原则。由于物业管理中涉及单个业主利益和全体业主的共同利益的矛盾，当业主的某些违法行为损害全体业主共同利益时，由业主先进行自我管理、自我约束，然后再追究相应的法律责任。

7. 第七章　附则

附则是关于《物业管理条例》生效日期的规定，明确《物业管理条例》自 2003 年 9 月 1 日起实施。按照法律不溯及既往的一般原理，《物业管理条例》生效以前的物业管理活动，不适用《物业管理条例》的规定。

## 第二节　《物权法》介绍

### 一、基本原则

第一条　为了维护国家基本经济制度，维护社会主义市场经济秩序，明确物的归属，发挥物的效用，保护权利人的物权，根据宪法，制定本法。

第二条　因物的归属和利用而产生的民事关系，适用本法。

本法所称物，包括不动产和动产。法律规定权利作为物权客体的，依照其规定。

本法所称物权，是指权利人依法对特定的物享有直接支配和排他的权利，包括所有权、用益物权和担保物权。

第三条　国家在社会主义初级阶段，坚持公有制为主体、多种所有制经济共同发展的基本经济制度。

国家巩固和发展公有制经济，鼓励、支持和引导非公有制经济的发展。

国家实行社会主义市场经济，保障一切市场主体的平等法律地位和发展权利。

第四条　国家、集体、私人的物权和其他权利人的物权受法律保护，任何单位和个人不得侵犯。

第五条　物权的种类和内容，由法律规定。

第六条　不动产物权的设立、变更、转让和消灭，应当依照法律规定登记。动产物权的设立和转让，应当依照法律规定交付。

第七条　物权的取得和行使，应当遵守法律，尊重社会公德，不得损害公共利益和他人合法权益。

第八条　其他相关法律对物权另有特别规定的，依照其规定。

### 二、主要内容分析

《物权法》有五编和一个附则，共计二百四十七条。

1. 第一编　总则

第一编共三章。第一章主要阐述《物权法》的基本原则；第二章主要阐述物权的设立、变更、转让和消灭；第三章主要阐述物权的保护，包括：物权受到侵害的，权利人可以通过和解、调解、仲裁、诉讼等途径解决。侵害物权，除承担民事责任外，违反行政管理规定的，依法承担行政责任；构成犯罪的，依法追究刑事责任。

2. 第二编　所有权

第二编共六章。第四章主要阐述所有权人对自己的不动产或者动产所具有的权利，包括依法享有占有、使用、收益、处分的权利，用益物权和担保物权等。第五章主要阐述国家所有权、集体所有权和私人所有权，以及各所有权包括的一些物业形态和边界。第六章主要阐述业主的建筑物区分所有权理论，包括业主对建筑物内的住宅、经营性用房等专有部分享有所有权，对专有部分以外的共有部分享有共有和共同管理的权利。建筑物区分所有权理论是物业公司开展管理与服务的法律基础。第七章为相邻关系，主要阐述不动产的相邻权利人应当按照有利生产、方便生活、团结互助、公平合理的原则正确处理相邻关系，基本原则是：法律、法规对处理相邻关系有规定的，依照其规定；法律、法规没有规定的，可以按照当地习惯。第八章为共有，主要阐述不动产或者动产可以由两个以上单位、个人共有，共有包括按份共有和共同共有，以及共有产权人的权利、义务、债务比例等问题。第九章为所有权取得的特别规定，主要阐述特别情况下物权的转让、遗失、追回、归属等问题。

3.第三编　用益物权

第三编共五章。第十章为一般规定，主要阐述用益物权人对他人所有的不动产或者动产依法享有占有、使用和收益的权利。第十一章主要阐述土地承包经营权。第十二章主要阐述建设用地使用权。第十三章主要阐述宅基地使用权。第十四章主要阐述地役权。

4.第四编　担保物权

第四编共四章。第十五章为一般规定，主要阐述担保物权人的债务、债权法律关系。第十六章为抵押权，主要围绕一般抵押权和最高额抵押权阐述了抵押人、债务人或者第三人、债权人的法律关系和责任。第十七章为质权，主要阐述动产质权、权利质权的相关法律内容。第十八章主要阐述留置权。

5.第五编　占有

第五编共一章，主要阐述不动产或者动产被占有人占有、损坏、灭失等过程中的权利和义务。

6.附则

附则共两条，即法律、行政法规对不动产统一登记的范围、登记机构和登记办法作出规定前，地方性法规可以依照本法有关规定作出规定；本法自 2007 年 10 月 1 日起施行。

## 三、相关司法解释

《物权法》的司法解释有两个：《最高人民法院关于审理建筑物区分所有权纠纷案件具体应用法律若干问题的解释》和《最高人民法院关于审理物业服务纠纷案件具体应用法律若干问题的解释》。

### （一）《最高人民法院关于审理建筑物区分所有权纠纷案件具体应用法律若干问题的解释》的内容

《最高人民法院关于审理建筑物区分所有权纠纷案件具体应用法律若干问题的解释》已于 2009 年 3 月 23 日由最高人民法院审判委员会第 1464 次会议通过，自 2009 年 10 月 1 日起施行。

第一条　依法登记取得或者根据物权法第二章第三节规定取得建筑物专有部分所有权的人，应当认定为物权法第六章所称的业主。

基于与建设单位之间的商品房买卖民事法律行为，已经合法占有建筑物专有部分，但尚未依法办理所有权登记的人，可以认定为物权法第六章所称的业主。

第二条　建筑区划内符合下列条件的房屋，以及车位、摊位等特定空间，应当认定为物权法第六章所称的专有部分：

（一）具有构造上的独立性，能够明确区分；

（二）具有利用上的独立性，可以排他使用；

（三）能够登记成为特定业主所有权的客体。

规划上专属于特定房屋，且建设单位销售时已经根据规划列入该特定房屋买卖合同中的露台等，应当认定为物权法第六章所称专有部分的组成部分。

本条第一款所称房屋，包括整栋建筑物。

第三条　除法律、行政法规规定的共有部分外，建筑区划内的以下部分，也应当认定为物权法第六章所称的共有部分：

（一）建筑物的基础、承重结构、外墙、屋顶等基本结构部分，通道、楼梯、大堂等公共通行部分，消防、公共照明等附属设施、设备，避难层、设备层或者设备间等结构部分；

（二）其他不属于业主专有部分，也不属于市政公用部分或者其他权利人所有的场所及设施等。

建筑区划内的土地，依法由业主共同享有建设用地使用权，但属于业主专有的整栋建筑物的规划占地或者城镇公共道路、绿地占地除外。

第四条　业主基于对住宅、经营性用房等专有部分特定使用功能的合理需要，无偿利用屋顶以及与其专有部分相对应的外墙面等共有部分的，不应认定为侵权。但违反法律、法规、管理规约，损害他人合法权益的除外。

第五条　建设单位按照配置比例将车位、车库，以出售、附赠或者出租等方式处分给业主的，应当认定其行为符合物权法第七十四条第一款有关“应当首先满足业主的需要”的规定。前款所称配置比例是指规划确定的建筑区划内规划用于停放汽车的车位、车库与房屋套数的比例。

第六条　建筑区划内在规划用于停放汽车的车位之外，占用业主共有道路或者其他场地增设的车位，应当认定为物权法第七十四条第三款所称的车位。

第七条　改变共有部分的用途、利用共有部分从事经营性活动、处分共有部分，以及业主大会依法决定或者管理规约依法确定应由业主共同决定的事项，应当认定为物权法第七十六条第一款第（七）项规定的有关共有和共同管理权利的“其他重大事项”。

第八条　物权法第七十六条第二款和第八十条规定的专有部分面积和建筑物总面积，可以按照下列方法认定：

（一）专有部分面积，按照不动产登记簿记载的面积计算；尚未进行物权登记的，暂按测绘机构的实测面积计算；尚未进行实测的，暂按房屋买卖合同记载的面积计算；

（二）建筑物总面积，按照前项的统计总和计算。

第九条　物权法第七十六条第二款规定的业主人数和总人数，可以按照下列方法认定：

（一）业主人数，按照专有部分的数量计算，一个专有部分按一人计算。但建设单位尚未出售和虽已出售但尚未交付的部分，以及同一买受人拥有一个以上专有部分的，按一人计算；

（二）总人数，按照前项的统计总和计算。

第十条　业主将住宅改变为经营性用房，未按照物权法第七十七条的规定经有利害关系的业主同意，有利害关系的业主请求排除妨害、消除危险、恢复原状或者赔偿损失的，人民法院应予支持。

将住宅改变为经营性用房的业主以多数有利害关系的业主同意其行为进行抗辩的，人民法院不予支持。

第十一条　业主将住宅改变为经营性用房，本栋建筑物内的其他业主，应当认定为物权法第七十七条所称“有利害关系的业主”。建筑区划内，本栋建筑物之外的业主，主张与自己有利害关系的，应证明其房屋价值、生活质量受到或者可能受到不利影响。

第十二条　业主以业主大会或者业主委员会作出的决定侵害其合法权益或者违反了法律规定的程序为由，依据物权法第七十八条第二款的规定请求人民法院撤销该决定的，应当在知道或者应当知道业主大会或者业主委员会作出决定之日起一年内行使。

第十三条　业主请求公布、查阅下列应当向业主公开的情况和资料的，人民法院应予支持：、

（一）建筑物及其附属设施的维修资金的筹集、使用情况；

（二）管理规约、业主大会议事规则，以及业主大会或者业主委员会的决定及会议记录；

（三）物业服务合同、共有部分的使用和收益情况；

（四）建筑区划内规划用于停放汽车的车位、车库的处分情况；

（五）其他应当向业主公开的情况和资料。

第十四条　建设单位或者其他行为人擅自占用、处分业主共有部分、改变其使用功能或者进行经营性活动，权利人请求排除妨害、恢复原状、确认处分行为无效或者赔偿损失的，人民法院应予支持。

属于前款所称擅自进行经营性活动的情形，权利人请求行为人将扣除合理成本之后的收益用于补充专项维修资金或者业主共同决定的其他用途的，人民法院应予支持。行为人对成本的支出及其合理性承担举证责任。

第十五条　业主或者其他行为人违反法律、法规、国家相关强制性标准、管理规约，或者违反业主大会、业主委员会依法作出的决定，实施下列行为的，可以认定为物权法第八十三条第二款所称的其他“损害他人合法权益的行为”：

（一）损害房屋承重结构，损害或者违章使用电力、燃气、消防设施，在建筑物内放置危险、放射性物品等危及建筑物安全或者妨碍建筑物正常使用；

（二）违反规定破坏、改变建筑物外墙面的形状、颜色等损害建筑物外观；

（三）违反规定进行房屋装饰装修；

（四）违章加建、改建，侵占、挖掘公共通道、道路、场地或者其他共有部分。

第十六条　建筑物区分所有权纠纷涉及专有部分的承租人、借用人等物业使用人的，参照本解释处理。

专有部分的承租人、借用人等物业使用人，根据法律、法规、管理规约、业主大会或者业主委员会依法作出的决定，以及其与业主的约定，享有相应权利，承担相应义务。

第十七条　本解释所称建设单位，包括包销期满，按照包销合同约定的包销价格购买尚未销售的物业后，以自己名义对外销售的包销人。

第十八条　人民法院审理建筑物区分所有权案件中，涉及有关物权归属争议的，应当以法律、行政法规为依据。

第十九条　本解释自 2009 年 10 月 1 日起施行。

因物权法施行后实施的行为引起的建筑物区分所有权纠纷案件，适用本解释。

本解释施行前已经终审，本解释施行后当事人申请再审或者按照审判监督程序决定再审的案件，不适用本解释。

**（二）《最高人民法院关于审理物业服务纠纷案件具体应用法律若干问题的解释》内容**

《最高人民法院关于审理物业服务纠纷案件具体应用法律若干问题的解释》已于 2009 年 4 月 20 日由最高人民法院审判委员会第 1466 次会议通过，自 2009 年 10 月 1 日起施行。

第一条　建设单位依法与物业服务企业签订的前期物业服务合同，以及业主委员会与业主大会依法选聘的物业服务企业签订的物业服务合同，对业主具有约束力。业主以其并非合同当事人为由提出抗辩的，人民法院不予支持。

第二条　符合下列情形之一，业主委员会或者业主请求确认合同或者合同相关条款无效的，人民法院应予支持：

（一）物业服务企业将物业服务区域内的全部物业服务业务一并委托他人而签订的委托合同；

（二）物业服务合同中免除物业服务企业责任、加重业主委员会或者业主责任、排除业主委员会或者业主主要权利的条款。

前款所称物业服务合同包括前期物业服务合同。

第三条　物业服务企业不履行或者不完全履行物业服务合同约定的或者法律、法规规定以及相关行业规范确定的维修、养护、管理和维护义务，业主请求物业服务企业承担继续履行、采取补救措施或者赔偿损失等违约责任的，人民法院应予支持。

物业服务企业公开作出的服务承诺及制定的服务细则，应当认定为物业服务合同的组成部分。

第四条　业主违反物业服务合同或者法律、法规、管理规约，实施妨害物业服务与管理的行为，物业服务企业请求业主承担恢复原状、停止侵害、排除妨害等相应民事责任的，人民法院应予支持。

第五条　物业服务企业违反物业服务合同约定或者法律、法规、部门规章规定，擅自扩大收费范围、提高收费标准或者重复收费，业主以违规收费为由提出抗辩的，人民法院应予支持。

业主请求物业服务企业退还其已收取的违规费用的，人民法院应予支持。

第六条　经书面催交，业主无正当理由拒绝交纳或者在催告的合理期限内仍未交纳物业费，物业服务企业请求业主支付物业费的，人民法院应予支持。物业服务企业已经按照合同约定以及相关规定提供服务，业主仅以未享受或者无需接受相关物业服务为抗辩理由的，人民法院不予支持。

第七条　业主与物业的承租人、借用人或者其他物业使用人约定由物业使用人交纳物业费，物业服务企业请求业主承担连带责任的，人民法院应予支持。

第八条　业主大会按照物权法第七十六条规定的程序作出解聘物业服务企业的决定后，业主委员会请求解除物业服务合同的，人民法院应予支持。

物业服务企业向业主委员会提出物业费主张的，人民法院应当告知其向拖欠物业费的业主另行主张权利。

第九条　物业服务合同的权利义务终止后，业主请求物业服务企业退还已经预收，但尚未提供物业服务期间的物业费的，人民法院应予支持。

物业服务企业请求业主支付拖欠的物业费的，按照本解释第六条规定处理。

第十条　物业服务合同的权利义务终止后，业主委员会请求物业服务企业退出物业服务区域、移交物业服务用房和相关设施，以及物业服务所必需的相关资料和由其代管的专项维修资金的，人民法院应予支持。

物业服务企业拒绝退出、移交，并以存在事实上的物业服务关系为由，请求业主支付物业服务合同权利义务终止后的物业费的，人民法院不予支持。

第十一条　本解释涉及物业服务企业的规定，适用于物权法第七十六条、第八十一条、第八十二条所称其他管理人。

第十二条　因物业的承租人、借用人或者其他物业使用人实施违反物业服务合同，以及法律、法规或者管理规约的行为引起的物业服务纠纷，人民法院应当参照本解释关于业主的规定处理。

第十三条　本解释自2009年10月1日起施行。

本解释施行前已经终审，本解释施行后当事人申请再审或者按照审判监督程序决定再审的案件，不适用本解释。

## 第三节　《前期物业管理招标投标管理暂行办法》介绍

2003年6月26日，原建设部印发了《前期物业管理招标投标管理暂行办法》，共五章四十四条。

### 一、制定原则

(1)为了规范前期物业管理招标投标活动，保护招标投标当事人的合法权益，促进物业管理市场的公平竞争，制定本办法。

(2)建设单位通过招投标的方式选聘具有相应资质的物业管理企业和行政主管部门对物业管理招投标活动实施监督管理，适用本办法。

(3)国家提倡其他物业的建设单位通过招投标的方式，选聘具有相应资质的物业管理企业。

### 二、主要内容分析

1.第一章　总则

本章共六条，主要阐述了前期物业管理的概念、原则、监督管理部门。

2.第二章　招标

本章共十三条，主要阐述了前期物业管理的招标主体，招标方式，招标文件编制、发布的要求及投标资格审查等内容。

3.第三章　投标

本章共六条，主要阐述了投标及投标书内容的基本要求等。

4.第四章　开标、评标和中标

本章共十四条，主要阐述了开标的要求、评标委员会的组成及要求，以及评标委员会的职责。

5.第五章　附则

本章共五条，主要阐述了物业管理招投标的其他相关事宜。

### 三、《前期物业管理招标投标管理暂行办法》的内容

第一章　总则

第一条　为了规范前期物业管理招标投标活动，保护招标投标当事人的合法权益，促进物业管理市场的公平竞争，制定本办法。

第二条　前期物业管理，是指在业主、业主大会选聘物业管理企业之前，由建设单位选聘物业管理企业实施的物业管理。

建设单位通过招投标的方式选聘具有相应资质的物业管理企业和行政主管部门对物业管理招投标活动实施监督管理，适用本办法。

第三条　住宅及同一物业管理区域内非住宅的建设单位，应当通过招投标的方式选聘具有相应资质的物业管理企业；投标人少于3个或者住宅规模较小的，经物业所在地的区、县人民政府房地产行政主管部门批准，可以采用协议方式选聘具有相应资质的物业管理企业。

国家提倡其他物业的建设单位通过招投标的方式，选聘具有相应资质的物业管理企业。

第四条　前期物业管理招标投标应当遵循公开、公平、公正和诚实信用的原则。

第五条　国务院建设行政主管部门负责全国物业管理招标投标活动的监督管理。

省、自治区人民政府建设行政主管部门负责本行政区域内物业管理招标投标活动的监督管理。

直辖市、市、县人民政府房地产行政主管部门负责本行政区域内物业管理招标投标活动的监督管理。

第六条　任何单位和个人不得违反法律、行政法规规定，限制或者排斥具备投标资格的物业管理企业参加投标，不得以任何方式非法干涉物业管理招标投标活动。

第二章　招标

第七条　本办法所称招标人是指依法进行前期物业管理招标的物业建设单位。

前期物业管理招标由招标人依法组织实施。招标人不得以不合理条件限制或者排斥潜在投标人，不得对潜在投标人实行歧视待遇，不得对潜在投标人提出与招标物业管理项目实际要求不符的过高的资格等要求。

第八条　前期物业管理招标分为公开招标和邀请招标。

招标人采取公开招标方式的，应当在公共媒介上发布招标公告，并同时在中国住宅与房地产信息网和中国物业管理协会网上发布免费招标公告。

招标公告应当载明招标人的名称和地址，招标项目的基本情况以及获取招标文件的办法等事项。

招标人采取邀请招标方式的，应当向3个以上物业管理企业发出投标邀请书，投标邀请书应当包含前款规定的事项。

第九条　招标人可以委托招标代理机构办理招标事宜；有能力组织和实施招标活动的，也可以自行组织实施招标活动。

物业管理招标代理机构应当在招标人委托的范围内办理招标事宜，并遵守本办法对招标人的有关规定。

第十条　招标人应当根据物业管理项目的特点和需要，在招标前完成招标文件的编制。

招标文件应包括以下内容：

（一）招标人及招标项目简介，包括招标人名称、地址、联系方式、项目基本情况、物业管理用房的配备情况等；

（二）物业管理服务内容及要求，包括服务内容、服务标准等；

（三）对投标人及投标书的要求，包括投标人的资格、投标书的格式、主要内容等；

（四）评标标准和评标方法；

（五）招标活动方案，包括招标组织机构、开标时间及地点等；

（六）物业服务合同的签订说明；

（七）其他事项的说明及法律法规规定的其他内容。

第十一条　招标人应当在发布招标公告或者发出投标邀请书的10日前，提交以下材料报物业项目所在地的县级以上地方人民政府房地产行政主管部门备案：

（一）与物业管理有关的物业项目开发建设的政府批件；

（二）招标公告或者招标邀请书；

（三）招标文件；

（四）法律、法规规定的其他材料。

房地产行政主管部门发现招标有违反法律、法规规定的，应当及时责令招标人改正。

第十二条　公开招标的招标人可以根据招标文件的规定，对投标申请人进行资格预审。

实行投标资格预审的物业管理项目，招标人应当在招标公告或者投标邀请书中载明资格预审的条件和获取资格预审文件的办法。

资格预审文件一般应当包括资格预审申请书格式、申请人须知，以及需要投标申请人提供的企业资格文件、业绩、技术装备、财务状况和拟派出的项目负责人与主要管理人员的简历、业绩等证明材料。

第十三条　经资格预审后，公开招标的招标人应当向资格预审合格的投标申请人发出资格预审合格通知书，告知获取招标文件的时间、地点和方法，并同时向资格不合格的投标申请人告知资格预审结果。

在资格预审合格的投标申请人过多时，可以由招标人从中选择不少于5家资格预审合格的投标申请人。

第十四条　招标人应当确定投标人编制投标文件所需要的合理时间。公开招标的物业管理项目，自招标文件发出之日起至投标人提交投标文件截止之日止，最短不得少于20日。

第十五条　招标人对已发出的招标文件进行必要的澄清或者修改的，应当在招标文件要求提交投标文件截止时间至少15日前，以书面形式通知所有的招标文件收受人。该澄清或者修改的内容为招标文件的组成部分。

第十六条　招标人根据物业管理项目的具体情况，可以组织潜在的投标申请人踏勘物业项目现场，并提供隐蔽工程图纸等详细资料。对投标申请人提出的疑问应当予以澄清并以书面形式发送给所有的招标文件收受人。

第十七条　招标人不得向他人透露已获取招标文件的潜在投标人的名称、数量以及可能影响公平竞争的有关招标投标的其他情况。

招标人设有标底的，标底必须保密。

第十八条　在确定中标人前，招标人不得与投标人就投标价格、投标方案等实质内容进行谈判。

第十九条　通过招标投标方式选择物业管理企业的，招标人应当按照以下规定时限完成物业管理招标投标工作：

（一）新建现售商品房项目应当在现售前30日完成；

（二）预售商品房项目应当在取得《商品房预售许可证》之前完成；

（三）非出售的新建物业项目应当在交付使用前90日完成。

第三章　投标

第二十条　本办法所称投标人是指响应前期物业管理招标、参与投标竞争的物业管理企业。

投标人应当具有相应的物业管理企业资质和招标文件要求的其他条件。

第二十一条　投标人对招标文件有疑问需要澄清的，应当以书面形式向招标人提出。

第二十二条　投标人应当按照招标文件的内容和要求编制投标文件，投标文件应当对招标文件提出的实质性要求和条件作出响应。

投标文件应当包括以下内容：

（一）投标函；

（二）投标报价；

（三）物业管理方案；

（四）招标文件要求提供的其他材料。

第二十三条　投标人应当在招标文件要求提交投标文件的截止时间前，将投标文件密封送达投标地点。招标人收到投标文件后，应当向投标人出具标明签收人和签收时间的凭证，并妥善保存投标文件。在开标前，任何单位和个人均不得开启投标文件。在招标文件要求提交投标文件的截止时间后送达的投标文件，为无效的投标文件，招标人应当拒收。

第二十四条　投标人在招标文件要求提交投标文件的截止时间前，可以补充、修改或者撤回已提交的投标文件，并书面通知招标人。补充、修改的内容为投标文件的组成部分，并应当按照本办法第二十三条的规定送达、签收和保管。在招标文件要求提交投标文件的截止时间后送达的补充或者修改的内容无效。

第二十五条　投标人不得以他人名义投标或者以其他方式弄虚作假，骗取中标。

投标人不得相互串通投标，不得排挤其他投标人的公平竞争，不得损害招标人或者其他投标人的合法权益。

投标人不得与招标人串通投标，损害国家利益、社会公共利益或者他人的合法权益。

禁止投标人以向招标人或者评标委员会成员行贿等不正当手段谋取中标。

第四章　开标、评标和中标

第二十六条　开标应当在招标文件确定的提交投标文件截止时间的同一时间公开进行；开标地点应当为招标文件中预先确定的地点。

第二十七条　开标由招标人主持，邀请所有投标人参加。开标应当按照下列规定进行：

由投标人或者其推选的代表检查投标文件的密封情况，也可以由招标人委托的公证机构进行检查并公证。经确认无误后，由工作人员当众拆封，宣读投标人名称、投标价格和投标文件的其他主要内容。

招标人在招标文件要求提交投标文件的截止时间前收到的所有投标文件，开标时都应当当众予以拆封。

开标过程应当记录，并由招标人存档备查。

第二十八条　评标由招标人依法组建的评标委员会负责。

评标委员会由招标人代表和物业管理方面的专家组成，成员为5人以上单数，其中招标人代表以外的物业管理方面的专家不得少于成员总数的三分之二。

评标委员会的专家成员，应当由招标人从房地产行政主管部门建立的专家名册中采取随机抽取的方式确定。

与投标人有利害关系的人不得进入相关项目的评标委员会。

第二十九条　房地产行政主管部门应当建立评标的专家名册。省、自治区、直辖市人民政府房地产行政主管部门可以将专家数量少的城市的专家名册予以合并或者实行专家名册计算机联网。

房地产行政主管部门应当对进入专家名册的专家进行有关法律和业务培训，对其评标能力、廉洁公正等进行综合考评，及时取消不称职或者违法违规人员的评标专家资格。被取消评标专家资格的人员，不得再参加任何评标活动。

第三十条　评标委员会成员应当认真、公正、诚实、廉洁地履行职责。

评标委员会成员不得与任何投标人或者与招标结果有利害关系的人进行私下接触，不得收受投标人、中介人、其他利害关系人的财物或者其他好处。

评标委员会成员和与评标活动有关的工作人员不得透露对投标文件的评审和比较、中标候选人的推荐情况以及与评标有关的其他情况。

前款所称与评标活动有关的工作人员，是指评标委员会成员以外的因参与评标监督工作或者事务性工作而知悉有关评标情况的所有人员。

第三十一条　评标委员会可以用书面形式要求投标人对投标文件中含义不明确的内容作必要的澄清或者说明。投标人应当采用书面形式进行澄清或者说明，其澄清或者说明不得超出投标文件的范围或者改变投标文件的实质性内容。

第三十二条　在评标过程中召开现场答辩会的，应当事先在招标文件中说明，并注明所占的评分比重。

评标委员会应当按照招标文件的评标要求，根据标书评分、现场答辩等情况进行综合评标。

除了现场答辩部分外，评标应当在保密的情况下进行。

第三十三条　评标委员会应当按照招标文件确定的评标标准和方法，对投标文件进行评审和比较，并对评标结果签字确认。

第三十四条　评标委员会经评审，认为所有投标文件都不符合招标文件要求的，可以否决所有投标。

依法必须进行招标的物业管理项目的所有投标被否决的，招标人应当重新招标。

第三十五条　评标委员会完成评标后，应当向招标人提出书面评标报告，阐明评标委员会对各投标文件的评审和比较意见，并按照招标文件规定的评标标准和评标方法，推荐不超过3名有排序的合格的中标候选人。

招标人应当按照中标候选人的排序确定中标人。当确定中标的中标候选人放弃中标或者因不可抗力提出不能履行合同的，招标人可以依序确定其他中标候选人为中标人。

第三十六条　招标人应当在投标有效期截止时限30日前确定中标人。投标有效期应当在招标文件中载明。

第三十七条　招标人应当向中标人发出中标通知书，同时将中标结果通知所有未中标的投标人，并应当返还其投标书。

招标人应当自确定中标人之日起15日内，向物业项目所在地的县级以上地方人民政府房地产行政主管部门备案。备案资料应当包括开标评标过程、确定中标人的方式及理由、评标委员会的评标报告、中标人的投标文件等资料。委托代理招标的，还应当附招标代理委托合同。

第三十八条　招标人和中标人应当自中标通知书发出之日起30日内，按照招标文件和中标人的投标文件订立书面合同；招标人和中标人不得再行订立背离合同实质性内容的其他协议。

第三十九条　招标人无正当理由不与中标人签订合同，给中标人造成损失的，招标人应当给予赔偿。

第五章　附则

第四十条　投标人和其他利害关系人认为招标投标活动不符合本办法有关规定的，有权向招标人提出异议，或者依法向有关部门投诉。

第四十一条　招标文件或者投标文件使用两种以上语言文字的，必须有一种是中文；如对不同文本的解释发生异议的，以中文文本为准。用文字表示的数额与数字表示的金额不一致的，以文字表示的金额为准。

第四十二条　本办法第三条规定住宅规模较小的，经物业所在地的区、县人民政府房地产行政主管部门批准，可以采用协议方式选聘物业管理企业的，其规模标准由省、自治区、直辖市人民政府房地产行政主管部门确定。

第四十三条　业主和业主大会通过招投标的方式选聘具有相应资质的物业管理企业的，参照本办法执行。

第四十四条　本办法自2003年9月1日起施行。

## 第四节　《业主大会和业主委员会指导规则》介绍

2009年12月，中华人民共和国住房和城乡建设部制定了《业主大会和业主委员会指导规则》，共五章六十四条。

### 一、制定原则

为了规范业主大会和业主委员会的活动，维护业主的合法权益，根据《物权法》《物业管理条例》等法律法规，制定本规则。

### 二、主要内容分析

1.第一章　总则

本章共六条，主要阐述了业主大会、业主委员会的概念、应当依法履行的职责。

2.第二章　业主大会

本章共二十四条，主要阐述了业主大会的构成、首次业主大会的筹备、业主大会决定的事项、业主大会会议形式等内容。

3.第三章　业主委员会

本章共十八条，主要阐述了业主委员会的选举、职责，业主委员会会议、业主委员会委员资格认定与终止等内容。

4.第四章　指导和监督

本章共十三条，主要阐述了业主大会、业主委员会的指导和监督部门及指导和监督内容等。

5.第五章　附则

本章共三条，主要阐述了本规则的使用范围和实施时间。

### 三、《业主大会和业主委员会指导规则》的内容

第一章　总则

第一条　为了规范业主大会和业主委员会的活动，维护业主的合法权益，根据《中华人民共和国物权法》、《物业管理条例》等法律法规的规定，制定本规则。

第二条　业主大会由物业管理区域内的全体业主组成，代表和维护物业管理区域内全体业主在物业管理活动中的合法权利，履行相应的义务。

第三条　业主委员会由业主大会依法选举产生，履行业主大会赋予的职责，执行业主大会决定的事项，接受业主的监督。

第四条　业主大会或者业主委员会的决定，对业主具有约束力。

业主大会和业主委员会应当依法履行职责，不得作出与物业管理无关的决定，不得从事与物业管理无关的活动。

第五条　业主大会和业主委员会，对业主损害他人合法权益和业主共同利益的行为，有权依照法律、法规以及管理规约，要求停止侵害、消除危险、排除妨害、赔偿损失。

第六条　物业所在地的区、县房地产行政主管部门和街道办事处、乡镇人民政府负责对设立业主大会和选举业主委员会给予指导和协助，负责对业主大会和业主委员会的日常活动进行指导和监督。

第二章　业主大会

第七条　业主大会根据物业管理区域的划分成立，一个物业管理区域成立一个业主大会。

只有一个业主的，或者业主人数较少且经全体业主同意，不成立业主大会的，由业主共同履行业主大会、业主委员会职责。

第八条　物业管理区域内，已交付的专有部分面积超过建筑物总面积50%时，建设单位应当按照物业所在地的区、县房地产行政主管部门或者街道办事处、乡镇人民政府的要求，及时报送下列筹备首次业主大会会议所需的文件资料：

（一）物业管理区域证明；

（二）房屋及建筑物面积清册；

（三）业主名册；

（四）建筑规划总平面图；

（五）交付使用共用设施设备的证明；

（六）物业服务用房配置证明；

（七）其他有关的文件资料。

第九条　符合成立业主大会条件的，区、县房地产行政主管部门或者街道办事处、乡镇人民政府应当在收到业主提出筹备业主大会书面申请后 60 日内，负责组织、指导成立首次业主大会会议筹备组。

第十条　首次业主大会会议筹备组由业主代表、建设单位代表、街道办事处、乡镇人民政府代表和居民委员会代表组成。筹备组成员人数应为单数，其中业主代表人数不低于筹备组总人数的一半，筹备组组长由街道办事处、乡镇人民政府代表担任。

第十一条　筹备组中业主代表的产生，由街道办事处、乡镇人民政府或者居民委员会组织业主推荐。

筹备组应当将成员名单以书面形式在物业管理区域内公告。业主对筹备组成员有异议的，由街道办事处、乡镇人民政府协调解决。

建设单位和物业服务企业应当配合协助筹备组开展工作。

第十二条　筹备组应当做好以下筹备工作：

（一）确认并公示业主身份、业主人数以及所拥有的专有部分面积；

（二）确定首次业主大会会议召开的时间、地点、形式和内容；

（三）草拟管理规约、业主大会议事规则；

（四）依法确定首次业主大会会议表决规则；

（五）制定业主委员会委员候选人产生办法，确定业主委员会委员候选人名单；

（六）制定业主委员会选举办法；

（七）完成召开首次业主大会会议的其他准备工作。

前款内容应当在首次业主大会会议召开 15 日前以书面形式在物业管理区域内公告。业主对公告内容有异议的，筹备组应当记录并作出答复。

第十三条　依法登记取得或者根据物权法第二章第三节规定取得建筑物专有部分所有权的人，应当认定为业主。

基于房屋买卖等民事法律行为，已经合法占有建筑物专有部分，但尚未依法办理所有权登记的人，可以认定为业主。

业主的投票权数由专有部分面积和业主人数确定。

第十四条　业主委员会委员候选人由业主推荐或者自荐。筹备组应当核查参选人的资格，根据物业规模、物权份额、委员的代表性和广泛性等因素，确定业主委员会委员候选人名单。

第十五条　筹备组应当自组成之日起 90 日内完成筹备工作，组织召开首次业主大会会议。

业主大会自首次业主大会会议表决通过管理规约、业主大会议事规则，并选举产生业主委员会之日起成立。

第十六条　划分为一个物业管理区域的分期开发的建设项目，先期开发部分符合条件的，可以成立业主大会，选举产生业主委员会。首次业主大会会议应当根据分期开发的物业面积和进度等因素，在业主大会议事规则中明确增补业主委员会委员的办法。

第十七条　业主大会决定以下事项：

（一）制定和修改业主大会议事规则；

（二）制定和修改管理规约；

（三）选举业主委员会或者更换业主委员会委员；

（四）制定物业服务内容、标准以及物业服务收费方案；

（五）选聘和解聘物业服务企业；

（六）筹集和使用专项维修资金；

（七）改建、重建建筑物及其附属设施；

（八）改变共有部分的用途；

（九）利用共有部分进行经营以及所得收益的分配与使用；

（十）法律法规或者管理规约确定应由业主共同决定的事项。

第十八条　管理规约应当对下列主要事项作出规定：

（一）物业的使用、维护、管理；

（二）专项维修资金的筹集、管理和使用；

（三）物业共用部分的经营与收益分配；

（四）业主共同利益的维护；

（五）业主共同管理权的行使；

（六）业主应尽的义务；

（七）违反管理规约应当承担的责任。

第十九条　业主大会议事规则应当对下列主要事项作出规定：

（一）业主大会名称及相应的物业管理区域；

（二）业主委员会的职责；

（三）业主委员会议事规则；

（四）业主大会会议召开的形式、时间和议事方式；

（五）业主投票权数的确定方法；

（六）业主代表的产生方式；

（七）业主大会会议的表决程序；

（八）业主委员会委员的资格、人数和任期等；

（九）业主委员会换届程序、补选办法等；

（十）业主大会、业主委员会工作经费的筹集、使用和管理；

（十一）业主大会、业主委员会印章的使用和管理。

第二十条　业主拒付物业服务费，不缴存专项维修资金以及实施其他损害业主共同权益行为的，业主大会可以在管理规约和业主大会议事规则中对其共同管理权的行使予以限制。

第二十一条　业主大会会议分为定期会议和临时会议。

业主大会定期会议应当按照业主大会议事规则的规定由业主委员会组织召开。

有下列情况之一的，业主委员会应当及时组织召开业主大会临时会议：

（一）经专有部分占建筑物总面积20%以上且占总人数20%以上业主提议的；

（二）发生重大事故或者紧急事件需要及时处理的；

（三）业主大会议事规则或者管理规约规定的其他情况。

第二十二条 业主大会会议可以采用集体讨论的形式，也可以采用书面征求意见的形式；但应当有物业管理区域内专有部分占建筑物总面积过半数的业主且占总人数过半数的业主参加。

采用书面征求意见形式的，应当将征求意见书送交每一位业主；无法送达的，应当在物业管理区域内公告。凡需投票表决的，表决意见应由业主本人签名。

第二十三条 业主大会确定业主投票权数，可以按照下列方法认定专有部分面积和建筑物总面积：

（一）专有部分面积按照不动产登记簿记载的面积计算；尚未进行登记的，暂按测绘机构的实测面积计算；尚未进行实测的，暂按房屋买卖合同记载的面积计算；

（二）建筑物总面积，按照前项的统计总和计算。

第二十四条 业主大会确定业主投票权数，可以按照下列方法认定业主人数和总人数：

（一）业主人数，按照专有部分的数量计算，一个专有部分按一人计算。但建设单位尚未出售和虽已出售但尚未交付的部分，以及同一买受人拥有一个以上专有部分的，按一人计算；

（二）总人数，按照前项的统计总和计算。

第二十五条 业主大会应当在业主大会议事规则中约定车位、摊位等特定空间是否计入用于确定业主投票权数的专有部分面积。

一个专有部分有两个以上所有权人的，应当推选一人行使表决权，但共有人所代表的业主人数为一人。

业主为无民事行为能力人或者限制民事行为能力人的，由其法定监护人行使投票权。

第二十六条 业主因故不能参加业主大会会议的，可以书面委托代理人参加业主大会会议。

未参与表决的业主，其投票权数是否可以计入已表决的多数票，由管理规约或者业主大会议事规则规定。

第二十七条 物业管理区域内业主人数较多的，可以幢、单元、楼层为单位，推选一名业主代表参加业主大会会议，推选及表决办法应当在业主大会议事规则中规定。

第二十八条 业主可以书面委托的形式，约定由其推选的业主代表在一定期限内代其行使共同管理权，具体委托内容、期限、权限和程序由业主大会议事规则规定。

第二十九条 业主大会会议决定筹集和使用专项维修资金以及改造、重建建筑物及其附属设施的，应当经专有部分占建筑物总面积三分之二以上的业主且占总人数三分之二以上的业主同意；决定本规则第十七条规定的其他共有和共同管理权利事项的，应当经专有部分占建筑物总面积过半数且占总人数过半数的业主同意。

第三十条 业主大会会议应当由业主委员会作出书面记录并存档。

业主大会的决定应当以书面形式在物业管理区域内及时公告。

第三章 业主委员会

第三十一条 业主委员会由业主大会会议选举产生，由 5 至 11 人单数组成。业主委员会委员应当是物业管理区域内的业主，并符合下列条件：

（一）具有完全民事行为能力；

（二）遵守国家有关法律、法规；

（三）遵守业主大会议事规则、管理规约，模范履行业主义务；

（四）热心公益事业，责任心强，公正廉洁；

（五）具有一定的组织能力；

（六）具备必要的工作时间。

第三十二条　业主委员会委员实行任期制，每届任期不超过5年，可连选连任，业主委员会委员具有同等表决权。

业主委员会应当自选举之日起7日内召开首次会议，推选业主委员会主任和副主任。

第三十三条　业主委员会应当自选举产生之日起30日内，持下列文件向物业所在地的区、县房地产行政主管部门和街道办事处、乡镇人民政府办理备案手续：

（一）业主大会成立和业主委员会选举的情况；

（二）管理规约；

（三）业主大会议事规则；

（四）业主大会决定的其他重大事项。

第三十四条　业主委员会办理备案手续后，可持备案证明向公安机关申请刻制业主大会印章和业主委员会印章。

业主委员会任期内，备案内容发生变更的，业主委员会应当自变更之日起30日内将变更内容书面报告备案部门。

第三十五条　业主委员会履行以下职责：

（一）执行业主大会的决定和决议；

（二）召集业主大会会议，报告物业管理实施情况；

（三）与业主大会选聘的物业服务企业签订物业服务合同；

（四）及时了解业主、物业使用人的意见和建议，监督和协助物业服务企业履行物业服务合同；

（五）监督管理规约的实施；

（六）督促业主交纳物业服务费及其他相关费用；

（七）组织和监督专项维修资金的筹集和使用；

（八）调解业主之间因物业使用、维护和管理产生的纠纷；

（九）业主大会赋予的其他职责。

第三十六条　业主委员会应当向业主公布下列情况和资料：

（一）管理规约、业主大会议事规则；

（二）业主大会和业主委员会的决定；

（三）物业服务合同；

（四）专项维修资金的筹集、使用情况；

（五）物业共有部分的使用和收益情况；

（六）占用业主共有的道路或者其他场地用于停放汽车车位的处分情况；

（七）业主大会和业主委员会工作经费的收支情况；

（八）其他应当向业主公开的情况和资料。

第三十七条　业主委员会应当按照业主大会议事规则的规定及业主大会的决定召开会议。经三分之一以上业主委员会委员的提议，应当在7日内召开业主委员会会议。

第三十八条　业主委员会会议由主任召集和主持，主任因故不能履行职责，可以委托副主任召集。

业主委员会会议应有过半数的委员出席，作出的决定必须经全体委员半数以上同意。

业主委员会委员不能委托代理人参加会议。

第三十九条　业主委员会应当于会议召开 7 日前，在物业管理区域内公告业主委员会会议的内容和议程，听取业主的意见和建议。

业主委员会会议应当制作书面记录并存档，业主委员会会议作出的决定，应当有参会委员的签字确认，并自作出决定之日起 3 日内在物业管理区域内公告。

第四十条　业主委员会应当建立工作档案，工作档案包括以下主要内容：

（一）业主大会、业主委员会的会议记录；

（二）业主大会、业主委员会的决定；

（三）业主大会议事规则、管理规约和物业服务合同；

（四）业主委员会选举及备案资料；

（五）专项维修资金筹集及使用账目；

（六）业主及业主代表的名册；

（七）业主的意见和建议。

第四十一条　业主委员会应当建立印章管理规定，并指定专人保管印章。

使用业主大会印章，应当根据业主大会议事规则的规定或者业主大会会议的决定；使用业主委员会印章，应当根据业主委员会会议的决定。

第四十二条　业主大会、业主委员会工作经费由全体业主承担。工作经费可以由业主分摊，也可以从物业共有部分经营所得收益中列支。工作经费的收支情况，应当定期在物业管理区域内公告，接受业主监督。

工作经费筹集、管理和使用的具体办法由业主大会决定。

第四十三条　有下列情况之一的，业主委员会委员资格自行终止：

（一）因物业转让、灭失等原因不再是业主的；

（二）丧失民事行为能力的；

（三）依法被限制人身自由的；

（四）法律、法规以及管理规约规定的其他情形。

第四十四条　业主委员会委员有下列情况之一的，由业主委员会三分之一以上委员或者持有 20％以上投票权数的业主提议，业主大会或者业主委员会根据业主大会的授权，可以决定是否终止其委员资格：

（一）以书面方式提出辞职请求的；

（二）不履行委员职责的；

（三）利用委员资格谋取私利的；

（四）拒不履行业主义务的；

（五）侵害他人合法权益的；

（六）因其他原因不宜担任业主委员会委员的。

第四十五条　业主委员会委员资格终止的，应当自终止之日起 3 日内将其保管的档案资料、印章及其他属于全体业主所有的财物移交业主委员会。

第四十六条　业主委员会任期内，委员出现空缺时，应当及时补足。业主委员会委员候补办法由业主大会决定或者在业主大会议事规则中规定。业主委员会委员人数不足总数的二分之一时，应当召开业主大会临时会议，重新选举业主委员会。

第四十七条　业主委员会任期届满前3个月，应当组织召开业主大会会议，进行换届选举，并报告物业所在地的区、县房地产行政主管部门和街道办事处、乡镇人民政府。

第四十八条　业主委员会应当自任期届满之日起10日内，将其保管的档案资料、印章及其他属于业主大会所有的财物移交新一届业主委员会。

第四章　指导和监督

第四十九条　物业所在地的区、县房地产行政主管部门和街道办事处、乡镇人民政府应当积极开展物业管理政策法规的宣传和教育活动，及时处理业主、业主委员会在物业管理活动中的投诉。

第五十条　已交付使用的专有部分面积超过建筑物总面积50%，建设单位未按要求报送筹备首次业主大会会议相关文件资料的，物业所在地的区、县房地产行政主管部门或者街道办事处、乡镇人民政府有权责令建设单位限期改正。

第五十一条　业主委员会未按业主大会议事规则的规定组织召开业主大会定期会议，或者发生应当召开业主大会临时会议的情况，业主委员会不履行组织召开会议职责的，物业所在地的区、县房地产行政主管部门或者街道办事处、乡镇人民政府可以责令业主委员会限期召开；逾期仍不召开的，可以由物业所在地的居民委员会在街道办事处、乡镇人民政府的指导和监督下组织召开。

第五十二条　按照业主大会议事规则的规定或者三分之一以上委员提议，应当召开业主委员会会议的，业主委员会主任、副主任无正当理由不召集业主委员会会议的，物业所在地的区、县房地产行政主管部门或者街道办事处、乡镇人民政府可以指定业主委员会其他委员召集业主委员会会议。

第五十三条　召开业主大会会议，物业所在地的区、县房地产行政主管部门和街道办事处、乡镇人民政府应当给予指导和协助。

第五十四条　召开业主委员会会议，应当告知相关的居民委员会，并听取居民委员会的建议。

在物业管理区域内，业主大会、业主委员会应当积极配合相关居民委员会依法履行自治管理职责，支持居民委员会开展工作，并接受其指导和监督。

第五十五条　违反业主大会议事规则或者未经业主大会会议和业主委员会会议的决定，擅自使用业主大会印章、业主委员会印章的，物业所在地的街道办事处、乡镇人民政府应当责令限期改正，并通告全体业主；造成经济损失或者不良影响的，应当依法追究责任人的法律责任。

第五十六条　业主委员会委员资格终止，拒不移交所保管的档案资料、印章及其他属于全体业主所有的财物的，其他业主委员会委员可以请求物业所在地的公安机关协助移交。

业主委员会任期届满后，拒不移交所保管的档案资料、印章及其他属于全体业主所有的财物的，新一届业主委员会可以请求物业所在地的公安机关协助移交。

第五十七条　业主委员会在规定时间内不组织换届选举的，物业所在地的区、县房地产行政主管部门或者街道办事处、乡镇人民政府应当责令其限期组织换届选举；逾期仍不组织的，可以由物业所在地的居民委员会在街道办事处、乡镇人民政府的指导和监督下，组织换届选举工作。

第五十八条　因客观原因未能选举产生业主委员会或者业主委员会委员人数不足总数的二分之一的，新一届业主委员会产生之前，可以由物业所在地的居民委员会在街道办事处、乡镇人民政府的指导和监督下，代行业主委员会的职责。

第五十九条　业主大会、业主委员会作出的决定违反法律法规的，物业所在地的区、县房地产行政主管部门和街道办事处、乡镇人民政府应当责令限期改正或者撤销其决定，并通告全体业主。

第六十条　业主不得擅自以业主大会或者业主委员会的名义从事活动。业主以业主大会或者业主委员会的名义，从事违反法律、法规的活动，构成犯罪的，依法追究刑事责任；尚不构成犯罪的，依法给予治安管理处罚。

第六十一条　物业管理区域内，可以召开物业管理联席会议。物业管理联席会议由街道办事处、乡镇人民政府负责召集，由区、县房地产行政主管部门、公安派出所、居民委员会、业主委员会和物业服务企业等方面的代表参加，共同协调解决物业管理中遇到的问题。

第五章　附则

第六十二条　业主自行管理或者委托其他管理人管理物业，成立业主大会，选举业主委员会的，可参照执行本规则。

第六十三条　物业所在地的区、县房地产行政主管部门与街道办事处、乡镇人民政府在指导、监督业主大会和业主委员会工作中的具体职责分工，按各省、自治区、直辖市人民政府有关规定执行。

第六十四条　本规则自2010年1月1日起施行。《业主大会规程》(建住房〔2003〕131号)同时废止。

## 本章小结

本章主要介绍了《物业管理条例》《物权法》《前期物业管理招标投标管理暂行办法》《业主大会和业主委员会指导规则》的主要指导原则与基本内容。

## 关键概念

前期物业管理　业主大会议事规则　临时管理规约　管理规约

## 基础知识训练

1. 简述前期物业管理的概念。
2. 简述前期物业管理的招标主体。

## 实践操作训练

简述首次业主大会筹备组的人员组成与筹备事项。

# 第二部分
# 物业管理的基本环节

## 第五章　物业管理早期介入

### 本章要点

早期介入的概念；早期介入的作用；早期介入的内容和工作要点。

### 知识目标

1. 了解早期介入的作用；
2. 理解早期介入的概念；
3. 掌握早期介入各个阶段的内容。

### 能力目标

1. 能够理解物业管理早期介入的作用；
2. 能够掌握物业管理早期介入的内容。

### 案例导引

**物业管理早期介入对地产项目开发的重要意义**

某物业项目位于粤西的一个沿海城市，总建筑面积达40余万平方米，属多层、中高层住宅物业，项目分三期建设，是当地最大的住宅建设项目。在建设中，小区申报了“国家安居示范工程小区”项目，是该市重点工程之一，备受当地居民和政府的关注。建设单位为把这个项目建设经营好，在项目的立项阶段就选聘了一家具有丰富经验的物业管理企业，并由其负责该项目物业管理的早期介入工作。

良好的物业管理品牌提高了这个商品房小区的知名度,同时早期介入物业销售初期综合环境的设计,使该项目与该市同类建设项目相比,具有更高的经济效益和社会效益。

1.经济效益方面

首期16万平方米很快售完,二期销售势头强劲,部分户型出现抢购热潮,房价也从前期最初的12000元/平方米达到二期销售时的15000元/平方米,开发建设单位的实际收入超出预期,前期购房者也享受到了物业升值带来的收益。

2.社会效益方面

(1)该小区已被当地政府指定为参观点和示范小区,成为当地城市建设和物业管理的样板。

(2)该小区物业管理的成功,对提高当地物业管理水平、增强物业管理消费意识起到了积极的促进作用。

(3)该项目建设成功后,建设单位的品牌形象得到大幅度提升,使其他建设单位提高了对物业管理的认识。

**思考题:**

你认为物业管理早期介入的必要性和作用是什么?

## 第一节　物业管理早期介入概述

### 一、物业管理早期介入的含义和性质

#### (一)物业管理早期介入的含义

物业管理早期介入是指新建物业竣工之前,建设单位根据项目开发建设的需要所引入的物业管理的咨询活动。物业管理的咨询活动,主要指从物业管理的角度对开发建设项目提出的合理化意见和建议,其可以由物业管理企业提供,也可以由物业管理专业人员提供。

#### (二)物业管理早期介入的性质

物业管理早期介入不是地产项目开发的必选项。物业管理早期介入对开发建设单位而言并非强制性要求,而是根据项目和管理需要进行的一种选择。物业管理早期介入在项目的开发建设中有着积极的作用。

### 二、物业管理早期介入的必要性

在物业建设和销售过程中,建设项目由于多种原因往往会存在一些问题,主要表现在以下方面:

(1)物业规划设计和施工安装存在问题,如设备配置不当、停车位不足、房屋工程质量缺陷等;

(2)建设单位不按规定提供物业管理的基础条件,如管理用房、物业档案资料等;

(3)工程质量保修和工程遗留问题处理不及时;

(4)建设单位从自身利益考虑,将部分开发建设的责任和义务转嫁给物业服务企业承担;

(5)建设单位在售房时向业主作出不合理的物业管理承诺,使物业服务企业承担不合理

的责任等。

在开发建设工作的早期，物业服务企业通过早期介入活动，将长期积累的物业管理知识与经验应用于规划设计，并且在建设施工、销售阶段同步跟进配合，协助开发建设单位及时发现和处理建设、销售过程中存在的问题，不仅能从源头上堵住漏洞，避免或减少上述阶段问题的发生，减少房地产开发建设的纠纷，使房地产开发建设得以顺利进行，而且可以在物业开发建设初期把不利于物业管理、损害业主利益的因素尽可能消除或减少，使物业投入使用后，物业管理顺利开展，业主利益得到保障。

## 三、物业管理早期介入的作用

### （一）优化房屋功能设计

随着社会经济的发展，人们对房产的品位和环境要求越来越高，这使得建设单位在开发过程中除了要执行国家有关技术标准外，还要考虑到物业的功能、布局、造型、环境以及物业使用者的便利、安全和舒适等因素。物业服务企业可从业主（或物业使用人）及日后管理的角度，在房屋设计和功能配置、设备选型和材料选用、公共设施配套等方面提出建议，使物业的设计更加优化和完善。

### （二）有助于提高房屋工程质量

在房屋的建设过程中，物业服务企业可利用自身优势帮助建设单位加强工程质量管理，及时发现设计、施工过程中的缺陷，提前防范质量隐患，使工程质量问题在施工过程中及时得到解决，避免在日后的使用中再投入额外的资金和精力，从而减少浪费，提升物业品质。

### （三）提前掌握房屋基本情况

对物业及其配套设施设备的运行管理和维修养护是物业管理的主要工作之一，要做好这方面的工作，必须对物业的建筑结构、管线走向、设备安装等情况了如指掌。物业服务企业通过早期介入，如对图纸的改动部分做好记录，对设备安装、管线布置尤其是隐蔽工程状况进行全过程跟踪等，可以充分了解所管物业的情况，从而在日后的管理中做到心中有数，“对症下药”。

### （四）为前期物业管理作充分准备

物业服务企业可利用早期介入的机会，逐步开展制订物业服务方案和各项规章制度、进行机构设计、招聘人员、实施上岗培训等前期物业管理的准备工作，方便物业移交后物业管理各项工作的顺利开展。同时，通过在早期介入过程中与各方的磨合，理顺与环卫、水电、通信、治安、绿化等部门之间的关系，为日后的管理建立畅通的沟通渠道。

### （五）有助于提高开发建设单位的经济和社会效益

早期介入是物业服务企业从物业开发项目的可行性研究开始到项目竣工验收的全程介入，建设单位可以得到物业服务企业的专业支持，开发出市场定位准确、功能使用考虑周全、业主满意的物业，促进物业的销售。同时，建设单位还可以通过引入高水平的物业管理咨询树立自身良好的品牌形象。

# 第二节　物业管理早期介入的内容

## 一、项目论证阶段

### （一）内容

在这个阶段，物业管理人员的主要工作是对该项目的市场定位、潜在业主的构成和消费水平、周边的物业管理概况以及日后物业管理和服务的内容、标准、成本、利润测算等多方面提供参考建议，必要时可对今后物业管理的构想提供书面报告，以利于建设单位决策的客观性和合理性。

项目论证阶段物业管理早期介入的具体工作内容包括：

(1)了解项目的周边环境；

(2)协助建设单位评估项目所需相关配套设施；

(3)向建设单位提供专业咨询意见和可行性研究报告；

(4)设计与客户目标相一致并具备合理性价比的物业服务框架方案。

### （二）形式

物业服务企业在项目论证阶段获取项目信息，组织相关人员对项目的整体设想和建设思路、周边情况、项目定位等进行分析、评估，就项目的物业服务进行总体策划。

1. 市场调研

物业服务企业对项目及周边情况进行调研，了解项目的交通、教育、医疗等相关配套情况和不利因素，综合分析、评估对项目产生的各种影响，并将结果向建设单位进行汇报说明，以助于建设单位进行项目决策。

2. 确定服务等级和标准

物业服务企业通过对同类型物业的客户群、物业服务标准等的调查、比较，就新建物业的物业服务定位、物业服务模式等向建设单位提出建议，主要是确定项目服务等级和服务标准。

3. 积极参加沟通协调会

物业服务企业通过定期参加由建设单位组织的项目沟通会，以发函的方式提交建议书等，了解项目的建设进展情况，并就物业管理早期介入的相关问题交换意见。

## 二、规划设计阶段

### （一）内容

规划设计是决定日后物业管理能否提供高效、精简而优质服务的关键。物业管理人员参与物业的规划设计，具有自身独特的优势，他们对于物业在使用和管理过程中的很多细节问题的发现和处理有特殊的敏感性和应变力，提出的改进意见更贴近消费者的实际需求，避免物业的先天不足，从而在源头上为管理创造条件。物业服务企业的主要工作是针对规划设计中存在的问题和缺陷提出专业的意见及相关建议。

规划设计阶段物业管理早期介入的具体工作内容包括：

(1)对于项目的结构布局、户型设计、功能完善等提出建议。

(2)对于项目环境及配套规划的必要性、合理性、适用性提出建议。

(3)对于项目设备设施的设置、选型等提出意见或者建议。

(4)对于物业管理用房、社区活动场所、公建配套等的设置和要求提出意见和建议。

(二)形式

在规划设计阶段,物业服务企业可以通过以下方式,从使用、维护、管理、经营以及未来功能的调整和保值、增值等角度,对设计方案提出意见或建议。

(1)组织结构、设备专业人员参与项目规划设计沟通会;

(2)召开有建设单位、规划设计部门、工程建设主管部门人员参加的意见交流会;

(3)对楼盘规划设计方面的意见以文件的形式向建设部门、规划设计部门反映;

(4)参加设计图纸会审,会同建设单位、设计单位、施工单位、监理单位等对图纸进行分析、论证,并提出相关建议;

(5)利用其他工作场合,向设计人员提出意见或反映一些在物业管理和使用过程中可能遇到的问题。

## 三、施工安装阶段

(一)内容

物业服务企业在施工安装阶段的工作内容主要是派遣人员到施工现场,一方面通过参与工程监理,使工程质量多一份保证;另一方面对开发项目进行全面了解,熟悉基础隐蔽工程、机电设备安装调试、管道线路的铺设及走向等日后难以从外观上衡量的施工质量,从用户角度发现问题或遗漏项目,及时向建设单位反映并采取相应的整改措施。

施工安装阶段物业管理早期介入的具体工作内容包括:

(1)了解和熟悉现场施工情况;

(2)参加项目沟通会,了解现场施工进度节点和各专业分项施工计划;

(3)参与设施设备的安装调试,了解设施设备的使用功能和操作要求,并收集相关的技术资料及文件。

(4)跟进、记录隐蔽工程、管线的施工、铺设情况,记录在设计资料或常规竣工资料中未反映出的内容;

(5)与建设单位就施工过程中存在的突出问题共同磋商,及时提出并落实整改方案,做好记录。

(二)要点

为了提高工作效率并规避风险,物业服务企业在施工安装阶段的物业管理早期介入应注意以下工作要点:

(1)要仔细做好现场记录,将重要的场面拍照、存档,为今后的物业服务提供资料,也为将来处理质量问题提供重要依据。

(2)物业服务企业不是建设监理单位,要注意早期介入的身份、态度、方式方法,既要对质量持认真的态度,又不能影响正常的施工、监理工作,而且要把握好“配角”的角色,明确责任,按程序行使职权,避免越权和推卸责任。

## 四、竣工验收阶段

### （一）内容

竣工验收属于政府行为，由政府机构组织专家小组从结构、建筑、设施设备安装运行、消防安全等方面作具体、专业的验证，检验房屋工程是否达到设计文件所规定的要求。物业服务企业参与竣工验收主要是协助房地产开发商共同把好质量关，确保交付使用的物业便于使用和管理。

竣工验收阶段物业管理早期介入的具体工作内容包括：

(1)整理和吃透验收标准和相关法律、法规；

(2)参与竣工验收；

(3)协助并跟进遗留问题的整改及资料的搜集整理。

### （二）方法和要点

1.掌握物业质量情况

物业服务企业参与竣工验收，主要是为了掌握验收情况，收集工程质量、功能配套以及其他方面存在的遗留问题，为物业的承接查验做准备。

2.了解各种验收材料和资料情况

在参与验收时，物业服务企业应随同相关验收组观看验收过程，了解验收人员、专家给施工或建设单位的意见、建议和验收结论。

## 五、销售策划阶段

### （一）内容

物业服务企业在此阶段需要完成“临时管理规约”和“物业服务方案”的编制，此外还需对销售人员进行必要的物业管理基本知识培训及在售楼现场为客户提供物业管理咨询服务，并从业主的角度出发，帮助建设单位拟订“住宅质量保证书”和“住宅使用说明书”，将早期介入中所形成的全部记录、方案、图纸等资料整理后归入物业管理档案。

销售策划阶段物业管理早期介入的具体工作内容包括：

(1)根据物业产品类型、目标客户群的定位确定物业服务的模式。

(2)根据物业规划、配套确定物业服务的基本内容和服务质量标准。

(3)拟定物业服务的各项费用的收费标准及收费办法，协助各种手续的报批。

(4)协助建设单位起草并确定“前期物业服务合同”和“临时管理规约”。

(5)安排现场咨询人员在销售现场为客户提供物业管理咨询服务。

(6)评估项目红线内外影响业主生活的不利因素，向建设单位提出建议。

(7)接受建设单位的委托，对销售中心、样板房等提供物业管理服务，并展示未来物业服务的状况。

### （二）方法和要点

(1)准确、全面展示未来物业管理服务的内容。有关物业管理的宣传及承诺，包括各类公共管理制度，一定要符合法规，同时要实事求是。在销售物业时应根据物业管理的整体策划方案进行，不应为了促销而夸大其辞，更不能作出不切实际的承诺。

(2)征询业主对物业管理服务的需求意见，并进行整理，以此作为前期物业管理服务方案的制订和修正依据。

## 本章小结

本章主要讲述了物业管理早期介入的基本概念和作用，房地产开发各个环节物业管理早期介入的内容和方法。

物业管理早期介入主要包括五个方面，即项目论证阶段的介入、规划设计阶段的介入、施工安装阶段的介入、竣工验收阶段的介入和销售策划阶段的介入。

早期介入时，物业公司是配角，做参谋。

## 关键概念

早期介入　竣工验收

## 基础知识训练

1. 简述物业管理早期介入的概念。
2. 简述物业管理早期介入的作用。
3. 简述物业管理早期介入的内容。

## 实践操作训练

以一个具体的地产项目为例，列举某物业公司在施工建设阶段的介入内容。

# 第六章　物业管理招投标

## 本章要点

物业管理招投标的基本概念、流程；物业管理招标文件的编制要点；物业管理投标文件的编制要点；物业管理标书的制作、答辩；物业管理招投标注意事项。

## 知识目标

1. 了解招投标相关的概念及流程；
2. 理解物业管理招投标的相关知识；
3. 掌握招标文件、投标文件的编制要点；
4. 掌握物业服务企业投标相关注意事项；
5. 了解物业管理评标的相关知识。

## 能力目标

1. 能够理解物业管理投标的意义及作用；
2. 能够掌握物业管理招标、投标的相关程序以及文件编制的基本方法；
3. 具有参与招投标活动的相关能力。

## 案例导引

**某项目在业主入住十年后重新招投标，某物业服务企业中标后被投诉**

某项目在交房十年后，现有物业服务企业因种种原因退出，业主委员会决定重新选聘物业服务企业。消息传出后，多家物业服务企业前来报名，业主委员会看报名单位众多，从中选出三家进行了综合评估，经多次评估约谈后最终确定由某物业服务企业对该小区进行物业服务。其中一家参与企业以业主委员会违法操作为由，质疑业主委员会选聘物业服务企业的合法性，要求重新选聘物业服务企业。

结果：经房地产主管部门协调，业主委员会重新进行了物业服务企业的选聘。

**思考题：**

你认为业主委员会在上述选聘物业服务企业的过程中有哪些不当之处？在招标中应如何规避风险？

## 第一节　物业管理的招标

物业管理招投标是物业管理活动中非常重要的起始环节，是保障物业管理活动合法的首要条件。物业管理招投标中涉及诸多法律问题与工作程序，以新建住宅物业国家强制性招投标为代表，办公楼、写字楼、商场等公共物业相继开展了招投标活动。随着物业管理市场化的推进，政府采购物业管理活动也随之开展，同住宅物业管理招投标相比，在具体的要求和形式上有所不同，但整体上都要遵循《中华人民共和国招标投标法》（简称《招标投标法》），《中华人民共和国合同法》（简称《合同法》）等法律、法规。本章内容主要以住宅前期物业管理为例。随着物业管理市场化、专业化、社会化、国际化进程及政府“放管服”的持续推进，物业管理招投标法规会不断得到完善。全国各地的物业管理招投标市场也会呈现多元化、差异化等特点。

### 一、物业项目管理权的获取

物业项目管理权的获取是物业服务企业开展物业服务的基础。随着物业管理市场化的日趋成熟，物业项目管理权的获取方式从早期以定向谈判协商为主逐步向以规范化的招标投标方式为主转变。

2003 年，《物业管理条例》颁布实施，条例中规定“住宅物业的建设单位，应当通过招投标的方式选聘具有相应资质的物业服务企业”，从此确立了前期物业管理招投标制度。前期物业管理招投标制度的落地实施对推进我国物业管理项目管理权获取方式的规范化、市场化进程发挥了积极、重要的作用。全国各地逐步出台了与之配套的具体法规，丰富和创新了物业管理招投标活动。比如有的省份规定不论何种物业类型都要进行公开招投标。

物业项目管理权的获取方式主要有公开招标方式、邀请招标方式以及其他合法方式，如协议选聘等。《招标投标法》规定了公开招标和邀请招标方式，《政府采购法》提出了竞争性谈判方式，还有竞争性磋商方式。竞争性谈判采用的是“最低价中标法”，而竞争性磋商采用的是“综合评分法”。随着市场化的推进及国家法规的持续完善，最低价中标等做法会逐步淡出市场。

1. 公开招标方式

公开招标方式指招标人通过公共媒介发布招标公告，邀请所有符合投标条件的物业服务企业参加投标。

2. 邀请招标方式

邀请招标也称作有限竞争性招标或选择性招标，是指招标人预先选择若干家（3 家以上）符合条件的企业，直接向其发出投标邀请。

采取邀请招标方式的，投标邀请和招标文件上应明确招标人的名称和地址、招标项目的基本情况和获取招标文件的办法，以及开标日期、时间和地点等具体事项。邀请招标的实施程序对每一个预定的投标人都是公开的，因此具备一定的公开性。

邀请招标的主要特点是招标不使用公开的公告方式，投标人是特定的，即接受邀请的企业才是合格的投标人，投标人的数量有限。

3. 竞争性协商方式

《物业管理条例》第二十四条规定，住宅物业应当采用招投标的方式选聘物业服务企业。对其他类型的物业，国家也提倡建设单位通过招投标方式选聘物业服务企业。如单一产权的写字楼、商业综合体等，通常会采取竞争性谈判、磋商等方式选择适合自身项目服务需要的物业服务企业。

4.其他合法方式

除了上述方式以外，还有其他合法的项目管理权获取方式，如协议选聘等。《物业管理条例》第二十四条规定："国家提倡建设单位按照房地产开发与物业管理相分离的原则，通过招投标的方式选聘物业服务企业。住宅物业的建设单位，应当通过招投标的方式选聘物业服务企业；投标人少于3个或者住宅规模较小的，经物业所在地的区、县人民政府房地产行政主管部门批准，可以采用协议方式选聘物业服务企业。"

## 二、物业管理招标的基本内容

### （一）物业管理招投标的内涵

物业服务项目的招投标，是物业管理服务产品预购的一种交易方式，即由物业的建设单位、业主大会或物业所有权人（以下简称招标人）根据物业管理服务内容，编制符合其管理服务要求和标准的招标文件，由多家物业服务企业或专业管理公司、其他管理人参与竞标，从中选择最符合条件的竞标者，并与之订立物业服务合同的一种交易行为。

招标人一般指依照法规规定提出招标项目，进行招标的法人或其他组织。招标的主体主要有物业建设单位、业主（物业产权人）、业主大会（业主大会授权的业主委员会）等。

### （二）物业管理招标的类型

1.根据物业类型划分

物业管理招标根据物业类型可分为住宅物业招标和非住宅物业（公共物业）招标。

2.按项目服务内容的实施划分

根据物业项目服务内容和招标人的不同要求，可以将物业管理招标分为整体物业项目服务（综合服务）招标、单项服务项目招标和分阶段项目服务招标。

3.按招标主体的类型划分

前期物业管理阶段，一般以建设单位为招标主体；业主大会成立后，一般以业主大会为招标主体；若物业性质为政府办公楼、重点基础设施或大型公用设施，招标主体则为物业产权人、管理使用单位或政府采购中心等。

4.按项目服务方式划分

按项目服务方式的不同，物业招标可以分为全权管理项目招标、顾问咨询项目招标等。

### （三）物业管理招投标的特点

1.综合性

住宅、办公楼、商业综合体等物业管理招投标具有明显的综合性特点。

2.差异性

消费理念、服务标准、内容等不同。

3.特殊性

一是招标主体可以是建设单位、业主大会、政府机构等；二是服务的系统性、连续性、全方位和多层次。

**（四）物业服务项目招投标的基本要求**

（1）招投标的双方应根据相关法律、法规的规定组织物业管理的招投标活动，即对招投标双方的条件认定以及具体实施程序等，都必须符合相关法律、法规的要求，并接受有关部门的监督与管理。物业管理招投标的法律法规依据主要有《中华人民共和国招标投标法》《中华人民共和国招标投标法实施条例》《物业管理条例》《前期物业管理招标投标管理暂行办法》及国家、各地方的相关法规政策规定。尤其要关注法规政策的变化及修改。

（2）在物业管理招投标过程中，招标方、投标方都应该充分考虑市场要素。招标方应在充分了解和掌握物业管理市场的基础上确定招标方式和招标内容，选择投标企业的范围，决定中标结果，确保招标的顺利进行；投标方应在充分把握招投标活动的信息与动态变化的前提下，对投标项目的可行性和项目外部环境、条件等方面进行综合评估及预判，设计、策划、组织投标活动，确保投标的成功。

（3）招标方应根据项目的实际和业主（或物业使用人）的有效需求，选择最适合项目运作和满足业主（或物业使用人）需求的物业服务企业及服务；投标方不仅要依据项目的实际情况和业主（或物业使用人）的有效需求制定符合项目要求的物业服务模式和运作方案，还应充分考虑项目运作实施过程中的潜在风险，在投标策略方面应该结合项目特点与企业自身的条件组织投标活动。

（4）按照国际惯例和相关法律、法规的要求，应明确招投标的相关程序和时间安排，确保招投标活动顺利实施。如组成评标委员会的专家必须从房地产行政主管部门建立的专家库中抽取；招标人在发布招标公告或投标邀请书的10日前必须提交与招标项目和招标活动有关的资料，向项目所在地的县级以上地方人民政府房地产行政主管部门备案；招标项目设有标底的，招标人应当在开标时公布。标底只能作为评标的参考，不得以投标报价是否接近标底作为中标条件，也不得以投标报价超过标底上下浮动范围作为否决投标的条件等。

（5）招标人应当在招标文件中载明投标有效期。投标有效期从提交投标文件的截止之日起算。

（6）招标人在招标文件中要求投标人提交投标保证金的，投标保证金的有效期应当与投标有效期一致。

（7）依法必须进行招标的项目，境内投标单位以现金或者支票形式提交的投标保证金应当从其基本账户转出。招标人不得挪用投标保证金。

（8）招标人可以自行决定是否编制标底。一个招标项目只能有一个标底。标底必须保密。

接受委托编制标底的中介机构不得参加受托编制标底项目的投标，也不得为该项目的投标人编制投标文件或者提供咨询。

（9）招标人设有最高投标限价的，应当在招标文件中明确最高投标限价或者最高投标限价的计算方法。招标人不得规定最低投标限价。

（10）国家鼓励利用信息网络进行电子招投标。

**（五）通过招投标方式选择物业服务企业的规定时限**

通过招投标方式选择物业服务企业的，招标人应当按照以下规定时限完成物业管理招投标工作：

（1）新建现售商品房项目应当在现售前30日完成；

(2)预售商品房项目应当在取得“商品房预售许可证”之前完成；

(3)非出售的新建物业项目应当在交付使用前 90 日完成。

**(六)物业服务项目招标的程序(以住宅物业为例)**

1. 成立招标领导小组

招标人在政府房地产行政主管部门的指导、监督下，成立招标领导小组，确定招标方式、内容、条件和投标企业的范围，并对招标过程中可能出现的问题和不确定的风险进行预测，建立相应的防范控制体系；编制招标文件；发布招标公告或投标邀请书；对投标人进行资格审查；向投标人发放招标文件和提供相关技术资料；组织投标人进行现场踏勘和答疑；制定标底和评标方法；发布中标结果等。

2. 编制招标文件

招标人应当根据物业管理项目的特点和需要，在招标前完成招标文件的编制。

招标文件应包括以下内容：

(1)招标人及招标项目简介，包括招标人名称、地址、联系方式，项目基本情况，物业管理用房的配备情况等；

(2)物业管理服务内容及要求，包括服务内容、服务标准等；

(3)对投标人及投标书的要求，包括投标人的资格，投标书的格式、主要内容等；

(4)评标标准和评标办法；

(5)招标活动方案，包括招标组织结构、开标时间及地点等；

(6)物业服务合同的签订说明；

(7)其他事项的说明及法律、法规规定的其他内容。

招标人在发布招标公告或者发出投标邀请书的前 10 日，应当向房地产行政主管部门备案。备案应当提交以下资料：

(1)物业管理项目招标备案登记表；

(2)招标决议；

(3)招标公告或招标邀请书；

(4)招标文件；

(5)土地使用证、建设工程规划许可证和经规划部门批准的规划总平面图；

(6)重新选聘物业服务企业的，应当提供原物业服务合同和业主大会决议；

(7)物业管理用房证明材料；

(8)应当提交的其他材料。

房地产行政主管部门发现招标有违反法律、法规规定的，应当及时责令招标人改正。

3. 发布招标公告或者发出投标邀请书

招标人采取公开招标方式的，应通过公共媒介发布招标公告。招标公告应当载明招标人的名称和地址、招标项目的基本情况以及获取招标文件的办法等事项。

招标人采取邀请招标方式的，应当向 3 个以上物业服务企业发出投标邀请书，投标邀请书应当包含上述招标公告载明的事项。

4. 发放招标文件

招标人应当按照招标公告或投标邀请书规定的时间、地点向投标方发放招标文件，也可以通过网络的方式进行。除不可抗力的因素外，招标人或招标代理机构在发布招标公告和发出投标邀请函后不得终止招标。

在进行规模较大、比较复杂的物业项目招标时，通常由招标人或招标机构在投标人获得招标文件后，统一安排召开投标人会议，即标前会议。标前会议一般安排在投标物业现场，在投标人进行现场踏勘后召开，召开标前会议的目的在于解答投标人提出的各类问题。

招标人应当合理确定投标人编制投标文件所需要的时间。公开招标的物业管理项目，自招标文件发出之日起至投标人提交投标文件截止之日止，最短不得少于20日。招标人对已发出的招标文件进行必要的澄清或者修改的，应当在招标文件要求提交投标文件截止时间至少15日前，以书面形式通知所有的招标文件收受人。该澄清或者修改的内容为招标文件的组成部分。

招标人根据物业管理项目的具体情况，可以组织潜在的投标申请人踏勘物业项目现场，并提供隐蔽工程图纸等详细资料。对投标申请人提出的疑问应当予以澄清并以书面形式发送给所有的招标文件收受人。在确定中标人前，招标人不得与投标人就投标价格、投标方案等实质内容进行谈判。

5.投标申请人的资格预审

实行投标资格预审的物业管理项目，招标人应当在招标公告或者投标邀请书中载明资格预审的条件和获取资格预审文件的办法。资格预审文件一般应当包括资格预审申请书格式、申请人须知，以及需要投标申请人提供的企业资信文件、业绩、技术装备、财务状况和拟任项目负责人与主要管理人员的简历、业绩等证明材料。

经资格预审后，公开招标的招标人应当向资格预审合格的投标申请人发出资格预审合格通知书，告知获取招标文件的时间、地点和方法，并同时向资格预审不合格的投标申请人告知资格预审结果。在资格预审合格的投标申请人过多时，可以由招标人从中选择不少于5家资格预审合格的投标申请人。

6.接受投标文件

投标人应按照招标文件规定的时间和地点发送投标文件。投标人送达投标文件的，招标人应检验文件是否密封或送达时间是否符合要求，向符合者发出回执。对于不符合者，招标人有权拒绝或作废标处理。投标书递交后，在投标截止期限前，投标人可以通过正式函件的形式调整报价及作补充说明。

招标人不得向他人透露已获取招标文件的潜在投标人的名称、数量以及可能影响公平竞争的有关招投标的其他情况。

7.成立评标委员会

招标人或招标代理负责组建评标委员会，评标委员会由招标人的代表与物业管理专家组成，专家从房地产行政主管部门建立的物业管理评标专家库中以随机抽取的方式确定。评标委员会的人数一般为5人以上的单数，其中招标人代表以外的物业管理方面的专家人数不得少于成员总数的2/3。评标委员会成员的名单在开标前应严格保密。与投标人有利害关系的人员不得作为评标委员会的成员。

评标委员会成员应当客观、公正地履行职责，遵守职业道德，对所提出的评审意见承担个人责任。评标委员会成员不得与任何投标人或者与招标结果有利害关系的人进行私下接触，不得收受投标人、中介人、其他利害关系人的财物或者其他好处。

评标委员会成员和与评标活动有关的工作人员不得透露投标文件的评审和比较、中标候选人的推荐情况以及与评标有关的其他情况。

8.开标、评标和中标

(1)开标。开标应当在招标文件确定的提交投标文件截止时间的同一时间公开进行;开标地点应当为招标文件中预先确定的地点。开标由招标人主持,邀请所有投标人参加。开标应当按照下列规定进行:由投标人或者其推选的代表检查投标文件的密封情况,也可以由招标人委托的公证机构进行检查并公证。经确认无误后,由工作人员当众拆封,宣读投标人名称、投标价格和投标文件的其他主要内容。在招标文件要求提交投标文件的截止时间前收到的所有投标文件,开标时都应当当众予以拆封。开标过程应当记录,并由招标人存档备查。

(2)评标。评标由评标委员会负责。评标委员会成员名单一般应于开标前确定。评标委员会名单在中标结果确定前应当保密。评标委员会可以用书面形式要求投标人对投标文件中含义不明确的内容作必要的澄清或者说明。投标人应当采用书面形式进行澄清或者说明,其澄清或者说明不得超出投标文件的范围或者改变投标文件的实质性内容。

在评标过程中召开现场答辩会的,应当事先在招标文件中说明,并注明所占的评分比重。评标委员会应当按照招标文件的评标要求,根据标书评分、现场答辩等情况进行综合评标。

除了现场答辩部分外,评标应当在保密的情况下进行。

评标委员会应当按照招标文件确定的评标标准和方法,对投标文件进行评审和比较,并对评标结果签字确认。

评标委员会经评审,认为所有投标文件都不符合招标文件要求的,可以否决所有投标。依法必须进行招标的物业管理项目的所有投标被否决的,招标人应当重新招标。

评标委员会完成评标后,应当向招标人提出书面评标报告,阐明评标委员会对各投标文件的评审和比较意见,并按照招标文件规定的评标标准和评标方法,推荐不超过 3 名有排序的合格的中标候选人。

招标人应当按照中标候选人的排序确定中标人。当确定中标的候选人放弃中标或者因不可抗力提出不能履行合同时,招标人可以依序确定以中标候选人为中标人。

(3)中标。招标人应当在投标有效期截止时限 30 日前确定中标人。投标有效期应当在招标文件中载明。招标人应当向中标人发出中标通知书,同时将中标结果通知所有未中标的投标人,并返还其投标书。

招标人应当自确定中标人之日起 15 日内,向物业项目所在地的县级以上地方人民政府房地产行政主管部门备案。备案资料应当包括开标评标过程、确定中标人的方式及理由、评标委员会的评标报告、中标人的投标文件等。委托代理招标的,还应当附招标代理委托合同。

**(七)物业管理招投标的基本原则**

物业管理招投标的基本原则为公开、公平、公正和诚实信用。

(1)前期物业管理招标由招标人依法组织实施。招标人不得以不合理条件限制或者排斥潜在投标人,不得对潜在投标人实行歧视待遇,不得对潜在投标人提出与招标物业管理项目实际要求不符的过高的资格等要求。

招标人不得以不合理的条件限制、排斥潜在投标人或者投标人。招标人有下列行为之一的，属于以不合理条件限制、排斥潜在投标人或者投标人：

① 就同一招标项目向潜在投标人或者投标人提供有差别的项目信息；

② 设定的资格、技术、商务条件与招标项目的具体特点和实际需要不相适应或者与合同履行无关；

③ 依法必须进行招标的项目以特定行政区域或者特定行业的业绩、奖项作为加分条件或者中标条件；

④ 对潜在投标人或者投标人采取不同的资格审查或者评标标准；

⑤ 限定或者指定特定的专利、商标、品牌、原产地或者供应商；

⑥ 依法必须进行招标的项目非法限定潜在投标人或者投标人的所有制形式或者组织形式；

⑦ 以其他不合理条件限制、排斥潜在投标人或者投标人。

(2)应当严格遵守相关法律、法规和招标文件的要求。

(3)确保招投标公开、公正地实施。

(4)实事求是，守信践诺。

## 第二节　物业管理的投标

物业管理投标活动是取得物业项目管理权的重要环节。投标是指物业服务企业等投标人根据物业管理招标文件要求，参与投标竞争的系统活动。投标人应当具有相应的物业服务资信和满足招标文件要求的其他条件。投标人一般是响应招标、参加投标竞争的法人、其他组织或者其他管理人。

### 一、物业管理投标的程序

#### (一)获取招标信息

根据招标方式，投标人一般通过两个渠道获取招标信息：一是从公共媒介上收集公开招标信息；二是来自招标方的邀请。

#### (二)物业项目评估与风险防范

获取招标信息后，投标人应首先组织经营管理、技术和财务等方面的专业人员对招标物业进行项目评估，预测中标成功的可能性和存在的风险，对投标活动进行设计、策划，制定相应的投标策略和风险控制措施，确保投标的成功或避免遭受损失。

1. 项目评估

项目评估一般分为市场调研阶段、准备和实施阶段两个阶段。市场调研阶段的评估主要是在调查、研究资料的基础上进行分析、预测和评定，目的是确定是否参与投标；准备和实施阶段的评估是在对投标物业进行深入调查和技术、经济论证的基础上，确定最佳投标策略和管理方案。

项目评估主要包括以下几个方面的内容：

(1)招标物业项目的基本情况和定位。即分析招标物业项目的基本情况。主要从物业的性质、类型入手，着重了解物业的建筑面积和投资规模、建设周期、建筑规划设计、配套设施设备等具体情况。属于新建物业的，要了解物业的建设周期和进度，分析以现有条件实施物业管理服务的利弊;属于已投入使用的物业,要了解以前的服务状况、服务机构的经营状况以及与业主的沟通状况等;对于商业类型的物业,应了解商业物业的使用功能和规模、租售模式、商家的定位、所处的商圈以及市场的前景等;对于公用类型的物业,除了解物业的功能定位外,还应该关注该类型物业是否有特殊的功能性服务需求。通过专业评估公司评估的,评估公司应该具备相应的专业服务资源。

(2)客户需求。了解、分析招标物业项目客户对物业管理服务需求的内容,物业服务消费的承受能力,周边项目的服务水平和客户群体等。

(3)建设单位、业主大会或物业所有权人的基本情况。建设单位、业主大会或物业所有权人的基本情况包括其背景资料以及是否具备履行合同的实力并具有合作诚意。属于新建物业的,要详细调查了解建设单位的资金实力、技术力量和信誉等,并通过对建设单位以前承建物业质量及与物业服务企业合作情况的调查,分析判断招标物业建设单位的可靠性;属于重新选聘物业服务企业的招标项目,应调查解聘的原因,业主大会或物业所有权人是否与原管理方存在法律纠纷;对于已投入使用一定年限的招标物业,需详细了解物业的使用情况、物业所有权人的背景、资金实力和信誉,物业项目是否存在重大隐患;属于要求投标人参与物业合作经营的招标项目,应另作具体的投资可行性分析。

(4)竞争对手。分析评估竞争对手的规模、数量和企业综合实力;竞争对手现接管物业的社会影响力;竞争对手与招标方是否存在背景联系,在物业招标前双方是否存在关联交易;竞争对手对招标项目是否具有绝对优势;竞争对手可能采取的投标策略等。

(5)企业自身条件。企业自身条件的评估内容包括项目性质、所在区域、规模是否符合企业发展规划;项目类型是否为企业的目标类型;常规盈利的预测;项目风险是否在企业可以承受的范围内;投标企业现有的人、财、物等资源条件满足项目需求的能力。

物业服务企业只有通过对项目进行合理的分析和正确的评估,并结合物业服务企业自身的优势条件,才能确定是否参与项目的招标和组织招标活动的具体实施。

2.投标风险的防范与控制

物业项目投标的主要风险来自于招标人和招标物业项目、投标人、竞争对手三个方面。

(1)招标人和招标物业项目的风险主要有:招标方提出显失公平的特殊条件;有未告知但会直接影响投标结果的信息;建设单位可能出现资金等方面的困难而造成项目无法正常运作;因物业延迟交付使用而造成早期介入期限延长;招标方与其他投标人存在关联交易等。

(2)投标人的风险主要有:未对项目进行必要的可行性分析、评估,造成投标决策和投标策略的失误;盲目做出服务承诺,成本测算失误,造成未中标或中标后亏损经营;项目负责人现场答辩出现失误;接受资格审查时出现不可预见的情况或可预见但未作相应的防范和补救;投标资料(如物业管理方案、报价等)泄露;投标人采取不正当的手段参与竞争,被招标方或评标委员会取消投标资格;未按要求制作投标文件或送达投标文件造成废标等。

(3)竞争对手的风险主要有:采取低于成本竞争、欺诈、行贿等不正当的竞争手段;具备相关背景或综合竞争的绝对优势;窃取他人的投标资料和商业秘密等。

对上述风险进行防范与控制的具体措施有:严格按照相关法律、法规、政策的要求参与投标活动;对项目进行科学、合理的分析、评估,周密策划、组织、实施投标活动;完善企业自身的管理;选择信誉良好的招标方和手续完备、赢利优势明显的物业;充分考虑企业的承受能力，制订可行的物业管理方案，选择经验丰富的项目负责人；慎重对待合同的附加条款和招标方的特殊要求等。

(三)登记并取得招标文件

物业服务企业在确定参加投标后，应按招标公告和投标邀请书指定的地点和方式进行登记并取得招标文件。

(四)准备投标文件

投标人应严格按照招标文件的要求编制投标文件，并对招标文件提出的实质性要求和条件做出响应。投标文件又称标书，一般由投标函、投标报价表、资信证明文件、物业服务方案、招标文件要求提供的其他材料等几部分组成。常将投标文件根据性质分为商务文件和技术文件两大类。

1. 商务文件

商务文件又称商务标，主要包括：

(1)公司简介。针对性介绍投标公司的资信条件、业绩、专业人员等情况。

(2)公司法人及法定代表人证明。包括资格证明文件(营业执照、授权书、代理协议书等)、资信证明文件(保函、已履行的合同及客户评价书、审计机构出具的财务状况书及第三方评价等)。

(3)投标报价单及招标文件要求提供的其他资料。

投标人应在商务文件中按招标要求和国家、行业标准真实反映企业的情况和详细的报价。

2. 技术文件

技术文件又称技术标，主要是物业服务方案和招标方要求提供的其他技术性资料。

有的招标文件要求在技术文件中禁止透露可以反映企业情况的数据、文字、报价等，应按招标要求准备相关资料。

(五)提交投标文件

投标文件编制好后，投标人应按招标文件的要求进行封装，并按时送达招标单位。

(六)接受招标方的资格审查

投标人应按招标文件规定的要求准备相应资料，接受招标方的资格审查。

(七)参与开标、现场答辩和评标

投标人接到开标通知后，应在规定的时间到达开标地点，参加开标会议和现场答辩，并接受评标委员会的审核。

(八)签约

投标人在收到中标通知书后，应在规定的时间内及时与招标人签订物业服务合同。同时，投标人还要同招标单位协商解决进驻物业区域、实施前期物业管理等有关问题。

投标结束，要对投标活动进行分析总结，结算投标有关费用，对招投标资料进行整理、归档。

## 二、物业项目投标的策略

(一)招标文件解读

(1)投标工作时间节点。如现场踏勘及答疑次数与时间；资格预审时间；实地考察时间；

提交投标文件时间；答辩时间；确定投标方的时间；投标文件有效期；签约时间；履约时间等。根据投标工作时间节点编制投标的工作计划，避免遗漏。

(2)投标文件组成。一般情况下，投标文件分为商务标、技术标和其他补充文件。在其他补充文件中，特殊功能的物业类型或有特殊需求的项目会要求投标单位提供为同类型项目服务的合同、具备满足项目特殊需求的专业人员的证书等，作为对投标单位的专业能力的认定资料。

(3)投标文件的数量、封装方式。投标文件一般分为正本和副本，正、副本需要按照招标方的要求在显著部位标明，需加盖公章/骑缝章/分页章等。正本和副本所需的数量，是整体封装还是分开封装，商务标与技术标是整体封装还是分开封装，都是阅读招标文件时需要特别注意的，避免因为封标不规范，导致废标。

(4)评标方法、评分规则和计算方式。评标的方法一般分为综合评分法、性价比法等。综合评分法即给投标方的技术标、商务标、答辩、信誉和实力等多方面因素赋予相应的权重或分值，各因素综合打分、排序，确定中标顺序；性价比法，即计算投标文件的评分因素总分与投标报价的比值，根据比值由高到低确定中标顺序。通过对评分规则和计算方式的分析，可进一步明确招标方的招标策略和隐含需求，有效满足招标方的需求。

(5)履约条款和废标条款。为避免投标方的恶性竞争，某些招标项目会在招标文件中明示投标方须以履约保证金或履约保函等方式对中标后的履约行为进行保证。同时，为了规范投标行为，还会在招标文件中明示部分废标条款，如资信文件提交格式不符或者封装不符合要求等。认真分析履约及废标条款，可规避因对履约风险因素估计不足而导致的决策失误，同时也避免因投标中出现关键性失误而导致的废标等情况的发生。

**(二)资料及数据的收集、核实**

物业基础资料及数据的收集是顺利地完成投标文件的编制、满足招标需求的基础。招标文件中提供的数据、图纸、资料等，需要仔细研读并在现场踏勘环节进行核实，避免因设计变更导致的数据变化影响商务标的准确测算。

**(三)投标的组织策划**

物业服务企业在获取招标信息后应组织相关人员组成投标小组，对投标活动进行策划与实施，其主要任务是分析评估项目、编制标书、制定投标策略、参与现场踏勘与开标、现场答辩、签约谈判等。

(1)根据招标物业项目的情况选择企业骨干力量组成投标小组。投标小组成员的选择、配备，尤其是项目负责人的选择是确保投标活动成功的基础。

(2)对招标方、招标物业的基本情况和竞争对手进行深入、细致的调查，正确评估，预测并降低投标的风险。

(3)正确编制标书。编制标书要根据招标文件的要求进行，在透彻掌握招标文件内容和进行细致深入的市场调查的基础上，确定管理项目的整体思路(包括物业管理工作重点、服务特色、管理目标、管理方式及实施措施等)，制定物业服务方案。

(4)在科学分析和准确计算的前提下测算物业管理服务动态成本并确定合理报价。

(5)多渠道获取招投标相关信息，确保报价的合理性。

(6)选择最能体现企业优势的物业项目作为招标方考察的对象。

(7)加强与招标方的沟通，了解招标方的需求，及时掌握投标过程中出现的变化并采取相应的应对措施。

(8)周密安排招标方的资格预选和评标过程中的现场答辩活动。

### (四)项目现场踏勘

踏勘现场过程中,招标人会就投标单位提出的问题做出口头回答,但这种口头回答并不具备法律效力,只有在投标人以书面形式提出问题并由招标人做出书面答复时,才能产生法律约束力。投标人应对物业现场进行详细的踏勘,查勘物业现场与投标报价是否存在外在风险条件。具体包括以下方面:

(1)新建物业施工进度,物业当前使用情况及老化程度;物业配套设施设备及其分布情况;周边道路交通及停车场情况;园林绿化及环境标识情况;公共区域及通道分布情况;物业管理用房情况等。

(2)业主情况,包括客户定位、主要服务要求与特殊服务、物业服务费的承受能力等。这些情况可由投标人自行安排人员与时间进行调查。

(3)物业所在地的气候条件、经济环境、人文环境、消费需求和市场变化情况,以及与物业管理相关的政策法规等。

### (五)投标文件的编写

物业管理投标文件除按招标文件规定的格式编写外,主要介绍物业管理要点和物业管理服务的内容、形式、费用。

1.编写投标文件的基本要求

作为评标的基本依据,投标文件须具备统一的编写规范,便于评标工作的顺利进行。

(1)使用国家统一的标准计量单位,避免在定标和履约中出现混淆。

(2)使用统一的货币。国内物业管理投标书统一使用的货币为人民币,国际投标中所使用的货币则应按招标文件的规定确定。

(3)使用统一颁布的有效的国家、行业标准与规范。业主需要特殊服务,也应按照正式批准的国家行业服务标准规范。若招标文件要求采用国外的服务标准与规范,应将所使用的标准与规范译成中文,并在投标文件中说明。

(4)使用准确的表述方式。投标文件的文字与图表是投标人借以表达其意图的语言,必须准确运用。投标文件要简洁、明确、语言流畅、条理清楚,减少招标单位的误解和可能出现的争议。

图表的编制要做到前后一致、风格统一,符合招标文件的要求。最好能以索引查阅方式将图表装订成册,和投标文件中的文字表述保持一致。

(5)确保资料的真实性。投标文件的内容应符合招标文件的条款、条件和规定,且无重大偏离与保留。投标人应按招标文件的要求提供资料,并保证资料的真实性。

2.编写投标文件应注意的事项

(1)确保填写无遗漏,无空缺。投标文件中的每项内容都需填写,如有空缺,则被认为放弃意见;重要数据未填写,可能被作为废标处理。

(2)不任意修改填写的内容。投标人所递交的全部文件均应由投标方法人代表或委托代理人签字;若填写中因有错误而不得不修改,则应由投标方负责人在修改处签字、盖章。

(3)填写方式规范。投标方除对错处作必要的修改外,投标文件中不允许出现加行、涂抹或改写痕迹。

(4)不得改变标书格式。若投标人认为招标文件规定的格式不能表达投标意图，可另附补充说明，但不得任意修改招标文件规定的格式。

(5)计算的数字须准确无误。对单价、合计数、分步合计、总报价及大写数字等应进行仔细核对。

(6)报价合理。投标人应对招标项目提出合理的报价。

(7)包装整洁美观。投标文件应保证字迹清楚，文本整洁，格式统一，美观大方。纸质版与电子版投标文件应保持一致。

(8)做好投标文件的保密措施。

**(六)投标报价的策略**

投标报价是技术性极强的工作，在投标的过程中，需要不断调整策略，使报价更接近实际需求。投标报价的策略主要有：

(1)对项目的经营管理成本进行准确测算，确定项目运作的盈亏平衡点和利润空间，在此基础上预测并关注竞争对手的动态。

(2)密切关注、正确分析竞争对手的意图、实力。

(3)补充部分投标人有能力承担的优惠条件作为附加内容。

**(七)现场答辩注意事项**

(1)选择经验丰富、沉稳、对项目情况熟悉的人答辩。开标前应组织答辩人员进行模拟演练，正确把握招标文件的要点、投标文件的重点内容，提高对项目的熟悉程度，针对重点问题、难点问题、普遍性的问题准备答辩提纲。

(2)开标前答辩人员应该保持良好的精神状态。

(3)正式开标时，如果招标方要求在规定的时间内将标书的主要内容、特点作概要性介绍，答辩人员应围绕招标方和评委普遍关注的问题集中阐述，重点突出，难点讲透，特色鲜明，从而体现投标方的信心和实力。现场发挥时要果断、明确，避免匆忙回答或含糊其辞。

## 第三节　物业管理的评标

国家对评标专家专业分类标准和管理办法有统一的规定。具体标准和办法由国务院发展改革部门会同国务院有关部门制定。省级人民政府和国务院有关部门应当组建综合评标专家库。

招标人应当按照招标文件规定的时间、地点开标。投标人少于3个的，不得开标，招标人应当重新招标。投标人对开标有异议的，应当在开标现场提出，招标人应当当场作出答复，并做好记录。

### 一、评标专家的确定及监督

除《招标投标法》第三十七条第三款规定的特殊招标项目(特殊招标项目，是指技术复杂、专业性强或者国家有特殊要求，采取随机抽取方式确定的专家难以保证胜任评标工作的项目)外，依法必须进行招标的项目，其评标委员会的专家成员应当从评标专家库内相关专业的专家名单中以随机抽取的方式确定。任何单位和个人不得以明示、暗示等任何方式指定或者变相指定参加评标委员会的专家成员。依法必须进行招标的项目的招标人非因《招标投标法》规定的事由，不得更换依法确定的评标委员会成员。更换评标委员会的专家成员应当依照相关规定进行，评标委员会成员与投标人有利害关系的，应当主动回避。

有关行政监督部门应当按照规定的职责分工，对评标委员会成员的确定方式、评标专家的抽取和评标活动进行监督。行政监督部门的工作人员不得担任本部门负责监督项目的评标委员会成员。

财政部门依法对实行招投标的政府采购工程建设项目的预算执行情况和政府采购政策执行情况实施监督。监察机关依法对与招投标活动有关的监察对象实施监察。

## 二、评标的要求

评标由招标人依法组建的评标委员会负责。评标委员会由招标人代表和物业管理方面的专家组成，成员为 5 人以上的单数，其中招标人代表以外的物业管理方面的专家不得少于成员总数的 2/3(各地市有差异)。评标委员会的专家成员，应当由招标人从房地产行政主管部门建立的专家名册中采取随机抽取的方式确定。与投标人有利害关系的人不得进入相关项目的评标委员会。评标委员会由招标人负责组建。评标委员会成员名单一般应于开标前确定。评标委员会名单在中标结果确定前应当保密。

评标委员会可以用书面形式要求投标人对投标文件中含义不明确的内容作必要的澄清或者说明。投标人应当采用书面形式进行澄清或者说明，其澄清或者说明不得超出投标文件的范围或者改变投标文件的实质性内容。

在评标过程中召开现场答辩会的，应当事先在招标文件中说明，并注明所占的评分比重。评标委员会应当按照招标文件的评标要求，根据标书评分、现场答辩等情况进行综合评标。

除了现场答辩部分外，评标应当在保密的情况下进行。

评标委员会应当按照招标文件确定的评标标准和方法，对投标文件进行评审和比较，并对评标结果签字确认。

评标委员会经评审，认为所有投标文件都不符合招标文件要求的，可以否决所有投标。依法必须进行招标的物业管理项目的所有投标被否决的，招标人应当重新招标。

评标委员会完成评标后，应当向招标人提出书面评标报告，阐明评标委员会对各投标文件的评审和比较意见，并按照招标文件规定的评标标准和评标方法，推荐不超过 3 名有排序的合格的中标候选人。

招标人应当按照中标候选人的排序确定中标人。当确定中标的中标候选人放弃中标或者因不可抗力提出不能履行合同的，招标人可以依序确定其他中标候选人为中标人。

任何单位和个人不得非法干预、影响评标的过程和结果。评标委员会成员应当客观、公正地履行职责，遵守职业道德，对所提出的评审意见承担责任。

招标人应当向评标委员会提供评标所必需的信息，但不得明示或者暗示其倾向或者排斥特定投标人。

招标人应当根据项目规模和技术复杂程度等因素合理确定评标时间。超过三分之一的评标委员会成员认为评标时间不够的，招标人应当适当延长。

评标过程中，评标委员会成员有回避事由、擅离职守或者因健康等原因不能继续评标的，应当及时更换。被更换的评标委员会成员做出的评审结论无效，由更换后的评标委员会成员重新进行评审。

评标委员会成员不得私下接触投标人，不得收受投标人给予的财物或者其他好处，不得向招标人征询确定中标人的意向，不得接受任何单位或者个人明示或者暗示提出的倾向或者排斥特定投标人的要求，不得有其他不客观、不公正履行职务的行为。

招标项目设有标底的，招标人应当在开标时公布。标底只能作为评标的参考，不得以投标报价是否接近标底作为中标条件，也不得以投标报价超过标底上下浮动范围作为否决投标的条件。

### 三、否决投标的情况

有下列情形之一的，评标委员会应当否决其投标：

(1)投标文件未经投标单位盖章和单位负责人签字；

(2)投标联合体没有提交共同投标协议；

(3)投标人不符合国家或者招标文件规定的资信条件；

(4)同一投标人提交两个或两个以上不同的投标文件或者投标报价，但招标文件要求提交备选投标的除外；

(5)投标报价低于成本或者高于招标文件设定的最高投标限价；

(6)投标文件没有对招标文件的实质性要求和条件做出响应；

(7)投标人有串通投标、弄虚作假、行贿等违法行为。

投标文件中有含义不明确的内容、明显的文字或者计算错误，评标委员会认为需要投标人做出必要澄清、说明的，应当书面通知该投标人。投标人的澄清、说明应当采用书面形式，并不得超出投标文件的范围或者改变投标文件的实质性内容。评标委员会不得暗示或者诱导投标人做出澄清、说明，不得接受投标人主动提出的澄清、说明。

### 四、评标结果的确定

评标完成后，评标委员会应当向招标人提交书面评标报告和中标候选人名单。中标候选人应当不超过 3 个，并标明排序。

评标报告应当由评标委员会全体成员签字。对评标结果有不同意见的评标委员会成员应当以书面形式说明其不同意见和理由，评标报告应当注明该不同意见。评标委员会成员拒绝在评标报告上签字又不书面说明其不同意见和理由的，视为同意评标结果。

## 第四节　物业服务合同的签订及注意事项

(1)招标人和中标人应当自中标通知书发出之日起 30 日内，按照招标文件和中标人的投标文件订立书面合同；合同的标的、价款、质量、履行期限等主要条款应当与招标文件和中标人的投标文件的内容一致。招标人和中标人不得再行订立背离合同实质性内容的其他协议。

(2)招标人无正当理由不与中标人签订合同，给中标人造成损失的，招标人应当给予赔偿。

(3)中标人的经营、财务状况发生较大变化或者存在违法行为,招标人认为可能影响其履约能力的,应当在发出中标通知书前由原评标委员会按照招标文件规定的标准和方法审查确认。

(4)招标人最迟应当在书面合同签订后5日内向中标人和未中标的投标人退还投标保证金及银行同期存款利息。

(5)招标文件要求中标人提交履约保证金的,中标人应当按照招标文件的要求提交。履约保证金不得超过中标合同金额的10%。

(6)中标人应当按照合同约定履行义务,完成中标项目。中标人不得向他人转让中标项目,也不得将中标项目分解后分别向他人转让。

中标人按照合同约定或者经招标人同意,可以将中标项目的部分非主体、非关键性工作分包给他人完成。接受分包的人应当具备相应的资格条件,并不得再次分包。

中标人应当就分包项目向招标人负责,接受分包的人就分包项目承担连带责任。

(7)关注有关法律法规规定的投诉与处理及法律责任,规避法律风险、责任。

## 本章小结

本章主要讲述物业管理招投标的相关内容,主要有物业管理招投标的概念、意义;物业管理权的获得方式以及各种方式之间的区别;物业管理招标相关的知识内容,物业管理投标相关的知识要点与评标相关的知识要点。

物业管理招投标是物业管理活动中非常重要的一个环节,是保障物业管理活动合法的首要条件。物业管理招投标中涉及诸多法律问题与工作程序,其中的各种工作程序和相关文件的编制与中标物业管理活动的关联性非常之大,应该重点掌握。

## 关键概念

物业管理权　物业管理招标　物业管理投标　评标　评标委员会　物业服务合同

## 基础知识训练

1. 获得物业管理权的方式有哪些?
2. 物业管理招标前需要做哪些工作才能保障招标工作的合法性?
3. 物业管理招标文件包含哪些必不可少的重要内容?
4. 物业服务企业是否可以参与所有物业项目的投标活动?
5. 物业服务企业参与物业管理投标需要做哪些准备工作?
6. 怎样编制投标文件?
7. 物业管理评标活动对评标专家有哪些要求?
8. 如果你是物业管理行业的评标专家,你认为应该坚守的评标底线是什么?
9. 中标后应什么时候签订物业服务合同?签订物业服务合同应该注意哪些问题?

## 实践操作训练

组织学生参加一次行业主管部门组织或市场化的物业管理招投标，熟悉物业管理招投标的相关内容及文件，掌握物业管理招投标的相关流程和方法。

# 第七章 前期物业管理

## 本章要点

前期物业管理的概念;前期物业管理的基本环节;物业服务方案的编写方法;前期物业服务合同的内容条款;承接查验的工作程序;入住服务和装修管理的要点。

## 知识目标

1.了解前期物业管理、物业管理合同、物业承接查验、入住与物业管理装饰装修以及物业工程保修等相关的概念与要点;

2.掌握物业服务方案的编写方法;

3.掌握承接查验相关的工作程序;

4.掌握前期物业服务合同与物业服务合同的相关知识;

5.掌握入住相关知识要点;

6.掌握物业管理装饰装修相关知识要点。

## 能力目标

1.能够理解并掌握前期物业管理、物业管理合同的相关知识;

2.能够掌握编写物业服务方案的基本要求,理解物业承接查验的相关知识;

3.能够掌握物业管理入住服务、装饰装修管理的相关程序,能够熟练编制相应的管理制度。

## 案例导引

**卫生间防水问题造成水淹事故,物业公司责任几何?**

李女士家住某小区12楼,从装修到入住整整花了近一年的时间,终于在这年秋天搬进了新家。不幸的是,搬入新家才短短三个月,在一次小长假旅游回家后,李女士发现因为楼上装修不慎,造成卫生间大量漏水,自家的地板、天花板以及半个墙体全部被淹,并且损坏严重。面对此情此景,李女士及家人欲哭无泪,他们的第一反应就是去找物业公司,认为物业公司管理不到位,要求物业公司承担赔偿责任。

物业公司很是无奈,百般解释、协调后事情依然没有得到妥善解决。

**思考题:**

若你是一名专业的物业服务人员,能为李女士理清这中间的法律权责关系,帮李女士找到合理合法的解决问题的方式吗？请说出依据。

## 第一节　前期物业管理概述

前期物业管理阶段是相对业主、业主大会选聘物业服务企业实施物业管理而言的特殊阶段，主要产生于住宅物业管理的既定阶段，单一产权的物业管理一般不存在此阶段。从法规、政策及实践来看，前期物业管理主要是针对住宅物业项目实施的过渡性管理举措。目前物业项目管理成为行业监管重点，随着社会、物业管理行业的持续创新发展，前期物业管理将会有革命性变化。

### 一、前期物业管理的概念

根据原建设部 2003 年 6 月 26 日印发的《前期物业管理招标投标管理暂行办法》第二条之规定，前期物业管理是指业主、业主大会选聘物业服务企业前，物业建设单位通过公开招投标方式选聘物业服务企业，与其选聘的物业服务企业签订前期物业服务合同实施的前期物业管理。

### 二、前期物业管理的起止时间及注意事项

#### （一）起止时间

前期物业管理从开发建设单位与所选聘的物业服务企业签订的前期物业服务合同生效之日起到约定的时效止；或者“前期物业服务合同”时效没到，但是业主大会依法选聘了新的物业服务企业，业主委员会与所选聘的物业服务企业签订的物业服务合同生效时止。

#### （二）注意事项

前期物业服务合同可以约定期限，但是，期限未满，业主大会授权的业主委员会与物业服务企业签订的物业服务合同生效的，前期物业服务合同终止。

### 三、前期物业管理经费的来源

前期物业管理期间，物业交付使用前发生的物业服务费由建设单位承担；物业交付业主后的物业服务费由业主承担。当事人另有约定的除外。

### 四、物业管理用房的配备

前期物业管理开展的保障条件是物业管理用房的配备。物业管理用房，是指房地产开发建设中按照有关规定建设的，由开发建设单位以建造成本价一并转让给购房业主集体，用作物业管理办公、工作人员值班以及存放工具材料的用房。物业管理用房在实践中包括物业办公用房、物业清洁用房、物业储藏用房、业主委员会活动用房等。

#### （一）物业管理用房的配置

建设单位应当按照规定的标准配置物业管理用房；物业管理用房的建筑面积依照当地规定，全国各地存在一定差异。例如，《河南省物业管理条例》规定：物业管理用房由建设单位无偿配置，其费用列入开发建设成本，产权属全体业主共有，任何单位和个人不得买卖、抵押，未经业主大会同意，不得改变用途。业主委员会办公用房从物业管理用房中安排，其面

积不低于二十平方米。

新建的物业，建设单位应当按照物业管理区域总建筑面积的一定比例配置物业管理用房，并符合下列要求：

(1)两万平方米以下的，物业管理用房面积不低于八十平方米；超过两万平方米至二十万平方米的部分，按照千分之四的比例配置；超过二十万平方米至三十万平方米的部分，按照千分之三的比例配置；超过三十万平方米的部分，按照千分之二的比例配置。

(2)物业管理用房应当相对集中，具备通水、通电、通信、采光、通风等基本使用功能和办公条件，配置独立合格的水、电等计量装置。

(二)物业管理用房配备的相关要求

(1)建设单位应当将物业管理用房纳入建设配套项目计划，与新建物业同步设计、同步施工、同步交付使用，交付标准参照当地法律法规及相关规定，如装修具备基本使用功能、物资配备约定等。

(2)物业管理用房由物业服务企业和业主委员会使用，任何单位和个人不得擅自改变其用途。

(3)建设单位应当在物业交付使用前，与其选聘的物业服务企业按照国家有关规定进行物业承接查验。

(4)建设单位应当设置维修机构，配备维修人员，履行保修责任，并在物业管理区域内公布维修联系电话。建设单位委托物业服务企业履行保修责任的，应当签订委托合同。

(5)物业服务企业应当协助业主或业主委员会联系建设单位落实保修责任。

## 第二节　前期物业服务合同与物业服务合同

### 一、广义物业服务合同的概念和分类

在市场化的物业管理活动中，合同占有十分重要的地位。物业管理服务的各种行为都与合同有关联。

物业服务合同是一个综合性的概念，它是指物业管理服务当事人之间就权利、义务所达成的具有法律效力的协议或契约。签订与履行物业管理服务合同，是物业管理服务的核心内容，也是保障物业管理服务活动顺利开展的基石。

物业服务合同主要有两种：一种是开发建设单位与物业服务企业签订的前期物业服务合同；另一种是业主、业主大会(或业主大会授权的业主委员会)与物业服务企业签订的物业服务合同。

物业服务过程中，与物业服务有关系的合同、协议包括房屋销售合同、管理规约(临时管理规约)、早期介入合同、前期物业服务合同、物业服务合同、室内装饰装修管理服务协议、物业经营协议、供水供电有偿委托合同、专项管理项目及设备设施维保分包协议等。

《物权法》等法律、法规规定，提供物业管理服务的主体还可以有其他管理人，业主可以自行管理建筑物及其附属设施设备。对建设单位聘请的物业服务企业或者其他管理人，业主有权依法更换。物业服务企业或者其他管理人根据业主的委托管理建筑区划内的建筑物及其附属设施，并接受业主的监督。对此本章不再具体论述。

## 二、前期物业服务合同

### （一）前期物业服务合同的概念

前期物业服务合同，是指物业建设单位与物业服务企业就前期物业管理阶段双方的权利、义务所达成的协议，是物业服务企业取得物业管理权、开展物业管理服务的依据。《物业管理条例》第二十一条规定："在业主、业主大会选聘物业服务企业之前，建设单位选聘物业服务企业的，应当签订书面的前期物业服务合同。"《物业管理条例》第二十五条规定："建设单位与物业买受人签订的买卖合同应当包含前期物业服务合同约定的内容。"前期物业服务合同的当事人是建设单位与物业服务企业。

实践中，物业的销售及业主入住是一个持续的过程。这个特定阶段要求经专有部分占建筑物总面积过半数的业主且占总人数过半数的业主同意并形成业主大会选聘物业服务企业的决定不具备有关条件，而这个阶段的物业管理服务又是需要的，为了满足业主大会选聘物业服务企业之前对物业管理的需要，明确前期物业管理服务的责任主体，规范前期物业管理活动，《物业管理条例》明确地将前期物业管理的权利、义务与责任赋予了建设单位及建设单位选聘的物业服务企业。以上规定会随着社会、行业的发展逐步完善。

### （二）前期物业服务合同的主要内容

前期物业服务合同通过合同条款反映建设单位与物业服务企业之间的权利、义务关系，包含以下几个主要部分。国家及各地发布了合同示范文本，引导、规范合同的签订工作。

1.合同的当事人

前期物业服务合同的当事人是建设单位与物业服务企业，其中建设单位以及物业服务企业一般应是法人组织。

2.物业基本情况

物业基本情况包括物业名称、物业类型、坐落位置、建筑面积等。

3.物业服务内容与标准

物业服务内容主要包括物业共用部位、共用设施设备的运行、维修、养护和管理；物业共用部位和相关场地的环境管理；车辆停放管理；公共秩序维护、安全防范的协助管理；物业装饰装修管理服务；物业档案管理及双方约定的其他管理服务内容等。

前期物业管理服务约定应达到的服务质量标准应和中标承诺的服务标准一致。

4.物业服务费用

物业服务费用的主要内容包括物业服务费用的收取标准、收费约定的方式（包干制或酬金制）；物业服务费用开支项目；物业服务费用的缴纳；酬金制条件下，酬金计提方式、服务资金收支情况的公布及其争议的处理等。

5.物业的经营与管理

物业经营与管理的主要内容包括停车场和经营性场所的收费标准、管理方式、收入分配办法；物业其他共用部位、共用设施设备的经营管理等。

6.物业承接查验和使用维护

物业承接查验和使用维护的主要内容包括物业承接查验和使用维护中双方责任、义务的约定。

7.住宅专项维修资金

专项维修资金的主要内容包括资金的缴存、使用、续筹和管理等。

8.违约责任

违约责任主要包括违约责任的约定和处理、免责条款的约定等。

9.其他事项

其他事项主要包括合同履行期限、合同生效条件、合同争议处理、物业管理用房、物业管理相关资料归属以及双方认为需要约定的其他事项等。

（三）签订前期物业服务合同的注意事项

1.物业的承接查验

物业共用部位、共用设施设备的承接查验是前期物业服务活动开展的重要基础，前期物业服务合同应当对物业共用部位、共用设施设备的承接查验内容、标准、责任等做出明确的约定。业主物业专有部分的分户验收则属于业主与建设单位之间的问题。

2.前期物业服务的费用

前期物业服务合同涉及的费用种类多，支付主体及责任容易混淆，易造成矛盾，必须在合同中予以列明。例如，应当由建设单位支付的费用不能转嫁给单个业主；对于由业主支付的费用部分，则应当注意符合国家法律、法规的要求，并应当在物业销售前予以明示或约定。

3.前期物业服务合同的解除或终止

前期物业服务合同的履行受业主入住状况及房屋工程质量等各种因素的影响，合同的期限具有不确定性，当此类因素致使前期物业服务合同无法全面履行时，物业服务企业可以通过提前解除合同或要求补偿的方式规避风险。因此，有必要在前期物业服务合同中对解除合同的条件做出明确约定。

## 三、物业服务合同

### （一）物业服务合同的概念

物业服务合同是业主、业主大会（或业主大会授权的业主委员会，下同）与物业服务企业之间就物业管理服务及相关的物业管理活动所达成的权利、义务关系的协议。

### （二）物业服务合同与前期物业服务合同的主要区别

物业服务合同中关于服务内容的条款与前期物业服务合同基本相同，主要差别在于：

(1)订立合同的当事人不同。前期物业服务合同的当事人是建设单位与物业服务企业；物业服务合同的当事人是业主（或业主大会）与物业服务企业。

(2)合同期限不同。前期物业服务合同的期限可以约定，但是期限未满、业主委员会与物业服务企业签订的物业服务合同开始生效的，前期物业服务合同终止。物业服务合同的期限则由订立合同的双方约定，与前期物业服务合同相比，具有期限明确、稳定性强等特点。

### （三）物业服务合同的签订

1.物业服务合同的成立

物业服务合同的成立，是指合同双方当事人就合同的主要条款达成一致，且采用书面的形式订立，双方当事人一经签字或盖章，合同即成立。

业主大会依法选聘物业服务企业的，业主委员会应当参照物业服务合同示范文本与新选聘的物业服务企业签订书面物业服务合同。

2.物业服务合同的生效

物业服务合同通常在成立时即生效。如果合同附生效条件,则在该条件成立时生效。

3.签订物业服务合同应注意的事项

(1)明确细化业主、业主委员会的权利、义务。除了《物业管理条例》等法规规定的业主、业主委员会应有的权利、义务之外,业主、业主委员会履行权利、义务的具体细节应在物业服务合同里明确约定。例如,业主、业主委员会对物业服务企业的服务质量,可按照合同规定的程序提出意见并要求限期整改。同时,业主、业主委员会应承担相应的义务,包括督促业主按时交纳物业费,积极配合物业服务企业的工作,尊重物业服务企业专业化的管理方式和措施等。

(2)明确细化物业服务企业的权利和义务。本着权利和义务对等的原则,在赋予物业服务企业管理物业项目的权利时,也要明确物业服务企业所应承担的义务与责任,并且尽可能予以细化、量化。

(3)违约责任的约定。履行合同中如一方违约,应该向对方赔偿损失。损失的计算及赔偿标准应该按照《合同法》的规定进行具体表述。对不可抗力,如地震、战争等造成的损失,应该免于赔偿。要在服务合同里明确双方违反约定应承担的违约责任,约定的责任要具有落地性和可操作性。

(4)免责条款的约定。物业服务合同签订各方应本着公平合理、互谅互让的原则,根据物业的具体情况设立免责条款,明确免责的事项和内容。例如,应当明确约定物业服务费不包含业主与物业使用人的人身保险、财产保管等费用,排除物业服务企业对业主及物业使用人的人身、财产安全保护、保管等义务,以免引发不必要的纠纷。

(5)物业服务合同的主要条款宜细化。规范物业管理服务及相关活动是签订合同的主要目的。在签订物业服务合同时,要特别注意以下主要条款:

① 服务项目。应逐项明确管理服务项目,如房屋建筑共用部位的维修、养护和管理,共用设施设备的维修、养护、运行和管理,公共秩序和环境卫生的维护与管理等。

② 服务内容。各项目所包含的具体内容应详细、准确。例如,房屋建筑共用部位的维修、养护和管理项目内容应包括屋顶、外墙面,承重结构,环境卫生涉及部位,安全防范的实施办法等。

③ 服务标准。应明确各项目具体内容的管理服务质量标准,例如,垃圾清运的频率(是一天一次,还是两天一次)、环境卫生的清洁标准、秩序维护的具体标准(门岗职责、是否设立巡逻岗)等。此外,要注意在明确质量标准时不使用带有模糊性的词语,例如,要避免采用“整洁”等用词,因为在合同的执行过程中很难对是否整洁做出准确、一致的判断。

④ 服务费用。物业服务企业应在前述的管理服务内容与质量标准下收取相应费用。物业管理服务不同,收取的费用是有差异的。在明确服务项目、内容和标准后,服务费用的确定要经过详细的测算和比较。

(6)合同的签订既要积极稳妥,又要留有余地。物业的开发建设有一个过程,有时需分期实施,也会受到政策变化的影响,在订立合同,尤其是签订前期物业服务合同时应充分考虑。比如,对于“24 小时不间断维护秩序”的服务承诺,看似高大上,实则表述不清,难以落地实施。

(7)明确违约责任的界定及争议的解决方式。实践中,有些问题可能发生在物业服务企业与业主之间，也可能发生在业主之间或者业主与业主委员会之间，既有违法的问题，也有违约、违规等问题。显然，对于不同性质、不同层面的问题，要通过不同的途径，采取不同的处理方式来解决。

一般情况下，有争议的合同应该通过友好协商的方式解决。如果协商不成，可依照合同中约定的仲裁条款要求仲裁委员会仲裁，或者向人民法院提起诉讼。

## 第三节　物业服务方案

物业服务方案是开展物业服务的基础性准备工作，一般分为招投标前编制的物业服务方案和取得物业管理权后定期编制的物业服务方案，如年度、季度物业服务方案等。可根据适用性及有关招标文件、法规、政策要求组织编写。政府采购序列的物业服务方案与一般的物业服务方案有一定区别。下面以投标活动为例展开叙述。

### 一、制定物业服务方案的一般程序

物业服务企业在确定参与招标活动后，应组织相关专业人员在分析招标物业项目基本情况和确定物业管理模式的基础上，制定切实可行的物业服务方案。制定物业服务方案的一般程序为：

(1)组织管理、技术、财务等专业人员及拟任项目经理参与物业服务方案的制定。

(2)对招标物业项目的基本情况进行分析，收集相关信息及资料。

(3)根据招标文件规定的需求内容进行分工、协作。

(4)确定组织架构和人员配置。

(5)按照物业项目资料及设备设施技术参数、组织架构及人员配置情况、市场信息、管理经验等情况详细测算物业服务成本(一般称为商务标部分)。

(6)根据招标文件规定的物业管理需求内容制定详细的响应性作业标准、流程方案(一般称为技术标部分)。

(7)测算物业服务费(总价和单价，采用以支定收或以收定支方式)。

(8)对拟定的物业服务方案进行对比、审核、调整。

### 二、制定物业服务方案的要求

(1)物业服务方案的内容、格式、投标报价必须符合招标文件中对物业管理服务需求的规定，不能有漏项。

(2)各项具体实施内容必须根据招标物业项目的基本情况和特点确定；整体方案必须在调研、评估的基础上制定；方案的内容必须符合国家、地方法律、法规的规定，尊重当地习惯。

(3)对招标文件要求做出的实质性响应内容必须是投标企业能够履行的，包括各项服务承诺、工作目标及计划、具体项目的实施方案等。

(4)物业服务费的测算必须合理合法，具有前瞻性，应该在满足招标方需求的基础上制定科学、经济的方案。如实行酬金制的物业管理项目，投标方不能为了取得稳定的利润而制定加大成本投入的方案；实行包干制的物业管理项目，物业服务企业不能为了控制经营风险而制定影响服务质量的方案。

## 三、编制物业服务方案的基本原则

编制物业服务方案应关注如下四个关键要素：服务设计、资金保障机制、员工管理系统、顾客行为管理系统。

(1)编制物业服务方案的过程实质上就是服务设计的过程。项目的物业服务方案是项目物业服务设计的输出文件。

(2)可借助技术、信息化等管理工具对项目的物业服务进行策划。物业服务方案应有很强的针对性，不能套用其他的项目。通过对项目特点以及特定顾客群体的需求分析，就服务内容、服务标准、服务定位及愿景、人力资源安排、财务预算安排以及关键的服务过程等内容做全面策划。

(3)物业服务方案并不是一成不变的。在日常物业服务的运作过程中，随着顾客群体的变化、物业使用年限的增加以及新技术、新方法的不断出现，应对物业服务方案实施动态管理，不断调整其内容，以确保适应新的要求。

(4)针对早期介入、综合管理、单项管理等阶段及服务项目的不同，需要差异化策划设计。

## 四、编制物业服务方案的要点

### (一)项目基本情况

物业服务企业应当在编制物业服务方案前，通过现场踏勘、招标方答疑会等获取项目的基本资料。同时，还可借助公共媒介、网络等手段对项目的周边环境、市场情况等进行深入的市场调查。

项目基本情况(简介)通常包括如下内容：

(1)顾客基本情况。如业主(或物业使用人)构成、顾客基本特征(年龄、职业、籍贯等)。

(2)物业基本情况。如物业的地理位置，占地面积，建筑面积，物业类型，机电设备、配套设施清单，投入使用年限等。

(3)项目开发情况。如开发建设单位、设计单位、监理单位、施工单位、项目开发及交付的进度、主要户型、售价等。

(4)项目属地信息。如办事处(乡镇人民政府)、派出所、社区居委会等的联系方式；水、电、气、暖、有线电视、通信等生活服务单位的分支机构、联系方式；医院、学校、交通、超市、银行、邮政等服务网点的分布。

(5)周边项目情况。如对周边同类项目的调研(物业服务企业、提供的服务项目及标准、物业服务费、顾客评价等)。

### (二)项目整体策划

1.顾客的需求分析

主要从以下方面进行分析：顾客是谁？他们具有何种特征？如何利用这些特征对他们进行分类？不同类别的顾客会有哪些需求？有效需求中哪些是个性的，哪些是共性的？如何响应这些需求？对策是否可行？

顾客需求分析表如表 7-1 所示。

表 7-1　顾客需求分析表

| 顾客分类 | 顾客特征 | 可能的需求 | 相应的对策 | 对策可行性分析 | 支持性文件 |
| --- | --- | --- | --- | --- | --- |
| | | | | | |

2. 项目的特点分析

主要从以下方面进行分析：本项目在选址、功能、外观、园林、交通、结构、照明、设备、装饰、配套、施工质量、开发计划、销售进度等方面有哪些显而易见的特点？这些特点会导致哪些问题的产生？针对这些问题，有哪些可能的对策？这些对策中哪些是可行的？

项目特点分析表如表 7-2 所示。

表 7-2　项目特点分析表

| 项目的特点 | 潜在的管理问题 | 相应的对策 | 对策可行性分析 | 支持性文件 |
| --- | --- | --- | --- | --- |
| | | | | |

3. 服务项目、标准及服务承诺（表 7-3）

服务项目、标准与费用表如表 7-3 所示。

表 7-3　服务项目、标准与费用表

| 类别 | 服务项目 | 服务标准 | 服务费用 |
| --- | --- | --- | --- |
| 基础性服务（针对所有顾客） | | | |
| 个性化服务（针对部分业主） | | | |
| 支持性服务（面向开发建设单位等） | | | |

（1）服务承诺，是物业服务企业向业主公开承诺的服务标准，是确保服务透明化的手段之一。

（2）物业服务企业应当选取那些顾客接触点或面（即顾客可以直接感受到的服务项目）的服务标准予以承诺，例如，物业服务机构作息时间，投诉受理及处理时间，电梯困人的救援时间，消防演习的频率，水箱、外墙清洗频次等。

4. 关键成功因素及挑战

（1）关键成功因素为：做好哪些事情，我们就会获得顾客的认同？

关键挑战为：什么样的挑战或障碍可能会影响本项目既定目标、整体绩效的实现？

关键的成功因素及挑战即项目管理服务中的重点及难点。

（2）不同类型的物业，其管理服务的重点与难点不同。即使是同一类型的物业，由于项目规模、业主群体、设施设备、地理位置等诸多因素不同，其管理的重点与难点也不尽相同。因此，有必要对每一个项目进行有针对性的分析，确定其关键成功因素及挑战。

5. 服务定位与服务愿景

（1）服务定位是对物业服务模式的概括。如希望给顾客带来什么样的服务感受？所提供服务的主要特性是什么？

（2）服务愿景是对项目未来美好蓝图的描述。如顾客谈到项目时，他们最先提及的是什么？当顾客有需求时，他们首先想到的是项目的哪些服务？

### (三)人力资源策划

1.组织架构及岗位设置

组织架构及岗位设置通常没有固定模式,但基本的原则是:扁平化、高效运作、能快速响应、有体验感。要考量"物"的管理需要及"人"的服务。

2.人力资源定编计划

(1)首先应当明确各项业务是由物业服务机构员工自行管理,还是委托给专业公司管理。其次可以参照同地区、同类物业的市场化管理经验来配置人员。

(2)物业类型不同、费用标准不同、工作内容不同都会使人员配置发生变化。因此,物业服务企业要在实际工作中不断积累经验数据,建立企业的人力资源等定额数据库,指导不同岗位的人员配置。

(3)可以通过人均管理面积、人力成本占总成本比例、管理幅度、经营预算目标等指标来验证人员配置数量的合理性并进行调整。

3.员工岗位工作说明

(1)管理人员岗位说明。重点描述管理人员的工作层级、工作分工,以避免职责不清。需要注意的是,对一些非常设(或兼职)的岗位(例如志愿消防员、兼职质量管理员、兼职培训师及区域项目统筹管理等)应明确到人,同时还应明确在特殊或紧急情况下对管理人员的授权。

(2)操作员工岗位说明。对每一个岗位的工作内容、工作区域、作息时间应详细描述。应考虑员工在上班过程中休息、用餐或替岗的要求。

4.管理服务团队的绩效目标

绩效目标主要包括财务、顾客、流程、人力资源等四个方面的指标。

### (四)物业管理流程策划

对物业管理流程的策划,通常包括共用设施、设备管理,公共秩序维护,清洁管理,有害生物防治,园艺管理等常规内容。

1.共用设施、设备管理

(1)确定工作对象及工作界面。例如照明系统、电梯升降系统、空调系统、消防系统、弱电系统等。

(2)确定工作内容。例如运行巡检、维修保养、预防性维修(维修、更新改造)、纠正性维修、设施设备档案的建立与维护等,以及公共能源管理、装饰装修管理、工程保修管理等。

(3)确定工作方法。如上述内容的作业方法、流程、频次、检验标准等。

(4)确定关键因素。包括关键设备(例如有特殊养护要求的设备、交付时存在质量缺陷的设备)、关键时段(例如夏季用电高峰、冬季供暖季等)、关键界面(例如设备运行时间、运行设备与备用设备、未完工程等)。

(5)制订工作计划。例如共用设备运行计划,共用设备定期保养、修理计划,共用设施、场地维护计划,公共能耗计划等。

2.公共秩序维护

(1)安全防范管理

① 确定工作对象。例如人流(如业主、租客、访客等)、物流(如家具、建筑垃圾、日用品搬运等)、车流(如业主车辆、访客车辆等)。

② 确定工作方法。例如设置监视区、防护区、消防禁区，并通过门禁验证、来访登记、搬出放行、巡逻、闭路监控、智能信息等手段加以控制。

③ 制订工作计划。例如巡逻路线、紧急集合训练计划、保险投放计划等。

(2)停车场管理

① 确定工作内容。包括车流动线设计、停车场标识系统设计、停车位的规划与分配、车辆进出控制、车辆停泊管理、车辆收费管理等。

② 确定工作方法。例如运用智能系统控制车辆进出与收费、设置停车引导员指引车辆停泊、建立中央收费制度分流车流量等，以及上述方法的作业流程、频次与检验标准。

③ 制订工作计划。例如停车场巡逻、警示提醒、报警处理等。

(3)消防管理

① 确定工作内容。包括火灾预防、灭火救援。

② 确定工作方法。包括预防(建立志愿者服务队，建立消防管理制度，制定消防检查方案、灭火救援方案等)、准备(消防器材配备、消防宣传、消防演习等)、应对、事后恢复等。

③ 制订工作计划。例如消防宣传计划、消防演习计划、消防器材配备计划等。

3.清洁管理

(1)确定工作对象及工作内容。例如公共区域(包括室内、室外)清洁、垃圾收集与处理、管道疏通、外墙清洗等。

(2)确定工作方法。例如不同部位、不同材质的清洁作业方法、流程、作业频次、检验标准。

(3)确定关键因素。包括关键的时段(如重大节假日、上下班高峰等)、关键的部位(如出入口、大堂、客户服务中心等)、关键的事件(如开放日、社区文化活动、迎检等)。

(4)特殊情况下的应对预案。例如暴雨、大雪、沙尘暴、台风等恶劣天气下的清洁预案。

(5)制订工作计划。例如外墙、大理石等定期清洁计划。

4.有害生物防治

(1)确定工作对象。例如老鼠、苍蝇、蟑螂、蚊子、白蚁等。

(2)确定工作部位。例如天面、地下室、绿化带、沟渠池井等。

(3)确定工作方法。例如用药物及灯光诱杀白蚁，设置挡鼠板，投放灭鼠药饵，设置灭虫灯、箱等，以及上述方法的作业流程、频次、检验标准。

(4)制订工作计划。例如有害生物防治计划。

5.园艺管理

(1)确定工作对象。例如乔木、灌木、草坪、地被植物、水生植物、藤本植物等。

(2)确定工作内容。例如灌排水、施肥、打孔、松土、修剪造型、清除枯叶、杂草防除、病虫害防治、绿化带保湿、苗木租摆、植物补种等。

(3)确定工作方法。包括上述工作的作业方法、流程、频次、检验标准等。

(4)确定关键因素。包括关键苗木(如珍贵植物、难以存活植物)、关键时节(如清明、谷雨等)、关键事件(如重大节日等)。

(5)特殊情况下的应对预案。例如特殊气候下的植物防护。

(6)编制工作计划。例如植物租摆计划、苗木补植计划、病虫害防治计划等。

### （五）顾客服务策划

1.顾客服务项目策划

(1)主要描述提供的顾客服务项目、服务标准、收费标准等。

(2)注意区分基础性服务、个性化服务、支持性服务。

(3)注意区分有偿服务、无偿服务。

2.顾客服务流程策划

针对上述已经确定的服务项目，可以采用相应工具、方法对服务流程进行详细的设计。

3.服务接触面策划

(1)确定关键接触面。包括高接触区域(业主频繁进出的大堂、电梯、客户服务中心、会所等)、高接触员工(业主频繁进出的大门岗、大堂岗秩序维护员，客户助理，礼宾服务员等)、高接触时段(如上下班高峰)、高接触场景(如大型社区活动、上门维修服务等)。

(2)设计关键接触面。包括高接触区域中的环境(如家具、日用品、表格、温度、气味、音乐等)布置要求，以及高接触员工群体的管理要求(如制服设计、工具配置、仪容、行为、语言等)。

4.顾客关系管理

(1)顾客分类。应根据顾客的特征、需求等对其进行分类，同时应识别出关键顾客。

(2)顾客沟通。应针对不同类别的顾客，描述与其进行沟通的方法(如设立客户服务中心受理顾客投诉、定期公布管理信息、定期上门回访、设立专门回复业主系统、定期开展社区文化活动等)、频次与要求。

(3)顾客管理。对顾客在社区中的公共行为(例如使用共用设施)，应当加以分析并制定出相应的使用规则，以确保不会造成对设施的损坏以及对其他业主的影响，包括装饰装修管理、消防管理、安全管理、入住服务、电梯使用管理、垃圾处理、宠物管理、临时用水、用电管理等。一般在方案中只需明确需要制定的公众制度目录即可。

(4)公共关系维护。明确项目应建立的各类公共关系、联系方式、责任人等。

### （六）财务计划及费用测算

1.成本(或支出)测算

(1)财务计划的制订，应当以工作计划为前提。成本(或支出)的测算项目，应当与工作计划中的项目相吻合。

(2)严格遵守法律、法规的要求。例如成本(或支出)的科目，应当符合国家发展改革委2007年颁布的《物业服务定价成本监审办法(试行)》，测算人工成本时应符合《劳动法》关于最低工资标准、工作时间、社会保险、劳动保护等方面的规定，测算税金时应符合国家或地方税收方面的规定等。比如测算保险费用时应遵循当地的交易习惯。

(3)对需要按年折旧或摊销的费用，明确固定资产归属，测算周期不应超过合同期限。

(4)企业应当不断收集和完善财务历史数据，建立企业的成本定额库，例如通信费、交通费、办公用品、低值易耗品定额等，以简化测算的过程并使测算更加合理。

2.收入测算

(1)应严格按照招标文件(或物业服务合同)的要求测算收入项目；

(2)对政府及有关部门明文规定不许收取或没有法律依据支持的收费项目，不要进行测算；

(3)参考项目所在区域同类、同质物业的经验数据,合理地确定费用收缴水平及措施。

3.盈亏平衡点分析

对项目整体经营情况进行科学的周期盈亏平衡点分析,确保项目持续、健康运作。

## 第四节　物业承接查验

物业的承接查验是物业服务企业承接物业项目前必不可少的法定环节,直接关系到物业管理工作能否正常进行,以及使用和管理过程中出现质量问题时责任的确定。一般通过物业承接查验协议约定。

### 一、承接查验概述

#### (一)承接查验的概念

物业承接查验是指承接物业项目前,物业服务企业和建设单位(业主大会授权的业主委员会)按照国家有关规定和物业服务合同的约定,共同对物业共用部位、共用设施设备进行检查和验收的活动。

#### (二)承接查验的分类

物业承接查验分为新建物业的承接查验和物业管理机构更迭时的承接查验两种类型,前者发生在建设单位向物业服务企业移交物业的过程中,后者发生在业主大会或产权单位向新的物业服务企业移交物业的过程中。

物业竣工验收合格备案后,物业服务企业在业主入住之前,应对物业进行承接查验。承接查验与竣工验收的主体、目的、性质等不尽相同,但是它们的中心环节都是质量验收。为了将物业在验收过程中出现的问题降到最低程度,物业服务企业应该参与竣工验收(一般在早期介入合同中约定),为物业承接查验工作打下基础。

### 二、物业承接查验与工程竣工验收的区别

物业承接查验是物业服务企业在承接物业时,对物业共用部位、共用设施设备的配置、外观质量和使用功能的再检验。而竣工验收是指建设工程项目竣工后,开发建设单位会同设计、施工、监理、设备供应单位及工程质量监督部门,对该项目是否符合规划设计要求以及建筑施工和设备安装质量进行全面检验,取得竣工验收备案证明。具体而言,物业承接查验与竣工验收有以下三个方面的不同。

#### (一)验收目的不同

工程竣工验收的目的是确认项目工程质量是否合格,能否交付使用及取得进入物业产品市场的资格。物业承接查验的目的主要是对物业共用部位、共用设施设备进行检查和验收,在于分清建设单位与物业管理的责任边界,利于业主使用物业和物业管理顺利进行。

#### (二)参与主体不同

工程竣工验收是建设单位将建设的项目交由政府行政主管部门或委托的行业管理单位进行竣工验收并备案。物业承接查验是物业服务合同双方当事人在业主参与并接受行业主管部门监督的情况下进行的。

（三）验收对象不同

工程竣工验收是对项目是否符合规划设计要求以及建筑施工和设备安装质量进行全面验收、备案。物业承接查验是对物业共用部位、共用设施设备的接管检查和验收。

## 三、物业承接查验的依据和原则

### （一）物业承接查验的依据

物业承接查验的依据有法律依据和合同依据，其中物业承接查验的法律依据主要是《物权法》《合同法》和《物业管理条例》等法律、法规。承接查验的内容与标准主要依据《物业承接查验办法》及各省、自治区、直辖市人民政府城乡建设主管部门依据该办法制定的实施细则等。

物业承接查验的合同依据，根据物业的情况有所区别，主要原则是不应超出物业服务合同规定的范围与内容。对新建物业的承接查验，其交接双方是物业服务企业和开发建设单位，承接查验以前期物业服务合同为依据；前期物业服务合同终止后，业主委员会与业主大会新选聘的物业服务企业所进行的物业承接查验活动，以物业服务合同为依据。

实施物业承接查验，主要依据下列文件：

(1)《物业管理条例》；

(2)《物业承接查验办法》；

(3)物业买卖合同；

(4)临时管理规约；

(5)前期物业服务合同；

(6)物业规划设计方案；

(7)建设单位移交的图纸资料；

(8)建设工程质量法规、政策、标准和规范。

### （二）物业承接查验的原则

物业承接查验应当遵循诚实信用、客观公正、权责分明以及保护业主共有财产的原则。

### （三）物业承接查验涉及的法律主体

物业承接查验涉及的法律主体主要包括建设单位、物业服务企业、业主大会和业主委员会。

1. 新建物业共用部位、共用设施设备承接查验的主体

交验方：物业的建设单位；接管方：物业服务企业。

新建物业买受人的专有部分分户验收的主体（不属于承接查验内容）：交验方为物业的建设单位，接管方为物业专有部分的产权人。

2. 机构更迭时物业共用部位、共用设施设备承接查验的主体

(1)原有的物业服务企业向业主或业主委员会移交时的双方法律主体

交验方：原有的物业服务企业；接管方：物业的业主或业主委员会。

(2)业主或业主委员会向新的物业服务企业移交时的双方法律主体

交验方：业主或业主委员会；接管方：新选聘的物业服务企业。

## 四、新建物业的承接查验

### （一）新建物业承接查验应当具备的条件

(1)建设工程竣工验收合格，取得规划、消防、环保等主管部门出具的认可或者准许使用

文件，并经建设行政主管部门备案；

(2)供水、排水、供电、供气、供热、通信、公共照明、有线电视等市政公用设施设备按规划设计要求建成，供水、供电、供气、供热已安装独立计量表具；

(3)教育、邮政、医疗卫生、文化体育、环卫、社区服务等公共服务设施已按规划设计要求建成；

(4)道路、绿地和物业服务用房等公共配套设施按规划设计要求建成，并满足使用功能要求；

(5)电梯、二次供水、高压供电、消防设施、压力容器、电子监控系统等共用设施设备取得使用合格证书；

(6)物业使用、维护和管理的相关技术资料完整、齐全；

(7)法律、法规规定的其他条件。

### (二)新建物业承接查验的准备与程序

1.新建物业承接查验的准备

新建物业的建设单位应当在物业交付使用15日前，与选聘的物业服务企业完成物业共用部位、共用设施设备的承接查验工作。而在现场查验20日前，建设单位应当向物业服务企业移交规定的物业资料。

因此，建设单位应在物业交付使用前至少50日根据国家有关规定完成物业的竣工验收，取得质量合格证书，完成备案，完全达到物业交付使用的条件后，书面通知物业服务企业进行物业承接查验，并约定时间召开物业承接查验协调会议。

物业服务企业接到建设单位的书面通知后，应主动与建设单位联系，并查看物业承接查验应具备条件的相关文件，即：

(1)关于工程质量合格证和规划、消防、环保认可及准许使用文件的备案文件；

(2)供水、供电、供气、供热等专业公司的供用合同与计量表具的相关文件；

(3)教育、卫生等公共配套设施的竣工验收文件；

(4)电梯、二次供水、高压供电、消防设施、压力容器、电子监控系统等共用设施设备取得的使用合格证书；

(5)物业使用、维护和管理的相关技术资料；

(6)物业买卖合同、临时管理规约等法规规定的物业管理必需的文件；

(7)物业竣工图纸及竣工资料。

双方根据以上条件约定物业承接查验的时间，共同制定物业承接查验的方案。

2.新建物业承接查验的程序

(1)制定承接查验方案。物业服务企业与开发建设单位协商好承接查验的日期、内容、标准、进度等后，制定承接查验方案，作为承接查验的工作指南。

(2)移交有关图纸资料。建设单位书面提请物业服务企业承接查验。在现场查验20日前，建设单位应当向物业服务企业移交相关物业资料。

(3)查验共用部位、共用设施设备。现场查验应当综合运用核对、观察、使用、检测和试验等方法，重点查验物业共用部位、共用设施设备的配置标准、外观质量和使用功能。现场查验应当形成书面记录。查验记录应当包括查验时间、项目名称、查验范围、查验方法、存在的问题、修复情况以及查验结论等内容。查验记录应当由建设单位和物业服务企业参加查验的人员签字确认。

(4)协商与解决查验发现的问题。现场查验中，物业服务企业应当将物业共用部位、共用设施设备的数量和质量不符合约定或者规定的情形，书面通知建设单位，建设单位应当及时解决并组织物业服务企业复验。

(5)确认现场查验结果，签订物业承接查验协议。建设单位应当委派专业人员参与现场查验，与物业服务企业共同确认现场查验的结果，签订物业承接查验协议。物业承接查验协议应当对物业承接查验的基本情况、存在的问题、解决方法及其时限、双方的权利与义务、违约责任等事项做出明确约定。

(6)办理物业交接手续。建设单位应当在物业承接查验协议签订后10日内办理物业交接手续，向物业服务企业移交物业服务用房以及其他物业共用部位、共用设施设备。交接工作应当形成书面记录。交接记录应当包括移交资料明细，物业共用部位、共用设施设备明细，交接时间，交接方式等内容。交接记录应当由建设单位和物业服务企业共同签章确认。分期开发建设的物业项目，可以根据开发进度，对符合交付使用条件的物业分期承接查验。建设单位与物业服务企业应当在承接最后一期物业时办理物业项目整体交接手续。

物业服务企业应当自物业交接后30日内，持下列文件向物业所在地的区、县(市)房地产行政主管部门办理备案手续：前期物业服务合同、临时管理规约、物业承接查验协议、建设单位移交资料清单、查验记录、其他承接查验有关的文件。物业服务企业应当将承接查验有关的文件、资料和记录建立档案并妥善保管。

### (三)承接查验的实施

1.确定承接查验方案

开发建设单位和物业服务企业约定召开物业承接查验协调会，双方根据有关规定和物业承接查验依据文件，就物业共用部位、共用设施设备的承接查验进行协商，形成物业承接查验方案。其内容包括：

(1)组建物业承接查验小组。由物业服务企业和建设单位各抽调数名工程技术人员(包括土建与安装专业技术人员)及管理人员组成物业承接查验小组，建设单位亦可指派工程施工总承包单位、主要设备供货厂家、工程监理单位参加，同时可以邀请业主代表和房地产行政主管部门参加。由建设单位和物业服务企业双方共同推选物业承接查验组长、副组长，制定各岗位职责与分工，规范物业承接查验工作。

(2)各专业工程实施查验的技术依据。主要包括：

① 物业项目设计文件引用的建筑与安装施工工程的国家、行业、地方标准与规范；

② 建设单位提交的物业与物业竣工图纸资料清单；

③ 设施设备供货厂家安装、调试、维修及使用说明书；

④ 物业买卖合同约定的物业共用部位、共用设施设备的配置标准；

⑤ 建筑、安装工程施工与质量验收系列丛书(实用手册)。

2.确定物业现场查验的内容

(1)拟定物业共用部位、共用设施设备现场查验方案。方案内容主要包括查验项目、内容、标准、方法、时间与进度、问题的收集与处理、工具与器材、参加人员、记录人、负责人等，编制物业设施设备现场查验计划与进度。

(2)物业承接查验物资准备。准备工作包括：

① 验收文件的收集，查验人员查验前的培训。

② 设备、工具和仪表，主要包括压力表、温度计、超声波流量计、电压表、电流表、兆欧表、试压泵、钢卷尺、直尺、高低压电工工具、水暖工工具、梯子、安全帽、移动照明灯等。

③ 记录表格主要包括物业资料查验移交表、物业设施设备现场查验记录表、系统设施设备现场查验问题汇总表、物业设施设备现场查验问题处理跟踪表、物业设施设备查验最终遗留问题汇总表、物业项目移交表。

(3)物业共用部位、共用设施设备的现场查验。对于新建物业的现场查验，物业服务企业应当对下列物业共用部位、共用设施设备进行现场检查和验收：

① 共用部位：一般包括建筑物的基础、柱、梁、楼板、屋顶以及外墙、门厅、楼梯间、走廊、楼道、扶手、护栏、电梯井道、架空层及设备间等。

② 共用设施：一般包括道路、绿地、人造景观、围墙、大门、信报箱、宣传栏、路灯、排水沟、渠、池、污水井、化粪池、垃圾容器、污水处理设施、机动车(非机动车)停车设施、休闲娱乐设施、消防设施、安防监控设施、人防设施、垃圾转运设施以及物业服务用房等。

③ 共用设备：一般包括电梯、水泵、水箱、避雷设施、消防设备、楼道灯、电视天线、发电机、变配电设备、给排水管线、电线、供暖及空调设备等。

(4)物业管理中的有关合同、共用设备专用工具和机配件等的查验。建设单位应当依法移交有关单位的供水、供电、供气、供热、通信和有线电视等共用设施设备，不作为物业服务企业现场查验和验收的内容，但其能源供用合同应进行查验和移交。

物业服务企业进行现场物业承接查验的重点是查验物业共用部位、共用设施设备的配置标准、外观质量和使用功能，而对物业共用部位、共用设施设备的内在质量和安全性能是在查阅确认文件的基础上进行再检验。

因此，物业承接查验小组应该根据相关规定与合同约定以及物业设计文件及清单，列出现场查验的项目和内容。

3.物业资料的查验与移交

物业共用部位、共用设施设备现场查验20日前，建设单位应当向物业服务企业移交下列资料：

(1)竣工总平面图，单体建筑、结构、设备竣工图，配套设施、地下管网工程竣工图等竣工验收资料；

(2)共用设施设备清单及其安装、使用和维护保养等技术资料；

(3)供水、供电、供气、供热、电梯、消防、环保、防雷、通信、有线电视等准许使用文件；

(4)物业质量保修文件和物业使用说明文件；

(5)房屋、共用设施设备清单；

(6)承接查验所必需的其他资料(如物业产权资料、客户资料、保修资料等)。

未能全部移交以上资料的，建设单位应当列出未移交资料的详细清单并书面承诺补交的具体时限。物业服务企业应当对建设单位移交的资料进行清点和核查，重点检查共用设施设备出厂、安装、试验和运行的合格证明文件。物业服务企业对接收到的物业资料应按规定进行分类建档，永久保存，认真管理。

4.现场查验的方法及记录

(1)现场查验的方法。物业服务企业对物业进行现场查验时应当综合应用核对、观察、使用、检测和试验等方法，重点查验物业共用部位、共用设施设备的配置标准、外观质量、使用功能和检测、试验数据。具体做法是：

① 核对。应根据合同约定和规划设计批准文件及引用的法规、规范和标准，以及物业共用设施设备清单对物业共用部位、共用设施设备进行现场核对，确保设施设备的名称、型号、规格、数量和安装位置符合规划设计批准与物业买卖合同约定的配置要求。

② 观察。主要是双方人员，特别是物业服务人员依据自身的专业技术能力和经验以及观察力，在对物业共用部位、共用设施设备进行现场核对时详细观察其是否符合配置标准，外观质量是否存在缺陷，发现问题应详细记录。

③ 使用。物业服务人员在对物业共用部位、共用设施设备进行现场查验时，要根据设施设备出厂的安装、使用和维护保养说明文件的要求及有关设备的安全操作规程，由建设单位或供货厂商的专业人员开启共用设施设备，并使其达到满负荷运行，记录设备运行的主要技术参数，双方在现场进行交流沟通和有效培训，保证物业服务企业的值班维修人员全面、正确地使用管理设备，并从中发现问题，以便由建设单位责成责任单位负责解决，以保证查验的正常进行。

④ 检测。在物业共用部位、共用设施设备现场查验中，查验人员要利用工具和检测仪器、仪表，对共用部位、共用设施设备的运行使用进行状态检测，观察、记录各种数据，看其是否达到设计文件规定的要求，是否能满足使用需要，对存在的问题做好记录。

⑤ 试验。物业服务人员要在建设单位专业人员的指导和配合下对物业共用部位、共用设施设备的有关部位进行有效性试验(如消防系统的分系统试验和综合联动试验；排水系统的灌水、通水、通球试验；有防水要求部位的闭水试验等)。注意：试验前要做好方案，试验中要注意安全，并做好记录。

(2)查验记录。现场查验应当形成书面记录。双方在物业设施设备的现场查验中，应由查验记录人将查验情况认真填入各专业现场查验记录表。查验记录应当包括查验时间、项目名称、查验范围、查验方法、存在的问题、修复情况以及查验结论等内容，查验记录应当由建设单位和物业服务企业及其他参加查验的人员在现场签字确认，统一归档保存。

5.物业现场查验发现问题的解决

(1)书面通知建设单位及时解决，并进行复验。现场查验中，物业服务企业应当将物业共用部位、共用设施设备的数量和质量不符合合同约定和有关文件规定的情形，由物业现场查验小组将查验中发现的问题进行分类，书面通知建设单位，建设单位收到通知后应当及时责成责任人解决，完成后，组织查验的双方人员进行复验，直至合格。对于不能及时解决的遗留问题，双方协商解决方案，并在签订物业承接查验协议时明确约定。

(2)建设单位必须派人参加物业现场查验，并确认查验结果，签订物业承接查验协议。建设单位应当委派专业人员参与现场查验，与物业服务企业共同确认现场查验的结果，签订物业承接查验协议。物业承接查验协议应当对物业承接查验的基本情况、存在的问题、解决方法及其时限、双方的权利与义务、违约责任等事项作出明确约定。物业承接查验协议作为前期物业服务合同的补充协议，与前期物业服务合同具有同等法律效力。

**(四)物业共用部位、共用设施设备的交接**

建设单位应当在物业承接查验协议签订后10日内办理物业交接手续，向物业服务企业移交物业服务用房及其他物业共用部位、共用设施设备。

交接工作应当形成书面记录,交接记录应当包括移交资料明细,物业共用部位、共用设施设备明细,交接时间、交接方式等内容,双方签署“物业移交表”。交接记录应当由建设单位和物业服务企业共同签字、盖章确认。物业共用部位、共用设施设备办理正式移交前,应由建设单位负责管理;移交后则由物业服务企业进行使用和管理。

**(五)新建物业承接查验的其他说明**

1.分期开发的物业项目的承接查验

分期开发的物业项目,可以根据开发进度,对符合交付使用条件的物业分期承接查验与交接。建设单位与物业服务企业应当在承接最后一期物业时办理物业项目整体交接手续。

2.物业承接查验的费用由建设单位承担

物业承接查验费用的承担,由建设单位和物业服务企业在前期物业服务合同中约定。没有约定或者约定不明确的,由建设单位承担。

3.办理物业承接查验备案

物业服务企业应当自物业交接后30日内,持下列文件向物业所在地的区、县(市)房地产行政主管部门办理备案手续:

(1)前期物业服务合同;

(2)临时管理规约;

(3)物业承接查验协议;

(4)建设单位移交资料清单;

(5)查验记录;

(6)交接记录;

(7)其他承接查验有关的文件。

建设单位和物业服务企业应当将物业承接查验备案情况书面告知业主。告知方式应在前期物业服务合同中约定。

4.其他

物业承接查验可以邀请业主代表以及物业所在地房地产行政主管部门参加,可以聘请相关专业机构协助进行。物业承接查验的过程和结果可以公证。

**(六)新建物业承接查验遗留问题的解决与物业保修责任**

1.物业承接查验存在的问题由建设单位负责解决,否则应承担相应的法律责任

物业交接后,建设单位未能按照物业承接查验协议的约定及时解决物业共用部位、共用设施设备存在的问题,导致业主人身、财产安全受到损害的,应当依法承担相应的法律责任。

物业交接后,发现隐蔽工程质量问题,影响房屋结构安全和正常使用的,建设单位应当负责修复;给业主造成经济损失的,建设单位应当依法承担赔偿责任。

2.物业交付物业服务企业管理后,物业服务企业应当按前期物业服务合同的约定和有关法规的规定履行维修、养护和管理的义务,否则亦要承担相应的责任

自物业完成交接之日起,物业服务企业应当全面履行前期物业服务合同约定的、法律法规规定的及行业规范确定的维修、养护和管理义务,承担因管理服务不当致使物业共用部位、共用设施设备毁坏或灭失的责任。

物业服务企业应当将承接查验有关的文件、资料和记录建立档案并妥善保管。

物业承接查验档案资料属于全体业主所有。前期物业服务合同终止时,业主大会选聘

了新的物业服务企业的，原物业服务企业应当在前期物业服务合同终止之日起 10 日内，向业主、业主委员会移交物业承接查验档案。

3. 建设单位应当按照国家有关规定认真履行物业的保修责任，否则应承担相应的法律责任

建设单位应当按照国家规定承担物业共用部位、共用设施设备的保修责任。建设单位可以委托物业服务企业提供物业共用部位、共用设施设备的保修服务，服务内容和费用由双方约定。

**（七）新建物业承接查验中的其他法律责任**

1. 当事人双方均应承担不履行协议的违约责任

物业承接查验协议生效后，当事人一方不履行协议约定的交接义务，导致前期物业服务合同无法履行的，应当承担违约责任。

建设单位与物业服务企业恶意串通、弄虚作假，在物业承接查验活动中共同侵害业主利益的，双方应当共同承担赔偿责任。建设单位、物业服务企业未按规定履行承接查验义务的，由物业所在地房地产行政主管部门责令限期改正；逾期仍不改正的，作为不良经营行为记入企业信用档案，并予以通报。

2. 建设单位应承担的物业承接查验的违约责任

建设单位不得凭借关联关系滥用股东权利，在物业承接查验中免除自身责任，加重物业服务企业负担，损害物业买受人权益。

建设单位不得以物业交付期限届满为由，要求物业服务企业承接不符合交用条件或者未经查验的物业。

建设单位不移交有关承接查验资料的，由物业所在地房地产行政主管部门责令限期改正；逾期仍不移交的，对建设单位予以通报，并按照《物业管理条例》第五十九条的规定处罚。

3. 物业服务企业应承担的物业承接查验的违规责任

物业服务企业擅自承接未经查验的物业，因物业共用部位、共用设施设备缺陷给业主造成损害的，物业服务企业应当承担相应的赔偿责任。

4. 业主在物业承接查验中具有知情权、监督权

在物业承接查验活动中，业主享有知情权和监督权。

5. 房地产行政主管部门的监管责任

物业所在地房地产行政主管部门应当对物业的承接查验进行有效监管，并及时处理业主对建设单位和物业服务企业承接查验行为的投诉。

**（八）争议的解决**

物业承接查验中发生的争议，可以申请物业所在地房地产行政主管部门调解，也可以委托有关行业组织调解。

**（九）新建物业承接查验应注意的问题**

承接查验是物业服务企业接管物业的重要环节，物业服务企业通过承接查验，即由对物业的前期管理转入到对物业的实体管理中。因此，物业服务企业对所移交的物业一定要把好验收关，否则因为把关不严而造成的后遗症和改造、增设工程会给今后的物业管理服务带来许多不必要的麻烦。

为确保今后的物业管理工作能顺利开展，物业服务企业在承接查验时应注意以下几个

方面：

1.人员选配要精干

物业服务企业应选派素质好、业务精、对工作认真负责的管理人员及技术人员参加验收工作。

2.验收立场要明确

物业服务企业既应从今后物业维护保养管理的角度进行验收，也应站在业主的立场上，对物业进行严格的验收，以维护业主的合法权益。

3.遗留问题要备案

(1)对在早期介入阶段提出的完善项目和整改意见进行复核，对尚未完善的事项，要求建设单位提出补救和解决措施并备案(包括物业管理用房、开办费用、承诺的小区配套设施等问题)。

(2)承接查验中若发现问题，应明确记录在案，约定期限，督促移交人对存在的问题加固补强、整修，直至完全合格。

4.保修事宜要落实

物业服务企业应落实物业的保修事宜。根据建筑工程保修的有关规定，由建设单位负责保修的，应向物业服务企业交付保修保证金；或由物业服务企业负责保修，建设单位一次性拨付保修费用。

5.特殊信息要收集

(1)新建物业建设单位应将项目所有土建工程、装饰工程、市政工程、设备安装工程和绿化工程等主体及配套工程的施工(承包)单位名称、工程项目、工程负责人员联系电话、保修期限等内容列出清单，交给物业服务企业。

(2)将建设单位施工未用完的小区建材，包括各种瓷片、玻璃窗及配件等留下来备用，可为以后的维修减少费用。

(3)凡采用市场不常见的建材、设备和设施的，应让建设单位或施工单位提供供货和维修保养单位的地址、电话和联系人。

6.管理配套要关注

物业服务企业在验收时要注意与物业管理服务密切相关的设施和管线是否已按要求配备，包括岗亭、道闸、围栏防攀防钻设施、清洁绿化取水用的水管接口、水池、垃圾收集房(含清洁工具房)、小区标识系统、车棚、停车位以及预留电源插座等设施是否已配好。

7.产权界定要证明

小区公共设备、设施、辅助场所、停车位、商业物业等产权须界定并出具相关证明，避免以后引起业主投诉纠纷。

8.管理权限要清楚

物业服务企业接受的只是物业的经营管理权以及法律法规赋予的有关权利。

9.查验手续要齐全

承接查验符合要求后，物业服务企业应与建设单位签订物业承接查验协议。

10.未查物业要拒接

物业服务企业擅自承接未经查验的物业，因物业共用部位、共用设施设备缺陷给业主造成损害的，物业服务企业应当承担相应的赔偿责任。所以，物业服务企业要拒绝接管未经查验的物业，避免带来损失。

## 五、物业管理机构更迭时的承接查验

物业管理机构更迭时的物业承接查验和移交是在前期物业服务合同终止或物业服务合同期满时，业主大会选聘了新的物业服务企业，并且与之签订的物业服务合同生效时发生的物业共用部位、共用设施设备的承接查验及移交活动。

### （一）承接查验的法律主体

1.原有的物业服务企业向业主或业主委员会移交时的双方法律主体

交验方：原有的物业服务企业；接管方：物业的业主或业主委员会。

2.业主或业主委员会向新的物业服务企业移交时的双方法律主体

交验方：业主或业主委员会；接管方：新选聘的物业服务企业。

### （二）承接查验的条件

在物业管理机构发生更迭时，新的物业服务企业必须在下列条件均满足的情况下才能实施承接查验：

（1）物业的业主或业主委员会（产权单位）与原有的物业服务企业解除了前期物业服务合同；

（2）物业的业主或业主委员会（产权单位）同新选聘的物业服务企业签订的物业服务合同生效。

### （三）承接查验的相关依据

承接查验依据的文件有：

（1）物业服务合同；

（2）《物业管理条例》；

（3）《物业承接查验办法》；

（4）管理规约；

（5）移交的物业图纸资料、清单；

（6）物业管理的相关法律、法规、政策、标准和规范；

（7）物业管理相关的合同、协议等。

### （四）承接查验的准备

1.成立物业承接查验小组

签订物业管理服务合同后，新的物业服务企业即应组织力量成立物业承接查验小组，了解物业的基本情况，并着手制定承接查验方案。

查验小组成员要求有较丰富的工作经验和较强的业务能力。小组成员人数可根据接管物业的规模而定。

2.准备资料和工具

新的物业服务企业应准备好接管时所需的各类表格、工具、物品等。物业的承接查验验收小组应提前与业主委员会及原物业服务企业接触，洽谈移交的有关事项，商定移交的程序和步骤，明确移交单位应准备的资料、清单等。

3.提前与有关单位协调关系

机构更迭时的承接查验没有详细的法律规定，为了顺利开展承接查验，需要同建设单位、原物业服务企业、业主委员会、行业主管部门等单位进行良好的沟通。

4.对物业项目进行调查评估

为了使物业项目的承接查验能够顺利进行，在承接查验前必须对物业的管理现状及存在的问题进行全方位调查与评估，为物业移交和日后的管理提供依据，对发现需要整改的内容及时与移交单位协调处理。要调查的内容包括：

(1)房屋的完好情况；

(2)各类设备设施的运行、管理、维护情况；

(3)卫生、消杀、绿化、公共秩序、消防安全的管理服务情况；

(4)业主(物业使用人)、行政主管部门、社会公众媒体对该项目物业管理的评价情况；

(5)员工的办公、生活情况；

(6)各类管理人员的素质；

(7)管理处经营情况，包括管理费、停车费、水电费、其他有偿服务费的收取，日常开支，维修资金的使用，各类押金、欠收款项、待付费用等。

### (五)承接查验及移交的程序和内容

1.成立承接查验组织，确定查验和移交方案

为保证物业查验和移交的顺利进行，使物业管理实现无缝衔接，一般情况下应当在物业的业主、业主委员会或产权单位主管部门的主持下，由原有的和新选聘的物业服务企业的人员参加，共同组成查验和交接小组，对物业共用部位、共用设施设备和物业档案资料进行全面的查验和移交。

2.查验和移交的物业管理资料

(1)物业原始资料。包括物业交付使用初期物业服务企业从物业建设单位承接来的物业原始资料，主要是物业竣工图纸资料，竣工验收资料，设备的使用、维护技术资料，物业产权资料，物业清单等。

(2)物业共用部位、共用设施设备维修、养护和管理以及大中修、更新改造及专业检验的资料。包括物业设施设备清单、台账，使用、修理、改造报告，重大事故报告，专业检测报告，完好率评定报告等。

(3)业主资料。包括业主身份、产权证明，物业查验、问题解决记录，物业使用、装修、维修资料，有关服务、投诉、回访记录和纠纷的处理报告等。

(4)财务管理资料。包括属全体业主所有的物业管理固定资产清单、收支账目表、债权债务移交清单，水电等抄表记录及费用代收代缴明细表，物业服务费收缴明细表、维修资金使用审批资料和记录，其他需移交的各类凭证、表格、清单等，业主各类预缴费用、停车费、应收款项等。

(5)合同协议书。包括对内、对外签订的合同、协议原件。

(6)人事档案资料，指双方同意移交留用的在职人员的人事档案，培训、考试记录等。

(7)其他需移交的资料。

资料移交应按资料分类列出目录，根据目录名称、数量逐一清点是否相符、完好。移交后，三方当事人在目录清单上签名、盖章。

3.物业共用部位、共用设施设备的现场查验与移交

(1)物业建筑结构及装饰装修的查验和移交主要是共用部位的现场查验，评价其使用功

能及安全性和完好程度，关注是否存在危险隐患，以便分清责任，由责任人负责解决和处理。

（2）物业共用设备的查验和移交。主要包括消防、电梯、空调、安防、车场等设备的数量、完好程度、使用功能，共同确定其存在的问题，分清责任，协商处理和解决。

（3）物业共用配套设施的查验和移交。主要包括环境卫生设施（垃圾桶、箱、车等）、绿化设施、照明设施、安防及消防设施（如值班室、岗亭、监控设施、报警设施、车辆道闸、消防配件等）、文化娱乐设施（各类球场、健身器材等）、各种标识等。

（4）物业管理用房。包括办公用房、活动室、员工宿舍、食堂、仓库、操作间等。

（5）室外道路、场地、绿地、雨污水井等排水设施。

（6）产权属全体业主所有的设备、工具、材料等。主要包括办公设备、交通工具、通信器材、维修设备工具，安防、保洁、绿化设备、工器具，物业管理软件、财务软件等。

4.查验实施与移交资料

共用部位、共用设备设施及物资财产现场查验要做好记录，查验各方就存在的问题根据合同约定和有关规定进行解决，达成承接查验协议，即可办理移交手续，交由新进入的物业服务企业实施管理。在办理移交手续时应注意以下几个主要方面：

（1）对物业共用部位、共用设施设备的使用现状做出评价，真实、客观地反映房屋、设施设备的完好程度；

（2）各类管理资产和各项费用应办理移交，对未结清的费用（如业主拖欠的物业费及应支付的费用等）应明确收取、支付方式；

（3）确认原有物业服务企业退出或留下人员名单；

（4）提出遗留问题的处理方案；

（5）要签订物业承接查验协议。

**（六）承接查验的注意事项**

（1）明确交接主体和次序。此类物业的管理移交是原物业服务企业将物业管理工作移交给物业的业主、业主委员会或物业产权单位之后，再由业主、业主委员会或物业产权单位将物业管理工作移交给新选聘的物业服务企业，而不是原有的物业服务企业将物业管理工作直接移交给新的物业服务企业。虽然在具体的移交中可合并进行，但要分清楚移交的主体和责任。

（2）各项资产和费用的移交。共用配套设施和机电设备接管、承接时的物业管理运作衔接是物业管理工作移交的重点和难点，承接单位应尽量分析全面、考虑周全，以利于交接和日后管理工作的开展。

（3）如承接的物业项目部分还在质保期内，承接单位应与建设单位、移交单位共同签订物业承接查验协议，明确具体的保修项目、负责保修的单位及联系方式、保修方面遗留问题的处理情况，并在必要时提供原施工或采购合同中关于保修的相关条款文本。

（4）在物业管理移交工作中，对物业共用部位、共用设施设备存在的问题不易全部发现，难免存在遗漏，因此在签订移交协议或办理相关手续时应注意做出相关安排，便于在后续工作中能妥善解决发现的问题。

## 第五节　业主入住服务

入住是业主实现居住权的实质性开始，是建设单位建设、销售流程的重要环节，更是物业服务企业提供市场化服务的最佳时期。为业主提供便捷、高效、有序的入住服务，需要物业服务企业与建设单位相互配合，严密策划和组织。

### 一、业主入住服务的概念

入住是指建设单位将已具备交付使用条件的物业交付给业主并办理相关手续，同时物业服务企业为业主办理物业服务合同，约定有关事项的过程。对业主而言，入住的内容一般包括两个方面：一是物业专有部分验收及其相关手续的办理；二是物业服务有关业务的办理。对物业服务企业而言，要提前策划设计业主入住前项目物业服务机构的入住等。

业主入住其实是一个系统的概念，入住过程涉及建设单位、业主以及物业服务企业等，入住的完成意味着业主正式从建设单位接收物业、消费物业服务合同约定的物业服务，物业由开发建设转入使用阶段，物业管理服务活动全面展开。

### 二、入住各方主体的责任界定

《最高人民法院关于审理商品房买卖合同纠纷案件适用法律若干问题的解释》规定："对房屋的转移占有，视为房屋的交付使用，但当事人另有约定的除外。房屋毁损、灭失的风险，在交付使用前由出卖人承担，交付使用后由买受人承担；买受人接到出卖人的书面交房通知，无正当理由拒绝接收的，房屋毁损、灭失的风险自书面交房通知确定的交付使用之日起由买受人承担，但法律另有规定或者当事人另有约定的除外。"

入住的实质是建设单位向业主交付物业的行为，由建设单位主导并承担相关法律责任和义务。由于建设单位的原因未交付给业主的物业，其物业服务费用由建设单位承担，导致业主损失的由建设单位赔偿；物业服务企业作为入住后的服务单位，只是按照约定协助进行相关手续的办理，与业主形成服务与被服务的关系，承担物业交付后公共部分的相关管理责任；业主依据法规与合同约定验收物业，并与物业服务企业建立服务关系，对于不具备交付条件的物业，业主有权拒收并要求建设单位赔偿损失，但属于业主无正当理由拒绝接受物业的，则相应的物业服务费用由业主承担。

### 三、入住服务的流程及要求

#### （一）入住的准备

入住服务是按照服务合同约定进行的，直接关系到业主对物业管理服务的印象和信誉度。因此，物业服务企业要从各方面做好充分、细致的准备工作，全面、有效地开展业主的入住。

1. 入住方案策划

项目服务机构要根据项目的特点及与建设单位相关方充分沟通，策划入住服务方案。入住服务方案策划的内容通常包括入住手续办理事项（包括仪式策划、流程策划、物资准备，及车辆停放安排）和入住现场布置（含公共区域布置、入住手续办理区布置）。方案中应包含对突发事件的识别、评价，以及相应的处置预案。

实践中，入住方案的模式有多种形式，包括下面两种：

第一种形式是以建设单位为主体，物业服务企业配合的模式。其核心内容是：建设单位具体负责向业主移交物业并办理相关手续，如业主依据购房合同，先到建设单位确认相关购房手续、业主身份，验收物业，提交办理房产证的资料，开具购房发票，领取钥匙等。在此基础上，物业服务企业再继续办理物业服务相关手续，如领取物业管理资料、交纳相关服务费用等。

第二种形式是建设单位将入住工作委托给物业服务企业，由物业服务企业代为办理业主入住手续。这种情况多为物业管理早期介入合作较好，建设单位人力资源不足，或建设单位与物业服务企业系产权、合作等关联关系，以及建设单位和物业服务企业协商后形成委托关系等。

当然还有其他合作模式，但无论采用何种模式，业主入住运作的准备、内容、程序等基本是一致的，不同的是建设单位和物业服务企业的职责不同。入住服务中产生的费用按合同约定或由双方协商承担。

2.资料准备

(1)入住通知书。入住通知书是建设单位向业主发出的办理入住手续的书面通知，主要内容包括物业具体位置；物业竣工验收合格以及物业服务企业承接查验合格的情况介绍；准予入住的说明；入住具体时间和办理入住手续的地点；委托他人办理入住手续的规定；业主入住时需要准备的相关文件和资料；其他需要说明的事项等。

(2)竣工验收备案表、分户验收合格证、住宅质量保证书、住宅使用说明书等。

(3)物业验收须知。物业验收须知是建设单位告知业主在物业验收时应掌握的基本知识和应注意事项的提示性文件，主要内容包括物业建设基本情况、设施设备的使用说明，物业不同部位的保修规定，物业验收应注意事项，以及其他需要提示说明的事项等。

(4)业主入住房屋验收表。业主入住房屋验收表是记录业主的房屋验收情况的文本，通常是记录表格的形式，可以清晰地记录业主的验收情况。主要内容包括物业名称、楼号；业主、验收人、建设单位代表姓名；验收情况简要描述；分项验收情况记录以及水、电、气等的起始读数；建设单位和业主的签字确认；物业验收存在的问题，有关维修处理的约定等；再次验收时间；其他需要约定或注明的事项。

(5)业主手册。业主手册是向业主、物业使用人介绍物业基本情况和物业管理服务相关项目内容的服务指南性文件，主要包括以下内容：欢迎辞；项目概况；物业服务企业以及项目管理单位情况介绍；业主管理规约(临时管理规约)；相关公共管理制度；物业装饰装修管理指南、物业服务流程等；公共设施介绍；服务指南及服务电话；其他需要说明的情况以及相关注意事项。

3.其他事项

(1)根据入住服务方案要求准备及布置办理入住手续的场地，如制作安装标语、标识牌、导视牌、流程图、公告、交通导向标志、入住流程、装修登记流程、有关文件明示(竣工验收备案表等)；设立业主休息区等。

(2)准备及布置办理相关业务的场地，如通信、有线电视、银行等相关单位业务开展的安排。

(3)准备资料及有关表格(包括统计汇总表)。为方便业主,提高业主入住效率,应预先对表格资料做出必要处理,如预先填上姓名、房号和基本资料,将发放给业主的资料装袋等。

(4)准备办公用具,如复印机、电脑和文具等。

(5)针对入住过程中可能发生的紧急情况,如交通堵塞等,制定必要的应急预案。

(6)编制入住手续办理流程中各岗位(包含流程办理岗位与其他服务岗位)的须知,包括职责、物资、流程、要求、答客问、紧急联系人等。

(7)人员调配到位,组织培训与模拟演练。

(8)督促施工单位按交房环境标准全面、彻底清理户内、楼内、楼层、楼梯及小区内的各类垃圾、建筑余料及施工配件;对房屋进行复验,收房屋钥匙,按楼栋单元分类编号,并分类摆放,确定专人发放管理。

(9)发出入住通知书,通过有效途径或合理手段,如根据业主提供的通信方式,以电话、信函、邮件等方式与业主联系,或在上述联系方式无效的情况下通过登报、广播和电视公共传媒等方式向业主传递或传达入住信息,向业主适时发出入住通知,约定时间验收物业和办理相关手续。

### (二)入住流程

入住流程如下(示例):身份验证→房屋验收→签署有关服务约定文件→交纳物业服务相关费用→领取相关资料文件与钥匙。

#### 1.身份验证

建设单位或物业服务企业凭业主身份证、入住通知书或购房合同等对业主进行身份登记确认。

#### 2.房屋验收

(1)对于入住量大的项目,应设客户等候区,有序验房,并将客户引导至休息区进行等候。可在等候区为业主提供杂志或有关交房资料、装修小知识等,或播放电视宣传片。

(2)验房人员陪同业主一起验收,登记水、电、气表起始数及房屋验收情况。建设单位和业主核对无误后在"业主入住房屋验收表""房屋设备移交清单"上签章、确认,建设单位向业主发放钥匙并登记。

(3)验收不合格的房屋,物业服务企业可协助业主向建设单位、施工方提出进行工程整改以及返修等工作。若发现重大质量问题,按照售房合同约定,业主可拒收钥匙,物业服务企业需做好登记。

#### 3.签署有关服务约定文件

(1)指导业主填写"业主信息登记表",收集业主的必要信息(如紧急联系人电话、家庭成员等),便于提供相关服务;

(2)签署物业管理或代办业务文件,如"用电过户协议""委托银行代收款协议""车位使用协议""装饰装修服务协议""消防责任书"等,告知业主法规政策及有关事项。

#### 4.交纳物业服务相关费用

(1)业主按法规或合同约定交纳物业管理及其他相关费用(停车费、装修管理费等)后,物业服务企业应开具相应票据给业主;

(2)准备好相关收费依据,并让收费人员熟知,告示业主。

#### 5.领取相关文件资料及钥匙

发放并让业主签领相关文件资料(如“业主手册”“房屋使用说明书”“房屋质量保证书”“装修服务协议”“装修申报登记表”“装修须知”等)及钥匙(如住户钥匙、门禁卡等)。

业主房屋验收以及其他手续办理完结后,物业服务企业应及时将已办理入住手续的房间号码和业主姓名通知门岗等,并及时将各项业主、用户资料归档,妥善保管,不得将信息泄露给无关人员。

### 四、业主入住注意事项

业主入住是一项细致的工作,既要求高效,又要求有序。由于部分业主缺乏入住的相关知识和经验,存在相关资料准备不足和对入住服务缺乏认识等问题,加之业主入住是短时间内集中办理的,劳动强度大,易发生问题,因此,入住服务过程中应注意以下事项。

(一)入住准备

(1)人力资源要充足。现场引导、办理手续、交接查验、技术指导、政策解释、综合协调等各方人员应全部到位,协同工作。如现场出现人员缺位,其他人员或机动人员应及时补位。

(2)资料准备要充足。可通过一定管理方法有意识地疏导业主,避免业主过于集中,但办理入住手续的业主数量存在不可控因素,因此,有必要预留一定余量的资料。

(3)可分批办理入住手续,避免因为过分集中办理而产生混乱。为避免入住混乱,降低入住工作强度,在向业主发出“入住通知书”时,应明确告知其入住办理时间、办理流程、需准备的材料;现场亦应有明确标识和提示,以便进行有效疏导和分流,确保入住工作的顺利进行。

(4)紧急情况要有预案。入住时由于现场人员多,可能发生如治安、消防、医疗、纠纷等突发事件,建设单位及物业服务企业应预先设立各种应急方案,防患于未然。

(二)入住手续办理期间

(1)对业主入住应实行一站式服务,以方便业主办理有关入住手续。在入住手续办理期间,建设单位、物业服务企业和相关部门应集中办公,形成流水作业,一次性解决业主入住的有关问题。

(2)业主未能按时办理入住手续的,可按照入住通知书中规定的办法另行办理。

(3)应合理安排业主入住服务,适当延长工作时间。根据业主的不同情况实行预约办理或弹性工作方式,如在正常工作时间外另行安排入住手续的办理,或延长工作时间,如中午或晚上延时办公。

(4)工作现场应张贴入住公告及业主入住流程图,在显要位置张贴或摆放各类业主入住的标牌标识、作业流程、公告提示等,方便业主了解掌握,加快入住进程。同时,现场摆放物业管理相关法规和其他资料,方便业主取阅,减轻咨询工作压力。对于重要的法规文件等,可以在公告栏公示。

(5)指定专人负责业主办理入住手续时的各类咨询和引导,以便入住工作有秩序地顺利进行。入住现场应设引导、财务、咨询等各类人员,以满足业主的不同需要,保障现场秩序,使业主能及时地获得信息,避免因现场服务人员的拖延而造成矛盾激化或不满情绪。一旦发生争议,应在争议初期引导客户至洽谈室(入住现场至少要设置1个以上的洽谈区)或远离交房现场,逐级沟通,缓解冲突。

(6)秩序维护及车辆引导。入住期间不仅有室内手续办理,还有现场验房等程序。有些楼盘的现场施工尚未完结,应注意保持现场道路畅通和引导车辆有序停放。

# 第六节 装饰装修管理

装饰装修是业主入住后的必要环节。因缺乏物业装饰装修相关专业知识和对装饰装修管理相关法律法规的了解,业主在装饰装修中一般更多地考虑物业的实用、美观和舒适,而较少顾及建筑物的安全和公共权益。随着人们审美情趣的变化,物业装修设计、施工、材料等的个性化程度越来越高。加之物业装饰装修过程长、点多面广、不确定因素多,管理控制难度大。一方面,物业装饰装修有可能危害物业安全,影响物业的正常使用,或对物业构成潜在的危险,致使物业的使用存在风险;另一方面,物业装饰装修可能激发物业服务双方的矛盾和冲突,影响物业管理的和谐局面。因此,物业装饰装修管理是物业服务的重点和难点,要求物业服务企业高度重视、方案先行、告知劝阻、及时报告政府有关部门并及时整改。

## 一、装饰装修管理的基本内涵与内容

### (一)基本内涵

物业装饰装修管理是运用法律法规、合同约定等,通过对物业装饰装修过程的管理、服务和控制,规范业主、物业使用人的装饰装修行为,协助政府行政主管部门对装饰装修过程中的违规行为进行处理和纠正,从而确保物业的正常运行和使用,维护全体业主的合法权益。

### (二)基本内容

物业装饰装修管理主要依据《住宅室内装饰装修管理办法》(建设部令〔2002〕第110号)的相关要求实施。非住宅类物业装修依据国家、当地规定及相关要求实施。物业装饰装修管理的内容包括装饰装修申报、登记审核、协议签订、手续办理、装饰装修过程监督检查以及验收等环节。

## 二、装饰装修管理各方主体的责任

为减少物业装饰装修过程中违规、违约现象的出现,物业服务企业应提示、督促业主(或物业使用人)阅读并理解装饰装修管理的规定和约定。为分清物业装饰装修有关各方的责任,物业装饰装修协议等相关文件应由装修人、施工单位及物业服务企业三方共同签字。物业装饰装修如出现违规、违约行为,造成公共权益受到侵害的,物业服务企业应及时劝阻,对不听劝阻或造成严重后果的,物业服务企业应及时向有关部门报告。

### (一)装修人和装修企业的责任

装修人指业主或物业使用人,装修企业指装修施工单位。装修人和装修企业在装饰装修活动中的责任包括以下内容:

(1)因装饰装修活动造成相邻住宅的管道堵塞、渗漏水、停水、停电、物品毁坏等,装修人应当负责修复和赔偿,属于装饰装修企业责任的,装修人可以向装饰装修企业追偿。装修人擅自拆改供暖、燃气管道和设施而造成损失的,由装修人负责赔偿。

(2)装修人的装饰装修活动侵占了公共空间,对公共部位和设施造成损害的,由房地产行政主管部门责令改正,造成损失的,应依法承担赔偿责任。

(3)装修人未申报登记就进行住宅室内装饰装修活动的,由房地产行政主管部门责令改正，并处罚款。

(4)装修人违反规定，将住宅室内装饰装修工程委托给不具有相应资质等级企业的，由房地产行政主管部门责令改正，并处罚款。

(5)装饰装修企业自行采购或者向装修人推荐使用不符合国家标准的装饰装修材料，造成空气污染超标的，由房地产行政主管部门责令改正，造成损失的，依法承担赔偿责任。

(6)装修活动有下列行为之一的，由房地产行政主管部门责令改正，并处罚款：

① 将没有防水要求的房间或者阳台改为卫生间、厨房的，或者拆除连接阳台的砖、混凝土墙体的，对装修人和装饰装修企业分别处以罚款；

② 损坏房屋原有节能设施或者降低节能效果的，对装饰装修企业处以罚款；

③ 擅自拆改供暖、燃气管道和设施的，对装修人处以罚款；

④ 未经原设计单位或者具有相应资质等级的设计单位提出设计方案，擅自超过设计标准或者规范增加楼面荷载的，对装修人和装饰装修企业分别处以罚款。

(7)未经城市规划行政主管部门批准，在住宅室内装饰装修活动中搭建建筑物、构筑物的，或者擅自改变住宅外立面、在非承重外墙上开门窗的，由规划行政主管部门按照《中华人民共和国城乡规划法》及相关法规的规定处罚。

(8)装修人或者装饰装修企业违反《建设工程质量管理条例》的，由建设行政主管部门按照有关规定处罚。

(9)装饰装修企业违反国家有关安全生产规定和安全生产技术规程，不按照规定采取必要的安全防护和消防措施，擅自动用明火作业和进行焊接作业的，或者对建筑安全事故隐患不采取措施予以消除的，由建设行政主管部门责令改正，并处罚款；情节严重的，责令停业整顿，并处更高额度的罚款；造成重大安全事故的，降低资质等级或者吊销资质证书。

#### (二)物业服务企业和相关管理部门的责任

(1)物业服务企业发现装修人或者装饰装修企业有违反相关法规规定的行为但不及时向有关部门报告的，由房地产行政主管部门给予警告，并处以罚款。

(2)物业装饰装修行政主管部门接到物业服务企业关于装修人或者装饰装修企业有违法行为的报告后，应当及时到现场检查核实，依法处理。如工作人员接到物业服务企业对装修人或者装饰装修企业违法行为的报告后，未及时处理，玩忽职守的，由上级部门依法给予行政处分。

### 三、装饰装修管理的流程及要求

#### (一)装修管理准备工作

(1)项目管理机构结合物业项目情况和要求准备装饰装修管理资料，包括“装饰装修服务协议”和“装修须知”及装修登记表格(如“装修登记表”“装修巡检表”“装修验收表”等)。

“装饰装修服务协议”应当包括下列主要内容：装饰装修工程的实施内容；装饰装修工程的实施期限；允许施工的时间；废弃物的清运与处置；住宅外立面设施及防盗窗的安装要求；禁止行为和注意事项；管理服务费用；违约责任；其他需要约定的事项。

“装修须知”应包括装饰装修工程的禁止行为和注意事项，以及结合项目特殊设计拟定的空调室外机位，阳台、防盗网封闭式样、材质、安装位置要求，公共设施设备成品保护要求等。

(2)公示装修申办流程、装修须知、所需资料和装修有关收费标准及依据。

(3)与建设单位确定建筑垃圾堆放点。垃圾堆放点的确定需考虑合理覆盖半径且不得处于主出入口或主干道,堆放点需封闭或半封闭。同时选聘装修垃圾清运单位并确定备选方(以便应急),保障建筑垃圾及时清运。

(4)对装修管理人员进行培训,熟知装修管理流程,装修控制要点,装修违规、违约事项处理;在集中装修阶段可以通过组建专门机构来加强装修管理。

**(二)装修服务流程**

装修服务流程如下(示例):装修申报→登记审核→签订装饰装修协议→施工管理→装修竣工验收。

1.装修申报

物业项目管理机构应指导业主及装修施工单位根据“装修须知”分别提供如下资料,并进行验证:

(1)装修申报登记表、物业所有权证明、申请人身份证原件及复印件;

(2)装修设计方案,原有建筑、水电气改动设计,以及法律法规要求的有关部门申报核准文件;

(3)装修施工单位资质,装修人员相片、身份证原件及复印件;

(4)法律规定的其他相关内容;

(5)非业主的物业使用人进行装修申请,应得到业主的书面确认。

2.登记审核

物业项目管理机构装修责任人应依据相关法规要求和项目装修审核要求对“装修申报登记表”进行审核,对有下列行为之一的应不予登记:

(1)未经原设计单位或具有相应资质等级的设计单位提出方案,擅自变动建筑主体和承重结构的;

(2)将没有防水要求的房间或者阳台改为卫生间、厨房的;

(3)扩大承重墙上原有的门窗尺寸,拆除连接阳台的砖、混凝土墙体的;

(4)损坏房屋原有节能设施、降低节能效果的;

(5)未经城市规划行政主管部门批准搭建建筑物、构筑物的;

(6)未经城市规划行政主管部门批准改变物业外立面,在非承重外墙上开门、窗的;

(7)未经供暖管理单位批准拆改供暖管道和设施的;

(8)未经燃气管理单位批准拆改燃气管道和设施的;

(9)其他影响建筑结构和使用安全的行为。

对于登记审核结果,物业项目管理机构应及时书面反馈给业主,有违规申报登记项目的,需告知装修人调整并重新申报,如审核通过,则通知装修人办理进场相关手续,并返还一份“装修登记表”。

3.签订装饰装修协议

(1)业主办理装修进场相关手续时,应与业主及委托的装修企业签订“装饰装修服务协议”“装修施工消防责任书”,针对装修申请内容,提示业主装修的注意事项(如装修时间等)。

(2)业主按规定缴纳装修管理服务费及其他相关费用(建筑垃圾处理费等)。

(3)物业项目管理机构为装修施工单位办理“装修施工登记证”“施工人员出入证”。

(4)应提示装修施工单位在入场装修之前备齐灭火器等消防器材。

(5)告知装修单位物业项目管理机构的装修管理人员姓名及相关的管理制度。

(6)将“装修登记表”移交物业项目管理机构装修管理人员，并将装修业主及装修施工单位的情况向装修管理人员交底。

(7)物业项目管理机构应于业主装修动工之前，在单元宣传栏等张贴物业装修温馨提示，明确某栋某层、户在何时(计划装修期间)进行装修施工，装修业主已承诺遵守装修相关规定，装修期间造成的不便敬请业主谅解等。

4.施工管理

装饰装修施工期间，装修人和装饰装修施工单位应严格按照装修申报登记的内容组织施工，严格遵守相关装修规定；物业服务企业应按照装饰装修管理服务协议做好管理和服务工作，加强现场检查，发现装修人或者装饰装修施工单位有违反有关规定的行为，应当及时劝阻和制止；已造成事实后果或拒不改正的，应及时报告有关部门依法处理。装修人或者装饰装修施工单位违反装饰装修管理服务协议的，应追究违约责任。主要管理内容如下：

(1)装修时间管理。装饰装修时间应根据不同项目类型、各地不同的作息时间、季节变换以及习惯习俗等综合确定。装饰装修时间包括一般装修时间、特殊装修时间和装饰装修期。一般装修时间是指除节假日之外的正常时间。一般装修时间因地域和季节的差异而有所不同，如某些地区规定作业时间为8:00—12:00,14:00—18:00。特殊装修时间是指节假日休息时间。为保障其他业主的休息和正常生活生产秩序，原则上一般不允许在节假日进行装修。因特殊情况需要装修，应视具体情况相应缩短装修时间。装修作业的时间控制要根据不同楼盘类型和特点实施管理，如写字楼项目不像一般的住宅项目那样节假日不施工，相反，其合理的装修时间应是节假日。装修期是指装饰装修过程的起始时间。目前国家颁布的法规虽对装修期无明确规定，但一般情况下不宜超过3个月。

(2)成品保护。为保护公共设施设备的完好，施工前施工单位须对公共部位(地板、电梯、楼层通道、石材)和排水管口(包封，防止水泥、沙石进入，堵塞管道)做好成品保护。

(3)施工人员进出。物业项目管理机构应确定施工人员进出专用通道及洗手间；施工人员须凭“施工人员出入证”进场；夜间不得留宿(除非经申请获得许可)。物业项目管理机构的秩序组应在装修时间结束后组织巡检，保证装饰装修人员管理的有序、规范。

(4)装修材料(工具)搬运。物业项目管理机构应确定装修车辆进出路线及装卸点；运载装修材料的车辆需要检测，在控制装修违禁材料(厚重石材、违章搭建材料等)进入的同时，需要控制易燃易爆品(罐装液化气)进入，杜绝不安全因素的出现；对于电焊机、墙体打孔机等工具需严格管理，经装修主管批准方可进入。

(5)装修垃圾搬运。装饰装修垃圾应按指定位置、时间、方式进行堆放和清运。装修垃圾必须用垃圾袋包装，且堆放在指定的位置，并及时清理，保持环境整洁；如业主未及时清运或堆放到公共楼道，物业项目管理机构可以委托清运公司统一清运(可用违约金支付相关费用)，也可由物业项目管理机构自行组建垃圾清运小组统一清运。

(6)动火作业。进行电、气焊作业前，装修人或施工单位应依照协议提前申请，经装修主管审核后方可进行。作业时，应配备相应的灭火器材及采取有效的防火措施，装修管理人员凭“动火作业登记表”对动火作业进行监管，防止火灾发生。

(7)装修巡查。集中装修期间，物业项目管理机构要增派人力，做到普遍巡查和重点检查相结合。一方面,要检查装饰装修项目是否为登记的项目:一是检查装饰装修项目是否申报;二是检查装饰装修的内容、项目有无私自增加或调整。巡视过程中发现新增装修装饰项目的,须指导用户及时申报,办理相关手续。另一方面,要检查施工人员的现场操作是否符合相关要求。如施工现场的防火设备是否配备,操作是否符合安全要求,现场材料的堆放是否安全,垃圾是否及时清运,材料有无乱堆放现象,装修户门外是否保持清洁卫生等。

为确保房屋安全和全体业主的合法权益,物业装饰装修管理中应重点检查以下内容:有无变动建筑主体和承重结构;有无将没有防水要求的房间或者阳台改为卫生间、厨房间;有无扩大承重墙上原有的门窗尺寸,拆除连接阳台的砖、混凝土墙体;有无损坏房屋原有节能设施,降低节能效果;有无其他影响建筑结构和使用安全的行为。

还应检查有无未经有关单位批准的下列行为:搭建建筑物、构筑物;改变住宅外立面,在非承重外墙上开门、窗;拆改供暖管道和设施;拆改燃气管道和设施;超过设计标准或者规范增加楼面荷载;改动卫生间、厨房防水层。

同时,还应注意检查以下方面:施工现场有无采取必要的安全防护和消防措施,有无擅自动用明火和进行焊接作业等;有无任意刨凿楼地面、穿凿梁柱等;楼地面铺设材料是否超标等;是否符合物业装修公共及室外统一要求(如空调室外机的安装和排水的统一要求等);施工单位的施工人员是否如实申报和办理施工证。

5.装修竣工验收

(1)装修后竣工应进行验收。业主提出装修验收时,物业项目管理机构装修验收负责人要与业主约定验收时间。

(2)装修验收由物业项目管理机构责任人组织,业主、装修施工单位、装修管理人员参加。

(3)装修验收时应严格按“装修登记表”的内容进行核验,并检查装修对公用部位、公用设施的损坏情况,装修管理人员做好现场验收记录。

(4)对验收不合格的,应提出书面整改意见,要求业主和装修施工单位限期整改。验收合格的,物业项目管理机构责任人应在“装修验收表”上签署书面意见。

(5)对验收合格的房屋,根据业主意见及协议约定允许装修单位离场;告知业主“乔迁须知”,确定搬家线路,并为其乔迁提供相关服务。

## 四、装饰装修管理注意事项

(1)服务与控制是装修管理过程中的一对矛盾,如何处理,充分体现了物业管理的水平与技巧。物业管理是服务活动,而装修管理工作的核心是对装修人的各项装饰装修行为进行系统控制。要做好控制和服务,物业管理各级各类人员就需真正做到坚持原则,熟悉装饰装修管理法规,弘扬契约精神,规范操作行为。

(2)为减少业主违规、违规损失或成本,物业项目管理机构应提前拟定“装修须知”,在业主装修申报前将装饰装修的禁止行为和注意事项告知装修人和装修人委托的装饰装修企业,并予以书面确认。

(3)装修人在准备资料阶段,常常不知道如何表达,不能正确完整地填报装饰装修项目,此时,物业服务企业有必要进行现场核对,避免出现漏项或错项。

(4)装饰装修项目申报登记时,物业服务企业须到现场对所附图纸进行核对,以防有漏项，或有大的拆动项目漏报。如建成使用多年的房屋申请装饰装修，需注意之前是否做过装饰装修，内部布局是否有改变，以确保其结构的安全。

（5）办理开工手续前，物业项目管理机构需确认装修施工的相关手续是否已经完备，尤其是需规划、消防、城管等政府主管部门或燃气、暖气等专业经营单位审批的事项。

（6）装修施工前，建议业主做闭水试验和管道打压测试，分清建设单位、装修单位的责任，避免纠纷。

（7）施工过程中物业项目管理机构应注意现场是否有未申报项目和材料；是否存在违反有关装修法规的行为（如装修中是否注意防火安全等）；装修工程是否对公共秩序、公共安全以及相邻业主或物业使用人构成侵害。

改动卫生间、厨房防水层的，应当按照防水标准制订施工方案，并做闭水试验。

装修人拒绝和阻碍物业服务企业依据装饰装修管理服务协议约定，对装饰装修活动进行监督检查的，应及时与业主沟通，必要时可报告政府主管部门。

（8）验收工作是装修管理的最后一道关口，也是控制违章的最后环节。此前如已经发现违规、违约，则需在处理后再进行验收工作。

（9）对于物业装饰装修过程中出现的违规、违约行为，应根据相关法规、规约及物业装饰装修管理服务协议进行处理。

（10）物业项目服务机构需及时整理好装修相关资料，属业主资料部分，需归入业主档案资料，并长期保存，以备后查；装修记录则按档案管理办法进行相应的归档管理。

## 第七节　物业工程质量保修

物业竣工验收备案后，便进入了质量保修期，由于保修责任涉及单位众多（建设单位、施工单位、业主、物业项目服务机构），保修时间周期长短不一（最短为数月；最长为终身，如承重结构），同时业主希望尽快搬迁入住，则管理与保修责任的界定显得尤为重要。为保护建设单位、施工单位、房屋所有权人和使用人的合法权益，维护公共安全和公众利益，物业服务企业应依据《建设工程质量管理条例》和《房屋建筑工程质量保修办法》等法规及合同约定在质量保修期内对工程质量问题进行协调处理。

### 一、工程质量保修的内涵及内容

#### （一）内涵

房屋建筑工程质量保修管理，是指物业服务企业按照服务合同，协助建设单位或由建设单位对房屋建筑工程在竣工验收备案后的保修期限内出现的质量缺陷予以修复的管理过程。

质量缺陷是指房屋建筑工程的质量不符合工程建设强制性标准以及合同的约定。

#### （二）内容

工程质量保修主要包括维保信息收集、维保派工、跟踪管理、维保验证、业主验收五个方面的内容。

在正常使用的情况下，房屋建筑工程的最低保修期限为：

（1）地基基础和主体结构工程，为设计文件规定的该工程的合理使用年限；

(2)屋面防水工程、有防水要求的卫生间、房间和外墙面的防渗漏,为5年;

(3)供热与供冷系统,为2个采暖期、供冷期;

(4)电气系统、给排水管道、设备安装为2年;

(5)装修工程为2年;

(6)其他项目的保修期限由建设单位和施工单位约定。

房屋建筑工程保修期从工程竣工验收合格之日起计算。

## 二、工程质量保修各方的主体责任

物业工程质量保修分为两部分:一是物业服务企业承接管理的物业共用区域及共用设施设备等部分;二是业主从建设单位购买的专有部分。

以上两部分的保修事务都应由建设单位负责。物业服务企业的工程质量保修相关工作,主要是向建设单位申报对物业共用区域及共用设施设备的质量保修,跟踪并督促完成。业主产权专有部分的工程质量保修由业主自行向建设单位提出处理要求。在实操中,根据合同约定,业主也可以向物业服务企业反映,物业服务企业应及时告知建设单位。

### (一)业主和建设相关单位的责任

保修期内,因房屋建筑工程质量缺陷造成房屋所有人、使用人或者第三方人身、财产损害的,房屋所有人、使用人或者第三方可以向建设单位提出赔偿要求。建设单位向造成房屋建筑工程质量缺陷的责任方追偿。因保修不及时造成新的人身、财产损害,由造成拖延的责任方承担赔偿责任。

因使用不当或者第三方造成的质量缺陷和不可抗力造成的质量缺陷不属于保修范围,由业主承担责任或向第三方追索。

建设单位、勘察单位、设计单位、施工单位、工程监理单位依法对建设工程质量负责;建设工程在保修范围和保修期限内发生质量问题的,施工单位应当履行保修义务,并对造成的损失承担赔偿责任。违反《建设工程质量管理条例》规定,施工单位不履行保修义务或者拖延履行保修义务的,责令改正,处以相应的罚款,并对在保修期内因质量缺陷造成的损失承担赔偿责任。施工单位不按工程质量保修书约定保修的,建设单位可以另行委托其他单位保修,由原施工单位承担相应责任,保修费用由质量缺陷的责任方承担。

### (二)物业服务企业和相关管理部门的责任

物业服务企业未履行保修协议约定的,按协议约定承担违约责任;造成损失的,按协议约定赔偿损失。

建设行政主管部门和其他有关部门应当加强对建设工程质量的监督管理。如工作人员在建设工程质量监督管理工作中玩忽职守、滥用职权、徇私舞弊,构成犯罪的,依法追究刑事责任;尚不构成犯罪的,依法给予行政处分。

## 三、工程质量保修流程及要求

### (一)保修管理准备

(1)入住前,物业项目服务机构应与建设单位建立明确的工程保修关系,通过与建设单位签订三方维保协议、工程维保授权委托书等方式确定工程保修的标准、流程、权利和义务,包括工程质量保修的范围和内容;工程保修服务费用;建设单位、施工单位、物业项目服务机构三方的权责；沟通联系方式及定期报告制度；工程遗留问题的具体保修流程及要求；单项工程保修修复时间的约定；超时保修的处理流程；保修期内因设备设施质量缺陷造成直接或间接经济损失时理赔责任的划分；保修制约条款等（如施工单位工程尾款支付的审核与确认）；对维修人员行为（服务礼仪）的要求等。

（2）拟定工程保修方案。

（3）准备保修管理资料，包括编制与印制保修登记表格（如工程保修登记表）、派工单据（如工程保修跟进表、维保派工单等）、统计表格（如工程保修报表等）。

（4）公示保修流程、保修责任单位及联系方式等。

（5）对保修人员进行培训，使他们熟知保修流程、保修控制要点、装修违规事项处理方法；物业项目服务机构在集中保修阶段可通过组建保修管理小组来加强管理。

**（二）维保流程**

维保流程如下：

维保信息收集→维保派工→跟踪管理→维保验证→业主验收→维保资料存档。

1. 维保信息收集

工程维保信息的收集有两种情况，即业主专有部分维保信息收集和共用部位与共用设施设备维保信息收集。

业主专有部分维保信息的收集主要有三个途径：一是分户验收时（实践中，此时多数物业服务企业没有介入，由开发建设单位督导施工单位维修）；二是业主入住时；三是业主入住后质保期内查验时。

共用部位与共用设施设备维保信息主要由物业服务机构在物业项目承接查验时收集。维保人员同时应收集物业使用过程中出现的工程质量遗留问题信息，并及时反馈给建设单位。维保人员应对工程质量遗留问题进行现场确认，并及时将工程质量遗留问题进行整理和归档。

2. 维保派工

维保人员应定期将现场确认的工程质量遗留问题开具维保工单，并将维保工单派发给建设单位维保联系人（或合同约定的联系人），送达后应由收件人办理签收手续，签收联应归档，以界定维保责任。对于未按约定受理工单的，应及时采取措施，防止延误保修问题的处理。

3. 跟踪管理

保修人员应对施工单位的维保工作进行跟进与督促：

（1）保修人员应分别对业主专有部分保修和共用部位与共用设施设备保修发出的工单按楼栋或单元建立台账并进行管理。

（2）保修人员应对工程质量遗留问题的处理进行现场巡查，并做好工作记录。巡查时应关注施工单位是否按计划组织现场施工（工种及人数）。

（3）保修人员应定期对工程质量遗留问题的报修情况、处理情况和关闭情况进行统计分析并形成报告，报送上级部门、建设单位及施工单位等。

（4）保修负责人应积极与建设单位和施工单位建立良好的工作关系，参与维保工作例会，主动就工程质量遗留问题与相关方沟通。

（5）物业服务机构应将物业项目的重大工程质量遗留问题或集中出现的工程质量遗留

问题及时报告建设单位。

4.维保验证

施工单位维修完毕，将工单返回，维保人员应及时进行现场查验，查验合格的，应将查验结果进行记录和整理，并通知业主进行现场验收；查验不合格的，应要求施工单位返修。对于超过维保时限仍未维修到位的工程，物业服务机构应知会建设单位跟进，直至问题得到解决。

共用部位、共用设施设备局部的、简单的工程质量遗留问题，由保修人员代表物业服务机构验收，验收合格的，统一报送物业服务机构负责人签字确认；系统的、复杂的工程质量遗留问题，由物业服务机构负责人组织建设单位及专业人员验收，验收合格的，物业服务机构负责人与建设单位签字确认。施工保修期满前，物业服务机构应组织相关人员进行系统查验，在确认无工程质量遗留问题后，物业服务机构才可签字确认。

5.业主验收

业主专有部分保修工程应由业主或其书面委托的代理人作为最终验收人进行验收。施工单位维修完毕，将工单返回后，保修人应及时对维修工程进行现场验证，初步确认是否维修合格。初步确认维修合格后方可通知业主进行现场验收。

维保处理时间较长或业主家中有多项维修项目的，维保人员通常应每周将维保主要过程和进度，以电话或短信的方式向业主通报。

工程质量遗留问题逾期未处理完毕，通常有以下原因：一是施工单位的维修人员不足，此时应要求施工单位加派人员；二是施工单位不重视，此时应依据工程保修协议对外选聘施工单位进行维修工作；三是遇到技术障碍，此时应建议施工单位成立专家小组处理。物业服务机构对上述问题均应以电话联系业主，说明维保时间拖延的原因，并告知新的施工进度和预计完成时间。

业主验收合格的工程维保问题，保修人员应请业主或其书面委托代表人在“工程维保工单”中签字确认。

6.维保资料存档

工程质量遗留问题处理验收合格后，保修人员应将验收结果进行整理和存档，同时将保修资料移交物业服务机构档案管理人员。档案管理人员应将业主专有部分的保修资料存入业主档案袋中，将共用部位与共用设施设备的保修资料存入物业项目有关档案中。

### 四、工程质量保修注意事项

(1)工程质量保修的责任属于建设单位，保修人员仅代表物业服务机构协助建设单位对施工单位履行保修责任的管理工作，不得对业主作出任何未经建设单位书面明确的承诺。

(2)物业项目较大或工程遗留问题较多时，物业服务机构应建议建设单位组织工程保修工作领导小组，由建设单位、施工单位和物业服务机构人员组成；对于有相互工序衔接的维修问题，工程保修工作领导小组应进行协调解决。

(3)建立工程维保专款结算会签制度，在物业服务企业未签字时，建设单位不与施工单位结算保修工程款，以推动工程保修问题获得及时处理。

(4)房屋建筑工程保修期从工程竣工验收合格之日起计算，但实际交付时间会滞后，尤其是滞销房屋。保修期一般从物业交付业主之日起约定，在签订工程施工合同时应考虑滞后交付的时间要求。

(5)发生涉及结构安全的质量缺陷,物业服务企业应及时报告建设单位,建设单位或者房屋所有人应当立即向当地建设行政主管部门报告,由原设计单位或者具有相应资质等级的设计单位提出保修方案,施工单位实施保修,原工程质量监督机构负责监督。保修完成后,由建设单位或者房屋所有人组织验收。

(6)由于保修问题涉及多个单位的协作,建设单位、物业服务企业以及施工单位三方需建立完善的沟通机制,规定沟通周期和事项,保障维保工作的顺利完成。

### 五、常见质量缺陷工程问题处理

工程出现质量缺陷主要是由于房屋本体、功能、环境等方面的状况与国家、地方相应标准或合同约定内容出现了不一致。

#### (一)质量缺陷工程的主要问题

(1)本体质量缺陷:楼板太薄,地面、墙面空鼓;墙壁未抹灰,脚手架空洞、未封堵;出现墙体裂缝、沉降裂缝;外墙面、屋面、门窗、卫生间地面渗漏;门窗变形、刮花;栏杆、安全玻璃设置违反工程建设强制性标准条文;室内净高、净开间超过最大负偏差、级差;装饰与原设计有出入等。

(2)给排水质量缺陷:排水管网不畅造成水浸;供暖、管道爆管渗漏;地漏排水不畅。

(3)供电质量缺陷:电气线路敷设存在裸线、插座回路串联现象。

(4)共用设备质量缺陷:闭路监控系统覆盖不全面,有死角;电梯故障多;门禁、可视对讲系统不联动;风口、风阀安装影响消防安全。

(5)共用设施质量缺陷:车场转弯半径、回车半径、限高等设计不合理;娱乐设施有安全隐患。

#### (二)质量缺陷对物业服务的影响

导致业主房屋装修损失;返修不及时导致业主投诉与维权、业主拒交物业费;导致物业使用不便与出现安全隐患;导致车辆出入受阻等。

#### (三)质量缺陷工程处理对策

(1)为保证维保工作质量与效率,建设单位、施工单位、物业服务企业应签订三方维保协议。首先,明确施工单位保修期满结算工程质量保证金只有经物业服务企业验收后才能确认;其次,物业服务企业通知施工单位维保,但施工单位不及时履行义务的,物业服务企业有权另行指定维保单位组织实施,费用由施工单位承担。

(2)一般性质量缺陷按工程维保流程进行处理。

(3)发现重大缺陷,首先应明确责任,主动与业主说明情况;其次要求建设单位组织协调施工单位给出完善的工程质量保修时间计划。

## 本章小结

本章主要讲述前期物业管理的相关内容,主要有前期物业管理的相关概念、物业服务合同、物业管理方案、承接查验、入住服务、装饰装修管理以及物业工程质量保修的相关知识与要点。在物业管理活动中,前期物业管理是具有特色的重要环节。

## 关键概念

前期物业管理　物业服务合同　物业服务方案　物业承接查验　物业装饰装修管理　入住服务　物业工程质量保修

## 基础知识训练

1. 前期物业管理的概念和期限是什么？

2. 物业服务合同的意义、合同的必要条款有哪些？签订物业服务合同需要重点注意哪些问题？合同管理在物业管理服务合同中有哪些重要意义？

3. 物业服务方案的重要性有哪些？编写物业服务方案应该关注哪些内容？怎样的物业服务方案才算是一个好的物业管理方案？

4. 什么是物业管理承接查验？承接查验与物业的竣工验收有哪些区别？承接查验应关注的内容有哪些？承接查验对于物业管理服务活动有怎样的重要意义？

5. 什么是入住服务？物业服务企业为什么如此关注入住服务？如何做好入住服务？

6. 在住宅装饰装修管理中，物业服务企业担负的是怎样的角色？在业主进行装饰装修的过程中，物业服务企业应该关注哪些内容，做哪些工作才能做到合法合理并且规避日后可能出现的装修管理不作为问题？

7. 物业质量保修主要保什么？谁来保？怎么保？在物业质量工程保修中应该关注什么？做好物业质量保修管理的相关工作对物业管理日常工作有哪些作用？

## 实践操作训练

组织学生参观考察住宅、写字楼、商场等物业项目，熟悉物业服务日常工作内容、流程及物业基本情况，查看装修现场，学习查看承接查验的相关资料。掌握前期物业管理各个环节的重点并能熟练运用。

# 第三部分
# 物业管理的基本内容

## 第八章　工程维修管理

### 本章要点

房屋损坏的原因；房屋维修管理的内容；房屋完损等级评定；房屋维修工程的分类；房屋维修责任的划分；物业设施设备管理的内容；物业公共能源管理的内容。

### 知识目标

1. 理解房屋损坏的原因；
2. 掌握房屋完损等级评定的方法；
3. 掌握房屋维修责任的划分；
4. 掌握物业设施设备管理的内容；
5. 掌握物业公共能源管理的方法。

### 能力目标

1. 能够进行房屋完损等级的评定；
2. 能够进行房屋维修责任的划分；
3. 具有建筑设施设备维护与管理的能力，能够设置相应的管理制度。

### 案例导引

**新房漏水，开发商承担维修责任**

李先生与吴先生系楼下楼上关系，双方居住的某小区由甲地产有限责任公司开发。小区建成后，由乙物业公司承担物业管理。2017 年 8 月，甲地产有限责任公司向吴先生交房，吴先生随后对住宅进行装修。2018 年 2 月，李先生入住新房。同年 10 月，李先生发现，房内卫生间顶部有水渗出，与吴先生及乙物业公司协商修复，均无果。

李先生上诉至区法院，要求甲地产有限责任公司、乙物业公司、吴先生停止侵害、排除妨害。

法院一审判决甲地产有限责任公司修复李先生家中的漏水；吴先生对修复工作予以了配合。

**思考题：**

房屋出现质量问题，维修责任应如何划分？

## 第一节　房屋维修管理

房屋维修管理是物业管理中的一项基础性工作，是为了修复由于各种原因造成的房屋损坏，维护和改善房屋的使用功能，延长房屋的使用年限，从而进行的各种检修、维护和保养活动。

### 一、房屋概述

#### （一）房屋的种类

1. 按房屋的主要承重结构用材来划分

房屋按主要承重结构用材可分为木结构建筑、砖木结构建筑、砖混结构建筑、钢筋混凝土结构建筑、钢结构和其他结构建筑。

2. 按房屋承重结构体系来划分

房屋按承重结构体系可分为墙承重结构建筑、排架承重结构建筑、框架结构建筑、框架剪力墙结构建筑、筒体结构建筑和大跨度空间结构建筑。

3. 按房屋的层数和高度来划分

房屋按层数和高度可分为低层建筑、多层建筑、高层建筑和超高层建筑。

4. 按房屋的使用功能来划分

房屋按使用功能可分为居住建筑、商业建筑、工业建筑和其他用途的建筑。

#### （二）房屋的基本组成部分

房屋可分为结构、装修、设备三大组成部分。

1. 结构部分

结构部分可划分为基础、承重构件、非承重墙、屋面、楼地面五项。

2. 装修部分

装修部分可分为门窗、外抹灰、内抹灰、顶棚、细木装修五项。

3. 设备部分

设备部分可分为水卫、电照、暖气、特种设备四项。

### 二、房屋损坏的原因

房屋建成并交付使用后，多种原因都会造成房屋的损坏，概括起来可分为自然损坏和人为损坏。

（一）自然损坏

自然损坏是指非人为的自然因素对房屋造成的损害，主要包括以下几个方面：

1.气候因素

房屋因经受自然界风、霜、雨、雪和冰冻的侵袭，空气中有害物质的侵蚀与氧化作用以及空气湿度和温度的变化影响，其外部构件会因此逐渐老化或腐蚀，如木材的腐烂、砖的风化、钢筋的锈蚀、塑料的老化等。

2.生物因素

生物因素造成的房屋损坏主要是指虫害（如白蚁等）、菌类（如霉菌）的作用，使建筑物构件的截面积减小、强度降低。

3.地理因素

地理因素造成的房屋损坏主要是指因地基承载力的差异引起房屋的不均匀沉降以及地下水的作用引起房屋的损坏。

4.灾害因素

灾害因素造成的房屋损坏主要是指突发性的不可抗拒的天灾人祸，如洪水、火灾、地震、滑坡、龙卷风等所造成的损坏。

（二）人为损坏

人为损坏是相对于自然损坏而言的，它是指人们在设计、施工及竣工、使用期间，由于人为操作不当而造成的房屋损坏。人为损坏主要有以下三种情况：

1.使用不当

房屋是人们最主要的活动空间，人们在里面进行生产、生活。因此人们的活动以及生产设备、生活日用品荷载的大小，摩擦、撞击的频率，使用的合理程度等都会影响房屋的寿命。

2.设计和施工质量低劣

房屋在建造或维修时，如果设计不合理、施工质量差，或者使用的建筑材料不符合质量要求等，会影响房屋的正常使用，加速房屋的损坏。

3.日常保养不到位

不采取保养措施或者维修不够及时，会造成房屋和设备的损坏或提前损坏，甚至发生房屋破损、倒塌事故。

## 三、房屋维修管理的原则与内容

（一）房屋维修管理的概念

房屋维修管理是指物业服务企业按照一定的科学管理程序、制度、维修技术管理要求，对其所经营管理的房屋进行日常维护修缮管理。房屋的维修管理通过制订合理的维修周期和科学的维修计划，确定合理的维修范围和维修方案，合理使用人、财、物，做到节省费用、缩短工期，从而取得更好的经济效益和社会效益。

（二）房屋维修管理的原则

1.为业主服务的原则

房屋维修管理的目的是为业主或使用人创造优良的生活、工作环境以及提高物业的综合效益。在房屋维修管理上，必须维护业主的合法使用权益，切实做到为业主服务，建立和健全科学、合理的房屋维修服务制度。房屋维修管理人员要改善服务态度，提高服务质量，认真解决业主急需解决的修缮问题。

2. 经济、合理、安全、实用的原则

经济，就是要节约使用人力、财力和物力，尽可能少花钱、多修房，实现维修资金投资效益最大化；合理，就是要制定科学、合理的维修计划与方案，按国家的规定与标准以及用户的合理要求修房，不任意扩大维修范围和内容；安全，就是要坚持质量第一和房屋完好标准的要求，通过维修使房屋达到主体结构牢固，功能运转正常，用户使用安全；实用，就是要从实际出发，因地制宜、因房制宜地进行维修，以满足用户在房屋质量与使用功能方面的需要。

3. 区别对待的原则

对于各种不同类型的房屋，要依据不同的建筑风格、结构、等级标准，区别对待。对于新建房，重点是搞好房屋的日常养护，使房屋保持完好状态，并力求保持原貌。对于城市中占较大比例的旧房，要做好分类工作。对于有保存价值的房屋，要加强维修，合理使用。对尚可利用的旧房，要通过有计划的维修与适当的改建，尽可能改善其居住条件，保证安全与正常使用。对于结构简陋、破旧老朽的旧房、危房，由于已失去再维修的价值，要全部或大部分进行有计划的拆建，即进行旧房的更新与再开发。

4. 明确责任原则

在需要区分所有权的建筑物中，不同部位的所有权人不同，维修的责任主体不同，即使建筑部位相同，在保修期内外，维修的责任主体也不同。如果物业的维修责任不明确，往往导致物业长久失修，出现严重的安全隐患，甚至可能发生安全事故，造成财产损失。

**（三）房屋维修管理的内容**

物业服务企业在政府房地产行政主管部门的指导和监督下，对所管物业范围内的房屋维修负有全面管理的职责。房屋维修管理的内容包括房屋维修计划管理、房屋维修质量管理、房屋维修施工管理、房屋维修费用管理、房屋维修资料管理。

1. 房屋维修计划管理

物业服务企业应根据物业辖区内房屋完损的实际情况以及各类房屋的建筑、设备、设施的保养、维修、更新周期等制订切实可行的房屋维修计划，拟订维修方案；有计划地组织房屋按年轮修；分配年度维修资金、审核维修方案和工程预决算。

年度房屋维修计划应当包括下列主要内容：① 房屋结构类型；② 维修面积；③ 维修分类；④ 维修费用；⑤ 计划期内房屋完好率、危房率。同时，在房屋维修资金管理中，要积极筹措房屋维修资金，合理安排维修资金的使用，做好房屋维修资金的管理工作。

2. 房屋维修质量管理

物业服务企业应根据《城市房屋修缮规定》《建设工程质量管理条例》《房屋修缮工程质量检验评定标准》等，强化维修工程的质量监督、检查、验收与评定，完善质量保修制度等。

对于中修以上的房屋维修工程，房屋所有人或者维修责任人必须向房屋所在地的有关质量监督机构办理质量监督手续；未办理质量监督手续的不得施工。房屋维修工程的分类，按照《房屋修缮范围和标准》执行。中修以上的房屋维修工程，应当先进行查勘设计，并严格按照设计组织施工。中修以上的房屋维修工程竣工后，由房屋管理部门或者房屋所在地的县级以上地方人民政府房地产行政主管部门依照《房屋修缮工程质量检验评定标准》组织质量检验评定。凡检验评定不合格的，不得交付使用。房屋维修工程实行质量保修制度，质量保修的内容和期限应当在工程合同中载明。房屋维修工程发生重大事故的，由县级以上地方人民政府房地产行政主管部门会同有关部门调查处理。

3.房屋维修施工管理

房屋维修施工管理是指按照既定施工程序、施工质量标准和技术经济要求，运用科学的方法对房屋维修施工过程中的各项工作进行有效的、科学的管理。物业服务企业的房屋维修工程，可以由自己组织的维修施工队伍来完成；也可以通过招标，将房屋维修工程承包给专业维修施工企业来完成。

4.房屋维修费用管理

房屋的维修费用主要是指房屋保养维修过程中花费的人工、材料及机械设备使用等方面的费用。在房屋保养与维修费用的管理中，物业服务企业要根据物业服务合同及政府的有关规定，本着科学与合理的原则，核定及控制费用的来源及支出，以保证整个保养与维修工作的顺利开展。

5.房屋维修资料管理

房屋建筑的档案资料是物业服务企业在制订房屋维修计划，确定房屋维修、改建等方案，实施房屋维修工程时不可缺少的重要依据。因此，为了更好地完成房屋维修任务，加强房屋维修管理，对房屋维修过程中产生的档案资料要做好收集、管理工作。

## 四、房屋完损等级评定

### （一）房屋完损等级评定的含义

房屋完损等级是指对现有房屋的完好或损坏程度划分的等级，即房屋的质量等级。评定房屋完损等级要按照原城乡建设与环境保护部1985年颁布执行的《房屋完损等级评定标准》规定的统一标准，通过目观、检测和定量、定性的分析，对整幢房屋进行综合性的评价。评定时要进行细致全面的检查与调研，必要时辅以测试和验算，以构件或房屋的完损程度确定构件或房屋的完损等级以及是否属于危险构件或危险房屋。

### （二）房屋完损等级的分类

依据房屋的结构、装修和设备三部分的完好及损坏程度，可将房屋划分为五个完损等级：

(1)完好房。完好房是指房屋的结构构件完好，安全可靠，屋面或板缝不漏水，装修和设备完好，管道通畅，现状良好，使用正常，虽有个别分项有在允许值之内的轻微损坏，但不影响居住安全和正常使用，一般经过小修即可修复的房屋。

(2)基本完好房。基本完好房是指房屋结构基本完好，少量构部件有轻微损坏，装修基本完好，油漆缺乏保养，设备、管道现状基本良好，能正常使用，经过一般性的维修即可恢复使用功能的房屋。

(3)一般损坏房。一般损坏房是指房屋结构一般性损坏，部分构部件有损坏或变形，屋面局部漏雨，装修局部破损，油漆老化，设备管道不够通畅，水卫、电照管线、器具和零件有部分老化、损坏或残缺，需要进行中修或局部大修、更换部件的房屋。

(4)严重损坏房。严重损坏房是部分结构有明显变形或损坏，个别构件已处于危险状态，屋面严重渗漏，装修严重变形、破损，油漆老化见底，设备陈旧不齐全，管道严重堵塞，水卫、电路管线、器具和零件残缺及严重损坏，需要进行大修或翻修、改建的房屋。

(5)危险房。危险房是指房屋承重构件已属危险构件,结构丧失稳定和承载能力,随时有倒塌的可能,不能确保住用安全的房屋。

(三)房屋完损标准

根据《房屋完损等级评定标准》的规定,房屋完损的标准可分为完好标准、基本完好标准、一般损坏标准、严重损坏标准。

1.完好标准

(1)结构部分。地基基础:有足够承载能力,无超过允许范围的不均匀沉降。承重构件:梁、柱、墙、板、屋架平直、牢固,无倾斜变形、裂缝、松动、腐朽、蛀蚀。非承重墙:预制墙板节点安装牢固,拼缝处不渗漏;砖墙平直、完好,无风化破损;石墙无内化弓凸;木、竹、芦帘、苇箔等墙体完整、无破损。屋面:不渗漏,基层平整、完好,积尘甚少,排水畅通;平屋面防水层、隔热层、保温层完好;平瓦屋面瓦片搭接紧密,无缺角、裂缝瓦(合理安排利用除外),瓦出线完好;青瓦屋面瓦垄顺直,搭接均匀,瓦头整齐,无碎瓦,节筒俯瓦灰梗牢固;铁皮屋面安装牢固,铁皮完好,无锈蚀;石灰炉渣、青灰屋面光滑、平整,油毡屋面牢固,无破洞。楼地面:整体面层平整、完好,无空鼓、裂缝、起砂;木楼地面平整、坚固,无腐朽、下沉,无较多磨损和稀缝;砖、混凝土块料面层平整,无碎裂;灰土地面平整、完好。

(2)装修部分。门窗:完整无损,开关灵活,玻璃、五金齐全,纱窗完整,油漆完好(允许有个别钢门、窗轻度锈蚀)。外抹灰:完整、牢固,无空鼓、剥落、破损和裂缝(风裂除外),勾缝砂浆密实;其他结构房屋以完整、无破损为标准。内抹灰:完整、牢固,无破损、空鼓和裂缝(风裂除外);其他结构房屋以完整、无破损为标准。顶棚:完整、牢固,无破损、变形、腐朽和下垂脱落,油漆完好。细木装修:完整、牢固,油漆完好。

(3)设备部分。水卫:上、下水管道畅通,各种卫生器具完好,零件齐全无损。电照:电器设备、线路、各种照明装置完好、牢固,绝缘良好。暖气:设备、管道、烟道畅通、完好,无堵、冒、漏,使用正常。特种设备:现状良好,使用正常。

2.基本完好标准

(1)结构部分。地基基础:有承载能力,稍有超过允许范围的不均匀沉降,但已稳定。承重构件:有少量损坏,基本牢固。钢筋混凝土个别构件有轻微变形、细小裂缝,混凝土有轻度剥落、露筋;钢屋架平直、不变形,各节点焊接完好,表面稍有锈蚀,钢筋混凝土屋架无混凝土剥落,节点牢固、完好,钢杆件表面稍有锈蚀;木屋架的各部件节点连接基本完好,稍有隙缝,铁件齐全,有少量生锈;承重砖墙(柱)、砌块有少量细裂缝;木构件稍有变形、裂缝、倾斜,个别节点和支撑稍有松动,铁件稍有锈蚀;竹结构节点基本牢固,轻度蛀蚀,铁件稍锈蚀。非承重墙:有少量损坏,但基本牢固。预制墙板稍有裂缝、渗水,嵌缝不密实,间隔墙面层稍有破损;外砖墙面稍有风化,砖墙体轻度裂缝,勒脚有侵蚀;石墙稍有裂缝、弓凸;木、竹、芦帘、苇箔等墙体基本完整,稍有破损。屋面:局部渗漏,积尘较多,排水基本畅通。平屋面隔热层、保温层稍有损坏,卷材防水层稍有空鼓、翘边和封口不严,刚性房水层稍有龟裂,块体房水层稍有脱壳;平瓦屋面少量瓦片裂碎、缺角、风化,瓦出线稍有裂缝;青瓦屋面瓦垄少量不直,少量瓦片破碎,节筒俯瓦有松动,灰梗有裂缝,屋脊抹灰有裂缝;铁皮屋面少量咬口或嵌缝不严实,部分铁皮生锈,油漆脱皮;石灰炉渣、青灰屋面稍有裂缝,油毡屋面少量破洞。楼地面:整体面层稍有裂缝、空鼓、起砂;木楼地面稍有磨损和稀缝,轻度颤动;砖、混凝土块料面层磨损起砂,稍有裂缝、空鼓;灰土地面有磨损、裂缝。

(2)装修部分。门窗:少量变形、开关不灵,玻璃、五金、纱窗少量残缺,油漆失光。外抹灰:稍有空鼓、裂缝、风化、剥落,勾缝砂浆少量酥松脱落。内抹灰:稍有空鼓、裂缝、剥落。顶棚:无明显变形、下垂,抹灰层稍有裂缝,面层稍有脱钉、翘角、松动,压条有脱落。细木装修:稍有松动、残缺,油漆基本完好。

(3)设备部分。水卫:上、下水管道基本畅通,卫生器具基本完好,个别零件残缺损坏。电照:电器设备、线路、照明装置基本完好,个别零件损坏。暖气:设备、管道、烟道基本畅通,稍有锈蚀,个别零件损坏,基本能正常使用。特种设备:现状基本良好,能正常使用。

3.一般损坏标准

(1)结构部分。地基基础:局部承载能力不足,有超过允许范围的不均匀沉降,对上部结构稍有影响。承重构件:有较多损坏,强度已有所减弱。钢筋混凝土构件有局部变形、裂缝,混凝土剥落、露筋,锈蚀,变形、裂缝稍超过设计规范的规定,混凝土剥落面积占全部面积的10%以内;钢屋架有轻微倾斜或变形,少数支撑部件损坏,锈蚀严重;钢筋混凝土屋架有剥落、露筋,钢杆有锈蚀;木屋架有局部腐朽、蛀蚀,个别节点连接松动,木质有裂缝、变形、倾斜等损坏,铁件锈蚀;承重墙体(柱)、砌块有部分裂缝、倾斜、弓凸、风化、腐蚀和灰缝酥松等损坏;木结构局部有倾斜、下垂、侧向变形、腐朽、裂缝、少数节点松动、脱榫,铁件锈蚀;竹构件个别节点松动,竹材有部分开裂、蛀蚀、腐朽,局部构件变形。非承重墙:有较多损坏,强度减弱。预制墙板的边、角有裂缝,拼缝处嵌缝料部分脱落,有渗水,间隔墙层局部损坏;砖墙有裂缝、弓凸、倾斜、风化、腐蚀,灰缝有酥松,勒脚有部分侵蚀剥落;石墙部分开裂、弓凸、风化,砂浆酥松,个别石块脱落;木、竹、芦帘墙体部分严重破损,土墙稍有倾斜。屋面:局部漏雨,木基层局部腐朽、变形、损坏,钢筋混凝土屋板局部下滑,屋面高低不平,排水设施锈蚀、断裂。平屋面保温层、隔热层较多损坏,卷材防水层部分有空鼓、翘边和封口脱开,刚性防水层部分有裂缝、起壳,块体防水层部分有松动、风化、腐蚀;平瓦屋面部分瓦片有破碎、风化,瓦出线严重裂缝、起壳,脊瓦局部松动、破损;青瓦屋面部分瓦片风化、破碎、翘角,瓦垄不顺直,节筒俯瓦破碎残缺,灰梗部分脱落,屋脊抹灰有脱落,瓦片松动;铁皮屋面部分咬口或嵌缝不严实,铁皮严重锈烂;石灰炉渣、青灰屋面,局部风化脱壳、剥落,油毡屋面有破洞。楼地面:整体面层部分裂缝、空鼓、剥落,严重起砂;木楼地面部分有磨损、蛀蚀、翘裂、松动、稀缝,局部变形下沉,有颤动;砖、混凝土块料面磨损,部分破损、裂缝、脱落,高低不平;灰土地面坑洼不平。

(2)装修部分。门窗:木门窗部分翘裂,榫头松动,木质腐朽,开关不灵;钢门、窗部分铁胀变形、锈蚀,玻璃、五金、纱窗部分残缺;油漆老化翘皮、剥落。外抹灰:部分有空鼓、裂缝、风化、剥落,勾缝砂浆部分酥松脱落。内抹灰:部分空鼓、裂缝、剥落。顶棚:有明显变形、下垂,抹灰层局部有裂缝,面层局部有脱钉、翘角、松动,部分压条脱落。细木装修:木质部分腐朽、蛀蚀、破裂;油漆老化。

(3)设备部分。水卫:上、下水道不够畅通,管道有积垢、锈蚀,个别滴、漏、冒;卫生器具零件部分损坏、残缺。电照:设备陈旧,电线部分老化,绝缘性能差,少量照明装置有损坏、残缺。暖气:部分设备、管道锈蚀严重,零件损坏,有滴、冒、跑现象,供气不正常。特种设备:不能正常使用。

4.严重损坏标准

(1)结构部分。地基基础:承载能力不足,有明显不均匀沉降或明显滑动、压碎、折断、冻酥、腐蚀等损坏，并且仍在继续发展，对上部结构有明显影响。承重构件：明显损坏，强度不足。钢筋混凝土构件有明显下垂变形、裂缝，混凝土剥落和露筋、锈蚀严重，下垂变形、裂缝超过设计规范的规定，混凝土剥落面积占全部面积的 10%以上；钢屋架明显倾斜或变形，部分支撑弯曲、松脱，锈蚀严重，钢筋混凝土屋架有倾斜，混凝土严重腐蚀剥落、露筋锈蚀，部分支撑损坏，连接件不齐全，钢杆锈蚀严重；木屋架端节点腐朽、蛀蚀，节点连接松动，夹板有裂缝，屋架有明显下垂或倾斜，铁件严重锈蚀，支撑松动；承重墙体（柱）、砌块强度和稳定性严重不足，有严重裂缝、倾斜、弓凸、风化、腐蚀，灰缝严重酥松损坏；木构件严重倾斜、下垂、侧向变形、腐朽、蛀蚀、裂缝，木质脆枯，节点松动，榫头折断拔出、榫眼压裂，铁件严重锈蚀和部分残缺；竹构件节点松动、变形，竹材弯曲断裂、腐朽，整个房屋倾斜变形。非承重墙：有严重损坏，强度不足。预制墙板严重裂缝、变形，节点锈蚀，拼缝嵌料脱落，严重漏水，间隔墙立筋松动、断裂，面层严重破损；砖墙有严重裂缝、弓凸、倾斜、风化、腐蚀，灰缝酥松；石墙严重开裂、下沉、弓凸、断裂，砂浆酥松，石块脱落；木、竹、芦帘、苇箔等墙体严重破损，土墙倾斜。屋面：严重漏雨。木基层腐烂、蛀蚀、变形损坏，屋面高低不平，排水设施严重锈蚀、断裂，残缺不全。屋面保温层、隔热层严重损坏，卷材防水层普遍老化、断裂、翘边和封口脱开，沥青流淌，刚性防水层严重开裂、起壳、脱落，块体防水层严重松动、腐蚀、破损；平瓦屋面瓦片零乱不落槽，严重破碎、风化，瓦出线破损、脱落，脊瓦严重松动破损；青瓦屋面瓦片零乱，风化、碎瓦多、瓦垄不直、脱脚，节筒俯瓦严重脱落残缺，灰梗脱落，屋脊严重损坏；铁皮屋面严重锈烂，变形下垂；石灰炉渣、青灰屋面大部冻鼓、裂缝、脱壳、剥落，油毡屋面严重老化，大部损坏。楼地面：整体面层严重起砂、剥落、裂缝、沉陷、空鼓；木楼地面有严重磨损、蛀蚀、翘裂、松动、稀缝、变形下沉、颤动；砖、混凝土块料面层严重脱落、下沉、高低不平、破碎、残缺不全；灰土地面严重坑洼不平。

（2）装修部分。门窗：木质腐朽，开关普遍不灵，榫头松动、翘裂，钢门、窗严重变形锈蚀，玻璃、五金、纱窗残缺，油漆剥落见底。外抹灰：严重空鼓、裂缝、剥落，墙面渗水，勾缝砂浆严重酥松脱落。内抹灰：严重空鼓、裂缝、剥落。顶棚：严重变形下垂，木筋弯曲翘裂、腐朽、蛀蚀，面层严重破损，压条脱落，油漆见底。细木装修：木质腐朽、蛀蚀、破裂，油漆老化见底。

（3）设备部分。水卫：上、下水道严重堵塞、锈蚀、漏水；卫生器具零件严重损坏、残缺。电照：设备陈旧、残缺，电线普遍老化、零乱，照明装置残缺不齐，绝缘不符合安全用电要求。暖气：设备、管道锈蚀严重，零件损坏、残缺不齐，跑、冒、滴现象严重，基本上已无法使用。特种设备：严重损坏，已无法使用。

### （四）房屋完损等级评定方法

房屋完损等级评定可定期或不定期进行。

定期，一般是每隔 1～3 年对所管房屋进行一次全面、细致的完损等级评定。通过定期评定工作可以全面、详细地掌握房屋的完损等级情况。

不定期进行房屋完损等级的评定一般有以下几种情况：根据气候特征进行，如雨季、台汛、暴风雪、山洪等，着重应对危险房屋、严重损坏房屋和一般损坏房屋进行检查，评定完损等级；房屋经过中修、大修、翻修和综合维修竣工验收以后，要重新评定完损等级；接管新建房屋后，要进行完损等级的评定。基本过程可分为组织准备、实际勘察、统计汇总等三个阶段。按照原城乡建设环境保护部发布的《房屋完损等级评定标准》，房屋完损等级的评定方法如表 8-1 所示。

**表 8-1　房屋完损等级的评定方法**

| 结构类型 | 评定等级 | 凡符合下列条件之一者 |
|---|---|---|
| 钢筋混凝土结构、混合结构、砖木结构 | 完好房 | 1.结构、装修、设备各项完损程度符合完好标准。<br>2.在装修、设备部分中有一两项完损程度符合基本完好的标准，其余符合完好标准 |
| | 基本完好房 | 1.结构、装修、设备各项完损程度符合基本完好标准。<br>2.在装修、设备部分中有一两项完损程度符合一般损坏的标准，其余符合基本完好以上的标准。<br>3.结构部分除基础、承重构件、屋面以外，可有一项和装修或设备部分中的一项完损程度符合一般损坏标准，其余符合基本完好以上的标准 |
| | 一般损坏房 | 1.结构、装修、设备各项完损程度符合一般损坏标准。<br>2.在装修、设备部分中有一两项完损程度符合严重损坏的标准，其余符合一般损坏以上的标准。<br>3.结构部分除基础、承重构件、屋面以外，可有一项和装修或设备部分中的一项完损程度符合严重损坏标准，其余符合一般损坏以上的标准 |
| | 严重损坏房 | 1.结构、装修、设备各项完损程度符合严重损坏标准。<br>2.在装修、设备部分中有少数项目完损程度符合一般损坏的标准，其余符合严重损坏的标准 |
| 其他结构 | | 1.房屋的结构、装修、设备部分各项完损程度符合完好标准的，可评为完好房。<br>2.房屋的结构、装修、设备部分各项完损程度符合基本完好标准，或者有少量项目完好程度符合完好标准的，可评为基本完好房。<br>3.房屋的结构、装修、设备部分各项完损程度符合一般损坏标准，或者少量项目完损程度符合基本完好标准的，可评为一般损坏房。<br>4.房屋的结构、装修、设备部分各项完损程度符合严重损坏标准，或者少量项目完损程度符合一般损坏标准的，可评为严重损坏房 |

评定注意事项：

(1)在评定完损等级时，要以房屋的实际完损程度为依据，严格按建设部颁发的《房屋完损等级评定标准》进行，不能以建筑年代来评定房屋完损等级，也不能以房屋原设计标准的高低代替评定房屋完损等级的标准。

(2)评定完损等级时，地基基础、承重构件、屋面等项的完损等级程度是决定该房屋完损等级的主要条件。如这三项不符合同一个完损等级标准，则应以三项中损坏最严重的一项的完损程度来评定房屋的完损等级。

(3)评定完好房屋时，房屋结构部分的各项指标都要达到完好标准，才能评定为完好房屋。

(4)评定严重损坏房屋时，结构、装修、设备等各部分的分项完损程度不能下降到危险房屋的标准。

(5)评定危险房屋时，应参照《危险房屋鉴定标准》。

## 五、危房的鉴定与管理

危险房屋(简称危房)由于随时有倒塌的可能,不能确保使用安全,因此,在物业管理中,危房的鉴定、使用与管理就占有特殊的地位,物业服务企业对此要给予特别的重视。为此,建设部先后颁发了《危险房屋鉴定标准》和《城市危险房屋管理规定》。

1.危房的鉴定机构

按照2004年7月20日建设部新修订的《城市危险房屋管理规定》,市、县人民政府房地产行政主管部门应设立房屋安全鉴定机构,负责房屋的安全鉴定,并统一启用"房屋安全鉴定专用章"。经鉴定属危险房屋的,鉴定机构必须及时发出危险房屋通知书;属于非危险房屋的,应在鉴定文书上注明在正常使用条件下的有效时限,一般不超过一年。

2.危房的鉴定程序

(1)受理申请;

(2)初始调查,摸清房屋的历史和现状;

(3)现场查勘、测试、记录各种损坏数据和状况;

(4)检测验算,整理技术资料;

(5)全面分析,论证定性,作出综合判断,提出处理建议;

(6)签发鉴定文书。

3.危房的鉴定

(1)危房分类。根据原城乡建设环境保护部颁发的《危险房屋鉴定标准》的规定,危房分整幢危房和局部危房。整幢危房是指随时有整幢倒塌可能的房屋;局部危房是指随时有局部倒塌可能的房屋。

(2)鉴定单位。危房以幢为鉴定单位,以建筑面积(平方米)为计量单位。整幢危房以整幢房屋的建筑面积(平方米)计数;局部危房以危及倒塌部分房屋的建筑面积(平方米)计数。

(3)危险范围的判定

① 整幢危房:因地基、基础产生的危险,可能危及主体结构,导致整幢房屋倒塌的;因墙、柱、梁、混凝土板或框架产生的危险,可能构成结构破坏,导致整幢房屋倒塌的;因屋架、檩条产生的危险,可能导致整个屋盖倒塌并危及整幢房屋的;因筒拱、扁壳、波形筒拱产生的危险,可能导致整个拱体倒塌并危及整幢房屋的。

② 局部危房:因地基、基础产生的危险,可能危及部分房屋,导致局部倒塌的;因墙、柱、梁、混凝土板产生的危险,可能构成部分结构破坏,导致局部房屋倒塌的;因屋架、檩条产生的危险,可能导致部分屋盖倒塌,或整个屋盖倒塌但不危及整幢房屋的;因搁栅产生的危险,可能导致整间楼盖倒塌的;因悬挑构件产生的危险,可能导致梁、板倒塌的;因筒拱、扁壳、波形筒产生的危险,可能导致部分拱体倒塌但不危及整幢房屋的。

③ 危险点:指单个承重构件,或围护构件,或房屋设备,处于危险状态的。

4.危房的处理

危房需由鉴定单位提出全面分析、综合判断的依据,报请市一级的房地产管理部门或其授权单位审定。对危房,应按危险程度、影响范围,根据具体条件,分别轻、重、缓、急,安排修建。对危险点,应结合正常维修,及时排除险情。对危房和危险点,在查清、确认后,均应采取有效措施,确保住用安全。

对危房的使用与管理一般可分为以下4类情况处理：

(1)观察使用，适用于采取适当安全技术措施后，尚能短期使用，但需继续观察的房屋；

(2)处理使用，适用于采取适当安全技术措施后可解除危险的房屋；

(3)停止使用，适用于已无维修价值，暂时不便拆除，又不危及相邻建筑和影响他人安全的房屋；

(4)整体拆除，适用于整幢危险且已无维修价值、需立即拆除的房屋。

## 六、房屋维修工程

### (一)房屋维修工程的分类

根据房屋的完损状况和相应的工程性质，房屋维修工程可分为小修工程、中修工程、大修工程、翻修工程和综合维修工程5类。

(1)小修工程(养护工程)。凡以及时修复小损小坏，保持房屋原来完损等级为目的的日常养护工程为小修工程。小修工程的综合年均费用为所管房屋现时造价的1%以下。

(2)中修工程。凡需牵动或拆换少量主体构件，但保持原房的规模和结构的工程为中修工程。中修工程的一次费用在该建筑物同类结构新建造价的20%以下。中修后的房屋70%以上必须符合基本完好或完好的要求。

(3)大修工程。凡需牵动或拆换部分主体构件，但不需全部拆除的工程为大修工程。大修工程的一次费用在该建筑物同类结构新建造价的25%以上。大修后的房屋必须符合基本完好或完好的要求。大修工程主要适用于严重损坏房屋。

(4)翻修工程。凡需全部拆除、另行设计、重新建造的工程为翻修工程。翻修工程应尽量利用旧料，其费用应低于该建筑物同类结构的新建造价。翻修后的房屋必须符合完好房屋的要求。翻修工程主要适用于主体结构严重损坏，丧失正常使用功能，有倒塌危险的房屋；因自然灾害破坏严重，不能再继续使用的房屋；地处陡峭易滑坡地区的房屋，或地势低洼、长期积水、无法排出地区的房屋；无修缮价值的房屋；基本建设规划范围内需要拆迁恢复的房屋。

(5)综合维修工程。凡成片多幢(大楼为单幢)大、中、小修一次性应修尽修的工程为综合维修工程。综合维修工程的一次费用应在该片(幢)建筑物同类结构新建造价的20%以上。综合维修后的房屋必须符合基本完好或完好的要求。

### (二)房屋维修的标准

根据《房屋修缮范围和标准》的规定，维修标准是按不同的结构、装修、设备条件，将房屋分为一等和二等以下两类分别制定的。

1.房屋的分类

符合下列条件的为一等房屋：钢筋混凝土结构、砖混结构、砖木(含高级纯木)结构中，承重墙、柱不得使用空心砖、半砖、乱砖和乱石砌筑；楼地面不得用普通水泥或三合土面层；使用纱门窗或双层窗的正规门窗；墙面有中级或中级以上粉饰；独厨，有水、电、卫设备，采暖地区有暖气。低于上述条件的为二等以下房屋。划分两类房屋的目的在于对原结构、装修、设备较好的一等房屋加强维修养护，使其保持较高的使用价值；对二等以下的房屋，主要是通过维修，保证住用安全，适当改善住用条件。

2.维修标准

维修标准按主体工程，木门窗及装修工程，楼地面工程，屋面工程，抹灰工程，油漆粉饰工程，水、电、卫、暖等设备工程，金属构件及其他等9个分项工程进行确定。

(1)主体工程。主要指屋架、梁、柱、墙、楼面、屋面、基础等主要承重构件的维修。当主体结构损坏严重时，不论维修哪一类房屋，均应要求牢固、安全，不留隐患。

(2)木门窗及装修工程。木门窗应开关灵活、不松动、不透风；木装修应牢固、平整、美观，接缝严密。一等房屋的木装修应尽量做到原样的修复。

(3)楼地面工程。楼地面工程的维修应牢固、安全、平整，不起砂，拼缝严密、不闪动，不空鼓开裂，地坪无倒泛水现象。如房间长期处于潮湿环境，可增设防潮层。木基层或夹沙楼板面损坏严重时，应改做钢筋混凝土楼面。

(4)屋面工程。屋面必须确保安全，不渗漏，排水畅通。

(5)抹灰工程。抹灰应接缝平整，不开裂、不起壳、不起泡、不松动、不剥落。

(6)油漆粉饰工程。油漆粉饰要求不起壳、不剥落，色泽均匀，尽可能与原色保持一致。对木构件和各类铁制构件应进行周期性油漆保养。各种油漆和内、外墙涂料，以及地面涂料，均属保养性质，应制定养护周期，达到延长房屋使用年限的目的。

(7)水、电、卫、暖等设备工程。房屋的附属设备均应保持完好，保证运行安全，正常使用。电气线路、电梯、安全保险装置及锅炉等应定期检查，严格按照有关安全规程定期保养。对房屋内部电气线路破损、老化严重，绝缘性能降低的，应及时更换线路。当线路发生漏电现象时，应及时查清漏电的原因，进行修复或更换线路。对供水、供暖管线应该做保温处理，并定期进行检查维修。水箱应定期清洗。

(8)金属构件。应保持牢固、安全，不锈蚀。损坏严重的应更换，无保留价值的应拆除。

(9)其他工程。对属于物业管理范围的庭院原有院墙、院墙大门、院落内道路、沟渠下水道、窨井损坏或堵塞的，应修复或疏通。

## 七、房屋维修责任的划分

1. 保修期内

新建房屋的保修期限分两种情况：一种是建设工程承包单位向建设单位承诺的保修期限；另一种是建设单位向房屋使用者承诺的保修期限。

对于第一种情况，国务院于2000年颁布的《建设工程质量管理条例》中规定，建设工程承包单位应按照其向建设单位出具的质量保修书中规定的保修范围、保修期限和保修责任进行保修。

在正常使用条件下，最低保修期限为：① 基础设施工程、房屋建筑的地基基础工程和主体结构工程，为设计文件规定的该工程的合理使用年限；② 屋面防水工程，有防水要求的卫生间、房间和外墙面的防渗漏为5年；③ 供热与供冷系统，为两个采暖期、供冷期；④ 电气管线、给排水管道、设备安装和装修工程为2年。

对于第二种情况，2001年建设部颁布的《商品房销售管理办法》中规定，房地产开发企业应当对所售商品房承担质量保修责任。当事人应当在合同中就保修范围、保修期限、保修责任等内容做出约定。保修期从交付之日起计算。

商品住宅的第二种保修期，1998年建设部颁布的《商品住宅实行住宅质量保证书和住宅使用说明书制度的规定》中规定，在正常使用条件下，各部位、部件的保修内容与保修期为：地基基础和主体结构在合理使用寿命年限内承担保修；屋面防水3年；墙面、厨房和卫生间地面、地下室、管道渗漏 1 年；墙面、顶棚抹灰层脱落 1 年；地面空鼓开裂、大面积起砂 1 年；门窗翘裂、五金件损坏 1 年；管道堵塞 2 个月；供热、供冷系统和设备 1 个采暖期或供冷期；卫生洁具 1 年；灯具、电器开关 6 个月；其他部位、部件的保修期限，由房地产开发企业与用户自行约定。

以上是商品住宅第二种保修期的下限，开发商实际承诺的保修期不得低于建设工程承包单位向建设单位出具的质量保证书约定保修期的存续期；存续期少于《商品住宅实行住宅质量保证书和住宅使用说明书制度的规定》中确定的最低保修期限的，开发商承诺的保修期不得低于《商品住宅实行住宅质量保证书和住宅使用说明书制度的规定》中的保修期下限。住宅保修期从房地产开发企业将竣工验收的住宅交付用户使用之日起计算。房地产开发企业可以延长保修期限，按照国家规定执行。

在保修期限内发生的属于保修范围的质量问题，房地产开发企业应履行保修义务，并对造成的损失承担赔偿责任，因不可抗力或使用不当造成损失的，房地产开发企业不承担责任。

2.保修期满后

保修期满后，由业主承担房屋维修责任，并承担维修费用。对业主委托物业管理公司管理的物业，具体规定如下：

(1)物业管理公司承担房屋建筑共用部位、共用设施设备、物业规划红线内的市政公用设施和附属建筑及附属配套服务设施的维修责任。至于维修费用，可建立物业维修基金，事先向各业主按比例收取，在全体业主的监督下专款专用。

上述维修责任应在物业服务合同中写明。

(2)业主承担物业内自用部位和自用设备的维修责任。自用部位和自用设备是指用户大门以内的部位和设备。业主可自行维修，也可委托他人或物业管理公司维修。但物业管理公司应负检查监督的责任。维修费用由业主支付。

(3)其他情况。凡属使用不当或人为造成房屋损坏的，由其行为人负责修复或给予赔偿。

## 第二节　设施设备维修管理

### 一、物业设施设备概述

#### (一)物业设施设备的含义

物业设施设备是指附属于房屋建筑的各类设施设备的总称，它是构成房屋建筑实体的不可分割的有机组成部分。随着城市现代化程度的提高，人们对现代物业功能的要求越来越高，物业设施设备的种类日益增多，智能化的建筑设施设备系统广泛地应用于现代物业中，如卫星通信系统、多媒体电视会议系统、建筑设备自动化系统以及各种智能化的安全防范和消防管理系统等。物业设施设备的正常运作给人们提供了更为舒适、安全的环境，是发挥物业功能和实现物业价值的物质基础和必要条件。

#### (二)物业设施设备的组成

物业设施设备是根据用户要求和物业用途而设置的。一般住宅中有给排水、供配电和卫生设备等设施设备，现代化的商务大厦还有电梯、空调、消防、安防、办公自动化、通信网络和各种电子信息设施设备等系统。我国城镇建筑的物业设施设备由以下系统构成：

1.给排水系统

给排水系统是为人们的生活、生产及市政和消防提供用水和废水排除设施的总称，它是任何建筑都必不可少的重要组成部分。一般建筑物的给排水系统包括给水系统、排水系统和消防系统。

(1)给水系统。建筑给水系统主要由引入管、水表节点、给水管网、配水或用水设备以及给水附件(阀门等)5大部分组成。建筑内部的给水方案，是根据建筑物的性质、高度、配水点的布置情况以及室内所需水压、室外管网水压和水量等因素决定的。常见的给水方式有直接给水、设水箱或水泵的给水、仅设水泵(或水箱)的给水、气压给水、分区给水。此外，根据不同用途所需要的不同水质，可以采取分质给水方式，分别设置独立的给水系统。

(2)排水系统。排水系统是用来排除生产废水、生活污水和屋面雨、雪水的设施设备，包括卫生器具和生产设备受水器、排水管道、通气管道、清通设备、抽升设备及污水局部处理构筑物。排水系统按所排放污废水的性质又可分为生活污水排水系统、工业废水排水系统和屋面雨水排水系统三大类。

(3)消防系统。消防系统是物业设施设备的重要组成部分之一，主要包括火灾探测器、火灾自动报警控制器、自动喷水灭火系统、气体灭火系统、灭火器、消火栓、消防龙头、消防水泵和配套的消防设施设备，如防火卷帘、消防电梯、消防通道、疏散指示标志灯及事故照明等。

2.燃气供应系统

燃气供应系统是复杂的综合性设施，主要由燃气管网、燃气储配站和调压站等部分组成。常用的燃气设施设备有燃气灶、燃气热水器、燃气采暖炉、燃气表和燃气管道等。

3.供暖、通风和空气调节系统

(1)供暖设备。供暖设备是利用热媒将热量从热源输送到各用户的工程系统，一般由热源、输热管道、散热设备三大部分组成。供暖系统可分为热水供暖系统、蒸汽供暖系统和热风供暖系统三类，其设施设备主要包括锅炉、换热器、补水泵、热量表、阀门、散热器、膨胀水箱、风机、除污器、补偿器和供热管网等。

(2)通风设备。通风设备把室内被污染的空气直接或经过净化后排到室外，将新鲜空气补充到室内，从而保持室内的空气环境符合卫生标准和满足生产工艺的需要。它一般包括通风机、通风管道、排气罩、排气口和除尘器等设施设备。

(3)空气调节设备。空气调节(简称空调)设备用以调节室内空气，给人们的生活和生产创造一个良好的、舒适的室内环境。它主要包括制冷压缩机、冷凝器、蒸发器、组合式空调机、风机盘管空调系统、空调机组、风机、风道和冷却塔等设施设备。

4.电气工程系统

(1)供电及照明设备。供电及照明设备是指向建筑物提供电能(供、配电和照明)的设施设备，一般包括高压开关、变压器、户外型负荷开关、户内型漏电保护自动开关、各种温控仪表、计量仪表、低压配电柜、配电线、配电箱、备用电源、开关和照明器具等。

(2)弱电设备。弱电设备是所有物业设备的神经中枢，一般包括广播电视和共用天线系统、通信和计算机网络系统、办公自动化和监控系统等设施设备。

(3)运输设备。运输设备是指物业设施设备中运载人或物品的交通运输工具，主要有直升电梯和自动扶梯两种。

直升电梯一般由曳引部分、引导部分、轿箱和厅门、对重装置、补偿装置、电气设备和控制装置组成。直升电梯按用途可分为客梯、货梯、客货梯、消防梯及各种专用电梯;按驱动电动机的电源可分为交流电梯(速度一般小于 1m/s)和直流电梯(速度一般大于 1.5m/s);按其速度可分为高速电梯(速度为 2m/s 以上)、中速电梯(速度为 1～1.75m/s)和低速电梯(速度为 0.75m/s 以下);按控制方式可分为信号控制电梯、集选控制电梯、微机程序控制电梯和简单手柄控制电梯等。

自动扶梯主要用于相邻楼层的人流输送,常用于大型商场、酒店、广场、机场、车站和娱乐场所等。自动扶梯一般由驱动装置、梯级、扶手装置、牵引链条和梯路导轨系统等组成。

(4)建筑防雷及接地装置。不同用途的建筑(构筑)物具有不同的防雷等级要求。一般建筑物的防雷设施由接闪器(避雷针、避雷线、避雷带、避雷网)、引下线和接地极三个部分组成。接闪器、引下线和接地极等部分都要按照有关规范的具体要求装置,才能有效地防止雷击的危害。

5.智能建筑设备系统

智能建筑设备系统一般由建筑设备自动化系统、通信网络系统、办公自动化系统和结构化综合布线系统等组成。

(1)建筑设备自动化系统(Building Automation System,BAS)用于对建筑内的各种机电设施设备进行自动控制,包括供暖、通风、空气调节、给排水、供配电、照明、电梯、消防和安防等。智能化控制设备主要有直接数字控制器、各种传感器(温度、湿度、压差、电压、电流等)、智能化仪表(水表、电表、燃气表等)、中央控制计算机、电磁阀、执行机构、读卡机、报警器、摄像机等。

(2)通信网络系统(Communication Automation System,CAS)主要由电话、传真网络系统,有线电视、可视图文系统,高速宽带数据网系统,背景音乐与紧急广播系统,卫星通信系统,电视会议、多媒体系统等子系统组成。主要设备有程控数字交换机、服务器、集线器、交换机、光纤、光端机等。

(3)办公自动化系统(Office Automation System,OAS)主要由多功能电话机、传真机、各类终端、文字处理机、计算机、声像存储装置等各种办公设备、信息传输与网络设备和相应配套的系统软件、工具软件、应用软件等组成。

(4)结构化综合布线系统(Premises Distribution System,PDS)是指按标准的、统一的和简单的结构化方式编制和布置各种建筑物(或建筑群)内各种系统的通信线路,包括网络系统、电话系统、监控系统、电源系统和照明系统等。主要设备有配线架、信息插座、连接器、光发射器、光接收器、光缆、电缆和双绞电缆等。

物业设施设备的种类很多,一般情况下,建筑物级别和技术含量越高,其功能也越完善,设施设备系统也就越复杂。

## 二、物业设施设备管理的含义

物业设施设备管理是指物业服务企业的工程技术人员对设施设备从购置、安装、使用直至报废的整个过程中,通过熟悉和掌握设施设备的原理和性能,对其进行保养维修,使之能够保持最佳运行状态,有效地发挥效用,从而为业主和使用人提供安全、舒适的环境,保证物业保值增值的活动。

物业服务企业的设施设备管理工作是物业管理的基础，是物业服务企业最经常、最持久、最基本的工作内容之一，一般由物业服务企业工程设备部门主管负责。物业设施设备理管理可以按时间顺序划分为两个阶段的工作：第一阶段是从规划、选购到投产安装的前期管理工作；第二阶段是从设施设备运行到报废这一阶段的全部工作，这一阶段是物业服务企业管理工作的重点。

## 三、物业设施设备管理的目标

科学的物业设施设备管理能够提高现有设施设备性能与完好率，延长设备使用寿命，节约资金投入，保障设备安全运行，实现物业高效率发挥使用功能，为人们提供良好的工作、学习及生活环境。

物业设施设备管理的根本目标是用好、管好、维护好、检修好、改造好现有设施设备，提高设施设备的利用率和完好率。

设备技术性能的发挥、使用寿命的长短，很大程度上取决于设备的管理质量，一般用设备的有效利用率和设备的完好率来衡量物业设施设备管理的质量。

1. 设备的有效利用率($A$)

设备的有效利用率是指每年度设备实际使用时间占计划用时的百分比，即指设备的使用效率。它是反映设备工作状态及生产效率的技术经济指标。

$$A=T/(T+T')\times 100\%$$

式中 $A$——设备的有效利用率，%；

$T$——设备的有效工作时间，h；

$T'$——设备停机或无效工作时间，h。

2. 设备的完好率($B$)

设备的完好率是设备完好的数量与设备总数量的比值，其计算公式为：

$$B=S_0/S\times 100\%$$

式中 $B$——设备的完好率，%；

$S_0$——设备完好的台数；

$S$——设备总台数。

设备的完好程度是通过检查来评定的。一般的完好标准是：① 零部件完整、齐全，符合质量要求；② 运转正常，性能达到规定要求；③ 设备技术资料及运转记录齐全；④ 设备整洁，无跑、冒、滴、漏现象；⑤ 防冻、保温、防腐蚀等措施完整有效。对于被评定为不完好的设备，应针对具体问题进行维护、维修，使设备恢复到完好状态。如果经过维修，设备仍不能达到完好的标准，应该加以技术改造或作报废处理。

## 四、物业设施设备管理的内容

物业设施设备管理的内容主要包括物业设备基础资料管理、物业设备运行管理、物业设备维护管理、物业设备更新改造管理、备品配件管理、固定资产管理和工程资料管理等。

### (一)物业设备基础资料管理

物业设备基础资料管理主要是建立物业设施设备系统的原始档案,妥善保管设备技术资料以及政府职能部门颁发的有关政策、法规、条例、规程和标准等文件。

1.设备原始档案、技术资料

设备技术档案必须齐全、详细、准确,主要包括设备原始档案和设备技术资料两类。

(1)设备原始档案。设备原始档案一般包括:

① 设备清单或装箱单。

② 设备发票。

③ 产品质量合格证,进口设备的商品检验合格证。

④ 开箱验收报告:其内容主要有设备名称、型号、规格、数量、外观质量、附带资料、验收人员和验收日期等。开箱验收应有购买单位、设计单位、负责安装设备的公司、监理公司和生产厂商等代表参加。

⑤ 产品技术资料:主要包括设备图纸、使用说明书和安装说明书等。

⑥ 安装施工、水压试验、调试、验收报告:竣工验收,可进行分阶段验收,每阶段验收要做详细的记录,记录中要有验收工程名称、位置、验收日期、验收人员等。水压试验要记录试验的压力、持续时间及在场的工作人员。调试工作有单机调试及系统调试两种。调试时用户(业主)、设计院、安装公司和监理公司等单位必须有相关人员参加,设备生产厂商应参加单机调试工作。

(2)设备技术资料。设备技术资料主要包括:

① 设备卡片:每一台设备都必须建立设备卡片,一般可按设备的系统分类、使用部门或设备使用场所对设备进行编号,按编号在设备卡片上登记设备的档案资料。

② 设备台账:将设备卡片按编号顺序统一汇总登记,就形成了设备的台账。在设备台账中主要登记设备的基本情况,如设备编号、名称、型号、规格、生产厂商、出厂日期、价格、安装使用日期等。所有设备的概况在台账中要一清二楚,为管好、用好设备提供保证和便利。

③ 设备技术登记簿:每一台主要设备都应设立一本技术登记簿(即档案簿),对设备在使用期间的情况进行登录和记载。其内容一般包括设备概况、设计参数、技术特性、结构简图、备品配件、设备运行及维修记录,设备大、中修记录,设备事故记录,更新改造及移动改装记录和报废记录等。

④ 竣工图:施工结束且验收合格后,设计单位、监理单位和施工单位把整理、修改完善的全部图纸交给用户,这些图纸就是竣工图。竣工图是记载工程建筑、结构以及工艺管线、设备、电气、仪表、给排水、暖通、环保设施等建设安装工程实际情况的技术文件,是竣工验收及以后进行管理、维修、改扩建等的重要依据,要妥善加以保管。

⑤ 系统资料:按系统或场所把各系统分成若干子系统,对每个子系统,可以采用示意图、文字和符号来说明,其表达方式要直观、灵活、简明,以便于查阅。

2.国家有关部门颁发的相关政策、法规、条例、规范、标准等文件

(1)政策、法规、条例及规范

环境保护方面有《中华人民共和国水污染防治法》《中华人民共和国大气污染防治法》《中华人民共和国固体废物污染环境防治法》《中华人民共和国环境噪声污染防治法》《中华人民共和国放射性污染防治法》《中华人民共和国水法》等法律文件。

消防方面有《中华人民共和国消防法》《建筑设计防火规范》《高层民用建筑设计防火规范》《人民防空工程设计防火规范》等法律文件。

节能方面有《中华人民共和国节约能源法》等法律文件。

建筑方面有《中华人民共和国建筑法》《住宅装修工程施工规范》《民用建筑、室内环境污染控制规范》等法律文件，分别从建筑工艺、勘察、设计、施工、验收、检验等方面对建筑工程进行规范。

电梯设备、变配电设备、燃气设备、给排水设备等都有政府部门颁发的法规及条例进行监督和约束。

(2)技术标准

技术标准如《生活饮用水卫生标准》《室内空气质量标准》《室内环境质量评价标准》《污水综合排放标准》《工业锅炉水质》《锅炉大气污染物排放标准》《建筑装修工程质量验收标准》《城市区域环境噪声标准》等。

国家相关部门颁发的政策、法规、条例、规范和各种技术标准是设备管理中的法律文件，指导和约束物业设备的管理工作，必须分类存档，妥善保管。

**(二)物业设备运行管理**

物业设备的运行管理包括技术运行管理和经济运行管理两部分。

物业设备运行管理应取得两个方面的效果：① 设备的运行在技术性能上始终处于最佳状态；② 在设备的购置、运行、维修与更新改造中，寻求以最少的投入得到最大的经济效益，即设备全过程管理的各项费用最经济。

1.物业设备技术运行管理

物业设备技术运行管理就是建立合理的、切合实际的运行制度、运行操作规定和安全操作规程等运行要求或标准，建立定期检查运行情况和服务规范性的制度，保证设施设备安全、正常地运行。

物业设备技术运行管理应落实以下几个方面的工作：

(1)针对各种设备的自身特点，制定科学、严密、切实可行的操作规程。

(2)对操作人员要进行专业培训教育，国家规定需持证上岗的工种，必须持证上岗。

(3)加强设备维护保养工作。

(4)定期校验设备中的仪表和安全附件，确保灵敏、可靠。

(5)科学地监测、诊断故障，确保设施设备安全运行。

(6)如果设施设备发生事故，对事故的处理要严格执行“四不放过”原则，即事故原因不查清楚不放过、事故责任人及其相关部门未受到教育不放过、没有行之有效的改进措施不放过、没有紧急事件的预防方案和弥补救护措施不放过。事故发生后应该对事故原因及故障规律进行分析，并制定出有效的改善措施，确保类似事故不再发生。

2.物业设备经济运行管理

物业设备经济运行管理的主要任务是在设备安全、正常运行的前提下，节约能耗费用、操作费用、维护保养费用以及检查修理等费用。其内容包括采用切实有效的节能技术措施和加强设备能耗的管理工作。

物业设备经济运行管理可从以下几个方面进行：

(1)初期投资费用管理。在购置设备时，应结合实际情况综合考虑以下因素：设备的技术性能参数必须满足使用要求及其发展的需要;设备的安全可靠程度、操作难易程度以及对工作环境的要求;设备的价格及运行时能源的消耗情况;设备的寿命;设备的外形尺寸、重量、连接和安装方式、噪声和振动等;采用新技术、新工艺、新材料及新型设备等。

(2)运行成本管理。运行成本管理主要包括能源消耗的经济核算、操作人员配置和维修费用管理等方面。

① 能源消耗的经济核算。设备在运行过程中需要消耗水、电、油、压缩空气等各类能源,节约能源就是节约能耗费用。能源消耗的经济核算工作主要有以下三方面:第一,制订能源耗用量计划和做好计量工作。第二,采用切实有效的节能技术措施。第三,切实做好节能管理工作。

② 操作人员配置。积极采用合理的人力资源组织形式来安排操作人员,定岗定员,提倡一专多能的复合型人才持证上岗。

③ 维修费用管理。一般应有专人负责,做到计划使用和限额使用相结合。对维修费用的核算,要有故障修理记录作为维修费用开支的依据,同时也可以为今后的维修管理提供参考。

**(三)物业设备维护管理**

物业设备维护管理主要包括维护保养和计划检修。

1. 物业设备的维护保养

设备在使用过程中一般都会发生污染、松动、泄漏、堵塞、磨损、振动、发热、压力异常等各种故障,影响设备的正常使用,严重时会酿成设备事故。因此,应经常对使用的设备加以检查、保养和调整,使设备时刻处于最佳的技术状态。

(1)物业设备维护保养的方式。物业设备维护保养的方式主要有清洁、紧固、润滑、调整、防腐、防冻及外观表面检查。对长时间运行的设备要巡视检查,定期切换,轮流使用,进行强制保养。

紧固:设备长期使用会因为振动等因素而出现螺母脱落、连接尺寸错位、设备位移以及密封面接触不严造成泄漏等故障,所以,必须经常检查设备的紧固程度。

润滑:润滑是正确使用和维护设备的重要环节。对润滑油的型号、品种、质量、润滑方法、油压、油温及加油量等都要有严格的规定。润滑管理要求做到"五定"(定人、定质、定时、定点、定量),并制定相应的润滑管理制度。

调整:因为设备的振动、松动等因素,零部件之间的相对尺寸会发生变化,容易产生不正常的错位和碰撞,造成设备的磨损、发热、噪声、振动,甚至损坏,因此,必须对有关的位置、间隙尺寸作定量的管理,定期测量、调整,并在调整后加以紧固。

外观表面检查:主要检查设备的外表面有无损伤、裂痕;振动和噪声是否异常;设备密封面是否有泄漏现象;设备外表面是否锈蚀以及设备的防腐层、保温层是否损坏;磨损是否在正常的范围内;防护罩等安全装置是否齐全;温度、压力运行参数是否正常;电机是否超载和过热;传动皮带是否断裂或脱落等。

(2)维护保养工作的具体实施。维护保养的具体实施主要是做好日常维护保养工作和定期维护保养工作。

日常维护保养工作是设备维护管理的基础,应该长期坚持,并且做到制度化。日常维护保养工作要求设备操作人员在班前对设备认真进行外观检查,在班中严格按操作规程操作设备，定时巡视并记录设备的运行参数，随时注意运行中有无异常的振动、异声、异味、超载等现象，在班后对设备做好全面的清洁工作。

定期维护保养工作是有计划地停止设备的运行，进行维护保养。根据设备的用途、结构复杂程度、维护工作量及维护人员的技术水平等，决定维护的间隔周期和停机的时间。定期维护保养时需要对设备进行部分解体，为此，应做好以下工作：对设备内、外部进行清扫和擦洗；检查运动部件转动是否灵活，磨损情况是否严重，并调整其配合间隙；检查安全装置；检查润滑系统油路和过滤器有无堵塞；检查油位指示器，清洗油箱，换油；检查电气线路和自动控制元器件的动作是否正常等。

(3)设备的点检。点检是指对设备进行有目的、有针对性的检查。一些大型的、重要的设备在出厂时，生产厂商会提供该设备的点检卡或点检规程，其中包括检查内容和方法、检查周期以及检查标准等。

设备点检的方法有日常点检和计划点检两种。

日常点检：由操作人员随机检查，其内容主要包括设备运行状况及参数；安全保护装置；易磨损的零部件；易污染、堵塞，需经常清洗、更换的部件；运行中经常需要调整的部位和经常出现不正常现象的部位等。

计划点检：以专业维修人员为主，操作人员协助进行。点检时可以使用先进的仪器设备和手段，点检内容主要有检查设备的磨损情况及其他异常情况；确定修理的部位、部件及修理时间；更换零部件；安排检修计划等。

2.物业设备的计划检修

计划检修是对正在使用的设备，根据其运行规律及点检的结果确定检修周期，以检修周期为基础，编制检修计划，对设备进行积极的、预防性的修理。

根据设备检修的部位、修理工作量的大小及修理费用的高低，计划检修工作一般分为小修、中修、大修和系统大修四种。

(1)小修。主要是清洗、更换和修复少量易损件，并做适当的调整、紧固和润滑工作，一般由维修人员负责，操作人员协助。

(2)中修。在小修的基础上，对设备的主要零部件进行局部修复和更换。

(3)大修。对设备进行局部或全部的解体，修复或更换磨损或腐蚀的零部件，尽量使设备恢复到原来的技术标准，同时也可对设备进行技术改造。

中修、大修主要由专业检修人员负责，操作人员协助工作。

(4)系统大修。主要是对一个系统或几个系统甚至整个物业设备系统的停机大检修。通常将所有设备和相应的管道、阀门、电气系统及控制系统都安排在系统大修中进行检修。系统大修时，所有相关专业的技术管理人员、检修人员和操作人员都要按时参加，积极配合。

通过设备的计划检修虽然不能绝对消除计划外检修，如偶然性的故障抢修和意外突发事故的检修等，但是如果认真贯彻各项操作规程和规章制度，认真完成设备的日常维修和计划检修工作，计划外的检修是可以减少或避免的。

3.计划检修和维护保养的关系

物业设备管理的指导原则是维护保养为主，计划检修为辅。如果维护保养工作做得好，发现问题后及时处理，则会减少设备检修工作量；反之，如果设备操作人员不爱护设备，不遵守设备的操作规程和规章制度，不对设备进行维护保养工作，就会加剧设备的损坏，增加设备检修工作量。因此，设备操作人员和维护保养人员要具有很强的工作责任心，认真执行各项工作规范，精心操作、保养和维护设备。

### （四）物业设备更新改造管理

任何设备使用到一定年限后，其故障率会提高，效率会降低，耗能会加大，维护费用会增加，并且可能发生严重的事故。为了使设备的性能在运行中得到有效的改善和提高，降低维护成本，需要对相关设备进行更新改造。

1. 设备更新

设备更新是以新型的设备来代替原有的老设备。任何设备都有使用期限，如果设备达到了它的技术寿命或经济寿命，则必须进行更新。

2. 设备改造

设备改造是指应用现代科学的先进技术，对原有的设备进行技术改进，以提高设备的技术性能及经济特性。

（1）设备改造的主要方法

① 对设备的结构作局部改进；

② 增加新的零部件和各种装置；

③ 对设备的参数、容量、功率、转速、形状和外形尺寸作调整。

设备改造费用一般比设备更新要少得多，因此，通过技术改造能达到技术要求的，要尽可能地对原设备进行技术改造。

（2）编制设备改造方案

对设备进行技术改造，首先要对原设备进行分析论证，编制改造方案，具体内容包括：

① 原设备在技术、经济、管理上存在的主要问题，设备发生故障的情况及其原因；

② 需要改造的部位和改造内容；

③ 在改造中应用新技术的合理性和可行性；

④ 改造后能达到的技术性能、安全性能以及效果预测；

⑤ 预计改造后的经济效益；

⑥ 改造的费用预算以及资金来源计划；

⑦ 改造的时间及设备停用带来的影响；

⑧ 改造后的竣工验收和投入使用的组织工作等。

### （五）备品配件管理

备品配件管理的基本要求是在检修之前就把新的零部件准备好。

设备在运行过程中，零部件往往会磨损、老化，从而降低设备的技术性能。要恢复设备的技术性能，必须用新的零部件更换已磨损、老化的零部件。为了减少维修时间，提高工作效率，应在检修之前准备好新的零部件。

在备品配件管理工作中，既要科学地组织备件储备，及时满足设备维修的需要，保证设备维修的质量和进度，减少备件加工制造和采购的突击性和盲目性，又要将储备的数量压缩到最低的限度，降低备件的储备费用，加快资金周转。

备品配件的管理应由专业技术人员负责，其职责主要是确定备件的范围，备件图纸的收集、测绘、整理，确定备件来源的途径和方法，确定合理的储备定额和储备形式，编制备件卡和备件的台账，为备件的制造、采购和库存提供科学的依据。

### （六）固定资产管理

固定资产是指使用期限较长，单位价值较高，并且能在使用过程中保持原有实物形态的资产，如房屋及建筑物、机器设备、运输设备和工具等。对于生产经营中使用的固定资产，只要使用期限在一年以上，就可以认为是固定资产，而对单位价值不加以限制；对于非生产经营领域中使用的固定资产，只要期限长于两年并且单位价值在2000元以上，也可被认定为固定资产。

1. 固定资产（设备）的利用程度

固定资产的合理使用，可以提高它的利用价值。衡量固定资产利用程度的指标有：

（1）固定资产利用率：反映有多少固定资产在发挥作用。对不再使用的固定资产，要积极创造条件利用起来；对实在不需要的固定资产，应及时作转让或出租处理。

（2）固定资产生产率：一般是指设备在单位时间内的功能发挥率，以台时产量表示。在使用设备时要合理组织运行任务，并且保持设备的完好率及最佳运行状态，同时采用先进技术对设备进行技术改造，以提高固定资产生产率。

2. 设备的折旧

设备在使用过程中不断磨损、陈旧和损坏，其价值也逐步减小，这种设备价值的减小现象就是折旧。确定设备折旧年限一般考虑以下因素：

（1）参考同类设备历年来平均的使用年限；

（2）根据设备使用频率、工作环境恶劣程度和维修保养的质量；

（3）技术进步程度决定了产品淘汰的周期，同时也决定了折旧年限的长短。

3. 设备的报废

如果设备由于严重损坏而不能再继续使用，或者设备损坏后进行再修理在经济上不合算等，就应该作报废处理，更新、添置新设备。

4. 固定资产（设备）管理的基本要求

（1）保证固定资产完整无缺。

（2）提高固定资产的完好程度和利用率。

（3）正确核定固定资产需用量。

（4）正确计算固定资产折旧额。

（5）进行固定资产投资的预测。

### （七）工程资料管理

在管理过程中，必须使具有保存价值的工程资料得到有效的管理，方便查找和使用，并使其内容具有可追溯性，能及时、有效地对工作起指导作用。

1. 物业工程资料分类

（1）竣工验收资料

① 建设工程规划验收合格证。

② 建筑工程竣工验收书。

③ 单位工程竣工验收书。

④ 消防工程竣工验收书。

⑤ 消防工程竣工验收移交登记目录。

⑥ 电梯准用证。

⑦ 电梯运行许可证。

⑧ 房地产开发经营项目交付使用证。

(2)设备管理资料

① 土木建筑类:包括建筑平面图和建筑结构图。

② 暖通系统:包括暖通工程竣工图、暖通设备产品说明书和使用指导书、暖通设备操作规程、暖通设备维保规程。

③ 给排水系统:包括给排水工程竣工图、给排水设备产品说明书和使用指导书、给排水设备操作规程、给排水设备维保规程。

④ 强电系统:包括强电工程竣工图、强电设备产品说明书和使用指导书、强电设备操作规程、强电设备维保规程。

⑤ 弱电系统:包括弱电工程竣工图、弱电设备产品说明书和使用指导书、弱电设备操作规程、弱电设备维保规程。

⑥ 机电类:包括机电工程竣工图、机电设备产品说明书和作业指导书、机电设备操作规程、机电设备维保规程。

(3)二次装修设备改造变更资料

① 改造设备平面布置图;

② 改造设备系统图。

2.工程资料管理的方法

工程资料管理的方法分文件档案管理和计算机管理两大类。

工程资料管理的基本要求为:所有文件、资料均需按分类目录建档存放,同时在计算机或光盘上备份存储,以方便调阅。

3.工程资料管理的要求

(1)工程资料的归档

① 归档基本要求:字迹工整,纸张及文件、格式符合国家要求,禁止使用圆珠笔、铅笔、纯蓝墨水等书写材料。归档文件必须使用原件,特殊情况下可使用复印件,但须附上说明。

归档时必须进行认真验收,并办理交接登记手续,同时必须确保文件资料的完整、系统、准确、真实。基建工程、改造工程的竣工验收及外购设备开箱验收等必须有档案部门参加,凡文件资料(含有关图纸等)不完整、不准确、不系统的不能进行验收。

归档文件要科学分类、立卷和编号,档案目录应编制总目录、案卷目录、卷内目录。

② 归档时间:基建项目、改造工程资料在竣工后一个月内归档。新购设备(包括引进设备或技术)在开箱时必须会同档案管理员进行技术资料核对登记,于竣工后连同调试记录等文件材料整理立卷、归档。

工程、设备的运行、保养、维护资料必须按月或按季度整理,并在次年一季度前将上年全年资料归档。

(2)工程资料的保管

① 存放档案必须使用专用柜架,档案室应严格做到"七防"(防火、防盗、防高温、防潮、防虫、防尘、防有害气体),要重视消防,严禁吸烟和使用明火。

② 每年年底对库存档案进行一次特别清理、核对和保管质量检查工作,做到账物相符,对破损或变质档案要及时进行修补和复制。

## 五、物业设施设备管理的要求

物业设施设备管理要做到服务质量良好、管理费用经济、维修及时、确保设备的完好和使用安全，具体包括如下八个方面内容：

1.建立专业的管理与维修队伍

要实现物业设施设备管理的目标，首先应成立物业设施设备管理部门（如工程部），然后根据不同的设施设备，分别配备各工种管理人员和技术人员，如供配电人员、给排水人员等。其基本要求如下：

（1）物业设施设备管理部门应及时制订维修计划、系统运行方案、抢修计划等，使各项工作有专人负责并保持相对稳定；对于不同工种的技术人员，应分别建立岗位责任制度。

（2）物业设施设备管理部门负责人应有物业设施设备管理实践经验，熟悉物业设施设备基本状况，并能及时了解最新物业设施设备科技动态，具有中级以上的技术、经济职称，有一定的业务水平和组织管理、决策能力，有岗位培训合格证书。

（3）物业设施设备管理部门的人员应精通本专业知识，以适应物业设施设备管理与维修工作的需要。

2.制订管理与维修的岗位职责

管理部门应根据物业设施设备管理的目标来设置任务，为完成各项物业设施设备管理与维修任务而设置岗位，明确职责。

（1）明确在整个物业设施设备管理与维修组织机构中的各个岗位及其工作目标。

（2）明确岗位的基本任务，如管理与维修计划的制订、计划的实施监督、实施中纠偏问题的处理等。

（3）明确岗位的考核、奖励与惩罚等。

3.建立各项规章制度

物业服务企业建立的规章制度要全面，并且能够贯彻实施，总体分为责任制度、运行管理维修制度、其他制度等。具体规章制度包括设施设备承接查验制度、设施设备运行管理制度、设施设备操作管理规程、设施设备维修与保养制度、设施设备检修制度、设施设备故障及事故管理制度、设施设备更新改造制度、设施设备经济管理制度、特种设备管理制度、设施设备考核制度等。

4.明确设备技术管理的要求

设备技术管理要求包括：

（1）主要设备技术档案齐全、完整；

（2）技术资料的保管符合有关技术档案的管理要求；

（3）加强各类设备在操作使用、维护保养、检查修理和更新改造中的安全技术管理，保证各类设备的有效利用率和完好率达到规定的要求。

5.明确设备使用与维护管理的要求

设备使用与维护管理的要求包括：

（1）设备操作人员须经培训考核合格并领取操作资格证书后才能凭证上岗操作，且应严格遵守设备安全操作规程。

（2）多班制连续运行的设备，操作人员要严格执行交接班手续。

(3)操作人员负责日常的维护保养工作,维护保养工作应达到清洁、整齐、润滑、安全的标准。设备的维护保养要做到“五定”(定人、定点、定时间、定任务、定质量),润滑记录及油库的收发记录应齐全、正确。

6.明确设备检修管理的要求

设备检修管理的要求包括:

(1)保持设备的完好状态,对不完好的设备要有分析、有对策、有处理结果。

(2)检修人员应定期巡检保养。计划检修和计划外修理(故障修理)的记录要准确、齐全。

(3)合理编制设备大修计划。大修计划应包括停机安排、技术准备、备件准备、材料费用及检修工时的估计等。

(4)大修工作由设备部门负责安排实施、按期完成,完成后按有关标准进行验收,并履行验收交接手续。

7.明确各种技术经济指标

各种技术经济指标应达到行业或上级主管部门规定的要求。这些指标包括:

(1)主要设备完好率。

(2)主要设备利用率。

(3)主要设备故障停机率。

(4)大修计划完成率。

(5)设备重大事故率。

(6)设备闲置率。

8.明确设备经济管理的要求

设备经济管理要求包括:

(1)设备管理全过程中应重视经济效益。

(2)按规定提取折旧费用,折旧费用应用于设备的更新改造。

(3)按规定编制设备大修费用预算计划。

(4)各部门应会同财务部门对维修费用进行统计管理,并进行维修成本分析。

(5)进行能源核算工作,降低能源耗用量。

## 第三节　物业公共能源管理

我国拥有世界上最大的建筑市场,但由于单位面积建筑能耗相对较高,建筑能耗总量十分惊人。当前建筑能耗已经占全社会终端能耗的45%左右,其中28%左右是建筑在使用过程中消耗掉的,16%左右是建筑材料在生产过程中消耗掉的,2%左右是建筑在建造的过程中消耗掉的。因此,建筑在使用和维护中的节能减排显得至关重要。国家高度重视建筑节能工作,到2020年,城镇新建建筑能效水平比2015年提升20%,部分地区的建筑门窗等关键部位的建筑节能标准达到或接近现阶段国际先进水平,完成既有居住建筑节能改造面积5亿平方米以上,公共建筑节能改造面积1亿平方米。而在这其中物业管理就发挥了举足轻重的作用。在我国,经过30多年的发展,物业服务几乎渗透到了城市的每一个角落,其管理水平也达到了很高的程度,节能、减排、降耗工作与物业服务相结合,意义非凡。

## 一、物业公共能源管理的概念

能源管理是指对能源消费过程的计划、控制和监督等一系列工作。物业公共能源管理是指对物业项目内的共用部位、共用设施设备及场地在使用、维修中消耗能源的管理，在物业管理服务中融入节能服务，达到为业主节能减排、为物业服务企业增加经济收益的目的。物业公共能耗包括共用设备（供电、给排水、电梯、消防、空调等设备）、设施（公共照明、景观等）运行、使用时的耗能，以及绿化、保洁、施工过程中的能源消耗。

## 二、物业公共能源管理的目标与意义

1. 物业公共能源管理的目标

通过规范、有效的管理，达到合理用能、节能减排、降低能耗费用，实现绿色、生态建筑目标的要求，为业主创造价值，为企业创造效益，为人类社会造福。

2. 物业公共能源管理的意义

物业公共能源管理有利于节约能源；有利于提高经济效益；有利于保护生态环境；有利于控制全球气候变暖，造福千秋万代。

## 三、物业公共能源管理的步骤

为将物业公共能源管理工作贯穿于物业管理服务过程中，应做好以下工作：

1. 落实法律、法规、规章，制定物业项目公共能源管理制度

汇编能源管理的法律、法规和规章、制度，如《中华人民共和国节约能源法》《民用建筑节能条例》《公共机构能源管理条例》以及地方政府的《公共机构节能管理办法》等，制定、完善物业项目公共能源管理制度，并在物业管理服务过程中落实能源管理制度。

2. 编制物业项目公共能源规划

编制物业项目公共能源管理规划，是指根据法规、标准及规范的要求，制定物业项目公共能源管理的目标、组织架构、人员配置、管理流程和绩效考核办法等。

3. 编制物业项目公共能源管理计划

物业项目公共能源管理计划的内容包括公共能耗项目、设施设备基础参数、能源统计标准、基础能耗统计分析、能源管理措施、实施责任落实等。

4. 物业项目公共能源管理实施

按照物业项目公共能源管理计划对物业项目实施公共能源管理。

5. 能源绩效管理

根据能源管理目标责任书及能源管理时限成果，对管理责任人进行绩效考核。

6. 经验总结推广

每年年底对物业项目能源管理的先进经验进行总结、宣传、表彰、推广，促进全企业、全行业共同提高。

## 四、物业公共能源管理的方法

(1)开展宣传培训，提高全体员工和用户依法用能、合理用能、节约能源的意识和主观能动性；

(2)加强能耗大户管理,如电梯、空调、供水、中水处理、照明等能耗管理;
(3)落实能源管理措施,促进节能减排;
(4)推行节能采购,应用可再生能源;
(5)做好能耗统计、汇总,进行数据对比分析;
(6)对能耗问题进行整改,持续改进提高。

## 五、物业公共能源管理的内容

在建筑节能领域实施的物业能源管理服务,大体上分为既有建筑运行节能和既有建筑节能改造两个大类。

1.既有建筑运行节能十大系统

(1)暖通空调系统:冷热源、风系统、输送系统;
(2)照明系统:室内灯、户外灯、景观灯、路灯;
(3)拖动系统:电梯(平梯、直梯、滚梯)、提升机;
(4)家用电器:家用空调、电冰箱、电视机、餐厨电器、卫浴电器;
(5)用水系统(水泵):冷水、热水、饮用水、水处理、循环水;
(6)燃气系统:天然气管道、控制系统、安全系统;
(7)安防系统:门禁、声像、监测、报警、控制系统;
(8)保洁系统:楼宇保洁、垃圾处理、循环利用;
(9)绿化系统:庭院绿化、社区景观、屋顶绿化;
(10)维保系统:装置维护、设备保养、运行监控。

2.既有建筑节能改造十大系统

(1)电机变频化:风机、水泵;
(2)照明 LED 化:节能灯;
(3)用水循环化:中水回用;
(4)控制自动化:电、热、气、水、油;
(5)围护节能化:外墙、屋顶、门窗;
(6)建材节能化:墙体材料、玻璃、地热材料;
(7)部件节能化:配电柜、弱电系统、管线、水管、阀门;
(8)新能源应用:太阳能、地热能、自然光、生物质能、风能;
(9)智能仪表应用:能源管网、计量、分配、自动控制;
(10)供应集中化:冷热电三联供。

## 六、建筑能源管理的发展方向

智能建筑是我国未来建筑产业发展的必然趋势,应用信息化技术开展建筑节能是今后我国节能发展的主攻方向,在物业能源管理的规划起步阶段就要全面考虑,从这个高起点切入,为物业管理产业的转型和跨越发展奠定基础。国家建设部、科技部发布的《绿色建筑技术导则》规定了绿色建筑的智能技术要点,提出要促进智能技术与智能化系统的发展。

1.智能化

可采用综合性智能采光控制、地热与协同控制、外遮阳自动控制、能源消耗与水资源消耗自动统计与管理、空调与新风综合控制、中水雨水利用综合控制等技术。智能建筑的“智能化结构”通常指的是楼宇自动化系统(BAS)、办公自动化系统(OAS)、通信自动化系统(CAS)的“三化”,在节能领域需要加上第四化——节能自动化,即把“三化”应用在节能方面。

2. 自动化

借助楼宇自动化系统(BAS)对整个建筑的所有公用机电设备,包括建筑的中央空调系统、给排水系统、供配电系统、照明系统、电梯系统,进行集中监测和遥控来提高建筑的管理水平,降低设备故障率,减少能源消耗和维护及营运成本。

3. 数字化

随着我国大力推进电力需求侧管理节能模式,智能抄表系统将成为建筑节能智能化发展的“先行官”。源自智能电网的智能电表技术目前正广泛应用于建筑节能领域,通过实施电力载波技术、无线传感网技术、自组网技术(公用事业能源计量信息化管理平台)等,在感知、计量、分析、通信、控制路径等方面,实现对建筑内的电表、水表、气表、热表的智能化和网络化管理。

## 本章小结

本章主要讲述了房屋损坏的原因,房屋完损等级评定的方法,房屋维修责任的划分,房屋维修管理的内容,设施设备管理的内容以及物业公共能源管理的方法、内容。

## 关键概念

*房屋完损等级　房屋维修工程　物业设施设备管理　物业公共能源管理*

## 基础知识训练

1. 简述房屋完损等级的评定方法。
2. 简述房屋维修工程的分类。
3. 简述房屋维修责任的划分。
4. 简述物业设施设备的组成部分。
5. 简述物业设施设备管理的内容。
6. 简述物业公共能源管理的方法。

## 实践操作训练

以具体案例来分析房屋维修责任的界定。

# 第八章　公共安全管理

## 本章要点

安全管理的内容；消防管理的内容；车辆交通管理的内容；突发事件管理的方法。

## 知识目标

1. 理解物业公共安全管理与社会治安管理的不同；
2. 掌握安全管理的机构设置及岗位职责；
3. 掌握安全管理的工作内容。

## 能力目标

1. 能够进行安全管理组织机构的设置；
2. 能够根据安全管理的工作内容开展安全管理工作；
3. 能够有效处理安全管理过程中出现的突发事件。

## 案例导引

**业主家中被盗，物业服务企业应否赔偿**

某小区业主李某下班回家后发现自己的住房被盗贼光顾，房内的财物损失达上万元，盗贼已经逃之夭夭，负责小区安全的保安没能提供有用的线索。李某认为物业公司在与小区业主签订的合同中承诺小区采用封闭式管理，自己交纳了物业管理费，住宅的安全却没有得到保障，于是将物业公司告上了法庭。不久，在警方的全力追查下，盗贼被抓获。该盗贼供认自己是从小区的一个忘记上锁的侧门进入小区行窃的。

**思考题：**

小区出现安全问题，物业服务企业应承担责任吗？

## 第一节　安全管理

### 一、安全管理的含义

物业安全管理是指物业服务企业采取各种措施和手段保证业主和使用人的人身及财产

安全，维持正常的生活和生活秩序的管理工作。它是住户安居乐业的保证，是整个社区及社会安定的基础，同时也是树立物业服务企业良好信誉的重要保证。

物业安全管理包括“防”与“保”两个方面：“防”是预防灾害性、伤害性事故发生；“保”是通过各种措施对万一发生的事故进行妥善处理。“防”是防灾，“保”是减灾，两者相辅相成，缺一不可。

物业安全管理作为一项职业性的服务工作，是介入公安机关职责和社会自我防范之间的一种专业保安工作，较之于社会治安管理的这两种形式（公安机关和社会自我防范）具有补充的性质，可以补充国家安全警力不足、减轻国家财政负担。

## 二、安全管理的原则

安全管理的目的是保障所管物业区域内的财物不受损失，人身不受伤害，维护正常的工作、生活秩序。物业服务企业在辖区内实施安全管理应遵循以下原则：

1. 坚持“预防为主、防治结合”的原则

衡量治安工作的第一标准是物业范围内不发生任何刑事案件，不出治安事故。做好各项预防工作是治安工作的关键，故保安员应时刻提高警惕，防止可疑人员进入管辖区域，防止各类刑事案件和治安事故的发生。

2. 坚持物业内的治安管理与社会治安工作相结合的原则

任何物业，无论其封闭程度多高，也只是所在城市的一个建筑点，是该城市的一个小社区，其治安工作也必然只是城市社会治安的一部分，物业管理中的治安工作有赖于社会力量和公安部门的支持。因此，物业管理公司下属的保安部应与当地公安机关保持密切的联系，及时了解社会治安情况，掌握犯罪分子动向，积极配合公安部门搞好物业周围的治安工作，打击不法分子的违法乱纪行为，确保物业的安全，为社会治安工作做出贡献。

3. 坚持专业治安防范与群防群治相结合的原则

物业区域内的治安防范也应与社会治安防范一样，坚持专群结合的原则。一方面应强调、突出物业管理公司保安部门的保安职责，不断改进工作，提高治安管理工作水平；另一方面应主动向广大住、用户宣传治安政策、知识，宣讲治安动态，晓以注意事项，强化他们的安全防范意识，争取他们的理解、支持与配合，只有这样，物业管理区域的治安工作才能更全面、更有效。

4. 坚持重点防范与一般管理相结合的原则

物业保安部门不仅要做好平时的门卫、巡逻、监控，还要特别注意重点区域（重要库房、贵重物品存放处、事故易发地段等）、重要时段（夜半更深、重大节庆、活动日等）的保安工作。不同类型物业的保安管理部门应根据自身物业的治安管理特点，分清主次、轻重，将重点防范与一般管理很好地结合起来。

5. 坚持“服务第一、用户至上”的服务宗旨

管理是服务，保安也是一种服务。治安管理者必须紧紧围绕“服务第一、用户至上”的服务宗旨开展工作，既要有公安人员的警惕性，又要有物业管理人员的服务性；既要坚持原则，按制度办事，又要时刻替用户着想，主动帮助用户解决困难；既要与违法犯罪分子坚决斗争，又要为用户提供热情、周到的服务。

6. 坚持治安工作硬件与软件一起抓的原则

物业管理中的治安工作的好坏既靠治安工作的软件管理，也靠治安防治的硬件设施。因此，一方面要抓好保安队伍建设，认真完善各项治安防范措施，落实治安防范措施；另一方面则要根据物业治安防范的实际要求搞好物业治安防范的硬件设施建设，购置充足的对讲机、巡更器及其他治安工作所需的设备，及时建立并完善电视监控系统、消防报警系统、周界防越系统等。

## 三、安全管理的内容

(1)建立健全安全保卫组织机构。在物业管理范围内，物业安全主要由物业服务企业负责。因此，物业服务企业应建立健全安全保卫组织机构，加强对保安部的领导和管理，配备充足的保安人员。

(2)制定和完善各项治安管理制度。物业服务企业应根据物业的实际情况，建立并完善保安员岗位责任制和各项治安保卫制度。针对用户的有用户非办公时间出入登记管理制度、大件物品出入管理制度等，对内部保安的有保安员交接班制度、保安员值班岗位责任制度等。

(3)负责维护辖区内部治安秩序，预防和查处治安事故。

(4)贯彻和执行公安部门有关安全保卫工作的方针、政策，积极配合公安部门打击辖区内及辖区周围的违法犯罪活动。

(5)根据辖区内的实际情况，实行 24 小时或特定时间保安员巡逻值班。

(6)完善辖区内安全防范设施。

物业的治安管理除了靠人防力量外，还应注重治安硬件设施的技术防范。如在综合商业大厦内安装闭路电视监控系统；在一些重要部位、重点单位安装防盗门、防盗报警系统等。

## 四、安全管理机构设置及岗位职责

物业安全管理可由物业服务企业聘用社会上的专业保安公司具体实施，也可自己组建安保部来实施治安管理。物业服务企业安保部的班组设置应与其所管物业的类型及规模相适应。图 9-1 是××大厦安保部机构设置图。

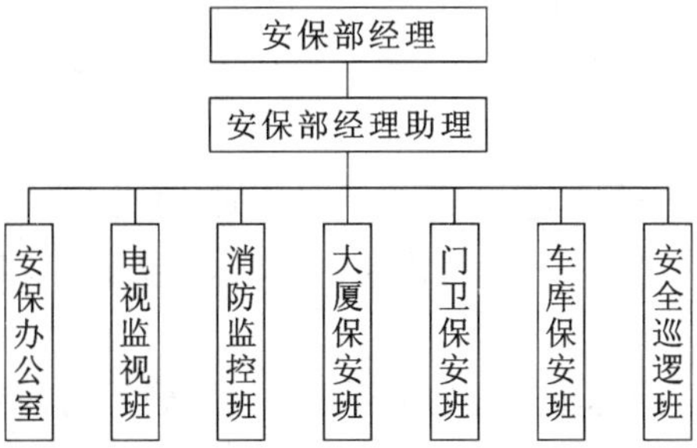


**图 9-1　××大厦安保部机构设置图**

### (一)安保部经理的岗位职责

(1)制订安保部工作计划，建立健全各项安保工作制度；

(2)主持部门工作例会，组织安保部全体保安员开展各项治安保卫工作；

(3)组织对较重大案件的调查处理工作；

(4)监督考察本部门各岗位安管员的工作表现,处理有关安保工作方面的投诉;

(5)完成总经理布置的其他任务。

(二)安保部经理助理的岗位职责

(1)在安保部经理外出时代其行使职责;

(2)参与对安保部员工及公司所有人员的急救培训;

(3)随时抽查在岗安保主管及保安员,要求其在工作中严格遵守公司的政策与程序;

(4)负责检查所有在岗保安员的仪表、精神面貌和工作态度;

(5)负责安保部与其他部门管理人员和员工之间保持良好沟通;

(6)检查所有事件的书面报告;

(7)完成安保部经理布置的其他任务。

(三)安保办公室的岗位职责

(1)24 小时保持与各保安班的通讯联系,检查各值班岗位人员的到岗、值勤情况;

(2)接待住户及来访人员的投诉,协调处理各种纠纷和治安违规行为,并做好处理记录;

(3)及时检查保安器材的使用性能,做好保养和及时更换的工作,保证能正常使用;

(4)出现紧急情况时,用对讲机进行人员的统一指挥和调度;

(5)做好保安员的出勤统计及工资、奖金、福利发放;

(6)做好内外各种文件、信函资料的整理归档。

(四)电视监视班的岗位职责

(1)24 小时严密监视保安对象的各种情况;

(2)发现监视设备故障,要立即通知保安加强防范,并立即设法修复;

(3)记录当班的监视情况,严格执行交接班制度。

(五)大厦保安班的岗位职责

(1)严格按要求着装,穿戴整齐,准时上岗;

(2)值班中不准擅离岗位,不准嬉笑打闹、看书报、吃东西、睡觉,不准听收音机和进行其他与值班无关的活动;

(3)严密注意进出大厦的人员,严格执行来客登记制度,对身份(无任何证件)、形迹可疑,衣冠不整者,保安有权制止其进入;

(4)对带有危险品进入大厦的人员,保安人员应严格检查并登记,或由保安人员代为保管危险品;

(5)值班人员要经常上下楼巡逻,大厦入口处保证 24 小时有人执勤;

(6)执勤中要讲文明、讲礼貌,处理问题要讲原则、讲方法,态度和蔼。

(六)门卫保安班的岗位职责

(1)认真检查出入车辆,指挥车辆按规定线路行驶,确保门前畅通无阻;

(2)严格制止闲杂人员、小商贩、推销人员进入辖区;

(3)认真履行值班登记制度,详细记录值班中发生、处理的各种情况;

(4)坚持执行客户大宗及贵重物品凭证出入制度,确保客户财产安全;

(5)积极配合其他班组保安员,做好安全防范工作,把好辖区的大门。

(七)安全巡逻班的岗位职责

(1)实行 24 小时巡视检查,防止不安全事件的发生;

(2)对形迹可疑人员进行必要的查询,必要时检查其所带物品;
(3)制止辖区内出现的大声喧哗;
(4)制止辖区内出现的打架斗殴事件;
(5)看管好辖区内的车辆,防止撬车、盗车事件的发生;
(6)接到住户报警,要立即去现场处理,同时向办公室汇报;
(7)监视所管物业,及时消除火灾及其他事故隐患;
(8)回答他人的咨询,必要时为其做向导;
(9)协助住户解决遇到的其他困难。

**(八)消防监控班的岗位职责**

(1)按时上下班,值班时不得擅离岗位;
(2)严格按规定时间、范围集中精力严密观察,对异常的可疑情况做好记录并录像;
(3)对报案及发现刑事案件、治安案件、火灾、事故等,应迅速按照程序上报处理;
(4)在当班时严守工作纪律,监控室内禁止无关人员入内;
(5)监控室的监控范围和摄像头的开关时间均属保密内容,严禁泄密,不准向无关的人员介绍。

**(九)车库保安班的岗位职责**

(1)负责车辆调度、指挥;
(2)检查车场和道路的卫生;
(3)提醒司机锁好车辆,不留贵重物品;
(4)观察车况,记录车辆损坏情况并请司机确认;
(5)协助门卫控制进出人员和货物情况;
(6)疏导餐食、货物、建材等物品自货梯进出;
(7)认真做好车库出入口收费工作。

## 第二节　消防管理

### 一、消防管理的含义

在日常管理中,物业应通过有效措施预防火灾的发生,在火灾发生时采取应急措施,以最大限度地减少火灾的损失。

物业消防管理的基本目的是预防物业火灾的发生,控制火势的蔓延,减少火灾损失及开展其他善后工作,为业主和使用人的生产和生活提供安全的环境,增强城市居民安全感,保证其生命和财产安全。

我国消防管理的方针是"预防为主,防消结合",即消防管理包括"消灭"和"预防"两个方面的工作。消防工作中,要把防火做到前面,以防患于未然。物业服务企业只有广泛开展防火宣传教育活动,树立消防安全意识,群防群治,"防"才有基础,"消"才有力量。物业的消防管理必须贯彻执行"预防为主,防消结合"的方针,把预防火灾放在首位,采取一切行政的、技术的和组织的措施,防止火灾的发生。

## 二、物业消防管理的内容

### （一）建立高素质的消防队伍

物业服务企业应根据所管辖物业项目的类型、档次、数量，组建相应的专职或兼职消防队伍，负责消防工作的管理、监督、检查和落实，进行消防值班、消防检查、消防培训、消防宣传、消防器材的管理与保养，协助公安消防队灭火。

### （二）制定科学、完善的消防管理工作制度

(1)消防岗位责任制度。物业服务企业要建立各级领导负责的逐级防火责任制，上至公司领导，下至普通的消防员，都对消防负有一定的责任，从而建立健全防火制度和安全操作制度，层层明确责任，建立全方位的监督制度体系。

(2)消防中心值班制度。消防中心是火警预报、信息通信中心，消防值班员必须有高度的责任感，认真、严肃地做好消防中心的值班监视工作。

(3)定期进行消防安全检查制度。要确保消防栓玻璃、水枪、水带齐全、完好，报警系统运行良好，准确无误，达到应急要求。配电房、值班室等位置或区域应按规定配齐各种消防设备设施。备用发电机、消防水泵、消防电梯等状态完好，达到应急要求。定期组织检查，做到普查与自查相结合，还要对重点部位进行定期重点抽查等，发现隐患时要立即消除。

(4)防火档案制度。物业消防部门要建立防火档案，将防火隐患、消防设备状况(位置、功能、状态等)、重点消防部位、当期消防工作概括记录在案，以备随时检阅。还要根据档案记载的前期消防工作概况，定期进行研究，不断提高防火、灭火的水平和效率。

(5)专职消防员的定期培训和演习制度。要做好物业安全的消防管理工作，必须配备一定数量和质量的消防队员，建立义务消防组织，并定期对消防人员进行模拟训练和开展消防演习，提高消防意识和技能，增强火灾扑救能力。

(6)其他有关消防的规定等。如严禁使用交流电门铃；严禁在物业区域内堆放易燃易爆等物品；严禁在物业管辖区内燃放烟花爆竹等；未经批准，不得擅自进行管、线路(电表)的改装、增容等；严禁堵塞防火通道等。

### （三）消防设备设施和器材的配备与管理

1.消防设备设施和器材的配备

消防设备设施和器材是搞好消防工作、保证人身与财产不受火灾危害的物质技术基础。因此，物业服务企业应在辖区建筑物内外配备必要的消防设备设施和器材。

(1)配备防火建筑工程设施。按照国家建筑工程消防技术标准的要求，物业相关部门应设计配备防火建筑工程设施，如设计配备建筑防火间、防火门、防火墙、防烟排烟设施、消防车道、疏散通道、疏散照明设施、疏散指示标志、消防监控室等，并经公安消防部门检查验收合格后，投入使用。

(2)配备灭火设备和器材。物业消防部门应在高层楼宇内配置消防栓、水龙带、水枪；在高档公寓、别墅、酒店、宾馆、大型商厦、写字楼等防火关键部位配备自动喷水灭火装置；在建筑物内易发生火灾事故的地点放置泡沫灭火器、干粉灭火器等，一旦发生火灾，可利用这些灭火设备和器材控制和扑灭火灾。

(3)配备火灾自动报警装置。在高档公寓、酒店、宾馆、大型商厦、写字楼内安装烟感探测器、温感火灾探测器、火灾报警控制器等，用于探测初期火灾，并及时发出火灾警报。

(4)设置各种消防指示标牌。根据国家有关消防安全管理的规定,在易发生火灾的防火重点部位、消防设备和器材置放点、疏散通道出口处等区域设置各种指示标牌,以便在火灾发生时,能帮助人们迅速、准确地找到灭火器材,组织灭火,或指引人员正确地疏散逃生。

2.消防设备设施和器材的管理

为了使消防设备设施和器材随时处于完好状态,确保火灾发生时有效启动和使用,物业服务企业必须加强对消防设备设施和器材的管理。

(1)建立消防设备档案。对消防设备的类型、功能、安放位置、使用说明、维修说明等文件、资料和图表进行收集、整理、存档保管,以备随时查阅。

(2)加强消防建筑设施的维护管理。禁止和查处拆改、损坏一切消防建筑设施的行为;禁止业主和使用人在消防车通道、消防安全出口、安全疏散通道上堆放物品和杂物,防止堵塞,确保畅通无阻。

(3)加强消防设备设施和器材的维护管理。禁止业主和使用人随意损坏、挪动消防栓、灭火器,拆除和损坏火灾自动报警装置、自动喷水灭火装置等。

(4)加强消防设备设施和器材的日常保养和维修管理。建立检查和巡视制度,了解和掌握消防设备设施和器材的状态,发现损坏要及时修理和更换,发现丢失要及时补充到位,确保其完好无损,随时可启动和正常使用。

**(四)加强消防管理的教育培训**

消防工作的宣传教育和员工培训是增强消防工作的透明度、发动用户和物业服务企业员工自觉地同火灾作斗争的一项重要措施,也是贯彻"预防为主,防消结合"方针的一个重要内容,是提高所辖区域内的全民消防意识,普及消防法规和消防知识的重要途径。

1.对员工进行消防培训教育

物业服务企业的员工是物业消防管理的主要力量,对员工的消防知识培训主要有以下三方面的内容:学习消防理论知识,如政府的消防法规、防火灭火的基本原理和基本知识;熟练使用常用灭火器材,如手提灭火器的操作、防毒面具的穿戴、大楼消防设施的使用等;开展消防综合演练,在消防演练中提高员工的灭火能力及各种应急情况的处理能力。

2.对用户开展消防宣传教育

消防工作仅靠物业服务企业的努力是不够的,还需要物业区域内全体用户的积极配合。物业服务企业必须加强对用户的消防宣传教育工作,积极促进用户学习消防知识,增强防火意识,提高自救能力。对用户来说,必须了解并掌握以下三方面的消防要求:大楼防火工作的各项规定;手提式灭火器的使用方法;消防应急通道的位置及出现紧急情况时的疏散方法等。

## 三、物业消防安全检查

消防安全检查是发现和消除火灾事故隐患、落实消防安全措施、预防火灾事故发生的重要手段,也是发动群众共同搞好消防安全工作的一种有效形式。消防安全检查应作为一项长期性、经常性的工作常抓不懈。

**(一)消防安全检查的内容**

物业消防安全检查的内容主要包括消防控制室、自动报警(灭火)系统、安全疏散出口、应急照明与疏散指示标志、室内消防栓、灭火器配置、机房、厨房、楼层、电气线路以及防排烟系统等场所。

(二)消防安全检查的组织形式

在消防安全检查组织形式上可采取日常检查和重点检查、全面检查与抽样检查相结合的方法,根据不同物业的火灾特点来决定具体采用什么方法。

1.专职部门检查

物业小区的消防安全检查应分类进行管理,落实责任人或责任部门,确保对重点单位和重要防火部位的检查能落到实处。一般情况下,每日由小区防火督查巡检员跟踪对小区的消防安全检查,每周由班长对小区进行消防安全抽检,监督检查实施情况,并向上级部门报告每月的消防安全检查情况。

2.各部门、各项目的自查

(1)日常检查。应建立健全岗位防火责任管理制度,以消防安全员、班组长为主,对所属区域重点防火部位等进行检查,必要时要对一些易发生火灾的部位进行夜间检查。

(2)重大节日检查。对元旦、春节等重要节假日,应根据节日的火灾特点对重要的消防设施设备、消防供水和自动灭火等情况进行重点检查,必要时制订重大节日消防保卫方案,确保节日消防安全。节假日期间大部分业主休假在家,用电、用火增加,应注意相应的电气设备及负载检查,采取保卫措施,同时做好居家消防安全宣传。

(3)重大活动检查。在举行大型社区活动时,应作出消防保卫方案,落实各项消防保卫措施。

(三)消防安全检查的程序和要求

1.消防安全检查的基本程序

(1)按照部门制订的巡查路线和巡检部位进行检查。

(2)确定被检查的部位和主要检查内容得到检查。

(3)对检查内容的完好情况进行判断,并通过直观检查法或采用现代技术设备进行检查,然后把检查结果和检查情况进行综合分析,最后作出结论,进行判断,提出整改意见和对策。

(4)对检查出的消防问题在规定时间内进行整改,对不及时整改的应予以严肃处理。对问题严重或不能及时处理的应上报有关部门。

(5)对检查情况进行登记存档,分析总结,撰写检查安全报告。

2.消防安全检查的要求

(1)深入楼层对重点消防保卫部位进行检查,必要时应做系统调试和试验;

(2)检查公共通道的物品堆放情况,做好电气线路及配电设备的检查;

(3)对重点设施设备和机房进行深层次的检查,发现问题立即整改;

(4)对消防隐患问题及时进行处理;

(5)应注意检查通常容易忽略的消防隐患,如单元门及通道前堆放单车和摩托车,过道塞满物品,疏散楼梯间应急指示灯不亮,配电柜(箱)周围堆放易燃易爆物品等。

## 第三节 车辆交通管理

车辆交通管理包括交通管理、车辆管理和停车场管理三方面的内容。

## 一、交通管理

交通管理的主要任务是正确处理人、车(包括机动车和非机动车)、路和环境之间的关系,尽可能做到人、车分流,机动车和非机动车分道行驶,保证辖区内交通的安全、畅通,维护辖区内交通环境和车的停放秩序。

交通管理的具体内容包括:

(1)确定道路的使用性质、行驶方向、时间或区间限制等内容,并确保使用人知晓;

(2)配备相应的交通标识,包括指示牌和道路线,制定并贯彻有关交通管理制度;

(3)根据实际情况制定相应的限速规定,必要时铺设限速装置,进行车辆疏导,确保交通畅顺和安全;

(4)尽可能减少车辆尾气和噪声对环境的破坏和对人们生活、工作的影响。

## 二、车辆管理

车辆管理的对象包括机动车和非机动车,其中机动车指的是各种汽车、电动车、摩托车、轮式专用机械车;非机动车指的是自行车、三轮车、人力车和残疾人专用车。

车辆管理的主要内容是:

(1)根据具体情况设定各类车辆或具体车辆的停放区域或停放位置,禁止乱停乱放;

(2)采取各种手段和措施,防止车辆丢失或损坏。

## 三、停车场管理

随着经济的发展,人们生活水平的不断提高,家庭车辆、社会车辆的拥有量在迅速地增长,由于地面空间有限,停车场车位不足的矛盾显得越来越突出,防止车辆乱停乱放,做到物业辖区内安全停车,首先必须搞好停车场的规划和建设,其次做好停车场管理。

### (一)停车场的规划和建设

1.停车场位置规划应考虑的因素

(1)经济实用。建设停车场(库),既要为住户提供停放车辆服务,又要能回收投资并获得利润,所以规划时既要考虑建设成本,又要考虑建成后能否充分利用。

(2)因地制宜。物业区域的停车场(库)是整个物业的重要组成部分,所以物业管理公司必须对所管物业区域的环境(建筑格局、道路交通等)有全面的了解,以便因地制宜地规划停车场位置。

2.停车场系统必备的设施

(1)照明系统:路灯及地下照明,出入指示标识灯。

(2)行车安全系统:车库标识牌、行车指示牌、墙面防撞反光板、凸透镜和减速拱等。

(3)消防报警、安全监控系统:车场内安装防火报警检测装置,并配备灭火器,设置消火栓,安装监控镜头,连接至监控中心,保证车辆安全。

### (二)停车场管理

1.建立健全车辆管理队伍

为做好管理区域内的车辆管理,提供安全、有序的车辆停放管理服务,物业服务企业应根据小区车辆管理的实际情况做好人员安排,包括小区车辆交通的疏导及管理人员、停车场维护人员、车辆收费管理人员的合理安排等。

2.建立停车场管理制度

为提供优质的交通秩序服务，必须执行和制定相应的管理制度，日常注重对服务人员进行宣传、培训和考核。交通秩序服务制度包括公共制度和内部制度两部分。公共制度是指政府公布的交通法规、停车场收费管理办法等；内部制度是指企业内部制定的管理制度，包括《停车场管理规定》《出入口管理规定》《交接班管理规定》《工作考核管理规定》《停车场收费标准》《停车场车位分配办法》等。在执行相关制度时，物业服务企业应公布为收费停车场所办理的各类证照，公开收费标准。

3.停车场突发事件管理

停车场突发事件管理主要包括车损事件处置、车位占用处置等。

(1)车损事件处置流程

① 现场确认车辆损毁情况，拍照取证。

② 比对进场车辆记录，核实车损前后车辆对比状况。

③ 确认车损，并按车辆保险申报流程提出赔偿。

④ 支付车主赔偿款，并总结车损发生的原因，吸取经验教训。

(2)车位占用处置流程

① 现场确认车位占用情况，拍照取证。

② 联系占用车位车主开走车辆。如无法联系，应张贴温馨提示条。

③ 在占用车位的车辆开走之前，应及时提供车位给固定车位车主临时停放。

④ 占用情况处理完毕后，应及时将占用车位的车辆列为重点监控对象，停放时尽量给予引导。

## 第四节　突发事件管理

物业管理区域内突发事件时有发生(从客观上来讲突发事件的发生在所难免)，物业服务企业应采取科学有效的应对措施，以确保物业管理区域内发生突发事件后，能够及时、有序地实施应急处理，协助有关部门实施救援工作，稳定事态，减少损失。

### 一、突发事件及其种类

1.突发事件

突发事件指的是突然发生的、影响面广的，出乎民众和社会正常心理承受能力的事件。它区别于正常的社会运行机制下可以容纳的事件，具有突发性、严重性、影响广泛等特点。

2.突发事件的种类

从物业管理实践看，突发事件主要有燃气泄漏、火灾、消防设备人为损坏、漏水、停电及电力故障、地震、电梯困人、住客受伤及发生意外、高空抛物、噪声污染、交通意外、发生自杀或企图自杀、盗窃、抢劫、斗殴、偷车、出现形迹可疑人员、发现可疑物或爆炸物、接到恐吓电话、拾获财物、水力系统故障及其他不可预见的突发事件。

## 二、突发事件处理预案

突发事件处理预案是指为应对突发事件的发生，物业服务企业根据物业管理辖区内的基础条件，编制的将损害和不良影响降到最低限度的方案。

突发事件处理预案是应对突发的紧急状况，为维护业主和使用人的利益，体现专业知识技能和训练有素的快速处置能力的有效措施。

## 三、突发事件的处理

突发事件的处理可分为事前预防、事中控制、事后改进三个阶段。

### （一）事前预防

虽然突发事件的发生往往事前难以预料或控制，但其总有一定的规律可循，即具有相似性。通过对突发事件相似性的总结与提炼，积累丰富的经验，再配之以一定的专业技术水平，完全可以对一部分安全隐患进行事前识别，并加以控制（实行预案制），以此来维护业主和使用人的利益。

1.识别可知的安全隐患

在物业管理服务过程中，有部分安全隐患是完全可以依靠从业经验、专业技术水平等来预先识别的。其识别过程大体可以分解为：

（1）摸底，即由相关专业人员按计划分别对物业管理区域里相应专业范围内可能存在的隐患进行摸底，实现隐患初步识别。

（2）清查，即由物业管理人员会同各专业人员对物业管理区域内的隐患进行更加全面、细致的清查，从不同角度出发尽可能找出各种潜在隐患并尽力消除能够处理的隐患。

（3）整理，即对清查出来的无法消除的隐患进行最后的确认识别。

（4）分类，即根据隐患的属性进行分类（如治安类、消防类、设施设备类、水电气类等）并编辑成册备用。

安全隐患的识别工作以在物业管理早期介入中实现为佳，最迟也应在业主入住初期完成。随着物业及相关配套设施设备的使用、老化、改造、更新，业主和使用人的更替，物业周围环境的变化等，物业服务企业还需要在日常管理服务过程中继续加以关注，不断识别新的安全隐患。

2.实行预案制

（1）预案的编制。根据安全隐患识别分类结果，可分专业编制安全防范处理预案，以对安全隐患进行有针对性的控制。编制预案时应注意以下几个问题：

① 编制预案时必须与将来的实际操作者充分沟通，达成共识，以免预案无法落实，难以执行，成为一纸空文。

② 编制预案者中，既要有具备一定相关实际操作经验和专业技术水平的人员，以便把好技术关，增强预案的有效性；又要有具备一定文字功底的人员，以便把好语言关，避免因文字表述不准确而产生理解上的歧义。

③ 编制的预案一定要易学实用，以免给日后的培训及实际操作带来不便，甚至造成新的隐患。

④ 编制的预案要有一定的灵活性、可变通性，以免束缚实际操作者，降低其实用性、有

效性。

当然，一部分特殊的突发事件是不存在事前识别过程的（如业主、物业使用人突发疾病），但仍旧需要实行预案制，制订相应的应急处理措施，以此减少损失。

（2）预案的试运行。预案的试运行过程可看作是一个培训的过程，具体分为对内培训和对外培训两种：

① 对内培训，即物业管理处针对下属员工及各专业人员而组织的培训。培训内容不仅限于对编制的预案进行纯理论的讲授，更重要的是进行各种有针对性的实际操作培训——预拟演练，这种演练不只是抽空才进行的辅助培训，而是一种需要周而复始、不间断进行的重要训练。直到在被培训者头脑中形成一种条件反射，一旦遇到类似突发事件，保证每位受过相应培训的人员不需要经过太多的思考就明白自己可以做什么，应该做什么。对于可能带来严重后果的突发事件的应急处理能力培训（如火灾等），尤其需要这样的训练。同时，物业管理处应对培训情况进行定期、有计划的评审，质量监督部门（如品质部）应对培训开展情况进行不定期的评审，以保证培训的落实及质量。

② 对外培训，即物业管理处将突发事件的处理方法向物业管理区域内的业主、使用人进行有计划、有针对性的宣传、培训。宣传、培训的途径是多种多样的，除了利用宣传栏、社区文化活动等机会进行宣传外，还可以通过举办业主培训班等进行有针对性的宣传教育。

**（二）事中控制**

在日常物业管理服务过程中，有些事件是不易被事前识别的，有些隐患是很难在事前加以控制的，因此，有些突发事件的发生往往难以避免。不过，在这种情况下，如果处理得当，也能有效地降低损失。

对于那些已在事前识别并制订了相应的应急处理预案的突发事件，按预案进行处理即可。但对于那些没有应急处理预案的突发事件，就需要靠物业管理人员的综合素质来灵活应付了。其中应注意以下几个原则：

1. 统一指挥原则

突发事件发生后，应由一名管理人员（高级别的管理人员为佳）做好统一的现场指挥调度，以免出现多头指挥，造成混乱。

2. 服从命令原则

工作人员应无条件服从现场指挥人员的命令，按要求采取相应的应急措施。

3. 主动出击原则

突发事件发生时，物业管理人员如果以消极、推托甚至回避的态度来对待，无疑是“雪上加霜”，必将因为自己的“不作为”而付出代价。此时应主动出击，及时处理，敢于承担相应责任。

4. 灵活处理原则

对待突发事件，应具体问题具体分析。即使已有预案，如果具体情况发生变化，也应摆脱预案的束缚，及时做出相应的调整。

5. 安全第一原则

处理突发事件应以不造成新的损失为前提，不能因急于处理而不顾后果，造成更大的、不必要的人身、财产损失。

6. 团结协作原则

当事工作人员应团结一致，同心协力地处理突发事件。

### （三）事后改进

1. 全面总结

为制定纠正措施，防止类似事件再度发生打下基础。

2. 制定纠正措施

修改原预案的误漏之处，编制更完善的预案，有针对性地开展培训。

## 本章小结

本章主要讲述了安全管理的内容，安全管理与社会治安管理的不同，物业安全管理的内容及岗位职责，消防管理的原则及内容，车辆交通管理的内容，突发事件处理的方法。

## 关键概念

安全管理　消防管理　车辆交通管理　突发事件管理

## 基础知识训练

1. 简述物业安全管理的方法。
2. 如何做好消防管理？
3. 如何管理停车场？
4. 简述突发事件的处理方法。

## 实践操作训练

以具体案例来分析物业项目发生安全问题，物业服务企业是否需要承担责任。

# 第十章　物业环境管理

## 本章要点

物业环境管理的含义；污染防治的方法；保洁管理的内容；绿化管理的内容。

## 知识目标

1. 理解物业环境管理的目的；
2. 掌握污染防治的内容和方法；
3. 掌握保洁管理的范围、内容和方法；
4. 掌握绿化管理的范围、内容和方法。

## 能力目标

1. 能够进行物业环境管理组织机构的设置；
2. 能够制定物业环境管理的制度和方法。

## 案例导引

乱派招贴被人戏称为城市的“牛皮癣”。这种市场经济发育过程中出现的流行病蔓延到了大街小巷。

实行封闭管理的物业管理项目也未能幸免。管理处查了几例之后，发现楼内广告的派发有三种情况：一是经批准入楼为住户提供服务的某些人员顺便所为；二是以探访名义上楼而实有其他意图的住户亲友乘隙所为；三是做特定生意的个别住户刻意所为。

**思考题：**

请根据此情况制订管理办法。

物业环境管理是指物业服务企业通过执法检查、履约监督、制度建设和宣传教育工作，防止和控制可能发生和已经发生的物业环境污染。物业环境管理的内容，根据环境管理和专业化物业管理的要求，主要包括各种污染的防治以及保洁管理和绿化管理等。

# 第一节　污染的防治

## 一、大气污染

### （一）大气污染的含义

大气污染是指由于人类活动或自然过程使大气中一些物质的含量达到有害的程度（一般指有害物质，如二氧化硫、一氧化氮、臭氧、飘尘等超过国家质量标准），以至破坏人和生态系统的正常生存和发展，对人体、生态和材料造成危害的现象。

### （二）物业辖区内大气污染的原因

造成大气污染的因素主要有：

（1）直接燃煤，排放过多二氧化硫气体；

（2）活动扬尘、物业装修粉尘形成的尘烟污染；

（3）机动车排放的尾气经强紫外线照射形成光化学烟雾污染；

（4）工厂向大气排放含有毒物质的废气和粉尘；

（5）生活中的不当燃烧，产生有毒、有害气体和恶臭气体。

### （三）大气污染的防治

（1）教育住户和生产单位改变能源耗用结构；

（2）平整和硬化地面；

（3）严禁在物业辖区内焚烧会产生有毒、有害气体和恶臭气体的物质；

（4）严格控制辖区内的工厂向大气排放含有毒物质的废气和粉尘；

（5）加强车辆管理，限制机动车辆驶入辖区；

（6）实施开墙透绿、立体建绿、屋顶植绿、阳台植绿、见缝插绿、严格管绿等措施。

## 二、水体污染

水体又称水域，是水的集合体。它可以分为自然水体和人工水体。自然水体是以相对稳定的陆地为边界的天然水域，包括江、河、湖、海、冰川、积雪等。在物业辖区内，人工水体主要有人工建造的喷水池、游泳池以及用于二次供水的水池、水箱等。

水体污染，是指人们将在生产、生活过程中产生的大量污染物和液体排入水体，使水质下降，利用价值降低或丧失，并对生物和人体造成损害的现象。水体污染的防治方法有：

1.减少污染源排放的废水量

严格控制生产污水的排放。由于生活污水具有源头分散的特点，因此要合理规划，加强公众教育，倡导绿色生活，提高环保意识。

2.加强对各种类型污水的集中处理

为确保水体不受污染，必须对污水进行妥善处理，使其无害化。处理污水的技术方法按其作用原理可分为：

（1）物理处理法：通过物理作用，分离去除污水中不溶性的、呈悬浮状态的污染物的处理方法。

（2）化学处理法：通过化学作用分离和回收污水中的污染物，或将其转化为无害物质的处理方法。

(3)生物处理法:通过微生物使污水中的有机污染物得以净化的处理方法,又可分为好氧生物处理和厌氧生物处理两种类型。

3.加强水体及污染源的监测和管理

建立监测点,定期对水质进行监测,及时掌握水质状况,确保业主和使用人的用水安全。

4.加大环境执法力度

加强对水污染防治的监督管理,严格遵守国家各项政策,明确应承担的法律责任和义务,保护水环境。

## 三、固体废弃物污染

固体废弃物是人们在生产和生活中扔弃的固体物质。影响物业环境的固定废弃物主要有生产与生活垃圾、粪便、沟泥等。其中垃圾包括无机垃圾(砖瓦碎石、炉灰、渣土等)和有机垃圾(动植物残体、废纸、塑料、碎布等)。固体废弃物如不及时加以处理,也会对环境造成污染。

### (一)防治的基本原则

1.全过程管理

固体废弃物的防治必须贯穿产生、排放、收集、输出、贮存、综合利用、处理到最终处置的全过程,对各个环节都实行控制和监督管理,提出防治要求,并负有专业化管理的职责。

2.实行"三化"

"三化"即固体废弃物的减量化、资源化、无害化。

3.集中防治与分散防治相结合

在物业辖区中,集中防治是物业管理单位的职责,如建立生活垃圾压缩收集站;分散防治是业主和使用人应尽的义务,如业主和使用人将生活垃圾分类装袋。

### (二)城市生活垃圾污染的防治要求

(1)任何单位和个人都应按当地环卫部门规定的地点、时间和有关要求排放、倾倒生活垃圾,不得擅自乱倒或裸露堆放;

(2)垃圾箱(桶)等设施的设置应与生活垃圾量相适应,有密封、防蝇、防污水外流等防污染设施;

(3)生活垃圾应及时清扫、收集,统一运输和处理,做到日产日清,防止一次污染和二次污染;

(4)生活垃圾应实行分类收集,逐步实现"三化";

(5)质量超过5千克、体积超过0.2立方米或长度超过1米的旧家具、办公用具、废旧电器和包装箱等大件垃圾,应按管理部门规定的时间放在指定的收集场所,不得随意投放;

(6)医疗垃圾、放射性垃圾、传染病人垃圾和动物尸体等有害垃圾,以及单位和个人在翻建、改建或装修房屋时产生的渣土垃圾,应按有关规定处理,不得混入生活垃圾中;

(7)贯彻"谁产生生活垃圾和废弃物,由谁承担相应义务"的原则。

## 四、噪声污染

噪声是指发声体做无规则振动时发出的声音。通常所说的噪声污染是人为造成的。

从生理学观点来看，凡是干扰人们休息、学习和工作以及对所要听的声音产生干扰的声音，即不需要的声音，统称为噪声。当噪声对人及周围环境造成不良影响时，就形成了噪声污染。噪声不但会对听力造成损伤，还能诱发多种致命的疾病，对人们的生活、工作产生干扰。

**（一）噪声的来源**

1. 交通噪声

交通噪声包括机动车辆、船舶、地铁、火车、飞机等发出的噪声。机动车辆数目的迅速增加，使得交通噪声成为城市的主要噪声源。

2. 建筑噪声

建筑噪声主要来源于建筑机械。建筑噪声的特点是强度较大，且多发生在人口密集地区，因此严重影响居民的休息与生活。

3. 社会生活噪声

社会生活噪声是人为活动所产生的除交通噪声、建筑噪声等之外的干扰周围生活环境的声音，包括家用电器、音响设备发出的噪声。这些设备的噪声级虽然不高，但由于和人们的日常生活联系密切，使人们在休息时得不到安静，尤为让人烦恼，极易引起邻里纠纷。

**（二）减少噪声的主要途径**

1. 噪声源的控制

消除和减少噪声源是控制噪声的根本办法。例如，对于车辆交通的噪声，应限制车辆进入物业区域，实行人车分离；对于建筑施工的噪声，应禁止在夜间从事施工作业。

2. 传播途径的控制

在不能根本消灭噪声源的情况下，应从以下几个方面采取消声措施，避免噪声的危害：首先可利用自然的地形挡住噪声的传播，如山丘、土坡等；其次可设置隔声屏障降低噪声，如采用隔声墙、隔声罩、隔声幕等阻挡噪声传播；最后可采用吸声材料和技术降低噪声传播。

3. 对接收者的防护

在噪声接收点，应采取戴耳塞、耳罩、防声蜡棉和防护面具等个人防护措施以减少和避免噪声的危害。

## 第二节　保洁管理

### 一、保洁管理的含义

物业环境保洁管理是指物业服务企业通过宣传教育、直接监督和日常清洁工作，保护物业环境，防治环境污染，定时、定点、定人进行日常生活垃圾的分类、收集、处理和清运。

### 二、保洁管理机构的设置与岗位职责

**（一）机构设置**

物业服务企业可以通过自行建保洁部来开展保洁工作，也可以将物业区域内的环境保洁工作委托给专业的保洁公司，物业服务企业只配备少数管理人员负责环境保洁的检查、监督和评议。保洁机构应根据所管物业类型、布局、区域的不同而灵活设置，如保洁部下设楼

宇清洁服务班(组)、公共区域清洁班(组)、高空外墙清洁班(组)等。

**(二)保洁部各级人员的职责**

保洁部各级人员的职责如表10-1所示。

**表10-1 保洁部各级人员的职责**

| 人员 | 工作职责 |
|---|---|
| 部门经理 | (1)根据公司管理目标,组织各项清洁服务的具体工作;<br>(2)经常检查监督各区域清洁任务的完成情况;<br>(3)接洽各种清洁服务业务,为公司创收;<br>(4)定期向公司总经理汇报工作;<br>(5)经常进行巡视抽查,发现卫生死角后及时处理 |
| 领班 | (1)指挥下属员工分区域进行保洁工作;<br>(2)检查员工出勤情况,如当天有缺勤,及时安排补位;<br>(3)检查员工所管范围清洁情况,并进行当班考核;<br>(4)检查清洁工具、设备保养情况,及时做好清洁器具、公共区域的水电、照明等器材的采购和维修;<br>(5)编制使用保洁用品、物料计划,控制清洁卫生成本 |
| 保洁员 | (1)遵守"员工手册",着装上岗;<br>(2)服从安排,按规定标准和操作程序保质保量地完成职责范围内的清洁任务;<br>(3)做好区域内的保洁工作 |
| 技术员 | (1)配合经理拟定清扫保洁工作的实施方案;<br>(2)对专用清洁设备进行使用指导;<br>(3)随时检查、保养清洁用具和机械设备;<br>(4)检查、督促分管的保洁区域和项目;<br>(5)做好经理交办的其他工作 |
| 仓库保管员 | (1)严格遵守"员工手册"和各项规章制度,服从主管的工作安排;<br>(2)认真做好仓库的安全、整洁工作,按时到岗,经常巡视打扫,合理地堆放货,发现问题后及时上报;<br>(3)负责清洁工具和用品的收发工作,严格执行收发手续,对手续欠妥者一律拒发;<br>(4)严禁私自借用工具和用品;<br>(5)做好月底盘点工作,及时清理月末库存报主管;<br>(6)做好月清洁物料库存采购计划,提前呈报主管 |

## 三、保洁管理的工作对象

1. 物业区域内的公共场地

物业区域内的公共场地指物业辖区内(或大厦周围)的道路、绿化地带、公共停车场、公共娱乐场所等所有公共场地。

2. 楼宇内的共用部位

楼宇内的共用部位指楼宇内从底楼(含地下)到顶楼天台的所有公共部位,包括楼梯、大厅、天台、电梯间、公用卫生间、公共活动场所、楼宇外墙等。

3. 生活废弃物

物业辖区内的生活废弃物包括垃圾和粪便两大类。

## 四、保洁管理的操作细则

保洁管理的操作细则如表 10-2、表 10-3、表 10-4、表 10-5 所示。

**表 10-2 每日清洁操作细则要求**

| 物业对象 | 清洁部位、区域(内容) | 清洁方式 | 清洁次数 |
|---|---|---|---|
| 小区(含高层楼宇) | 指定区域内道路(含人行道) | 清扫 | 2 |
| | 指定区域内绿化带(含附属物) | 清扫 | 1 |
| | 住宅各层楼梯(含扶手)、过道 | 清扫、抹擦 | 1 |
| | 住户生活垃圾、垃圾箱内垃圾 | 收集、清除、集运 | 2 |
| | 电梯门、地板及周身 | 清扫、抹擦 | 2 |
| | 楼梯扶手、电梯扶手、两侧护板、踏脚 | 清扫、抹擦 | 2 |
| | 男、女卫生间 | 拖抹、冲洗、抹擦 | 3 |
| | 会议室、商场等 | 拖抹、抹擦 | 2～4 |

**表 10-3 每周清洁操作细则要求**

| 物业对象 | 清洁部位、区域(内容) | 清洁方式 | 清洁次数 |
|---|---|---|---|
| 小区(含高层楼宇) | 天台、天井 | 清扫 | 1 |
| | 各层公共走廊 | 拖洗 | 1 |
| | 用户信箱 | 抹擦 | 1 |
| | 电梯表面保护膜 | 涂抹 | 1 |
| | 手扶电梯打蜡 | 涂抹 | 1 |
| | 公用部位窗户、空调风口百叶(高层) | 抹擦、打扫 | 1 |
| | 地台表面 | 拖擦 | 2 |
| | 储物室、公用房间 | 清扫 | 1 |

**表 10-4 每月清洁操作细则要求**

| 物业对象 | 清洁部位、区域(内容) | 清洁方式 | 清洁次数 |
|---|---|---|---|
| 小区(含高层楼宇) | 公用部位天花板、四周墙体 | 清扫 | 1 |
| | 公用部位窗户 | 抹擦 | 1 |
| | 公用电灯灯罩、灯饰 | 抹擦 | 1 |
| | 地台表面打蜡 | 涂抹 | 1 |
| | 卫生间抽气扇 | 抹擦 | 2 |
| | 地毯 | 清扫 | 1 |

**表 10-5 商厦清洁服务细则要求**

| 清洁范围 | 清 洁 内 容 | 清洁要求 |
|---|---|---|
| （一）商场总体服务 | 1. 清理商场内的所有垃圾；<br>2. 收集及清理所有垃圾箱、烟灰盅及花槽内的垃圾；<br>3. 清洁垃圾箱、烟灰盅及花槽外表面；<br>4. 清洁所有告示牌、橱窗及指示牌；<br>5. 清洁所有花盆及植物；<br>6. 清洁所有出口大门；<br>7. 清除所有手印及污渍，包括楼梯、墙壁、防烟门的手印及污渍；<br>8. 清洁所有扶手、栏杆及玻璃表面；<br>9. 清洁所有通风窗口；<br>10. 打扫空调风口百叶及照明灯片；<br>11. 拖擦地台表面，包括花岗岩（大理石）等；<br>12. 清洁所有房间、储物室、办公室等；<br>13. 全部地台表面打蜡；<br>14. 全部地毯清洗；<br>15. 抹净电灯箱、灯罩及空调风口等处的积聚尘埃；<br>16. 清洁所有楼梯、走廊及窗户；<br>17. 清洗所有灯饰；<br>18. 清抹所有柜台、货架 | 每天 4 次<br>每天 4 次<br>每天 4 次<br>每天 2 次<br>每天 2 次<br>每天 4 次<br>每天 2 次<br>每天 4 次<br>每天 2 次<br>每天 2 次<br>每天 4 次<br>每天 1 次<br>每天 1 次<br>每 2 月 1 次<br>每天 2 次<br>每天 1 次<br>每 2 月 1 次<br>每天 1 次 |
| （二）电梯扶手 | 1. 抹净扶手带表面及两旁安全板；<br>2. 踏脚板、梯级表面吸尘；<br>3. 扶手带及两旁安全板表面打蜡 | 每天 4 次<br>每天 2 次<br>每天 1 次 |
| （三）男、女卫生间 | 1. 抹净所有门；<br>2. 抹、冲及洗净所有卫生间设备；<br>3. 抹净所有卫生间内镜面；<br>4. 抹净地台表面；<br>5. 天花板及照明设备表面除尘；<br>6. 抹净抽气扇；<br>7. 更换厕纸、毛巾、肥皂及清洁液；<br>8. 清理卫生桶脏物 | 每天 1 次<br>每天 4 次<br>每天 4 次<br>每天 4 次<br>每天 2 次<br>每天 2 次<br>每天 2 次<br>每天 2 次 |
| （四）人行楼梯 | 1. 扫净及拖抹所有楼梯；<br>2. 抹净扶手及栏杆；<br>3. 洗擦扶手及栏杆；<br>4. 洗擦及磨光楼梯表面 | 每天 2 次<br>每天 2 次<br>每天 2 次<br>每天 1 次 |
| （五）入口大堂 | 1. 扫净及洗刷大堂入口地台及梯级；<br>2. 抹净入口大堂内墙壁表面；<br>3. 抹净入口大堂内所有玻璃门窗及装备；<br>4. 拍打天花板的尘埃 | 每天 2 次<br>每天 1 次<br>每天 2 次<br>每天 1 次 |

续表 10-5

| 清洁范围 | 清　洁　内　容 | 清洁要求 |
|---|---|---|
| （六）电梯 | 1. 扫净及清擦电梯门表面；<br>2. 抹净电梯内壁、门及指示板；<br>3. 电梯天花板表面除尘；<br>4. 电梯门缝吸尘；<br>5. 抹净电梯通风口及照明灯片；<br>6. 电梯表面涂上保护膜；<br>7. 清理电梯槽底垃圾 | 每天 2 次<br>每天 2 次<br>每天 1 次<br>每天 1 次<br>每天 1 次<br>每天 1 次<br>有需要时 |
| （七）防烟大堂、电梯大堂及走廊 | 1. 拖抹地台表面；<br>2. 抹净防烟大堂及防烟门表面；<br>3. 走廊的清扫及抹光 | 每天 2 次<br>每天 1 次<br>每天 2 次 |
| （八）天台 | 1. 清理积聚于天台的垃圾，避免渠道阻塞；<br>2. 抹净天台大门表面 | 每天 1 次<br>每天 1 次 |
| （九）地台起渍打蜡 | 1. 商场；<br>2. 公共场所；<br>3. 写字楼 | 每天 1 次<br>每天 1 次<br>每天 1 次 |

## 五、清洁卫生工作标准

1. 做到“五定”

清洁卫生工作要做到“五定”，即定人、定地点、定时间、定任务、定质量。保洁部要在小区内所有应清扫保洁的部位都设专人负责清扫保洁工作，明确保洁人员清扫保洁工作的具体任务、工作时间，以及应达到的质量标准等。

2. 做到“七净”“六无”

物业管理区域的清扫保洁应做到“七净”“六无”。“七净”是指路面净、路沿净、人行道净、雨（污）水井口净、树根净、电线杆根净、墙根净。“六无”是指无垃圾污物、无人畜粪便、无砖瓦石块、无碎纸皮核、无明显粪迹和浮土、无污水脏物。

3. 垃圾清运及时，当日垃圾当日清除

要设置垃圾桶，实行袋装垃圾的办法集中收集垃圾。

## 六、保洁管理的具体措施

（1）实行生活垃圾分类袋装化。

（2）进行超前宣传教育。物业管理公司在早期介入阶段即应提前通过各种渠道向未来的业主和使用人进行宣传教育。

（3）配备必要的硬件设施。为了增强清扫保洁工作的有效性，物业管理公司可配备与之有关的必要的硬件设施。

（4）经济处罚及典型曝光。对于各种不良的卫生习惯，除了进行宣传教育外，还应当采取必要的硬性措施，将各种违约行为按照处罚条例进行经济处罚。对于极少数屡教不改的“素质病”患者，还可以采取典型曝光的方法。

# 第三节 绿化管理

## 一、绿地建设与绿化养护管理

绿化管理包含绿地建设和绿化养护管理。

### （一）绿地建设

绿地建设包括新建小区绿地建设、恢复整顿绿地和提高绿地级别三方面的内容。

1. 新建小区绿地建设

新建小区绿地一般由房地产开发企业建设，物业服务企业应争取早期介入，参与建设和掌握建设情况，以便日后更好地管理。

2. 恢复整顿绿地

恢复整顿绿地主要是对原有绿地中因自然或人为因素严重损坏的部分进行整治和修复工作。

3. 提高绿地级别

提高绿地级别就是对原有绿地进行全面升级改造。

### （二）绿化养护管理

绿化养护管理主要是指经常性地对辖区内的绿地进行浇水、施肥、除草、灭虫、修剪、松土等活动，以及巡视检查、保护绿地等工作，即通常所说的绿化管理。

按照我国城市绿化分工的有关规定：居民小区道路建筑红线之内的部分归物业服务企业养护管理，小区内部有路名的道路归园林部门绿化和养护管理，小区内部没有路名的道路归物业服务企业绿化和养护管理。

## 二、物业居住区环境绿化系统的构成

物业居住区绿化范围广、面积大，是城市绿化中最重要的部分，具体包括地面（水平）绿化系统和立面（垂直）绿化系统两部分。

### （一）地面绿化系统

地面绿化系统主要由以下几部分构成：

1. 公共绿地

公共绿地指物业居住区范围内公共使用的绿化用地，如居住区公园，居住小区中心花园，居住区的小块绿地、林荫道等。

2. 道路绿地

物业居住区范围内各种道路（机动车道、人行道等专用道路）布置的绿地，是为了绿化、净化道路周边环境而布置的，起到沟通物业居住区各级绿地的纽带作用。

3. 住宅旁和庭院绿地

住宅周围与楼及庭院的绿地，一般是供本幢住宅楼居民使用的绿地。

4. 公共建筑和公用设施专用绿地

公共建筑和公用设施专用绿地即物业居住区内的学校、幼儿园、医院等单位周围的绿地。

### （二）立面绿化系统

立面绿化系统是在建筑物、建筑设施的墙面、阳台、屋顶等处布置绿化植物的形式，具体包括建筑物墙面绿化，阳台和屋面绿化，护坡绿化，栅栏、棚架绿化等。

## 三、绿化机构的设置与岗位职责

### （一）机构设置

物业服务企业可根据实际情况具体设置绿化机构，一般来讲分两种情况：一是将物业区域的环境绿化工作委托给专业的绿化公司负责，物业服务企业只需配备少数管理人员即可，负责对承包的绿化公司工作进行检查、监督和评议。二是由物业服务企业自行负责绿化工作，这需要建立专门的绿化机构。对于规模较小的物业区域，一般可以只设立一个绿化养护组；如果物业区域规模较大，就要建立一个较完整的绿化机构。绿化部可以下设办公室、苗圃组以及养护组。苗圃组和养护组可直接对外经营，为公司创收。

### （二）岗位职责

绿化管理人员的岗位职责如表 10-6 所示。

表 10-6 绿化管理人员的职责

| 人员 | 岗位职责 |
| --- | --- |
| 绿化部门经理 | (1)负责绿化部门全面的工作，制定绿化工作规划；<br>(2)检查、督促和考核下级的工作；<br>(3)组织有关人员养护苗木；<br>(4)组织员工进行技术培训 |
| 绿化技术人员 | (1)主持部门内的技术培训、管理指导工作；<br>(2)负责制定绿化技术管理规定和措施；<br>(3)负责绿化管理员工培训的实施；<br>(4)负责绿化种植、养护、管理的技术指导；<br>(5)负责对外的有关绿化经营的技术业务工作 |
| 养护管理人员 | (1)全面负责区域内花木、绿地的养护和管理；<br>(2)对损坏花木、践踏草坪者进行教育，情节严重的按规定给予处罚；<br>(3)妥善保管、使用各种工具、肥料和药品等 |

## 四、绿化管理的基本内容

### （一）园林绿地的设计和营造

1. 设计要求

园林绿地是一个功能与美观相结合的整体，它的设计原则是“适用、经济、美观”有机结合。对于园林绿地，要做到遮阴、降温、减少噪声、防尘、增加湿度等。重点美化部分应放在小区出入口处等引人注目的地方，而且要注意与周围建筑风格相协调。

2. 植物选择

植物是园林绿化的主体，在选择时要因地制宜，充分考虑当地的地质、水质、气候、温度等自然因素，尽量做到四季有花、常年见绿。

3.配置方式

小区园林绿化布置可采用规则式和自然式两种方式。接近房屋建筑物的园区采用规则式，远离房屋的地方采用自然式。两者结合起来则形成混合园林。

园林植物的配置，不仅要取得绿化的效果，还要给人以美的享受。因此，必须考虑植物在外形、颜色等方面的特性，仔细选择，合理配置。我国古人在设计园林时常采用的对景、借景、引景等手法，很值得我们在规划城市及区域内的绿地时借鉴参考。

4.园林绿地的日常养护和管理

物业区域内的绿化环境的营造与日常的养护是紧密相连的。绿化工程竣工后，为了巩固绿化的成果，提高绿化质量，物业绿化管理人员需要一年四季连续不断地开展养护工作，只有这样才能使花草茂盛。同时，为了维护绿化效果，物业服务企业还应当出台物业辖区内的绿化管理规定，并对物业住户进行教育，使每一个人都树立环境保护意识。

**（二）绿化养护管理的操作及要求**

1.绿化养护管理的特点

(1)经常性。日常养护管理十分重要，居住区绿化工程完成后，要巩固其成果。

(2)针对性。不同种类的树木花草具有不同的品性，它们对赖以生存的客观条件，如土壤、温度、地理环境等十分敏感，因而在养护管理时必须具有针对性。

(3)动态性。绿化养护管理的对象是植物，它处于漫长的生命变化之中，功能和观赏效果有一个逐步提高和完善的塑造过程，而且植物的生长随着季节的变化而变化。因此，绿化养护管理具有动态性，应掌握不同时期的养护重点。

2.绿化养护管理的质量要求和考核指标

绿化养护管理的质量要求是树木生长茂盛、无枯枝；树形美观、完整，无倾斜；绿篱修理整齐，无缺枝；花坛土壤疏松，无垃圾；草坪平整、清洁，无杂草。具体的考核指标为：

(1)新种树苗。本地苗成活率高于95%，外地苗成活率高于90%。

(2)新种树木。高度1m、外倾超过10cm的树木超过总数的2%，栽植一年以上的树木的成活率高于98%。

(3)有五大虫害的树木不超过树木总数的2%，树木二级分枝枯枝不超过树木总数的2%。

(4)绿化围栏设施无缺损，绿化建筑小品无损坏。

(5)草坪无高大杂草，绿化无家生或野生的攀缘植物。

(6)绿地整洁，无砖块、垃圾。

(7)绿化档案较为齐全、完整，有动态记录。

3.花木的养护

(1)浇水：根据季节、气候、地域条件、绿地、花木品种、生长期决定浇水量。

(2)施肥：根据土质、花木生长期、花木品种和培植需要决定施肥的种类和数量。比如植物长叶期要多施氮肥，开花期要多施磷肥。

(3)除杂草、松土：杂草指非人工培植的草类，必须根据管辖区域大小决定除草量；松土的情形类似。

(4)修剪整形：必须根据树木形态、观赏效果、树木品种和生长情况等因素进行修剪整形。修整树木一般在冬季。

(5)除病虫害：根据病虫害发生的规律实施综合治理，或可施药，或可创造有利于花木生长的良好环境，提高花木的抗病虫害能力。

(6)树木的技术管理：例如涂白(冬季)、护园(含立支柱)、洗尘等。

## 本章小结

本章主要讲述了污染的原因及防治方法，物业保洁管理的含义、岗位设置、内容，物业绿化管理的岗位设置、内容。

## 关键概念

污染防治　保洁管理　绿化管理

## 基础知识训练

1. 物业项目污染的防治方法有哪些?
2. 如何做好保洁管理?
3. 如何做好绿化管理?

## 实践操作训练

以具体案例分析如何做好物业项目的环境管理。

# 第十一章 客服管理

## 本章要点

客服管理的含义，客服管理的职责，投诉管理。

## 知识目标

1. 理解客服管理的含义；
2. 掌握客服管理的职责；
3. 掌握投诉管理的处理流程。

## 能力目标

1. 能够编制客服岗位职责；
2. 能够妥善处理业主投诉；
3. 能够协调好物业项目内各部门与业主之间的关系。

## 案例导引

**认真做好有效投诉的管理工作**

一天上午，某小区业主气冲冲地来到管理处投诉：该单元楼上有人养鸡，每天天没亮鸡就打鸣，他有老年冠心病，公鸡打鸣严重影响了正常的休息，要求管理处马上出面处理。接到该业主的投诉后，管理处首先对该业主进行安抚。经调查发现，在该楼确实有一位业主养了一只大公鸡。原来该业主新婚，养鸡是因为其家乡有新婚期养鸡报喜的风俗，按风俗要喂养一个月。管理处员工就小区内养鸡既不卫生，又违反了《管理规约》，并且公鸡打鸣影响了其他业主的休息等原因与该业主进行了沟通，反复强调了建立和睦邻里关系的重要性。由于管理处员工动之以情，晓之以理，最后该业主在三天内便将大公鸡处理掉了。同时，管理处向投诉的业主反馈了事情解决的最终结果，并进行了道歉。

**思考题：**

如何有效处理投诉问题？

客服管理（客户服务管理）是指物业服务企业为了解和创造客户（业主或使用人）需求，以实现客户满意为目的的一种经营行为和管理方式。其核心理念是企业全部的经营活动都要从满足客户的需要出发，以提供满足客户需要的产品或服务作为企业的责任，以客户满意作为企业的经营目的。

# 第一节 客服岗位

## 一、客服岗位介绍

客服部为物业项目的“一线”部门：对外，它直接与客户接触，接收客户的服务需求信息，再传递给其他部门；对内，它积极协调、配合各部门工作，发现问题后及时整改，共同推动物业项目整体工作向前发展。

## 二、客服岗位的职责

客服部是物业服务企业最重要的部门之一，是物业服务企业提供对外服务的窗口。物业企业一般根据物业项目规模大小、复杂程度来设置客服部，它的部门职责主要包括：

(1)熟悉小区内建筑物、环境设施及各部门责任、范围和物业管理相关法律、法规、政策。所有的工作人员在上岗前须进行严格的思想道德、服务意识、专业技术等多方面的培训，培训合格后方可上岗。

(2)对投诉进行跟踪、回访、统计、分析，将投诉内容反馈给项目经理并提供分析报告，做好回访记录，针对客户不满意的处理结果和维修项目，与相关部门沟通，然后进行二次派单、二次整改。

(3)负责物业管理中心工作档案、客户档案等文件、资料的整理归档，并定期检查。

①负责客户入住、装修手续及各种证件的办理、整理工作。

②保证档案、资料的真实性与可靠性，若有变动，及时进行修改、整理。

③做好工程资料的交接和整理、归档。

(4)负责多种经营服务的组织、管理及各种费用的收缴。通过与客户的沟通，了解客户的需求，有针对性地开展多种经营、有偿服务，并不断开辟新的服务项目，同时提醒、督促客户及时缴纳各项费用。

(5)开展物业管理中心的宣传工作和公益性活动，对各部门信息进行汇总，并向客户公布；定期展示物业管理中心的形象，张贴温馨便民提示，配合社区做一些安全、卫生方面的宣传；配合维修、财务和其他部门制作公摊费用表及进行财务公开等工作。

(6)配合社区文化活动计划，丰富社区居民的生活。

(7)负责项目部各项工作的检查、督促，发现问题后及时整改。

(8)沟通、协调其他部门。

## 三、客服工作流程

### (一)为业主办理入住服务流程

1.验明客户资料

业主本人办理入住手续需携带以下资料：业主身份证、入住通知单、房屋买卖合同、购房发票；

业主委托他人代为办理的，除提供上述资料外，还需提供委托人身份证及委托书。

2. 填写资料或签署协议

填写“住户登记表”，签订相关协议。

3. 发放物品并确认

向业主发放房屋钥匙及住户手册。

4. 收取费用

向业主预先收取物业服务费用、装修押金、装修垃圾清理费等费用。

5. 房屋验收及整改

维修部专业人员携带相关器具指导业主按“房屋质量验收登记表”逐项检查、验收；查抄水表、电表、煤气表底数并共同确认。

如发现质量问题，则记录在“房屋质量验收登记表”上，客户服务中心据此填写“业主报修处理登记表（维修工作单）”，由维修部或管理处协助开发商进行工程质量问题的返修工作。

维修部复检合格后，客户服务中心及时与业主联系，确认再次验收时间，通知维修部在约定时间陪同业主再次验收，验收合格后请业主在“业主报修处理登记表（维修工作单）”上签字确认。

6. 房屋托管

签订“托管协议”，查抄水表、电表读数，每周及大雨前后安排人员对托管房进行户外巡查，发现问题后及时处理并通知业主。

7. 资料归档

将入住通知单、业主身份证复印件、受委托人身份证复印件、住户登记表、协议等资料进行整理、保存、归档。

（二）日常报修及来电、来访、交纳物业服务费接待

1. 来访接待

弄清客户来意，详细回答客户提出的问题。对于专业性较强的问题，应先详细记录，咨询相关专业人员后约定时间给予回复。对前来接洽的公务人员，应请对口人员接待；小区内住户、商家及单位搬家或将物品搬出小区，应办理物品放行申请，持放行条交门岗保安员核对无误后出小区。

2. 来电接待

认真接听客户来电内容，详细回答客户提出的问题。对于专业性较强的问题，应先详细记录，咨询相关专业人员后约定时间给予回复。对接洽公务的电话，应请对口人员接听。

3. 报修接待

（1）仔细询问客户姓名、住址、联系方式、报修内容、方便维修的时间等，并在客户服务中心工作日志上进行记录。

（2）根据报修内容及报修期限，将客户报修内容记录在“业主报修处理登记表（维修工作单）”上，并录入电脑。

（3）及时通知维修部人员携单在约定时间上门维修。

（4）客户服务中心根据“业主报修处理登记表（维修工作单）”及时回访，每月进行汇总、统计、分析。维修服务回访处理率应达 100％。回访中发现问题后应及时通知维修人员

整改。

4.交纳物业服务费及代收代办费用接待

(1)核对业主资料:核对业主姓名、住址、已交费情况、应交费期间及相应费用,请对方确认。

(2)收取费用,开具收费票据。

(3)上门收取。对预约上门收取费用的住户,应先确认对方姓名、业主姓名、住址、上门服务时间及费用,携带开好的票据,按约定的时间上门收取物业服务费、代收代办费。

(4)催缴费用。对到期未缴纳费用的业主,及时统计,找出原因,采取不同的措施。可以电话、短信提醒对方应缴纳的费用、时间、期限等。对通知后三个月内仍未缴费的业主,应发出正式催缴函;对长期居住在小区的不交费业主,可上门拜访催缴;对长期无端拒缴、性质特别恶劣的业主,可通过法律渠道处理。

**(三)业主装修接待**

(1)验明业主身份:查验身份证。如业主委托他人代办,需提供委托书及受托人身份证,并将受托人身份证复印后与委托书一并存入该户档案。

(2)备案:向业主及施工队重申装修时间及禁止事项,签订装修协议,审核装修方案。涉及拆改主体结构和明显加大荷载的,要求申请人向房屋所在地的房地产行政主管部门提出申请。

(3)发放证件:发放装修施工许可证、施工人员临时出入证,并做好记录。

(4)收费:收取装修垃圾清运费。

(5)资料归档:将委托书、受托人身份证复印件、装修协议、拆改主体结构获房产主管部门的批准书进行归档。

(6)通知:通知维修部、安保部有关装修户的情况,对装修过程进行监控管理。

**(四)回访**

(1)对维修服务的回访处理率应达100%。安全设施维修,2天内回访;房屋渗漏水项目维修,调试后3天内回访;其他维修项目,2天内回访。可上门或电话回访,回访中发现问题后及时通知维修人员整改。

(2)客户服务中心主管按照走访计划,安排相关人员对业主、住户进行走访或电话访问,发放“业主意见征询表”,征询业主意见并及时回收,统计分析。

(3)上门与业主、住户交谈或了解情况时,态度要热情,谈话内容以工作为主,在表明某些观点时,耐心解释,将事情的原因、根据说清楚。走访、回访工作完毕,应感谢对方的支持和配合。提出告辞,在门口再次向对方表示感谢,并主动替住户关上门。

(4)做好记录。将走访、回访情况详细记录在相应的表单上,并记录处理意见及结果,报客户服务中心主管。

(5)汇总走访记录。每月末汇总走访、回访记录,并进行统计、分析,对类似问题出现较多的,写成统计分析报告,以书面形式经客户服务中心主管审核后,上报给物业项目负责人。

**(五)社区文化活动**

(1)充分利用宣传栏、中心广场、会所、娱乐活动中心、网(篮)球场、健身房、图书馆等现有硬件设施开展各类社区文化活动。

(2)宣传有关物业管理的政策、法规、社区动态等,倡导业主共建共管。每两周更换一次。

(3)结合节气、节日、特殊纪念日等举办各类有意义、有特色的文化活动。

① 制定活动方案:确定活动主题、活动项目、成本费用、地点、时间、参加人员、人数、活动进程、需配合的相关部门人员、奖品等。

② 现场布置:客户服务中心联合维修部、安保部等提前布置活动现场。

③ 分工:确定各岗位人员及相应职责分工,准备所需资源。

④ 备案:对组织的各项社区文化活动进行记录、拍照、摄像,并归档留存。

## 第二节 业主投诉管理

### 一、业主投诉概述

随着城镇居民生活水平的提高,居民对居住小区的物业管理服务需求日益个性化,这导致国内物业管理的难度加大,投诉事件的发生日趋频繁。从表面上看,这是物业服务企业的服务质量与业主需求之间的博弈冲突;从深层次上看,这是不同物业服务企业在管理上的竞争,这种管理上的冲突和竞争将决定物业服务企业的利润与发展。在这种情况下,降低业主投诉率,提升物业服务企业的服务质量已成为物业管理工作的重心,也是物业管理研究的重点。

不同的业主投诉的问题可以进行不同的分类:

(1)根据投诉受理性质的不同可分为有效投诉和无效投诉。有效投诉是指投诉内容属于物业管理服务合同规定的物业服务企业范围或者法律、法规规定的物业服务企业必须负责的服务范围;反之为无效投诉。

(2)根据投诉方式的不同可分为来人投诉、来函投诉、来电投诉和其他投诉四种。

(3)根据投诉性质的不同可分为咨询性投诉、普通投诉、紧急投诉。

对投诉进行分类,是要针对不同的投诉,采取有效的方法,争取在尽可能短的时间内,及时、高效、妥善地处理好投诉问题,让客户满意。

### 二、业主投诉的内容

业主投诉的问题多种多样,主要集中在以下六个方面。

1. 物业布局、配套及房屋质量方面

业主入住前后,可能会对物业的整体布局、环境设计、配套设施等感到不满,如绿化覆盖率低;花草树木种植量少或出现枯萎、死亡;水、电、煤或有线电视、防盗系统等未到位;物业内的垃圾处理中心布局不合理;没有足够的车辆停放位置;没有休闲与娱乐场所或活动室等。还会对房屋的质量方面感到不满,如房屋出现漏水、裂缝,管道堵塞等现象。

2. 物业设施设备方面

日常对物业设施设备的投诉主要有两个方面:

一是因设施设备设计不合理而导致的投诉,如电梯数量少、房屋设置的通风口位置不合理、管道位置不合理等。

二是因设施设备运行不正常而引起的投诉,如电梯经常停梯维修,供水、供电、采暖等设备经常出现故障,防盗门禁系统无法正常使用。

3.物业管理服务方面

(1)服务态度。如部分物业管理人员礼仪欠佳,言语粗鲁或不文明,态度生硬等。

(2)服务时效。如服务与处理时间太长,对于业主报修的维修不及时、拖拉等。

(3)服务质量。如人身、财产的安全得不到保障,环境卫生脏、乱、差,绿化区域内杂草丛生,维修返修率高等。

(4)服务项目。如物业管理为业主所提供的物业服务项目单一,不能满足不同层次业主的需求。

4.物业管理费方面

主要是对物业管理费的收取不满导致的投诉,如认为物业管理费太高。

5.社区文化方面

主要是指对物业项目内的文化氛围、社区活动不满,如法定节假日时氛围欠佳,没有举办社区公益活动等。

6.突发事件处理方面

突发事件产生的后果往往较严重,直接影响到业主、住户的正常工作、生活,可能还会给其带来一定程度上的人身或财产损失,如突然停电、被困于电梯、室内被盗等,容易导致产生比较强烈的投诉。

## 三、业主投诉的处理流程

### (一)投诉受理

接待业主来访或接到业主来电投诉时,必须讲究礼仪礼貌,填写"顾客投诉登记表"的相关内容,包括投诉人、投诉时间、投诉内容等,诚心诚意听取业主的投诉,认真记录,按照"五清楚、一报告"的原则受理投诉。

(1)听清楚——对业主的投诉保持镇静,耐心倾听业主的投诉内容。

(2)问清楚——对业主投诉的事情要问清楚时间、地点、详细经过。当时没听明白的,及时请业主重复一遍,态度要诚恳。

(3)记清楚——对业主投诉的内容作好记录,留下投诉人的姓名、电话等,了解事情的来龙去脉,分析投诉的原因。

(4)跟清楚——将业主投诉的内容反馈给相关部门,回复用"一站式"的服务方式,以最快的速度解决,做到客观全面、耐心到位。

(5)复清楚——对投诉的内容,有时效性承诺的,必须尽快解决,尽力满足业主的要求。在处理的整个过程中应保持礼貌、友善和谅解的态度。如果因其他的原因暂时无法给业主一个满意的答复,应尽量和业主解释。

(6)报告——对业主、住户投诉的内容和处理结果,应及时汇报给部门领导和相关人员。

### (二)判断、处理

对于业主的投诉要快速判断、迅速反应、及时处理。经过判断分析,找到所涉及的部门,并派单到相应部门。

(1)业主投诉室内维修或公共区域的设施设备维修时,先界定服务的性质。如果是有偿的,根据公布的价格报告业主,经认可后,在"维修单"上加以注明,派发至维修部。维修部应在业主预约的时间内完成维修,并请业主确认服务质量、态度、满意率,产生的费用记录在收费单上。

(2)业主提出室内清洁、绿化服务及告示牌租用需求时，由服务部派员与业主洽谈，并将有关内容记录在“有偿服务工作单”上。

(3)业主提出公共区域清洁、绿化问题及公共设施设备受到损坏等公共环境管理方面的投诉时，统一由客户服务部受理，并及时传达至责任部门，按服务承诺的时间完成任务。

(4)如投诉问题严重，客户服务部应立即报告公司领导并联系有关部门负责人，由公司组织人员一起查看现场和记录，及时处理。

(5)如投诉涉及其他单位，无法及时解决，应与投诉人联系，做好解释工作，同时尽快与有关部门取得联系，解决问题，并及时将处理结果反馈给投诉人。

**(三)回访**

回访是建立信任、弥补因种种原因造成失误的重要环节，也是检查工作质量，与业主沟通、搞好关系的最好机会。不管任务单最后转到哪个部门，首位服务接待人员必须跟踪整个投诉的处理过程，保持与投诉业主的沟通，随时接受询问。

**(四)投诉处理的统计分析总结**

(1)投诉处理完毕后，处理人须请业主在“维修单”或“有偿服务工作单”上签名确认并评价。其他类型的投诉处理完毕后，也应有相应评价。

(2)客服部应该每月或每季度对投诉处理情况进行整理和统计分析，将分析的结果上报给相应部门的主管。通过分析可以有效地掌握管理区域内存在的各种问题，以便改进不足之处，不断提高服务质量。

## 本章小结

本章主要讲述了客服管理的含义，客服管理的职责，投诉的分类及处理流程。

## 关键概念

客服管理　客服管理职责　投诉管理

## 基础知识训练

1. 简述客服岗位的工作流程。
2. 简述处理业主投诉的流程。

## 实践操作训练

以具体案例分析如何妥善处理业主投诉问题。

# 第十二章　档案管理

## 本章要点

物业管理档案的分类；物业管理档案的主要归档内容；物业管理档案的整理；物业管理档案的鉴定与保管；物业管理档案的登记、使用与销毁。

## 知识目标

1. 了解物业管理档案的含义及作用；
2. 掌握物业管理档案的收集及主要归档内容；
3. 掌握物业管理档案的整理；
4. 掌握物业管理档案的登记、使用与销毁；
5. 掌握信息技术等新技术的应用。

## 能力目标

1. 能够理解并掌握物业管理档案分类方法的相关知识；
2. 能够掌握物业管理档案收集的相关内容；
3. 能够掌握物业管理档案使用的相关程序，能够熟练应用档案整理的流程。

## 案例导引

**档案可作法律证据**

2018 年 6 月 1 日，A 公司通过公开拍卖的方式竞得 B 公司 C 大厦 20 层 2200 平方米的物业所有权，并应承担 B 公司拖欠的此物业截止于该年 5 月 31 日的物业管理费及滞纳金共计 80 多万元(C 大厦 20 层物业拍卖信息条件之一)。2018 年 6 月 3 日，A 公司到 C 大厦物业管理处咨询入住手续，领取相关资料，并交纳原业主拖欠的费用，但未办理入住手续；2018 年 7 月 10 日，A 公司再次到物业管理处咨询装修相关事项，随后离开；2018 年 9 月 15 日，A 公司发律师函给物业管理处，要求物业管理处赔偿 C 大厦 20 层物业从 2018 年 6 月 3 日至 2018 年 9 月 3 日租金共 60 多万元，并要求物业管理处退回其交纳的物业管理费近 90 万元，理由是：业主要求办理入住和装修手续，物业管理处不予办理，致使其物业无法出租，并且 C 大厦 20 层物业一直空置，物业管理处并未提供满意的物业服务。

当时，物业管理公司的律师要求物业管理处写一份陈述，详细描述该业主每次到物业管理处办理或咨询的事项，谈话内容，领取的物品、文件的签收记录，以及服务结束时间，并提供如下资料：

1. A公司每次来管理处的时间，咨询或办理事项的记录；

2. 物业管理处为大厦用户提供的服务项目，以及近3年的服务满意度状况；

3. 原业主拖欠费用通知单及催款单。

值得称赞的是，该物业管理处的事务助理详细填写了事务日志，把所有经手的事情记录得一清二楚，从而迅速向律师提供了所需的全部证据，最后A公司自动撤诉。

从上面的案例可以看出物业管理档案对于物业服务企业的重要性。如果不能提供相应的管理档案，将可能给物业服务企业造成巨大损失。

**思考题：**

作为一名专业的物业服务人员，如何理解档案管理的法律证据作用？请说出依据。

物业档案管理是贯穿于物业管理全过程的一项重要的基础性工作，是支撑物业管理工作的原始记录及第一手资料，不论在社会管理、行业管理、企业管理，还是在项目管理中都是不可或缺的。今天的档案就是明天的历史，物业管理档案不仅仅是物业管理工作的基础资料和证据，更是标准化建设、信息化建设、诚信体系建设及和谐社会建设的需要和基本规范。

## 第一节　物业管理档案的含义及分类

### 一、物业管理档案的含义

#### （一）档案

档案是国家机构、社会组织或个人在社会活动中直接形成的、有价值的、各种形式的历史记录，是具有清晰、确定的原始记录作用的固化信息。通俗地讲，档案是清晰、确定的原始记录信息。

#### （二）物业管理档案

物业管理档案是指在物业的开发建设和管理经营活动中形成的作为原始记录保存的以备查考的文字、图像、声音以及其他各种形式和载体的文件。其包括两层含义：一是经过归档保存的原始记录及其载体；二是该原始记录的信息内容。

物业管理档案可以追溯到早期介入至物业开发建设及管理全生命周期，按照管理服务对象及责任边界，一般可分为与“物”有关的档案、与“人”有关的档案及特约专项服务档案等。与“物”有关的档案包括但不限于开发建设有关信息及物业维修、运行、更新改造等信息；与“人”有关的档案包括但不限于业主（使用人）姓名、联系方式等信息。

### 二、物业管理档案的作用

物业管理档案具有本质属性及一般属性。其是在工作中形成或者由使用资料整理而来的，不是事后编制的，客观记录了工作的全过程、全方位、全体系，可以真实再现当时的场景及活动轨迹，客观真实性是其本质属性；其一般属性是指文化属性、知识属性及信息属性。物业管理档案具有重要作用：

（1）物业管理档案可以真实反映管理服务信息及合同约定服务标准的执行情况，具有证据及凭证的作用；

（2）物业管理档案可以针对产品公共性、综合性、连续性等特点明晰责任边界，规避管理责任风险；

（3）物业管理档案有助于及时了解客户信息，有针对性地开展客户的特约专项服务；

（4）物业管理档案中大量真实的数据等信息可以用于大数据研究分析、发展研究报告等，助力推动企业、行业、社会信息化建设。

### 三、物业管理档案的分类方法及分类

物业档案管理指物业服务企业在物业管理活动中，对物业服务原始记录进行收集、整理、鉴定、保管、使用及销毁等，为物业管理提供客观依据和历史资料。

#### （一）物业管理档案的分类方法

物业管理档案是客观记载物业及管理综合性、体系化信息的历史记录，其一般分类方法包括以下四种。

1.年度分类法

根据形成和整理文件的年度，将全宗内档案分成各个类别，可反映出立档单位、项目每年工作的情况和发展的变化情况，便于按年度查阅、利用档案。

2.组织机构分类法

按照立档单位的内部组织机构，把全宗内的档案分成各个类别，能体现全宗内文件在来源方面的联系，客观反映各组织机构工作活动的历史情况，便于按组织机构查阅档案。

3.事件分类法

按照全宗内档案反映的事件进行分类，又称为事由分类法或问题分类法，能较好地体现文件在内容方面的联系，使内容相同或相近的文件整合在一起，较突出地反映立档单位主要工作活动的情况，又可按专业系统、全面地查阅、利用档案。

4.流程分类法

依据立档单位设立的工作（作业）流程进行分类，把档案按阶段进行归集整理，能够系统地反映立档单位的档案资料，保持立档单位档案资料全程的连续性和全面性，有利于立档单位按设立流程系统、全面地查阅、利用档案。

物业服务企业应根据企业自身的需要和档案管理的有关要求采用相应的分类方法。

#### （二）物业管理档案的分类

根据物业服务行业目前的发展现状和发展需要，物业管理档案一般采用以下分类（图12-1）：

物业服务企业档案一级类目一般可分为十大类，分别是综合管理、人力资源管理、质量管理、工程管理、物业服务、经营管理、市场拓展、品牌管理、财务管理、维修资金管理。

物业服务企业档案二级类目一般将物业服务进行细化，分为八大类，分别是基础管理服务，客户服务，物业共用部位管理，共用设施设备管理，公共秩序维护，环境管理服务，创新、效益与业主评价，其他管理服务等。

物业服务企业可根据单位档案的内容和管理的需要在一级类目、二级类目基础上进行细化。

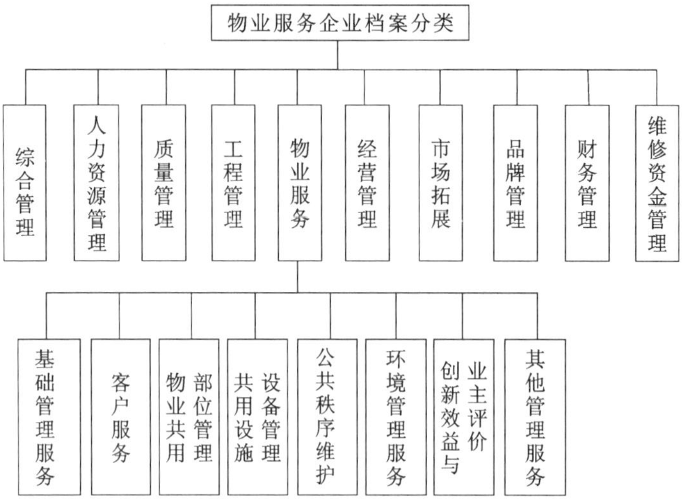


**图 12-1　物业服务企业档案分类**

## 第二节　物业管理档案的收集与归档

档案应完整并系统化。档案管理部门应针对档案性质、用途的不同，对档案进行收集、整理、利用和保存，做到分类明确、便于查找、专人管理。物业管理档案是物业管理的基础管理资料，是物业信息管理的重要组成部分，充分发挥物业管理档案的作用，并有效地加以利用，可提高物业管理的工作效率和质量，推进物业管理行业转型升级。

### 一、物业管理档案的收集方法

物业管理档案的收集是物业档案管理的重要工作，要想扎实推进此项工作，必须树立档案管理意识，提前做好筹划准备。

实践中一般常按照物业管理的事由分类和流程分类收集档案信息，其资料来源于企业、业务部门及管理项目。

(1)物业管理档案的事由分类收集：企业层面主要由综合部门统一管理，资料来源于各个业务部门，主要包括综合管理、人力资源管理、质量管理、工程管理、物业服务、经营管理、市场拓展、品牌管理、财务管理、维修资金管理等内容；项目层面主要包括基础管理服务，客户服务，物业共用部位管理，共用设施设备管理，公共秩序维护，环境管理服务，创新、效益与业主评价，其他管理服务等内容。

(2)物业管理档案的流程分类收集：通常包括物业承接查验档案、业主入住档案和物业日常管理档案等的收集。

### 二、物业管理档案的收集与归档

物业管理档案的收集有不同的方法和分类，下面主要介绍常用的两大类。

**(一)按事由分类的物业管理档案收集**

(1)综合管理档案:证照管理使用、规章制度、会议文件、印章管理使用、合同管理、资产管理、法律事务、福利管理、荣誉管理、电子资料、后勤事务档案等。

(2)人力资源管理档案:员工配置与招聘、员工培训与开发、绩效管理、薪酬福利管理、劳动关系管理档案等。

(3)质量管理档案:质量计划管理、质量体系管理、质量监督管理档案等。

(4)工程管理档案:制度管理、作业流程管理、监督管理、能耗管控、图纸资料管理档案等。

(5)物业服务档案(主要是项目运营档案):

①基础管理服务档案:物业服务合同、服务人员管理、基础条件设施、物业承接查验、项目管理制度、供方管理、突发事件应急机制、沟通报告机制、专项维修资金制度、档案管理、质量管理档案等。

②客户服务档案:客户接待、信息公示、投诉处理、客户沟通、社区文明建设档案等。

③物业共用部位管理档案:制度建设、标识系统、装饰装修管理、房屋共用部位使用管理、房屋外观、室外附加设施管理档案等。

④共用设施设备管理档案:管理制度,共用设施设备管理,设备机房管理,用电系统管理,弱电系统管理,电梯系统管理,消防系统管理,用水系统管理,排水系统管理,突发事件,避雷系统管理,室外共用管线、管道和道路管理档案等。

⑤公共秩序维护档案:制度建设、秩序维护管理、交通及停车管理、消防安全管理档案等。

⑥环境管理服务档案:制度建设、人员管理、安全防护、消杀除害、文明公约、保洁服务、绿化服务管理档案等。

⑦创新、效益与业主评价档案:服务创新、经营效益、业主评价档案等。

⑧其他管理服务档案。

(6)经营管理档案:经营收入、成本管控、风险控制档案等。

(7)市场拓展档案:市场调研、项目接管、合同管理档案等。

(8)品牌管理档案:视觉识别信息、荣誉证书、宣传资料档案等。

(9)财务管理档案:一般单独存放管理,包括财务管理制度、预算管理、财务收支凭证档案等。

(10)维修资金管理档案:首次缴存资料、使用资料等。

**(二)按流程分类的物业管理档案收集**

1.物业承接查验档案的收集

(1)物业承接查验档案收集的特点。物业承接查验档案收集的内容主要是承接查验物业及其附属设施设备的权属、技术和验收文件,一般称为物业基础资料档案,其收集一般集中在物业承接查验阶段,并与承接查验同步进行。该档案收集的技术要求高,涉及面广,是对物业服务企业技术力量的一个重要考验。收集不全或遗漏,会对今后的物业管理工作造成长远的影响。

(2)物业承接查验档案收集的范围。物业承接查验档案的收集范围较为明确,主要包括权属资料档案、技术资料档案和验收文件档案。该档案收集的对象较单一,主要是开发建设单位。承接查验期所需收集资料档案的主要内容可参见表12-1～表12-9。

**表 12-1　承接查验移交资料清单**

| 序号 | 名　　称 | 备注 |
| --- | --- | --- |
| 一 | 项目建设资料 | |
| 1 | 房地产开发企业证照 | |
| 2 | 房地产开发项目批准文件 | |
| 3 | 建筑红线图 | |
| 4 | 建设用地规划许可证 | |
| 5 | 建设工程施工许可证 | |
| 6 | 建设工程规划许可证 | |
| 7 | 规划总平面图 | |
| 8 | 建筑设计防火审核意见书(消防审核意见书) | |
| 9 | 各分项工程设计方案 | |
| 10 | 建设工程规划验收合格证(综合验收合格证) | |
| 11 | 建设工程竣工验收质量认定书(建筑工程质量认定书) | |
| 12 | 消防工程验收合格证(审核意见书) | |
| 13 | 工程竣工验收备案表(质检备案表) | |
| 14 | 工程建筑放线、验线、验收意见书 | |
| 15 | 公共安全技术防范工程设施使用证 | |
| 16 | 通信管线等各分项工程竣工验收书/验收报告 | |
| 17 | 供水、供气协议书 | |
| 18 | 供用电合同、燃气验收合格证 | |
| 19 | 同意供电通知 | |
| 20 | 申请门牌审批表 | |
| 21 | 白蚁防治合同书 | |
| 22 | 有线(光纤)电视许可证、电话网络验收合格证 | |
| 23 | 房屋质量保证书、房屋使用说明书 | |
| 24 | 建筑工程质量保修协议书 | |
| 25 | 公共设施、设备清单 | |
| 26 | 其他相关资料 | |
| 二 | 物业产权资料 | |
| 1 | 房屋所有权证、土地使用权证 | |
| 2 | 销售资料(业主、产权、位置、建筑面积、联系方式、户型图等) | |
| 3 | 房屋设备及其固定附着物清册 | |
| 4 | 房屋分户产权办理情况说明 | |

续表 12-1

| 序号 | 名　称 | 备注 |
|---|---|---|
| 5 | 建筑执照 | |
| 6 | 拆迁安置资料 | |
| 7 | 其他相关资料 | |
| 三 | 建筑工程技术资料 | |
| 1 | 地质勘察报告 | |
| 2 | 工程招、投、定标书 | |
| 3 | 工程施工合同及开、竣工报告 | |
| 4 | 施工图（总平、结构、建筑、给排水、电气、燃气、通信、消防、防雷、强弱电、智能化系统及设备安装等） | |
| 5 | 图纸会审记录 | |
| 6 | 工程设计变更通知（包括质量事故处理记录） | |
| 7 | 隐蔽工程验收签证 | |
| 8 | 沉降观察记录 | |
| 9 | 竣工验收证明书 | |
| 10 | 主要建筑材料质量保证书（钢材、水泥等） | |
| 11 | 新材料、构配件的鉴定合格证书 | |
| 12 | 砂浆、混凝土试块试压报告 | |
| 13 | 竣工图（建筑、结构、给排水、电、气、通信、防雷、消防、强弱电、智能化系统、设备安装、总坪道路、雨污排放等附属工程及隐蔽管线等） | |
| 14 | 其他项目竣工图（绿化、景观、二次装修等） | |
| 15 | 各分项工程施工单位资料 | |
| 16 | 各分项工程/隐蔽工程验收表/测试报告 | |
| 17 | 水电、空调、卫生洁具、电梯等设备检验合格证书 | |
| 18 | 供水试压报告 | |
| 19 | 机电设备订购合同，单台设备的说明书、试验记录及系统调试记录 | |
| 20 | 弱电、安防、智能化系统集成及布线图 | |
| 21 | 停车场设施系统图 | |
| 22 | 设备试压、试运行合格报告 | |
| 23 | 防雷电阻接地实测记录、引下线焊接记录 | |
| 四 | 设备资料——供电系统 | |
| 1 | 供电系统设备购买、安装合同 | |
| 2 | 供电系统设备制造、安装单位及维护单位资料 | |

续表 12-1

| 序号 | 名　　称 | 备注 |
|---|---|---|
| 3 | 供电系统设备产权所有者及用户的名称和地址 | |
| 4 | 高低压配电柜、变压器、直流控制屏等设备参数(型号、数量、重量、额定电压、电流、频率等) | |
| 5 | 高低压配电柜、变压器、直流控制屏等设备随机资料(安装使用说明书、技术图纸、机房布置图、产品合格证、安装配件清单等) | |
| 6 | 高低压配电柜、变压器、直流控制屏等设备主要配件资料(生产单位、技术参数、说明书、产品合格证等) | |
| 7 | 高低压配电柜、变压器、直流控制屏等设备试运行检验记录、运行许可证 | |
| 8 | 配电箱、电缆、插接母线、电表等资料(生产单位、技术参数、说明书、检测报告、产品合格证、强检资料等) | |
| 9 | 灯具等末端用电器具资料(生产单位、技术参数、说明书、产品合格证等) | |
| 10 | 配套装置、仪表、电度表资料(检验记录、测试报告、原始数据记录、强检资料等) | |
| 11 | 绝缘电阻测试、试验记录、试运转记录 | |
| 12 | 发电机随机相关技术资料 | |
| 五 | 设备资料——给排水系统 | |
| 1 | 给排水系统设备购买、安装合同 | |
| 2 | 给排水系统设备制造、安装单位及维护单位资料 | |
| 3 | 给排水系统设备产权所有者及用户的名称和地址 | |
| 4 | 水泵等配套设备参数(型号、额定功率、扬程、编号等) | |
| 5 | 设备随机资料(安装使用说明书、维护保养手册、机房布置图、产品合格证、随机配件清单、主要配件资料等) | |
| 6 | 设备运行检验记录、管道水压及闭水试验记录、给水管道的冲洗及消毒记录 | |
| 7 | 主要材料和制品的合格证或试验记录 | |
| 8 | 配套装置、仪表、水表资料(检验记录、测试报告、原始数据记录、强检资料等) | |
| 9 | 水、暖、卫生器具检验合格证书 | |
| 10 | 其他相关资料 | |
| 六 | 设备资料——消防系统 | |
| 1 | 消防设备购买、安装合同 | |
| 2 | 消防设备制造、安装单位及维护单位资料 | |
| 3 | 消防设备产权所有者及用户的名称和地址 | |
| 4 | 消防广播、消防栓等设备参数 | |
| 5 | 随机资料(安装使用说明书、维护保养手册、机房布置图、产品合格证、随机配件清单、主要配件资料等) | |

**续表 12-1**

| 序号 | 名　　称 | 备注 |
| --- | --- | --- |
| 6 | 设备、仪表调试运行检验记录，管道冲洗、水压及闭水试验检验记录 | |
| 7 | 消防系统主要材料和制品的合格证或试验记录 | |
| 8 | 消防验收合格证书 | |
| 9 | 其他相关资料 | |
| 七 | 设备资料——弱电系统 | |
| 1 | 弱电系统设备购买、安装合同 | |
| 2 | 弱电系统设备制造、安装单位及维护单位资料 | |
| 3 | 弱电系统设备参数（系统、型号、规格、数量） | |
| 4 | 弱电系统随机资料（安装使用说明书、维护保养手册、产品合格证、随机配件清单、主要配件资料等） | |
| 5 | 弱电系统设备调试运行检验记录、安装检验合格证书、智能化等设备国家许可使用证明 | |
| 6 | 有线电视及电话协议 | |
| 7 | 设备试压、试运行合格报告 | |
| 8 | 防雷电阻接地实测记录、引下线焊接记录 | |
| 9 | 其他相关资料 | |

**表 12-2　共用设施设备查验整改记录表**

年　　月　　日

| 序号 | 存在的问题 | 整改措施 | 整改依据 | 完成日期 | 备注 |
| --- | --- | --- | --- | --- | --- |
| | | | | | |
| | | | | | |
| | | | | | |
| | | | | | |
| | | | | | |
| | | | | | |
| | | | | | |
| | | | | | |
| | | | | | |

建设单位/业主委员会：　　　　施工单位：　　　　物业服务企业：

**表 12-3　物业承接查验重大缺陷记录表**

年　　月　　日

| 项目 | 存在的缺陷 | 整改意见 | 备注 |
|---|---|---|---|
| | | | |
| | | | |
| | | | |
| | | | |
| | | | |
| | | | |
| | | | |
| | | | |
| | | | |
| | | | |

建设单位(业主委员会)：　　　　　　　　　　　　　　物业服务企业：

**表 12-4　承接查验问题整改项目表**

| 序号 | 内　　容 | 跟进人 | 预计完工日期 | 完工日期 | 备注 |
|---|---|---|---|---|---|
| | | | | | |
| | | | | | |
| | | | | | |
| | | | | | |
| | | | | | |
| | | | | | |
| | | | | | |
| | | | | | |
| | | | | | |
| | | | | | |

**表 12-5　共用部位、共用设施设备承接查验表**

| 查 验 项 目 | | 评价 | 问题 | 备注 |
|---|---|---|---|---|
| 供配电系统 | | | | |
| | | | | |
| | | | | |
| | | | | |
| | | | | |

**续表 12-5**

| 查验项目 | | 评价 | 问题 | 备注 |
|---|---|---|---|---|
| 给排水系统 | | | | |
| | | | | |
| | | | | |
| | | | | |
| | | | | |
| 消防系统 | | | | |
| | | | | |
| | | | | |
| | | | | |
| | | | | |
| 电梯系统 | | | | |
| | | | | |
| | | | | |
| 标志标识系统 | | | | |
| | | | | |
| | | | | |
| 环卫系统 | | | | |
| | | | | |
| | | | | |
| 通信网络系统 | | | | |
| | | | | |
| | | | | |
| | | | | |
| | | | | |
| | | | | |
| 办公自动化系统 | | | | |
| | | | | |
| | | | | |
| | | | | |
| 安全防范系统 | | | | |
| | | | | |
| | | | | |
| 综合布线系统 | | | | |
| | | | | |
| | | | | |
| | | | | |

续表 12-5

| 查验项目 | | 评价 | 问题 | 备注 |
|---|---|---|---|---|
| 园林绿化工程 | | | | |
| | | | | |
| | | | | |
| 土建工程系统 | | | | |
| | | | | |
| | | | | |
| | | | | |
| | | | | |
| | | | | |
| 道路交通系统 | | | | |
| | | | | |
| | | | | |
| 其他 | | | | |
| | | | | |

**表 12-6　物业设施交接书**

| 序号 | 交接项目 | 型号规格 | 数量 | 接收意见 | 处理结果 | 确认 |
|---|---|---|---|---|---|---|
| | | | | | | |
| | | | | | | |
| | | | | | | |
| | | | | | | |
| | | | | | | |
| | | | | | | |
| | | | | | | |
| | | | | | | |
| | | | | | | |
| | | | | | | |
| 物业服务企业 | 经办人签名：<br><br>物业服务企业盖章： | | 建设单位 | 经办人签名：<br><br>建设单位盖章： | | |

**表 12-7 消防系统查验表**

| 施工单位负责人(签字) | | | | 设计单位负责人(签字) | | | | |
|---|---|---|---|---|---|---|---|---|
| 安全疏散系统 | 设备名称及有无状况 | | | 产品名称 | 产品型号 | 生产厂家 | 数量 | |
| | 疏散指示标志 | 有/无 | | 防火门 | | | | |
| | 消防电源 | 有/无 | | 防火卷帘 | | | | |
| | 事故照明 | 有/无 | | 消防电梯 | | | | |
| 火灾报警系统 | 系统设计单位 | | | | 施工单位 | | | |
| | 形式:区域报警/集中报警/控制中心 | | | | | | 设置部位 | |
| | 产品名称 | 产品型号 | 生产厂家 | 数量 | 产品名称 | 产品型号 | 生产厂家 | 数量 |
| | 感烟探测器 | | | | 集中报警器 | | | |
| | 感温探测器 | | | | 区域报警器 | | | |
| | 火焰探测器 | | | | 事故广播 | | | |
| | 手动按钮 | | | | | | | |

**表 12-8 分项配套工程质量验收记录**

| 工程名称 | | 结构类型 | | 检验批数 | |
|---|---|---|---|---|---|
| 施工单位 | | 项目经理 | | 项目技术负责人 | |
| 分包单位 | | 分包单位负责人 | | 分包项目经理 | |
| 序号 | 检验部位、区段 | 施工单位检查评定结果 | | 监理(建设)单位验收结论 | |
| | | | | | |
| | | | | | |
| | | | | | |
| | | | | | |
| | | | | | |
| | | | | | |
| | | | | | |
| | | | | | |
| 检查结论 | 项目专业技术负责人<br>年 月 日 | | 验收结论 | 监理工程师<br>(建设单位项目专业技术人)<br>年 月 日 | |

表 12-9　绿化工程承接查验表

| | | | | | |
|---|---|---|---|---|---|
| 工程名称 | | | 工程地址 | | |
| 绿地面积(平方米) | | | | | |
| 开工日期 | | 竣工日期 | | 验收日期 | |
| 树木成活率(%) | | | | | |
| 花卉成活率(%) | | | | | |
| 草坪覆盖率(%) | | | | | |
| 整洁及平整 | | | | | |
| 整形修剪 | | | | | |
| 附属设施评定意见 | | | | | |
| 全部工程质量评定及结论 | | | | | |
| 验收意见 | | | | | |
| 施工单位 | | 建设单位 | | 绿化质检部门 | |
| 签字：<br>公章： | | 签字：<br>公章： | | 签字：<br>公章： | |

2. 业主入住档案的收集

(1)业主入住时物业管理档案收集的特点。档案收集工作的重点集中在物业业主、物业使用人,档案资料收集的范围是业主档案资料和相关档案资料。

(2)业主入住物业管理档案的收集方式和程序。业主入住的档案资料收集与入住期物业管理工作密切相关,同步进行,应同时做好档案资料收集所必需的准备工作:设立档案资料收集工作小组,专责进行档案资料的收集;工作小组可按业主权属资料,业主、物业使用人个人资料进行分组,并确定各档案资料的收集范围以及相关表格和收集程序。档案资料收集后,应及时整理并归档。

3. 日常管理档案的收集

日常管理档案主要包括物业运行记录档案、物业维修维护记录档案、物业服务记录档案和行政管理档案。

(1)物业运行记录档案包括建筑物运行记录档案和设施设备运行记录档案。

(2)物业维修维护记录档案包括建筑物维修维护记录档案和设施设备维修维护记录档案。

(3)物业服务记录档案包括物业及共用设施清洁服务记录、巡视记录、业主装修管理服务记录、增值服务记录、社区活动记录和服务与投诉管理记录。

(4)行政管理档案包括项目人力资源、薪酬、法律事务、教育、培训等方面的文件材料。

**(三)物业管理档案的收集时间**

有关的文件、资料应及时收集。一般由企业相关业务部门、项目组收集立卷后,每月、每季或每年向档案室移交。企业可根据自身情况决定具体的移交方法，除一些需跨年执行处理的文件或某些特殊载体的文件的收集时间可延长外，一般不应超过1年。手续办理完毕的文件，不能由承办部门或个人保存，须向档案管理部门移交。

## 第三节　物业管理档案的整理

### 一、物业管理档案整理的流程

物业管理档案的整理包括区分全宗、全宗档案的分类、立卷（组卷、卷内文件的排列和编号、填写卷内目录和备考表、拟写案卷标题、填写案卷封面）、案卷排列和编号、编制案卷目等业务环节。物业管理档案整理流程如图12-2所示。

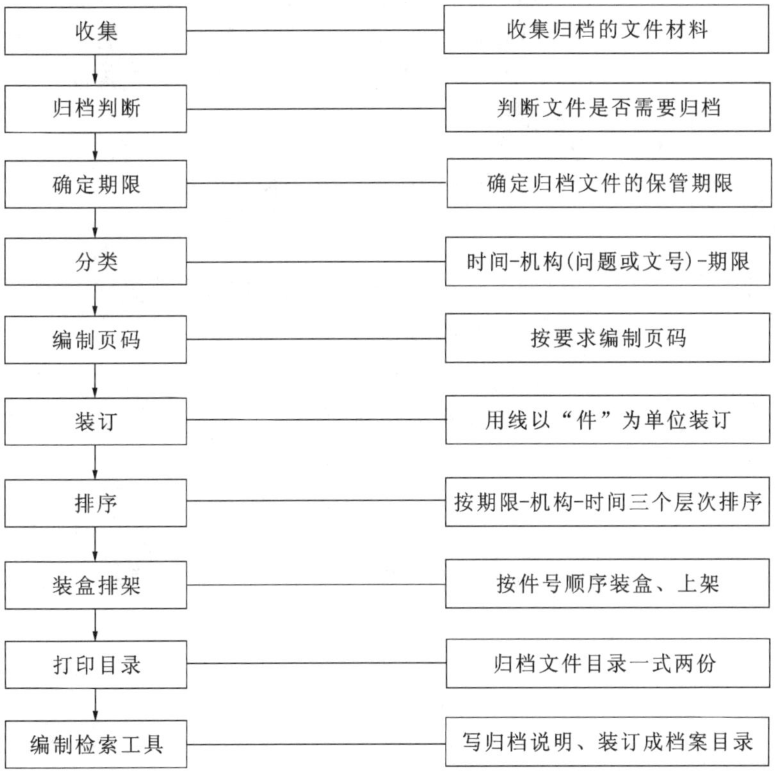


图12-2　档案整理流程

### 二、物业管理档案整理的要求与方法

物业管理档案的整理是指把与物业管理相关的处于相对分散状态的档案，经过分类组合、排列、编目，使档案系列化、系统化的工作。

1. 物业管理档案整理工作的要求

档案的整理应保持文件之间的历史联系，便于保管和利用；必须在原有的基础上进行整理、分类。

图 12-3　档案盒背脊

2. 物业管理档案整理的基本方法

(1)以案卷为单位整理。以案卷为单位整理就是立卷，即按照文件材料在形成和处理过程中的联系将其组合成案卷。案卷是一组有密切联系的文件的组合体。立卷是一个分类、组合、编目的过程。分类即按照立档单位的档案分类方案，对文件材料进行实体分类；组合即将经过分类的文件材料，按一定形式组合起来；编目即将经过组合以后的文件材料进行系统排列。

(2)以件为单位整理。以件为单位整理要以计算机信息化管理为前提条件。以件为单位整理就是按照文件材料形成和处理的基本单位进行整理。一般来讲，一份文书材料、一张图纸或照片、一盘录音或录像资料、一本表册或证书、一面锦旗、一个奖杯等均为一件。文书材料的正本与定稿作为一件，转发件与被转发件作为一件，正文与附件作为一件，原件与复制件作为一件，来文与复文作为一件。以件为单位整理的档案，其基本保管单位是件。

## 三、物业管理档案术语及部分示例

1. 背脊

通常情况下，背脊包括单位或项目名称、档号、案卷题名、年度、保管期限等信息，如图 12-3 所示。

2. 档案总目录

档案总目录如表 12-10 所示。

表 12-10　档案总目录

| 序号 | 登记日期 | 档号（全宗号＋案卷目录号＋案卷号） | 案卷题名 | 编制单位 | 数量 | 备注 |
|---|---|---|---|---|---|---|
| | | | | | | |
| | | | | | | |
| | | | | | | |
| | | | | | | |

## 四、物业管理档案的归档管理

(1)可实行纸质资料管理和计算机电子化系统档案管理双轨制，并尽可能将其转化为计算机储存形式，以便于查找。同时还可运用录像、录音、照片、表格、图片等多种形式保存，使其具体化、形象化。

(2)对业主和物业管理企业利益影响较大的档案，应按授权级别检索并严格控制借阅。

(3)档案管理人员应编制统一的档案分类说明书和档案总目录,并进行科学、合理的分类存档。

## 第四节　物业管理档案的鉴定与保管

### 一、物业管理档案的鉴定

物业管理档案的鉴定是指对物业管理档案的保存价值进行鉴定,即鉴别档案价值的大小,确定档案保管的期限,决定档案的存毁取舍。档案由各单位负责人鉴定,需要平时整理档案,还要定期鉴定档案。对保管期已满的档案,需要进行鉴定,确定是否需要延长保管期。物业管理档案鉴定工作的主要目的,是在甄别、判定物业管理档案价值的基础上,确定物业管理档案的不同管理期限。

物业管理档案的保管期限分为永久、长期和短期。保管期限在50年以上的档案为永久保管档案,保管期限在16～50年(含16年和50年)之间的档案是长期保管档案,保管期限在15年以下的档案为短期保管档案。档案的保管期可根据国家规定及企业需要及时调整。

1.永久保存的档案

凡是反映本企业主要职能活动和基本历史面貌的,对本企业建设和历史研究有长远利用价值的档案,列为永久保管档案,如开发建设移交资料、物业交接资料、业主档案、文件规定需永久保存的质量记录等。

2.长期保存的档案

凡是反映本企业一般工作活动,在较长时间内对本企业工作有参考利用价值的文件材料,列为长期保管档案,如企业参加重要对外活动形成的文件材料,企业重要业务问题的文件材料,各种重要的调查报告、情况反映、企业获得的各级政府表彰的文件材料及文件规定需长期保存的质量记录等。

3.短期保存的档案

凡是在较短时间内对本企业有参考利用价值的文件材料,列为短期保管档案,如企业日常的调查报告,一般性工作通知,事务性有参考价值的文件材料,企业开展比武竞赛、文化活动的文件材料,各类培训通知及文件规定需短期保存的质量记录等。

### 二、物业管理档案的保管

物理管理档案的保管是指按照一定的原则,采用适当的技术,改善档案的保存环境和保管条件,以便最大限度地延长档案寿命的过程。

物业管理档案保管工作的基本原则为:分类保管,以保护为宗旨,以利用为目的,以防为主,防治结合。

(1)保存档案必须有专门的房屋,具备良好的卫生环境和防盗、防火、防光、防潮、防尘、防有害生物、防污染等安全措施。

(2)档案库房、柜架应坚固,柜、架的排列方法要科学和便于查找。

(3)底图除修改、送晒外,不得外借。修改后的底图入库后,应认真检查其修改、补充等情况。底图存放以平放为宜。

(4)接收档案时须认真验收,并办理交接手续。

(5)存放胶片、照片、磁带要用特制的密封盒、胶片页夹和影集等,按编号顺序排列在胶片柜或防火柜内。缩微母片和拷贝片应分别存放。胶片库房应设置在没有臭氧、一氧化氮、硫化氢、二氧化硫等有害气体和物理性污染的地段。库房内应设有防火和空气调节设施,温度、湿度应符合规定的要求。

(6)根据实际需求对电子文档进行合理分类后存档,存档可采取在线存档或者线下存档的方式,保证电子文档的安全性。

(7)定期进行库藏档案的清理、核对工作,做到账、物相符。对破损或载体变质的档案,要及时进行修补和复制。库藏档案因移交、作废、遗失等注销账卡时,要查明原因,保存依据。

## 第五节　物业管理档案的登记、使用与销毁

### 一、物业管理档案的登记

物业管理档案登记主要分为档案状况登记和档案工作登记两个方面。

(1)档案状况登记是对物业管理档案的数量、存在、保管状况及其变化等基本情况的登记。物业管理档案主要由企业和项目组保管,案卷目录和卷内目录是两种最基本的记录,反映档案数量与存在状态的登记形式。

(2)档案工作登记是对档案管理过程中发生的重要情况和基本的工作行为、事实、利用情况等的记录。档案的利用情况是物业管理档案登记的重要内容。

### 二、物业管理档案的检索与使用

物业管理档案通常有纸介质和电子介质形式两大类,其检索、使用与保存应区分介质的不同、特点的差异,采取针对性措施。物业管理档案的检索是指档案管理人员对档案室的档案信息进行系统地储存,编制、建立各种检索工具及系统,并通过该系统查找所需档案资料的工作。

#### (一)物业管理档案检索、使用的分类、步骤和方式

1.纸介质档案检索

纸介质档案检索工具的种类很多,物业管理档案常用的工具有目录、簿式索引、指南、卡片式检索工具等。

2.电子介质档案检索

电子介质档案一般是指保存于电脑硬盘的文字和图形、图像资料,此类档案的检索查询主要利用各类检索软件。

3.物业管理档案检索、使用的步骤和方式

(1)物业管理档案检索、使用的步骤:一般是根据需求明确检索范围或根据索引的指引查找需要的档案文件。

(2)物业管理档案检索、使用的方式:一般采用档案室阅读、外借、制作副本、计算机系统直接利用、拷贝或向查阅者提供档案及档案检索专业知识与方法等进行档案的使用。

**（二）物业管理档案检索、使用的基本要求**

(1)应建立档案使用规定，办理有关的手续，然后获取文件、档案和资料。

(2)提供有效的手工或计算机检索手段，采用先进的检索软件，充分发挥档案资料的作用。

(3)使用物业管理档案应进行登记。借阅原始资料，按档案的密级，在负责人批准后借阅，并应办理借阅手续。

(4)对物业管理档案信息进行分类汇总，形成专题指引。

(5)建立著录规则，对文档的主要特征或内容信息进行著录、标引，建立文件数据库，便于物业管理档案的检索和利用。

(6)物业管理档案必须进行分类编码、著录、标引和标识，建立一个有效的物业管理档案检索体系，以利物业管理档案的检索和利用。

**（三）物业管理档案资料的保存**

(1)所有文档必须妥善保存，定期检查，确保按规定使用。

(2)全部文档资料需要编制文件清单，并明确文件归档的范围和保管期限、密级，新增加的文件条目必须及时列入文件清单内。

(3)文件的分发由专人管理，按照管理的要求，保证能及时使用最新版本的文件。

(4)开展传统介质档案长期或永久保存研究及相关工作。

(5)开展以档案实体为核心的延缓性保护工作。

(6)开展以档案内容信息为核心的再生性保护工作。

(7)开展特种介质档案长期或永久保存研究及相关工作。

## 三、物业管理档案的销毁

对已到保管期限的档案，需重新进行鉴定，划分保管期限，确定存毁。需销毁的档案，按档案销毁管理规定执行，可参照以下方法处理：文件或质量记录的销毁，由各单位填写文件销毁申请单，经管理者代表批准后实施销毁；其他档案资料的销毁，由各单位填写文件销毁申请单，经单位主管领导批准后实施销毁。文件销毁申请单应长期保存。

## 四、物业档案管理注意事项

(1)专人负责档案保管，做到档案标识清晰，分类明确，易于查找。档案出室必须由具备资格的人经过登记后方可借出。档案管理人员须按时检查档案借阅情况，以便及时收回在外文件，防止因管理疏忽导致的文件丢失。

(2)档案的鉴定必须由物业经理或其指定人员负责，对档案是否有效、作废与否、复印人、份数以及保存期限、保存数量等做出决定，其他未经授权人士无权决定。

(3)员工因工作原因需要借阅档案，应办理借阅登记手续，并按期限借阅。档案的销毁，应填写销毁单，并经物业经理批准后方可执行，销毁单由档案室管理员保存。

(4)贯彻执行国家保密法。不同密级的档案，在保管和使用方面应区别对待。

(5)物业档案管理工作是一项动态性较强的工作，当物业的产权发生变动或物业状况因更新、改造等原因发生变化时，需及时对各种物业资料进行变更，保证物业资料的准确、完整，真正反映物业的状况。为此，物业档案管理要做到规范化、科学化、经常化。

# 第六节　物业管理档案室的建设与管理

## 一、物业管理档案室的参考标准

### （一）建筑技术参考标准

（1）档案室须位于地面以上，建设使用面积不小于 15 平方米。

（2）档案室门窗须加防尘橡胶条密封，采用防盗窗和防火、防盗门。

（3）给水管、排水管、雨水管、消防管网等不能穿越档案室。消火栓不应设在档案室内。

（4）档案室内应避免真菌、霉菌等微生物的繁殖，防止啮齿类动物（如老鼠等）的破坏。可加装挡鼠板。

（5）安装空调时应避免出风口直接对向文件资料。

### （二）防火要求

（1）档案室属 A 类火灾级别，应配备 ABC 干粉灭火器或 1211 灭火器。

（2）根据档案室面积，灭火器配备不应少于 2 套。

（3）灭火器应设置在显眼、便于取用的地点，不得影响安全疏散。

### （三）采光、通风要求

（1）正常情况下采用自然采光。在条件不允许的情况下可采用人造光照明。

（2）避免阳光直射，消除紫外线。

（3）一般采用自然通风，也可使用空调通风。

### （四）温度、湿度要求

（1）应设置温控装置及干湿温度计（图 12-4）。温度范围为 14～24℃，相对湿度范围为 45%～60%。温度、湿度的测量值是指在地面以上 1.5 米和距档案柜 0.4 米处测量的数值。

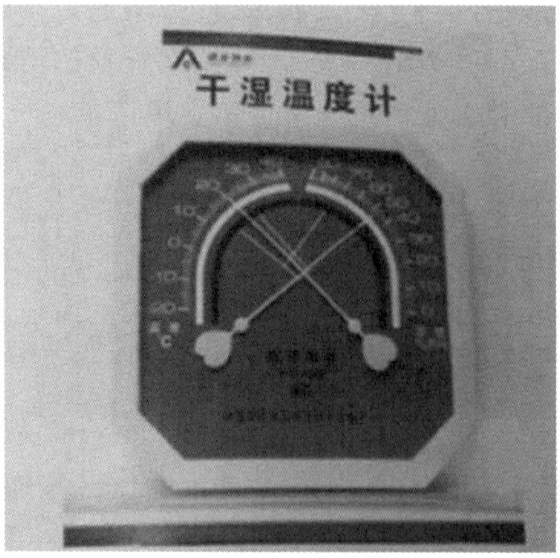


图 12-4　干湿温度计

（2）档案室不宜采用以水、气为热媒的采暖系统。确需采用时，应采取有效措施，严防漏水、气，且采暖系统不应有过热现象。

**（五）洁净度要求**

（1）地面、墙面、顶棚面等采用不起尘材料。

（2）开向室外的门窗应设置纱门、纱窗，并具有较好的防尘功能。

（3）定期打扫室内卫生，清洗防尘网。

**（六）电源要求**

（1）如电压稳定性不能满足要求，应采用调压或稳压设备。

（2）档案室采用人工照明时，应优选防爆灯（图 12-5），要使用白炽灯，禁止使用日光灯。

图 12-5　防爆灯

（3）档案室应按照规范安装电源插座。

## 二、档案室物品配备要求

档案柜（图 12-6）宜选取整体通玻样式，能够存放 A4 规格的资料，且便于查找档案资料。档案柜数量可根据档案室的大小及档案资料的多少来配备。

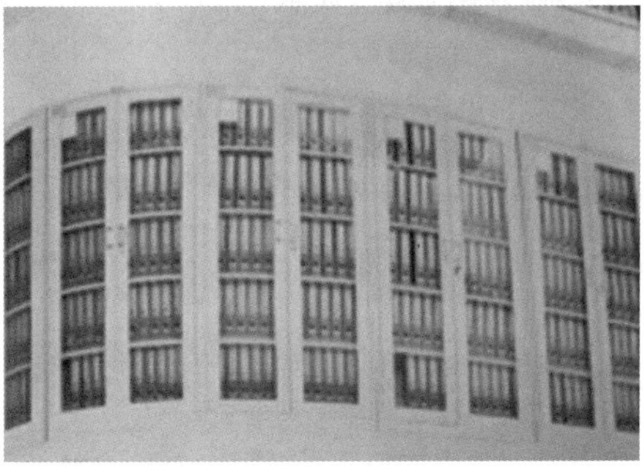

图 12-6　档案柜

档案盒的一般规格为 31 厘米×22 厘米（封面）。特殊规格的档案盒可另外定做，单位名称以及 LOGO（标志）等需要专门设计和制作。

档案盒可采用牛皮纸、无酸纸、进口纸等材料制作。

档案室要配备必要的座椅，便于查阅档案，具体数量及尺寸、样式依档案室大小而定。

## 第七节　物业管理中主要的档案管理制度

档案管理制度涉及消防管理、安全检查、使用管理、保密管理、借阅管理、销毁管理等制度。

### 一、物业管理档案的保管与安全制度

(1)配置适宜保管物业管理档案的专门库房，配备防盗、防火、防渍等必要设施。档案室应保持干燥、通风、清洁，并确保储存地点符合防虫、防鼠、防潮等要求。

(2)全程监控，涉密物业管理档案由专人负责。

(3)严禁未经许可的人员出入档案室。

(4)档案室温湿度应符合相关规范的保管要求，并建立库房安全、温湿度监测、记录制度。

(5)建立档案室设施设备定期检查、记录制度。

(6)馆藏档案定期清理、核对，数量发生变化时应记录说明。

(7)根据物业管理档案的不同类别、等级采取有效措施，加以保护和管理。

(8)重要物业管理档案要备份。

### 二、档案室消防管理制度

(1)档案重地，非本室人员不得擅入。

(2)严禁烟火，易燃、易爆及腐蚀物品不准入内。

(3)做好安全巡查，下班关闭水电开关，锁闭门窗。

(4)按季节变化调节室内温湿度，做好记录。

(5)及时采取防光、防尘等措施；定期抽查档案保管情况，及时掌握档案的情况。

(6)档案室工作人员应熟悉消防器材的性能及使用方法，做好消防器材的保养更新工作，保障可靠、有效。

(7)发生火灾要迅速拨打火警电话“119”并全力扑救，同时报告上级。

### 三、档案室日常安全检查制度

(1)每年进行一次档案的清理、核对，做到财、物相符。对破损或载体变质的档案，要及时进行补救。

(2)要妥善保存、严格管理档案原件。如发现原件有损坏迹象，要立即采取补救措施，如对原件实行修补、复制、拍照、扫描等，尽力延长其寿命。

(3)档案库房、柜架应坚固，有防盗、防光、防火、防高温、防潮、防鼠、防虫等措施。

(4)档案柜应科学地分类、编号，便于管理和查找。

### 四、档案保管制度

(1)配备档案专职管理人员，做到档案标记清晰，分类明确。

(2)建立标准档案柜、档案室,能防火、防盗、防潮、防蛀。

(3)确定收集、整理、分类、编号登记、入网、入柜、利用、检查的建档流程。

(4)采用多种形式的文档存储方式,如录音、录像带、胶卷、照片、图表等,尽可能在电脑中归类,并采用相应的存储、保管方法,及时备份。

(5)原始文件、合同、诉讼文件等重要资料的接收、借阅、复印等必须经专人审批。

(6)采用原始资料和电脑存储双档管理。

(7)专人负责审批档案保存数量、保存期限及是否在有效期作废。

(8)注重档案管理信息的开发,开展档案编研工作,根据管理服务工作需要和档案库存情况编制各种专题资料。

(9)设专人每季度对档案资料管理情况进行检查。

(10)全员牢固树立档案意识,严格执行相关规定。

## 五、档案保密制度

(1)档案人员应具有高度的组织纪律性,坚持集中、统一的原则,对各部门工作中收集的相关资料立卷归档,不允许非档案管理部门和个人私自占有档案。

(2)不得违反制度擅自为他人提供档案,自觉执行档案工作中的各项管理规定,维护正常的档案工作秩序。

(3)档案管理人员要具有高度的责任感,要有严格的保密观念和保密习惯,不得向任何人泄露单位机密,要自觉维护单位的利益,保证档案绝对安全。

## 六、档案借阅制度

(1)一般性档案资料的借阅,借阅人需在档案管理人员处办理借阅手续,文件的借阅时间不能超过三个月,如需长时间借阅,可补办借阅手续。

(2)企业证照等重要资料由专人负责,借阅时应填写重要文件借阅登记表。

(3)借阅、使用档案必须爱护档案,不得擅自涂改、勾画、剪裁、抽取、拆散、摘抄、翻印、复印、摄影,不得转借,否则按违反《中华人民共和国保守国家秘密法》追究当事人责任。

(4)借阅的档案交还时,必须当面清点清楚,如发现遗失或损坏,要及时报告领导。

(5)调离、辞职人员必须移交、归还借阅档案,方可办理有关手续。

(6)外单位借阅档案,应持单位介绍信,并经总经理批准后方能借阅,且不能将档案带离档案室。

(7)外单位摘抄卷内档案,应经档案负责人同意,对摘抄的材料进行审查、签章。

## 七、档案销毁制度

(1)对保管到期的档案,需进行重新鉴定,划分保管期限,确定存毁。

(2)文件或质量记录的销毁,由各单位填写文件销毁申请单,经管理者代表批准后实时销毁。其他档案资料的销毁,由各单位填写文件销毁申请单,经单位主管批准后实施销毁。鉴定小组应列出需销毁档案的清单和撰写销毁报告,并报相关领导审批。

(3)档案销毁时,要由两人以上鉴定小组成员监督销毁并在销毁清册上签名。

(4)销毁的文件申请单应长期保存。

## 第八节　信息技术在物业档案管理中的应用

随着信息技术、互联网及智慧社区、智慧物业建设的推进，档案管理技术手段日新月异，迅猛发展，使档案管理利用效率得到了极大的提高，主要体现在档案信息数字化方面。

### 一、物业管理档案信息化建设的基本原则

(1)物业管理档案信息化应以促进、完善企业信息化和提升档案管理现代化水平为总目标。

(2)物业管理档案信息化应坚持技术与管理并重、与企业信息化协调和同步的原则。

(3)物业管理各信息系统的开发与实施应充分考虑物业档案管理工作的要求。

### 二、物业管理档案信息数字化

(1)将综合管理、物业服务等纸质档案通过扫描、数码处理等技术手段转化为电子文档，建立电子档案数据库及档案查询网站等，可以远程查询档案。

(2)对现有电子巡更记录、移动核查记录等电子文件，通过归档整理等纳入电子档案数据库管理。

(3)推广应用其他新技术、新方法。

## 本章小结

本章主要讲述物业档案管理的相关内容，包括物业管理档案的含义及分类，物业管理档案的收集及主要归档内容，物业管理档案的整理，物业管理档案的鉴定与保管，物业管理档案的登记、使用与销毁，物业管理档案室的建设与管理，物业管理档案主要管理制度，信息技术等新技术的应用等。随着社会的发展进步及信息技术等的应用，物业档案会有新的管理模式及应用技术。

重点掌握和理解物业档案管理的重要性及实践运用。

## 关键概念

物业管理档案　物业管理档案的整理　物业管理档案登记　物业管理档案检索　物业管理档案销毁

## 基础知识训练

1. 如何发挥物业管理档案的证据及凭证作用?
2. 物业管理档案有哪些分类方法?
3. 物业承接查验档案包括哪些内容? 如何收集和利用?
4. 业主入住档案包括哪些内容? 如何收集和利用?

5. 物业日常管理档案包括哪些内容？如何收集和利用？
6. 永久保存的档案一般包括哪些？为何要永久保存？
7. 物业管理档案室对温湿度有何要求？
8. 怎样做好物业管理档案状况登记？
9. 物业管理档案检索使用的步骤和方式是什么？
10. 如何加快物业管理档案技术进步工作？

## 实践操作训练

组织学生参观考察住宅、写字楼、商场等物业项目及档案室，熟悉物业服务日常工作内容、流程及物业基本情况，现场查看物业项目信息技术运用情况。模拟物业档案管理的实际应用并能提出建设性意见。

# 第四部分
# 物业经营与管理

## 第十三章　物业服务企业的资金来源与管理

### 本章要点

物业服务企业资金的来源及项目成本构成和成本测算方法。

### 知识目标

1. 了解物业服务资金的基本概念；
2. 理解物业服务资金的来源及依据；
3. 掌握物业服务成本的基本构成；
4. 掌握物业服务费用的收支测算及平衡；
5. 掌握酬金制；
6. 掌握包干制；
7. 掌握住房专项维修资金的用途。

### 能力目标

1. 能够理解物业服务费的基本法规依据；
2. 能够掌握测算物业服务费的基本方法；
3. 具有制定物业服务资金管理方案的能力，能够制定相应的管理制度。

### 案例导引

**物业公司竟然这样多收公摊电费，法院判退还！**

从2012年11月开始，珠海某小区业主委员会与某物业公司签订了物业服务合同，其中约定:“物业收费采用包干制,不包含公用电费。公用电费根据实际使用量按各户的建筑面积另行分摊。路灯电费、公共用水加压水泵费按实际发生额向业主或物业使用人收取。”

该业委会公布,2012 年 11 月 1 日至 2017 年 2 月 28 日期间,小区公用电费总电表计量电费为 281488.69 元(含地下车库照明、排水及水泵房)。根据物业服务合同的约定,地下车库照明、排水不属于公用电费,且二次加压水泵电费已经由市税务集团返还物业公司,应当将上述费用予以扣除。由此可以计算出 2012 年 11 月至 2017 年 2 月期间小区业主实际发生的公用电费数额为 85609.79 元[总电表计量的电费减车库照明电费、排水电费和二次加压水泵电费,即 281488.69－140384.5－55494.4＝85609.79(元)],可物业公司实际收取的小区业主公用电费多达 288492.45 元,这就意味着物业公司超额收取电费 202882.66 元。

物业公司则主张自己实际收取涉案小区公用电费 279897.95 元。监控、路灯、道闸、电梯、广告牌、快递柜、水泵二次加压、门铃对讲系统产生的电费应计入公摊。

庭审中,法院认为原、被告双方对列入公摊的项目和金额是该案争议的焦点。依据物业服务合同的约定,公用电费包含路灯电费以及公共用水加压水泵费。地下车库照明电费不属于合同约定的物业公司的收取项目,不应列入公摊。物业公司主张的监控、路灯、道闸、电梯、广告牌、快递柜、水泵二次加压、门铃对讲系统产生的费用也不应列入公摊。关于物业公司应返还的电费金额计算方式,应为其实际收取的电费(279897.95 元)与供水公司返还的二次加压电费 140384.5 元、地下车库照明电费 55494.4 元的总和,减去物业公司实际向电力部门缴纳的公共电费 281488.69 元,即 194288.16 元。故最终判令物业公司向业委会返还电费 194288.16 元。

据悉,一审宣判后,该物业公司向珠海市中院提起了上诉,市中院驳回上诉,维持原判。

法官释法:物业服务收费是物业服务企业开展物业服务和管理的重要支撑点,直接关系业主、使用人和物业服务企业的利益。根据相关规定,物业服务企业违反物业服务合同约定或者法律、法规、部门规章规定,擅自扩大收费范围、提高收费标准或者重复收费,业主以违规收费为由提出抗辩的,人民法院应予支持。业主请求物业服务企业退还其已收取的违规费用的,人民法院应予支持。

**思考题:**

你认为法院的判决合法吗?请说明理由。

## 第一节　物业服务企业的资金来源

物业服务企业的资金是做好物业管理、服务的重要经济基础,它和人员、技术等资源共同构成物业管理、服务的主要支柱。物业服务企业应遵照《物权法》、《物业管理条例》及发改价格〔2003〕1864 号《物业服务收费管理办法》、发改价格〔2007〕2285 号《物业服务定价成本监审办法(试行)》、发改价格〔2014〕2755 号《国家发展改革委关于放开部分服务价格意见的通知》、发改价格〔2015〕2975 号《关于进一步完善机动车停放服务收费政策的指导意见》等文件精神,结合企业自身的特点,制定切合实际的财务预算和管理方案,科学地进行收支组织设计,有效地执行国家各项法规政策,并熟练地运用财务预算管理技术和收支平衡工具。

随着国家“放、管、服”改革政策的实施、行业门槛的降低及市场化的持续推进,物业服务双方的缔约能力不断提高。在国家法规政策框架体系及财税制度逐步完善的大背景下,物业服务合同及契约精神会助推行业及有关行业主体实现“质价相符”的互动共享模式，物业服务的资金来源不仅仅局限于不动产、动产的管理及产权人的相关服务。

目前，物业服务企业的财务管理包括营业收入管理、成本和费用管理、利润管理以及代收代付业务管理。做好物业服务企业财务管理工作，有利于规范物业服务企业的财务行为，促进企业公平竞争，有效保护物业服务相关各方的合法权益。本节主要讲述物业服务企业的资金及有关内容。狭义地理解，物业服务企业资金主要来源于日常物业服务的主营业务收入、有关业务收入等，当然还有早期介入收入、顾问咨询服务收入、特种设施设备维修保养收入、社会化生产生活服务收入、资产运营收入。物业服务企业需要根据各自的经营方向、目标及专业能力进行取舍。

## 一、物业服务企业收入的构成

### （一）物业服务企业营业收入

营业收入是指物业服务企业从事物业服务和相关经营活动所取得的各项收入，包括物业服务主营业务收入和有关业务收入。

1. 主营业务收入

主营业务收入是指物业服务企业按照物业服务合同，在从事物业服务活动的过程中，为业主、使用人提供物业的维修、养护、管理及维护环境卫生、相关秩序所取得的收入，包括物业费收入和物业维修、更新改造服务收入等。

(1)物业费收入是指物业服务企业向业主、使用人收取的公共性物业管理收入。

(2)物业维修、更新改造服务收入是指物业服务企业接受业主、使用人的委托，根据服务合同的约定，对房屋共用部位、共用设施设备等进行维修、更新改造取得的收入。

2. 有关业务收入

有关业务收入是指物业服务企业从事主营业务以外的相关业务活动所取得的收入，包括专有部分特约、专项服务收入，场所租赁等多种经营收入，无形资产转让收入及接受水、电、气、暖等专业经营单位委托服务产生的收入等。

(1)专有部分特约、专项服务是指物业服务企业接受业主、使用人的委托对其专有部分提供的个性化服务，如委托房屋租赁、二手房买卖、家政服务等。

(2)场所租赁等多种经营收入主要包括以下三个方面：

①物业服务企业利用业主、使用人提供的房屋建筑物和共用配套设施场所取得的收入，如出租收入和经营停车场、游泳池、各类运动场所、中央空调等取得的收入。

②物业服务企业利用业主、使用人提供的商业用房，从事社会化经营服务活动取得的收入，如开办健身房、美容美发店、便民商店、饮食店等取得的经营收入。

③物业服务企业增值业务收入，如花卉租摆、社区养老、教育等社会化经营服务收入。

(3)在物业管理区域内，供水、供电、供气、供暖、有线电视等单位应当向最终用户收取相关的服务费用并提供相应设施设备维修养护管理，业主与上述单位是一种服务合同关系，依据相关法律行使合同权利，履行法律义务。为了方便社区业主，物业服务企业可根据实际情况接受上述单位的委托，代其向业主提供有关服务，并依照合同向上述专业经营单位收取相应的服务费用。

值得重视的是，提供以上经营服务应注意产权与收益的匹配性，决策与执行的关联性。

（二）物业服务企业营业收入的管理

物业服务企业应当在服务已经提供，同时收取价款或取得收取价款的凭证时，确认为营业收入的实现。物业维修、更新改造收入应当经业主决策认可后，确认为营业收入的实现。物业服务企业与业主、使用人双方签订付款合同或协议的，应当根据合同或者协议所规定的内容、付款日期确认为营业收入的实现。

## 二、物业服务费的模式

物业服务费是指物业服务企业按照物业服务合同的约定，对房屋及配套设施设备和相关场地进行维修养护管理，维护相关区域内的环境卫生和秩序，向业主所收取的费用。

物业服务费应当区分不同物业的性质和特点，通过招投标市场化程序，以服务合同形式约定。物业服务企业应当实行明码标价，在物业管理区域内的显著位置，将服务内容、服务标准以及收费项目、收费标准等有关情况进行公示。因区域性差异，全国各地要求的公示内容有所不同。

按照目前国家法规政策的规定，业主与物业服务企业可以采取酬金制或者包干制等形式约定物业服务费。

（一）酬金制

物业服务费酬金制是指在预收的物业服务资金中按约定比例或者约定数额提取酬金支付给物业服务企业，其余全部用于物业服务合同约定的支出，结余或者不足均由业主享有或者承担的物业服务计费方式。

物业服务酬金应以预收的物业服务资金为计提基数，计提基数和计提比例通过物业服务合同约定。在物业服务过程中产生的归属于业主的其他收入也可计提酬金，但应经业主大会同意并在物业服务合同中专门约定。其他收入包括产权归全体业主的停车场收入、成本费用在物业服务项目列支的其他经营收入等。

酬金制形式下，物业服务企业提供物业服务的收益仅仅局限于按固定的金额或比例收取的酬金，扣除酬金以及物业服务支出后结余的资金为全体业主所有。对业主而言，物业服务费用的收支情况比较透明，结余仍然归业主享有，保护了业主的合法权益。对物业服务企业而言，由于酬金是按照预收的物业服务资金提取的，具有相对的固定性，可以使企业在一定程度上规避收支不平衡的经营风险。酬金制条件下，物业服务企业应当向全体业主或者业主大会公布物业服务资金年度预决算并每年不少于一次公布物业服务资金的收支情况。

酬金制的运作流程一般包括：制订年度工作计划，编制年度费用预算，提交业主方审核，执行计划、预算，公布费用使用情况，年终决算、结算。具体运作时，需要关注当地法规政策变化及合同约定细节。

1. 制订年度工作计划

年度工作计划是编制年度预算的基础和依据，编制预算之前，先要做好年度工作计划的制订工作。制订年度工作计划应该考虑三个方面的依据：一是合同的约定，主要是合同中约定的工作内容、标准、目标和承诺等；二是合同的业主方在外部环境变化后对物业服务和物业服务企业提出的新要求；三是物业服务企业提出的新目标，如上年度未完成的工作或者需要改进的工作。

2.编制年度费用预算

编制年度费用预算重点考虑三个方面:一是年度工作计划的内容和要求;二是往年物业服务开支的历史数据;三是已经或可预期的价格变动、费用变动情况。编制年度费用预算既要积极稳妥,做到没有遗漏的项目、内容,又要留有余地。

3.提交业主方审核

制订和编制完成的年度工作计划、年度费用预算要提交给业主方进行审核。如双方有不同的意见和想法,应进行有效的沟通与协商,达成一致以后方可实施。为了给业主方留下足够的时间,物业服务企业还应将年度工作计划和年度费用预算提前送达业主方,以确保年底前能确定下年度的工作和预算。

4.执行计划、预算

执行计划、预算的过程中,物业服务企业对工作计划中明确的内容、标准、目标和承诺等,应该努力完成,如果因外部客观因素影响需要部分调整的,应该事先告知业主方,达成一致后才能进行变更。费用预算在总量不变的前提下,可对具体项目进行合理调整;对超出预算总额的费用,必须事先报给业主方审核,经审核同意后才能支出。如果双方对工作计划和费用预算的调整、变更不能达成一致意见,而其中一方又坚持认为需要变更的,可邀请第三方(如街道办事处、社区、行政主管部门、中介咨询机构等)介入参与协调。协调不成的,也可通过合同约定的仲裁或诉讼程序寻求问题的解决。

5.公布费用使用情况

依据物业服务有关法规规定和物业服务合同的约定,物业服务企业应当定期公布物业服务资金的收支情况,如一年一次、半年一次等。向业主委员会公布的应是预算执行明细,对实际使用与预算数额差异较大的单项要说明原因。业主、业主委员会对公布的财务情况提出质询时,物业服务企业应当及时给予答复。业主方要求对物业服务费使用情况进行审计的,应当聘请专业的会计师事务所进行审计。

6.年终决算、结算

经过以上五个环节,年底可以进行决算和结算。

经过一年的物业服务运作后,物业服务资金如有结余,应归业主享有,通常是转入下一年度使用;如果有不足,也应由业主承担。在具体结算时,一般可采用三种方式来落实:一是向业主或使用人增收;二是用其他公共收益支付;三是在下一核算年度中以变更服务项目内容的方式调整。

**(二)包干制**

物业服务费包干制是指由业主向物业服务企业支付固定物业服务费,盈余或者亏损均由物业服务企业享有或者承担的物业服务计费方式。

实行包干制的物业服务企业在与业主签订物业服务合同时应明确服务费标准、用途和服务内容、服务质量标准,并明确在此前提下的盈余或亏损是由物业服务企业享有或承担的,企业的经济效益与其管理服务、成本控制、经营运作能力紧密相关。

对物业服务企业而言,包干制的特点是费用包干、自负盈亏、风险自担。仅就这一点而言,实行包干制的物业服务企业和其他企业在财务管理方面没有本质区别。

包干制下物业服务企业作为独立的企业法人,合法经营、自负盈亏、风险自担、结余归己,但业主可以对物业服务企业是否按合同要求的内容和质量标准提供服务进行监督,对物业服务工作提出改进建议。物业服务企业应本着诚信公平的原则，主动接受业主及有关责任主体的监督，保证服务质量并持续改进。

包干制方式约定的物业服务费，对业主而言是固定的，不会因市场短期波动、物业服务项目运作情况变动而发生变化；对物业服务企业而言，管理服务的利润不再是固定的，企业可以不断挖掘管理潜力，通过科学的管理运营方式及科技手段实现服务质量和经营效益的同步增长，既保障业主利益又促进企业健康发展。

## 三、住宅专项维修资金的概念、来源与管理

根据《物权法》《物业管理条例》《住宅专项维修资金管理办法》等法规，住宅物业、住宅项目内的非住宅物业或者与单幢住宅楼结构相连的非住宅物业的业主，应当按照国家有关规定交纳专项维修资金。

专项维修资金属于业主所有，专项用于物业保修期满后物业共用部位、共用设施设备的维修和更新、改造，不得挪作他用。

实践中住宅专项维修资金的交存、续筹、使用、管理等存在需要研讨的地方，比如和物业服务费使用范围进行区分的边界，其共有属性与单个业主的权益关系，其法定属性与管理规约、业主大会议事规则的关系，其资金续筹、存储、收益、使用、监管、安全、信息披露、市场化运营等。

《住房城乡建设部办公厅　财政部办公厅关于进一步发挥住宅专项维修资金在老旧项目和电梯更新改造中支持作用的通知》(建办房〔2015〕52 号文件)对实践中维修资金使用存在的问题给予了响应。下面以国家现行法规为基础进行介绍。

### (一)住宅专项维修资金的概念

住宅专项维修资金是指专项用于住宅共用部位、共用设施设备保修期满后的维修和更新、改造的资金。

### (二)住宅专项维修资金的来源

(1)商品住宅的业主、非住宅的业主按照所拥有物业的建筑面积交存住宅专项维修资金，每平方米建筑面积交存首期住宅专项维修资金的数额为当地住宅建筑安装工程每平方米造价的 5%～8%。直辖市、市、县人民政府建设(房地产)主管部门应当根据本地区情况，合理确定、公布每平方米建筑面积交存首期住宅专项维修资金的数额，并适时调整。

(2)出售公有住房的，按照下列规定交存住宅专项维修资金：业主按照所拥有物业的建筑面积交存住宅专项维修资金，每平方米建筑面积交存首期住宅专项维修资金的数额为当地房改成本价的 2%；售房单位按照多层住宅不低于售房款的 20%、高层住宅不低于售房款的 30%，从售房款中一次性提取住宅专项维修资金。

(3)下列资金应当转入住宅专项维修资金滚存使用：

① 住宅专项维修资金的存储利息；

② 利用住宅专项维修资金购买国债的增值收益；

③ 利用住宅共用部位、共用设施设备进行经营的业主所得收益，但业主大会另有决定的除外；

④ 住宅共用设施设备报废后回收的残值。

(4)住宅专项维修资金的续交：业主分户账面住宅专项维修资金余额不足首期交存额

30%的，应当及时续交。成立业主大会的，续交方案由业主大会决定。未成立业主大会的，续交的具体管理办法由直辖市、市、县人民政府建设(房地产)主管部门会同同级财政部门制定。

(三)住宅专项维修资金的管理

1.住宅专项维修资金的用途

(1)住宅专项维修资金用于住宅共用部位、共用设施设备保修期满后的维修和更新、改造。维修资金的使用，应当按照规定的使用范围和分摊规则，遵循方便快捷、公开透明、受益人和负担人相一致的原则。

① 住宅共用部位，是指根据法律、法规和房屋买卖合同，由单幢住宅内业主或者单幢住宅内业主及与之结构相连的非住宅业主共有的部位，一般包括住宅的基础、承重墙体、柱、梁、楼板、屋顶以及户外的墙面、门厅、楼梯间、走廊通道等。

② 共用设施设备，是指根据法律、法规和房屋买卖合同，由住宅业主或者住宅业主及有关非住宅业主共有的附属设施设备，一般包括电梯、天线、照明、消防设施、绿地、道路、路灯、沟渠、池、井、非经营性车场与车库、公益性文体设施和共用设施设备使用的房屋等。

(2)在老旧项目改造中，维修资金主要用于房屋失修失养、配套设施不全、保温节能缺失、环境脏乱差的住宅项目。改造重点包括以下内容：

① 房屋本体：屋面及外墙防水、外墙及楼道粉饰、结构抗震加固、门禁系统增设、门窗更换、排水管线更新、建筑节能及保温设施改造等；

② 配套设施：道路设施修复、路面硬化、照明设施更新、排水设施改造、安全防范设施补建、垃圾收储设施更新、绿化功能提升、助老设施增设等。

在电梯更新中，维修资金主要用于运行时间超过 15 年的老旧电梯的维修和更换。未配备电梯的老旧住宅，符合国家和地方现行有关规定的，经专有部分占建筑物总面积三分之二以上的业主且占总人数三分之二以上业主(以下简称双三分之二)同意，可以使用维修资金加装电梯。

各地可以根据实际情况确定本地区老旧项目及电梯更新改造的标准和内容。

在使用维修资金的过程中，各地住房城乡建设(房地产)部门应当加强对业主大会、业主委员会和物业服务企业的指导和监督，推行公开招投标方式选聘施工单位，引导第三方专业机构参与审价、监理、验收等使用管理工作，督促业主委员会和物业服务企业履行维修资金的用前表决、工程内容、验收结果及费用分摊等事项的公示义务，保证维修资金使用的公开透明。同时，应当督促建设单位或者公有住房售房单位分摊未售出商品住宅或者公有住房的更新改造费用，强化落实住房城乡建设(房地产)部门或者街道办事处、乡镇人民政府组织代修的义务，以保证危及房屋安全的紧急情况发生时，老旧项目和电梯更新改造工作能够及时开展。

使用维修资金更新、加装电梯的，应当接受质监部门的技术指导和监督检查，应当取得质监部门出具的鉴定意见和验收合格证明。

使用维修资金开展老旧项目和电梯更新改造，应当符合财务管理和会计核算制度的有关规定。使用由财政部门负责管理的已售公有住房维修资金，业主委员会、物业服务企业或者公有住房售房单位应当向财政部门申请列支。

维修资金的使用和管理，应当依法接受审计部门的审计监督，并向社会公开审计结果。

2.住宅专项维修资金的管理原则

住宅专项维修资金管理实行专户存储、专款专用、所有权人决策、政府监督的原则。

(1)开立住宅专项维修资金专户，应当以物业管理区域为单位设账，按房屋户门号设分户账。未划定物业管理区域的，以幢为单位设账，按房屋户门号设分户账。

(2)开立公有住房住宅专项维修资金专户，应当按照售房单位设账，按幢设分账；其中，业主交存的住宅专项维修资金，按房屋户门号设分户账。

3.住宅专项维修资金的所有权

(1)业主交存的住宅专项维修资金属于业主所有；

(2)从公有住房售房款中提取的住宅专项维修资金属于公有住房售房单位所有。

4.住宅专项维修资金的分摊

住宅共用部位、共用设施设备的维修和更新、改造费用，按照下列规定分摊：

(1)商品住宅之间或者商品住宅与非住宅之间共用部位、共用设施设备的维修和更新、改造费用，由相关业主按照各自拥有物业建筑面积的比例分摊。

(2)售后公有住房之间共用部位、共用设施设备的维修和更新、改造费用，由相关业主和公有住房售房单位按照所交存住宅专项维修资金的比例分摊；其中，应由业主承担的，再由相关业主按照各自拥有物业建筑面积的比例分摊。

(3)售后公有住房与商品住宅或者非住宅之间共用部位、共用设施设备的维修和更新、改造费用，先按照建筑面积比例分摊到各相关物业。其中，售后公有住房应分摊的费用，再由相关业主和公有住房售房单位按照所交存住宅专项维修资金的比例分摊。

5.住宅专项维修资金的申请

(1)住宅专项维修资金划转业主大会管理前，需要使用住宅专项维修资金的，按照以下程序办理：

① 物业服务企业根据维修和更新、改造项目提出使用建议；没有物业服务企业的，由相关业主提出使用建议。

② 住宅专项维修资金列支范围内专有部分占建筑物总面积 2/3 以上的业主且占总人数 2/3 以上的业主讨论通过使用建议。

③ 物业服务企业或者相关业主组织实施使用方案。

④ 物业服务企业或者相关业主持有关材料，向所在地直辖市、市、县人民政府建设(房地产)主管部门申请列支；其中，动用公有住房住宅专项维修资金的，向负责管理公有住房住宅专项维修资金的部门申请列支。

⑤ 直辖市、市、县人民政府建设(房地产)主管部门或者负责管理公有住房住宅专项维修资金的部门审核同意后，向专户管理银行发出划转住宅专项维修资金的通知。

⑥ 专户管理银行将所需住宅专项维修资金划转至维修单位。

(2)住宅专项维修资金划转业主大会管理后，需要使用住宅专项维修资金的，按照以下程序办理：

① 物业服务企业提出使用方案，使用方案应当包括拟维修和更新、改造的项目，费用预算，列支范围，发生危及房屋安全等紧急情况以及其他需临时使用住宅专项维修资金的情况的处置办法等。

② 业主大会依法通过使用方案。

③ 物业服务企业组织实施使用方案。

④ 物业服务企业持有关材料向业主委员会提出列支住宅专项维修资金；其中，动用公有住房住宅专项维修资金的，向负责管理公有住房住宅专项维修资金的部门申请列支。

⑤ 业主委员会依据使用方案审核同意，并报直辖市、市、县人民政府建设（房地产）主管部门备案；动用公有住房住宅专项维修资金的，经负责管理公有住房住宅专项维修资金的部门审核同意；直辖市、市、县人民政府建设（房地产）主管部门或者负责管理公有住房住宅专项维修资金的部门发现不符合有关法律、法规、规章和使用方案的，应当责令改正。

⑥ 业主委员会、负责管理公有住房住宅专项维修资金的部门向专户管理银行发出划转住宅专项维修资金的通知。

⑦ 专户管理银行将所需住宅专项维修资金划转至维修单位。

6.住宅专项维修资金的优化表决

在老旧项目和电梯更新改造中使用维修资金，为解决业主“双三分之二”表决难题，降低业主大会和业主委员会的决策成本，提高业主使用维修资金的决策效率，可以根据《业主大会和业主委员会指导规则》（建房〔2009〕274号）的有关规定，指导业主大会在管理规约和业主大会议事规则中约定以下表决方式：

（1）委托表决：业主将一定时期内维修资金使用事项的表决权，以书面形式委托给业主委员会或者业主代表行使；

（2）集合表决：业主大会对特定范围内的维修资金的使用事项，采取一次性集合表决通过后，授权业主委员会或者物业服务企业分批使用；

（3）默认表决：业主大会约定将未参与投票的业主视为同意维修资金使用事项，相应投票权数计入已投的赞成票；

（4）异议表决：在维修资金使用事项中，持反对意见的业主专有部分占建筑物总面积三分之一以下且占总人数三分之一以下的，视为表决通过。

7.发生危及房屋安全等紧急情况的处理

需要立即对住宅共用部位、共用设施设备进行维修和更新、改造的，列支住宅专项维修资金的规定如下：

（1）住宅专项维修资金划转业主大会管理前，按照“5.住宅专项维修资金的申请”中第一部分的第四项、第五项、第六项规定办理；

（2）住宅专项维修资金划转业主大会管理后，按照“5.住宅专项维修资金的申请”中第二部分的第四项、第五项、第六项和第七项规定办理。

8.应急维修的绿色通道

发生下列危及房屋使用和人身财产安全的紧急情况，需要使用维修资金对老旧项目和电梯立即进行更新改造的，可以不经过业主“双三分之二”表决同意，直接申请使用维修资金：

（1）电梯故障；

（2）消防设施故障；

（3）屋面、外墙渗漏；

（4）二次供水水泵运行中断；

（5）排水设施堵塞、爆裂；

(6)楼体外立面存在脱落危险；

(7)其他危及房屋使用和人身财产安全的紧急情况。

老旧项目和电梯更新改造需要应急使用维修资金的，业主委员会、物业服务企业或者公有住房售房单位向物业所在地的住房城乡建设(房地产)部门、公有住房维修资金管理部门提出申请。

没有业主委员会、物业服务企业或者公有住房售房单位的，可以由社区居民委员会提出申请，住房城乡建设(房地产)部门或者街道办事处、乡镇人民政府组织代修，代修费用从维修资金账户中列支。

住房城乡建设(房地产)部门、公有住房维修资金管理部门应当在接到应急使用维修资金申请后3个工作日内作出审核决定。应急维修工程竣工验收后，组织维修的单位应当将使用维修资金总额及业主分摊情况在住宅项目内的显著位置公示。

应当充分利用移动互联网、大数据和云计算等现代网络信息技术，建设业主共同决策电子平台，便于业主通过计算机和手机等电子工具参与项目共同事务决策，提高业主参与维修资金使用表决的投票率，保证计票的准确率，解决业主到场投票表决的难题。

积极探索在维修资金使用中引入商业保险，在专户银行选择中引入市场竞争机制等制度创新，进一步发挥维修资金对于保障住房正常使用的积极作用。

9.不得从住宅专项维修资金中列支的费用

(1)依法应当由建设单位或者施工单位承担的住宅共用部位、共用设施设备维修、更新和改造费用；

(2)依法应当由相关单位承担的供水、供电、供气、供热、通信、有线电视等管线和设施设备的维修、养护费用；

(3)应当由当事人承担的因人为损坏住宅共用部位、共用设施设备所需的修复费用；

(4)根据物业服务合同约定，应当由物业服务企业承担的住宅共用部位、共用设施设备的维修和养护费用。

## 第二节　物业服务项目的成本及收支测算

### 一、物业服务项目成本的构成

物业服务成本或者物业服务支出构成一般包括以下部分：人员费用，物业共用部位、共用设施设备日常运行和维护费用，绿化养护费用，清洁卫生费用，秩序维护费用，物业共用部位、共用设施设备及公众责任保险费用，办公费用，管理费分摊、固定资产折旧以及经业主同意的其他费用。法定税金及合理利润不在此范围。

(1)人员费用是指物业管理服务人员工资，按规定提取的工会经费、职工教育经费，以及根据政府有关规定应当由物业服务企业缴纳的住房公积金和养老、医疗、失业、工伤、生育保险等社会保险费用。

(2)物业共用部位、共用设施设备日常运行和维护费用是指为保障物业管理区域内共用部位、共用设施设备的正常使用和运行、维护保养所需的费用，不包括保修期内应由建设单位履行保修责任而支出的维修费，应由住宅专项维修资金支出的维修和更新、改造费用。

(3)绿化养护费用是指管理、养护绿化所需的绿化工具购置费、绿化用水费、补苗费、农药化肥费等,不包括应由建设单位支付的种苗种植费和前期维护费。

(4)清洁卫生费用是指保持物业管理区域内环境卫生所需的购置工具费、消杀防疫费、化粪池清理费、管道疏通费、清洁用料费、环卫所需费用等。

(5)秩序维护费用是指维护物业管理区域秩序所需的器材装备费、安全防范人员的人身保险费及由物业服务企业支付的服装费等。其中的器材装备不包括共用设备中已包括的监控设备。

(6)物业共用部位、共用设施设备及公众责任保险费用是指物业管理企业购买物业共用部位、共用设施设备及公众责任保险所支付的保险费用,以物业服务企业与保险公司签订的保险单和所交纳的保险费为准。

(7)办公费用是指物业服务企业为维护管理区域正常的物业管理活动所需的办公用品费、交通费、房租、水电费、取暖费、通信费、书报费及其他费用。

(8)管理费分摊是指物业服务企业在管理多个物业项目的情况下,为保证相关的物业服务正常运转而由各物业服务项目承担的管理费用。

(9)固定资产折旧是指按规定折旧方法计提的物业服务固定资产的折旧金额。物业服务固定资产指在物业服务项目内由物业服务企业拥有的、与物业服务直接相关的、使用年限在一年以上的资产。

(10)经业主同意的其他费用是指业主或者业主大会按规定同意用物业服务费开支的费用。

## 二、物业服务收费标准确定的模式和途径

从目前的政府价格管理法规、政策来看,物业服务收费主要有以下两种方式。

### (一)政府指导价

物业服务收费实行政府指导价的,有定价权限的人民政府价格主管部门应当会同房地产行政主管部门根据物业管理服务等级标准等因素,制定相应的基准价及其浮动幅度,并定期公布。具体收费标准由业主与物业服务企业根据规定的基准价和浮动幅度在物业服务合同中约定。政府指导价目前主要适用于部分地区的保障性住房及前期物业服务阶段。

### (二)市场调节价

实行市场调节价的物业服务收费,由业主与物业服务企业在物业服务合同中约定。通过市场化方式约定服务费标准,并在物业服务合同中明确。

《国家发展改革委关于放开部分服务价格意见的通知》(发改价格〔2014〕2755号)指出,对于非保障性住房物业服务费规定实行市场调节价。保障性住房、房改房、老旧住宅小区和前期物业管理服务收费,由各省级价格主管部门会同住房城乡建设行政主管部门根据实际情况决定实行政府指导价。放开保障性住房物业服务收费实行市场调节价的,应考虑保障对象的经济承受能力,同时建立补贴机制。

## 三、物业服务项目收支测算的依据

### (一)收入的确定依据

1. 费用收缴周期

(1)一般费用期间和会计期间一致,采用月度、季度或年度计量的方式。

(2)因各地经济发展水平不同、缴费习惯各异，各地的费用收缴周期也有差异，在确定收入时，应先行调研当地的规定及习俗。

2.物业费收入

(1)物业费收入应依据服务费收费标准、收费面积、收缴系数等计算确定。

(2)物业费收入的计算公式为：$M=\sum(S\times P\times R)$。其中，$S$代表物业服务费的标准；$P$代表收费标准对应的收费面积；$R$代表收费标准对应的平均收缴系数(看规定和约定)；$M$代表物业费收入。

3.车场服务收入(只计入物业服务应得部分)

(1)车场服务收入应依据收费标准、停车位数量、使用率等计算确定；

(2)车场服务收入可以分为固定车位收入和临时停车收入(也可按地上、地下或者规划车位、非规划车位等分类)；

(3)车场服务收入的计算公式为：停车场收入$=\sum$(收费标准×车位数量)+临时停车收入。

4.租赁等多种经营收入

一般是单独计算，是否计入主要看招投标要求、合同约定。

**(二)支出的确定依据**

1.合同约定管理计划和实施的物业服务成本

管理计划主要是指常规物业服务中的人员计划，物品器具使用计划，能源消耗计划，工程维护保养计划，秩序维护、清洁保洁与绿化保养计划等。在编制预算时，应根据实施这些计划所需的人工成本、物料成本、能耗成本、外包费用等进行测算。具体参照法定物业服务成本构成及合同约定。

2.物业维修、更新改造计划

物业维修、更新改造计划的资金来源主要有物业费收入和住宅专项维修资金。如果使用住宅专项维修资金，应该有物业服务合同约定并单独说明。

**(三)其他测算依据**

(1)正确掌握并使用物业项目内的其他多种经营资源，如安置房的礼堂、业主委托管理的经营性用房、业主的有效需求等。

(2)了解配套设施布局与开发建设单位(产权单位)对业主的承诺情况，划分可收服务费用数量、类别与单价等情况。

(3)了解物业服务合同、投标书、承诺书或物业服务计划书中物业服务人员的编制、人员结构、岗位设置等的人员费用情况。

(4)熟悉开办费包含的内容、分摊期、开支标准等情况。

(5)了解物业服务合同中双方约定的服务内容、管理酬金、人员费用标准、福利待遇等事项，特别是配套设施的启用、公共照明、绿化、其他设施设备的保修期、成品保护及业主入住进度等，对其成本费用要有合理的预算。

## 四、物业项目服务费用测算的方法

**(一)物业项目服务费用测算注意事项**

(1)物业服务费的测算应当区分不同物业的性质和特点，并考虑其定价模式。如果该项目采用的是政府指导价的方式，在物业服务费标准已经确定的情况下，采取以收定支的测算方式。在市场化确定物业服务费的方式下采用以支定收的测算方式。

(2)区分项目是采用酬金制还是包干制。

① 酬金制：(所有成本支出＋税金＋管理酬金)/收费面积＝服务费标准；

② 包干制：(所有成本支出＋税金＋合理利润)/收费面积＝服务费标准。

(3)物业服务企业为该项目管理投入的固定资产的折旧和物业服务项目机构购置的固定资产的折旧，均应纳入物业服务费的测算中。

(4)物业服务费的测算和物业服务的运作基础层面应收支平衡，在确保物业正常运行维护和管理的前提下获取合理的利润，使物业服务企业得以可持续发展，更好地提供服务。

(5)测算物业服务费时应考虑项目所在地区的收缴水平及差异性。

(6)测算物业服务费时应考虑项目合同面积和实际收费面积间的差异。

**(二)收集原始数据**

物业费的核算要做到合理、准确，首先要收集原始数据和资料。如测算各系统大型设施设备更新改造费用时，要收集包括原始价格，运输、安装调试费在内的设备原值，设备功率参数和设备使用寿命等资料；在测算低值易耗材料费用时，要计算出各类材料的详细数量和对市场价格进行详细调查，如计算公共照明系统时，要查清所有公共部分的灯泡、灯头、灯管、灯箱、灯罩、开关、闸盒、电表等的数量及它们各自的平均使用期限和市场售价；其他关于工资水平，社会保险，专业公司单项分包，一般设备固定资产折旧率、折旧时间等数据和资料，均应严格以当地政府和有关部门的规定和实际支出标准及有效依据为测算基础。

**(三)物业服务费的测算**

(1)工作计划的编制：物业服务费测算，首先应根据物业服务项目的实际情况编制各项支出的工作计划，包括人员编制计划，物品器具使用计划，能源消耗计划，工程维护保养计划，秩序维护、清洁保洁与绿化保养计划，物业更新改造计划等。

(2)服务成本的编制：物业服务成本由人员费用，物业共用部位、共用设施设备日常运行和维护费用，绿化养护费用，清洁卫生费用，秩序维护费用，物业共用部位、共用设施设备及公众责任保险费用，办公费用，管理费分摊，固定资产折旧以及经业主同意的其他费用组成。

根据物业服务成本(支出)项目和内容进行分解，然后由各部门或相关人员分别测算各单项费用。如在测算共用部位、共用设施设备日常运行和维护费项目时应分别测算其子项目，如公共建筑及道路土建零修费、电梯等设施设备日常运行维护费用。

(3)成本支出的汇总：各单项费用测算完毕后进行汇总。

(4)物业服务酬金及利润的计算。

(5)法定税费的计算。

(6)物业服务费单价的计算：以物业服务成本(支出)总额除以该物业可收费总建筑面积即可得出单位面积物业服务费标准。

## 实践应用案例分析

下面以某项目的成本测算为例进行说明，具体表格设定、内容及要求以招标文件为准。

**（一）人员费用**

1. 组织架构及岗位设置

某项目人员费用构成如表13-1所示。

**表13-1　某项目人员费用构成**

| 序号 | 岗位 | 人数 | 基本工资 | 绩效 | 五险一金 | … | 小计 | 备注 |
|---|---|---|---|---|---|---|---|---|
| 1 | 项目经理 | | | | | | | |
| 2 | 客服主管 | | | | | | | |
| 3 | 维修人员 | | | | | | | |
| 4 | 秩序维护员 | | | | | | | |
| 5 | 保洁员 | | | | | | | |
| 6 | 绿化工 | | | | | | | |
| | … | | | | | | | |
| 月合计 | | | | | | | | |

2. 人员费用的测算

根据确定的组织架构及岗位设置，遵循相关法规要求及当地、公司标准进行人工费用的测算。人工费用包括基本工资、绩效、五险一金、教育培训费用、工会经费、其他费用等。

**（二）物业共用部位、共用设施设备日常运行和维护费用**

1. 物业维修养护费用（元/月）

某项目的维保费用构成如表13-2所示。

**表13-2　某项目维保费用构成**

| 项目 | 月费用 | 备注 |
|---|---|---|
| 1. 公共设施养护 | 分项测算 | |
| 2. 照明系统 | 分项测算 | |
| 3. 物料 | 分项测算 | |
| 4. 电梯维保、检测费 | 分项测算 | |
| 5. 消防系统维护 | 分项测算 | |
| 6. 监控系统 | 分项测算 | |
| 7. 分包 | 分项测算 | |
| … | | |
| 月合计 | | |

（1）公共设施养护：公共设施包括护栏、围墙、沟渠、池井盖、路面、路桩、路灯杆、减速坡、倒车杆、倒车镜、车场地面标识、各种外露管道、标识牌、指示牌等。可根据所管项目的需要，按照实际配置情况及使用年限进行测算。总体来说，公共设施养护费按照设施、设备的使用

寿命及保养周期进行维修费用测算。

(2)照明系统:照明系统包括楼道、走廊、电梯厅、大堂、道路的照明设施等。按每年更换次数核算节能灯、灯座、感应开关材料费,发电机运行、保养及材料费、油费等。

(3)物料:根据项目配置的设施、设备清单,按照每天实际运行情况进行维修养护消耗的物料费用测算。

(4)电梯维保:测算每部电梯每月保养费单价的总和。如果每部电梯的保养费单价相同,则电梯保养费=电梯保养费单价×电梯数量。

电梯检测:电梯每月检测费=每部电梯年检费用的总和(注:当电梯年检单价相同时,每部电梯年检费用总和为单价×电梯数量)÷12。

(5)消防系统维护:包括维保检测费用,消防信号柜、消防联动柜、闭路消防、监控系统、红外线周界防卫系统的维修养护材料费。按每年损坏比例核算烟感、温感采购费,消防泵、喷淋泵、喷淋头、消火栓箱材料费。

(6)分包:物业服务企业将服务内容外包给有关专业公司的,该项服务的成本按照外包合同所确定的金额核定,一般可以采用"分包方人员人数×人员费用""分包面积×单价"的方式进行测算。

2. 运行费用——公共能耗费用(元/月)

某项目电能消耗构成如表13-3所示。

**表13-3 某项目电能消耗构成**

| 项　　目 | 月费用 |
|---|---|
| 1. 电梯系统电费 | 分项测算 |
| 2. 公共照明系统电费 | 分项测算 |
| 3. 消防系统电费 | 分项测算 |
| 4. 排水系统电费 | 分项测算 |
| … | |
| 小计 | |

备注:可按时间进度分阶段测算。

根据项目设施设备的清单,按照设备的功率、每天实际工作时间进行公共电费的测算。

(1)电梯系统电费

电梯电费=电梯数量×电梯功率×运行天数×电梯每天的使用时间(小时数)×电费单价(元/千瓦时)

电梯通风、照明、降温电费=电梯通风、照明、降温等设备的数量×功率×天数×每天的使用时间(小时数)×电费单价(元/千瓦时)

(2)公共照明系统电费

公共照明系统电费是室外路灯、大堂、楼道、走廊、消防楼道、停车库、项目公共景观等处所有照明系统的电费。

公共照明系统电费=照明器具的功率×天数×相应照明电器每天使用时间(小时数)的总和×电费单价(元/千瓦时)

(3)消防系统电费

消防水泵电费＝消防水泵的数量×消防水泵的功率×电费单价×运行小时

送、排烟风机电费＝送、排烟风机数量×送、排烟风机功率×电费单价×运行小时

中央控制室电费＝中央控制室所有电器的功率×天数×每天实际工作时间×电费单价

(4)排水系统电费

供水变频泵、潜水泵使用的电费＝泵的功率×数量×天数×每天实际工作时间×电费单价

3.运行费用——公共水费(元/月)

某项目水的消耗构成如表13-4所示。

**表13-4　某项目水的消耗构成**

| 项　　目 | 月费用 |
|---|---|
| 公共水耗费用测算(含绿化水、道路用水、管网漏损等) | |
| 1.绿化水费 | 分项测算 |
| 2.清洁用水费 | 分项测算 |
| 3.项目景观用水费 | 分项测算 |
| … | |
| 月合计 | |
| 备注 | |

(1)绿化水费

根据项目绿化面积及服务标准确定：

绿化水费＝绿化面积×单位面积收费市场价×水费单价

(2)清洁用水费

根据清洁面积及服务标准测算：

清洁用水费＝每天用水预算量×用水天数×水费单价

(3)项目景观用水费

根据项目景观的数量及用水量测算。

**(三)绿化养护费用**

某项目的绿化养护费用构成如表13-5所示。

**表13-5　某项目绿化养护费用构成**

| 项目 | 月费用 | 备注 |
|---|---|---|
| 1.分包费用 | | 分项测算 |
| 2.物料费用 | | 分项测算 |
| 3.其他 | | 分项测算 |
| … | | |
| 月合计 | | |

1. 分包费用

物业服务企业将绿化养护外包给有关专业公司的，该项服务的成本按照外包合同所确定的金额核定，一般可以采用“分包方人员人数×人员费用”“分包面积×单价”的方式进行测算。

2. 物料费用

环境、绿化物料消耗根据物业服务的绿化面积及绿化品种，按养护的需要测算材料的消耗，包括绿化、施肥、杀虫、植物药剂、项目消杀等。

某项目环境、绿化物料消耗构成如表13-6所示。

**表13-6 某项目环境、绿化物料消耗构成**

| 序号 | 项目 | 单位 | 单价 | 数量 | 年金额 |
| --- | --- | --- | --- | --- | --- |
| 1 | 基肥（饼肥、鸡粪等有机肥） | | | | |
| 2 | 复合肥 | | | | |
| 3 | 叶面肥 | | | | |
| 4 | 百菌清 | | | | |
| 5 | 多菌灵 | | | | |
| 6 | 油费 | | | | |
| 7 | 机械维修费用 | | | | |
| 8 | 补栽补种费用 | | | | |
| … | | | | | |
| 合计 | 元/年 | | | | |
| 月合计 | 元 | | | | |

## （四）清洁卫生费用

某项目的清洁卫生费用构成如表13-7所示。

**表13-7 某项目清洁卫生费用构成**

| 项目 | 月费用 | 备注 |
| --- | --- | --- |
| 1. 分包费用 | 分项测算 | 分包方人员人数×人员费用 |
| 2. 物料费用 | 分项测算 | |
| 3. 其他 | 分项测算 | |
| … | | |
| 月合计 | | |

1. 分包费用

该项服务的成本按照外包合同所确定的金额核定，一般可以采用“分包方人员人数×人员费用”“分包面积×单价”的方式进行测算。

2. 物料费用

物料费用包括物业服务所需配置的保洁材料的费用及清理、清运费。

某项目物料费用构成如表 13-8 所示。

**表 13-8　某项目物料费用构成**

| 序号 | 名称 | 单位 | 数量 | 单价 | 月金额 |
| --- | --- | --- | --- | --- | --- |
| 1 | 扫把 | 把 | | | |
| 2 | 抹布 | 条 | | | |
| 3 | 尘推 | 个 | | | |
| 4 | 洗洁精 | 包 | | | |
| 5 | 拖把 | 把 | | | |
| 6 | 胶手套 | 双 | | | |
| 7 | 大垃圾袋 | 个 | | | |
| 8 | 灭鼠药 | 包 | | | |
| 9 | 铲刀 | 把 | | | |
| 10 | 空气清新剂 | 包 | | | |
| 11 | 垃圾清运费 | 元 | | | |
| 12 | 化粪池清理费 | 元 | | | |
| … | … | | | | |
| 月合计 | | | | | |

**（五）秩序维护费用**

某项目的秩序维护费用构成如表 13-9 所示。

**表 13-9　某项目秩序维护费用构成**

| 项目 | 月费用 | 备注 |
| --- | --- | --- |
| 1. 分包费用 | 分项测算 | 分包方人员人数×人员费用 |
| 2. 物料费用 | 分项测算 | |
| 3. 其他 | 分项测算 | |
| … | | |
| 月合计 | | |

1. 分包费用

该项服务的成本按照外包合同所确定的金额核定，一般可以采用“分包方人员人数×人员费用”“分包面积×单价”的方式进行测算。

2. 物料费用

物料费用包括项目秩序维护工作中用到的器材费用、训练用品费用等。

某项目秩序维护中的物料费用构成如表 13-10 所示。

**表 13-10　某项目秩序维护中的物料费用构成**

| 序号 | 项目 | 单位 | 单价 | 数量 | 金额 | 折旧年限 | 月费用 |
|---|---|---|---|---|---|---|---|
| 1 | 交通指挥设备 | 个 | | | | | |
| 2 | 标识、标牌 | 批 | | | | | |
| 3 | 巡逻车 | 辆 | | | | | |
| … | … | | | | | | |
| 月合计 | | | | | | | |

**（六）物业共用部位、共用设施设备及公众责任保险费用**

购买保险是业主及物业服务企业规避风险的一种法定管理手段。

保险费＝需投保的总金额×保险费率÷保险受惠物业的总面积

**（七）办公费用**

某项目办公费用构成如表 13-11 所示。

**表 13-11　某项目办公费用构成**

| 序号 | 明细项目 | 月支出 | 说明 |
|---|---|---|---|
| 1 | 办公低值易耗品购置费 | 分项测算 | |
| 2 | 办公用水电费 | 分项测算 | |
| 3 | 办公设备维护费用 | 分项测算 | |
| 4 | 通信费 | 分项测算 | |
| 5 | 交通费 | 分项测算 | |
| 6 | 服装费(管理服务人员) | 分项测算 | |
| | … | | |
| 月合计 | | | |

(1)办公用水电费。

使用水费金额＝使用量(立方米)/月×水费收费单价

饮用水金额＝饮用水(桶)/月×桶饮用水单价

照明用电费用＝办公照明的功率×每天实际使用时间(小时)×电费收费标准

办公电器用电费用＝空调等办公设备的功率×每天实际使用时间(小时)×电费收费标准

(2)办公设备维护费用主要指复印机、打印机、空调等设备每月的保养费。

(3)通信费指物业服务所需的通信费用。

(4)交通费是根据管理服务业务的需要发生的交通方面的费用。

(5)服装费(元/月)按照服装的制作成本和使用年限进行分摊。(也可计入各单项服务成本中,但不得重复计算。)

某项目服装费用构成如表 13-12 所示。

表 13-12　某项目服装费用构成

| 项目 | 单位 | 单价 | 数量 | 金额 | 摊销年限 | 月费用 |
|---|---|---|---|---|---|---|
| 管理员秋冬装 | 套 | | | | | |
| 管理员春夏装 | 套 | | | | | |
| 秩序维护员秋冬装 | 套 | | | | | |
| 秩序维护员春夏装 | 套 | | | | | |
| 保洁员秋冬装 | 套 | | | | | |
| 保洁员春夏装 | 套 | | | | | |
| 绿化工秋冬装 | 套 | | | | | |
| 绿化工春夏装 | 套 | | | | | |
| 维修员秋冬装 | 套 | | | | | |
| 维修员春夏装 | 套 | | | | | |
| 雨鞋 | 双 | | | | | |
| 雨衣 | 套 | | | | | |
| … | | | | | | |
| 月合计 | | | | | | |

**（八）管理费分摊**

管理费由各物业服务项目承担。

**（九）固定资产折旧**

因正常管理服务需要所购置的固定资产（单价在 2000 元以上，使用年限超过一年），按使用年限进行折旧。

固定资产月折旧费用＝固定资产的原值÷使用年限÷12

**（十）经业主同意的其他费用**

某项目经业主同意的其他费用构成如表 13-13 所示。

表 13-13　某项目经业主同意的其他费用构成

| 序号 | 活动时间 | 活动安排 | 活动内容 | 费用 |
|---|---|---|---|---|
| 1 | 元旦<br>春节 | 晚会<br>春节座谈交流 | 歌舞表演、小合唱等<br>信息交流、知识讲座、集体拜年等 | |
| 2 | 增值服务 | 养老助残<br>儿童课堂 | 健康知识讲座、社区建设、环境改善等 | |
| 3 | 其他活动 | 慈善、扶贫及社会公益活动 | | |
| | … | | | |
| 月合计 | | | | |

### （十一）汇总上述测算结果

经测算，该项目年、月各项成本费用如表13-14所示。

**表13-14 某项目年、月各项成本费用构成总表**

| 序号 | 项目 | 金额 |
| --- | --- | --- |
| 1 | 人员费用 | |
| 2 | 物业共用部位、共用设施设备日常运行和维护费用 | |
| 3 | 绿化养护费用 | |
| 4 | 清洁卫生费用 | |
| 5 | 秩序维护费用 | |
| 6 | 办公费用 | |
| 7 | 管理费分摊 | |
| 8 | 固定资产折旧 | |
| 9 | 物业共用部位、共用设施设备及公众责任保险费用 | |
| 10 | 经业主同意的其他费用 | |
| 合计 | | |

### （十二）形成物业服务费综合测算表

实践中，一般酬金制按年度核算总量支付；包干制按年度核算，分月份、季度等收缴，以元/（月·平方米）表示。

某项目物业服务费综合测算表如表13-15所示。

**表13-15 某项目物业服务费综合测算表**

| 序号 | 项目名称 | 支出（元/月或年） | 费用比例 | 备注 |
| --- | --- | --- | --- | --- |
| 1 | 人员费用 | | % | 附表一：人员费用测算表 |
| 2 | 物业共用部位、共用设施设备日常运行和维护费用 | | % | 附表二：运行和维护费用测算表 |
| 3 | 绿化养护费用 | | % | 附表三：绿化养护费用表 |
| 4 | 清洁卫生费用 | | % | 附表四：清洁卫生费用表 |
| 5 | 秩序维护费用 | | % | 附表五：秩序维护费用表 |
| 6 | 办公费用 | | % | 附表六：办公费用表 |
| 7 | 管理费分摊 | | % | 附表七：管理费分摊费用表 |
| 8 | 固定资产折旧 | | % | 附件八：固定资产折旧表 |
| 9 | 物业共用部位、共用设施设备及公众责任保险费用 | | % | 附件九：测算表 |
| 10 | 经业主同意的其他费用 | | % | 附件十：测算表 |
| 11 | 合理利润 | | % | 附件十一：测算表 |
| 12 | 法定税金 | | % | 附件十二：测算表 |
| 合计 | | | 100% | |

一般酬金制模式下物业服务费标准为：(表 13-15 中 1 至 10 项之和)×(1＋酬金比例%)/收费面积/12。

一般包干制模式下物业服务费标准为：(表 13-15 中 1 至 12 项之和)/收费面积/12。

## 本章小结

本章主要讲述物业服务资金及有关内容。狭义地理解，物业服务资金主要来源于物业服务的主营业务收入、有关业务收入等，随着社会的发展、行业经营模式的创新等，会有多元化的变化。

物业服务资金是开展物业服务的重要基础，注意酬金制与包干制、政府指导价与市场调节价的区别。

重点掌握物业服务成本构成及测算。

## 关键概念

物业服务资金　物业服务费　物业服务收入　物业服务支出　物业服务成本　酬金制　包干制　住宅专项维修资金　政府指导价　市场调节价

## 基础知识训练

1. 管理服务人员的工资、社会保险和按规定提取的福利费的测算依据是什么？
2. 物业共用部位、共用设施设备的日常运行、维护费用包括哪些具体内容？各自有什么特点？
3. 物业管理区域清洁卫生费用由哪些项目构成？
4. 物业管理区域绿化养护费用由哪些项目构成？
5. 物业管理区域秩序维护费用由哪些项目构成？
6. 什么是办公费？
7. 如何计算物业服务企业的固定资产折旧？
8. 什么是物业共用部位、共用设施设备及公众责任保险费用？其用途是什么？
9. 经业主同意的其他费用包含哪些内容？

## 实践操作训练

组织学生参观考察住宅、写字楼、商业等物业项目，熟悉物业服务日常工作内容、流程及物业基本情况、数据，掌握物业服务项目成本测算的基本流程和方法。

# 第十四章　物业品牌管理

**本章要点**

品牌的含义及品牌管理的内容；物业管理品牌的含义及构成要素；物业管理品牌建设的内容。

**知识目标**

1. 掌握物业管理品牌的含义及构成要素；
2. 掌握物业品牌管理的主要环节及建设重点。

**能力目标**

学会运用品牌管理的知识进行物业服务企业品牌建设的策划。

**案例导引**

2019 年 9 月 10 日，国务院发展研究中心企业研究所、清华大学房地产研究所和中国指数研究院三家研究机构共同举办的“2019 中国房地产品牌价值研究成果发布会暨第十六届中国房地产品牌发展高峰论坛”发布了物业品牌价值榜单。万科物业以 130.25 亿元的品牌价值位列中国指数研究院“2019 物业服务品牌价值研究成果榜”第一名。

思考：

1. 品牌建设与管理对于一个物业服务企业来说重要吗？为什么？
2. 你认为品牌在一个企业中是如何体现的？

## 第一节　品牌及品牌管理

### 一、品牌概述

#### （一）品牌理论的发展阶段

自 1931 年 P&G 的尼尔·麦克尔罗伊提出品牌经理制以来，品牌日益成为提升企业竞争力的主要源泉。实业界的操作需求带来了品牌管理理论研究的繁荣。西方品牌理论研究大致经历了以下五个发展阶段：

1.研究阶段

这一阶段主要对品牌的内涵和外延(如品牌定义、品牌命名、品牌标识、商标等)进行了规范,自此,品牌研究成为营销理论研究的热点领域。

2.战略阶段

从这一阶段开始,品牌经营被提到战略的高度,从品牌塑造的角度提出了许多战略性的品牌理论,如 Ogilvy 的品牌形象论(1963)、Ries 和 Trout 的品牌定位论(1971)、Keller 和 Aaker 的品牌延伸研究系列等。

3.资产阶段

20 世纪 80 年代以来频频发生的品牌并购案、频繁的价格战压力使得企业更加重视品牌的市值和增值,从而引发了品牌资产理论研究的热潮。卢泰宏等人(2000)从概念模型的角度将品牌资产理论研究分为三类:财务会计概念模型、基于市场的品牌力概念模型、基于消费者的概念模型。第一类的成果表现为 Interbrand 和 Finance World 的品牌资产评估模型,第二类的核心文献是 Pitta 和 Katsanis 的《九十年代品牌资产管理计划》,第三类的重要成果为 Aaker 的品牌资产五星模型(1991)、Keller 的基于消费者的品牌资产模型(1993)等。

4.管理阶段

为保证品牌资产的长期发展,品牌必须由专门的组织运用规范的指南进行管理。这一阶段出现了大量的论著,包括 Aaker 的著作《管理品牌资产》(1991)和《品牌领导》(2000)、Kapferer 的著作《战略品牌管理》(1992,1995,1997)、Keller 的论文《品牌报告卡》(2000)。

5.关系阶段

从这一阶段开始,品牌与消费者的关系(简称品牌关系,下同)逐渐成为品牌理论研究的焦点,核心贡献包括 Blackston 的品牌关系概念模型(1992,1995)、Fournier 的品牌关系分析架构(1994,1998),以及 Aggarwal 的品牌关系交往规范研究(2001)等。

### (二)品牌的概念

美国营销协会认为品牌是指"用于识别产品和服务,并以此和竞争者区别开来的名称、符号、标志、设计或它们的组合"。品牌的本质是商品或服务乃至企业人格化的字号:一是商品或服务其本身,包括质量好、服务态度好、售后服务优异等;二是反映消费者的消费体验、认同感等心理感受。我们需要品牌,在于其拥有最重要的区别功能。好品牌之所以能发挥作用,在于它不仅展现个性,即质量好、技术过硬的商品或服务乃至成功企业本身,而且引导消费者认知乃至使企业获得忠诚,从而获得较高的价值和增值。

从企业发展和管理的角度来看,品牌包括品牌品质、品牌认同、品牌忠诚、品牌联想等一系列内涵。

### (三)创建物业管理品牌的必要性

(1)创建品牌是为了满足业主不断增长的服务要求的需要。一方面,随着生活水平的不断提高,人们对住房的要求已经从有房住、住得下,提高到住得好、环境好、服务好。因此,一流的物业必须配以一流的管理服务,才能创造出一流的居住环境。另一方面,名牌的物业管理之所以受到消费者的青睐,不仅仅在于其表层的管理服务,更重要的是它所蕴含的企业文化,即对消费者的地位、个性、修养、品味、生活方式的肯定。这样才能使消费者对其情有独钟,不惜为之投资。

(2)品牌是企业在市场竞争中生存与发展的保障。物业行业准入门槛低,近年来发展非常迅猛,竞争日趋激烈,企业如何在激烈的竞争中生存和发展?从先进物业服务企业的成功案例和物业管理实践来看,专业化、规模化、差异性服务形成的企业良好声誉和品牌形象,是物业服务企业在市场竞争中生存和发展的保障。

(3)品牌是业主对企业的信任和企业对业主的承诺。品牌体现了市场对物业服务企业的认可度,优质品牌反映出来的是物业服务企业与业主之间的相互信任、相互依存、互利互惠、友好合作关系,是物业服务企业的无形资产和竞争力。

## 二、品牌管理概述

### (一)品牌管理的内容

品牌管理的内容主要为:制定以品牌核心价值为中心的品牌识别系统,然后由品牌识别系统统帅和整合企业的一切价值活动,同时优选高效的品牌化战略与品牌架构,不断地推进品牌资产的增值并且最大限度地合理利用品牌资产。

### (二)品牌管理的阶段

1.规划以核心价值为中心的品牌识别系统

进行全面、科学的品牌调研与诊断,充分研究市场环境、目标消费群与竞争者,为品牌战略决策提供翔实、准确的信息导向;在品牌调研与诊断的基础上,提炼高度差异化、清晰明确、易感知、有包容性和能触动、感染消费者内心世界的品牌核心价值;规划以核心价值为中心的品牌识别系统,基本识别与扩展识别是核心价值的具体化、生动化,使品牌识别与企业营销传播活动的对接具有可操作性;以品牌识别统帅企业的营销传播活动,使每一次营销传播活动都演绎传达出品牌的核心价值、精神与追求,确保企业的每一份营销广告投入都为品牌作加法,都为提升品牌资产作累积。制定品牌建设的目标,即品牌资产提升的目标体系。

2.优选品牌化战略与品牌架构

品牌战略规划很重要的一项工作是规划科学、合理的品牌化战略与品牌架构。在单一产品的格局下,营销传播活动都是围绕提升同一个品牌的资产而进行的,而产品种类增加后,就面临着很多难题:究竟是进行品牌延伸,新产品沿用原有品牌,还是采用一个新品牌?若新产品采用新品牌,那么原有品牌与新品牌之间的关系如何协调?企业总品牌与各产品品牌之间的关系又该如何协调?品牌化战略与品牌架构优选战略就是要解决这些问题。

在悟透各种品牌化战略模式的规律,并深入研究企业的财力、企业的规模与发展阶段、产品的特点、消费者心理、竞争格局与品牌推广能力等实际情况的基础上,按成本低又有利于企业获得较好的销售业绩、利润与实现培育强势大品牌的战略目标原则,优选出科学、高效的品牌化战略模式。

3.进行理性的品牌延伸扩张

创建强势大品牌的最终目的是持续获取较好的销售业绩与利润。由于无形资产的重复利用是不用成本的,只要有科学的态度与高超的智慧来规划品牌延伸战略,就能通过理性的品牌延伸与扩张充分利用品牌资源这一无形资产,实现企业的跨越式发展。因此,品牌战略的重要内容之一就是对品牌延伸的下述各个环节进行科学和前瞻性规划:

(1)提炼具有包容力的品牌核心价值;

(2)预埋品牌延伸的管线,有效回避品牌延伸的风险;

(3)强化品牌的核心价值与主要联想；

(4)提升品牌资产；

(5)成功推广新产品。

4.科学地管理各项品牌资产

创建具有鲜明的核心价值与个性、丰富的品牌联想、高品牌知名度、高溢价能力、高品牌忠诚度和高价值感的强势大品牌，累积丰厚的品牌资产。

首先，要完整理解品牌资产的构成，透彻理解品牌资产各项指标(如知名度、品质认可度、品牌联想、溢价能力、品牌忠诚度)的内涵及相互之间的关系。在此基础上，结合企业的实际，制定品牌建设所要达到的品牌资产目标，使企业的品牌创建工作有一个明确的方向，做到有的放矢并减少不必要的浪费。

其次，在品牌合法的原则下，围绕品牌资产目标，创造性地策划低成本提升品牌资产的营销传播策略。

最后，要不断检核品牌资产提升目标的完成情况，调整下一步的品牌资产建设目标与策略。

## 第二节　物业服务企业的品牌建设与管理

### 一、物业管理品牌概述

#### (一)物业管理品牌的含义

物业管理的品牌比较独特，是由物业的品牌与物业服务企业品牌共同构成的。物业可以影响物业服务企业在社会中的名望；反之，物业服务企业也可以影响特定物业的品质，声誉良好的物业服务企业可以让人们对所购物业产生信任及对将来的服务感到放心。成功的物业管理品牌会对物业的销售产生非同一般的社会效果，会提高物业产品的竞争力。

在物业管理市场竞争日趋激烈的情况下，物业服务企业要生存和发展，必须走品牌化道路，这不仅是物业服务企业自身，也是物业管理行业的必然选择。

物业服务企业要创建一系列由文字、标记、符号、色彩等要素有机组合而成的有别于其他物业服务企业的商业名称或其标志，主要包括物业服务企业品牌和物业管理服务品牌。

#### (二)物业管理品牌的构成要素

物业管理品牌主要包括物业服务企业品牌和物业管理服务品牌。

1.物业服务企业品牌

物业服务企业品牌的构成要素主要包括两个方面：

(1)物业服务企业的知名度，即物业服务企业被行业或公众认可和知晓的程度，它反映了物业服务企业在行业中的声誉和地位。

(2)物业服务企业的经营理念，主要指企业的价值观、责任观、行为观和人才观，它反映企业与其员工共存共荣的发展理念及为业主提供服务的品质。

2.物业管理服务品牌

物业管理服务品牌由物业管理服务的项目、收费标准、服务的态度、质量及创新能力等构成。物业管理服务品牌是物业服务企业品牌的物质体现。物业管理服务品牌的产生及发展既有赖于物业服务企业提供的服务，也依赖于物业管理服务对象等各方面对其的评价。

## 二、物业管理品牌建设

物业管理品牌的基础或核心是管理服务质量，因此，创建物业管理品牌，首先必须提供适合物业的物业管理服务。物业服务企业的良好信誉，不是凭一两个好的创意或空洞口号得来的，而是经过多年的实际经营，日积月累得来的。

物业服务企业在创建品牌时，其侧重点应有所不同，要根据物业性质和目标客户背景需求的不同，提供不同档次的服务项目。对于中低档物业，主要是提供维修保养、保安、清洁等保证基本生活或工作的服务，其他的服务要尽量简化，关键是物业服务收费要低；对于高档物业，其设备、设施都比较先进且功能多，客户在技术和管理方面对物业服务企业可能也有更高的要求，因此，物业服务企业在创建品牌时，必须充分考虑到各种因素，尽量为业主提供舒适和便捷的生活或工作环境。

### （一）物业管理品牌建设的内容

物业管理品牌建设的内容主要包括硬件和软件。硬件主要指物业服务企业的品牌名称、服务项目、服务质量和品质等能感受到的可量化评价的内容；软件主要指物业服务企业的发展、市场定位、产品扩展等看不见的企业发展能力。

品牌名称是品牌给人的第一印象，对客户起着潜移默化的作用，其标识性可以给人以强烈的心理暗示，可以代表品牌的价值或文化；服务项目和质量是企业与客户沟通的物质基础，能使客户实实在在地感受品牌的服务；物业服务企业的软件建设体现了其可持续发展的潜力，如市场的开拓、项目的定位、目标群体的需求研究等能力，这可以说明一个物业服务企业是否具备对物业发展的预见性和战略性，因此，品牌的软件建设是硬件建设的必备条件。

1. 准确的定位

（1）产品定位。物业管理服务的产品定位主要体现在个性化服务和特色服务上。考虑的因素主要有服务的内容、形式、形象、质量、价格、特色等，显示了品牌优势。如某企业提出的“您的满意是我们不变的追求”的理念，要求企业员工在服务中“想业主之所想，急业主之所急”，尽力满足业主的不同需要。

（2）市场定位。物业管理企业要创建品牌，就要结合企业特色和特长，合理选择细分市场。考虑的因素主要有市场的区域性、物业的类型。如企业承接的是写字楼等高档物业，还是小区物业，或是医院、学校、政府等单位的特型物业，以此为基础创建有特色的品牌。

2. 差异化服务

物业管理行业的同质化趋势越来越明显，企业要做成品牌，必须走差异化之路。差异化策略是指将公司提供的产品或服务差异化，形成一定的独特性，体现企业品牌的新颖特质和企业品牌形象。

（1）员工形象差异。主要体现在员工外部的礼仪形象，以及内在的敬业、负责、合作、沟通、不断学习、超越自我的精神品格等方面。为此，有的企业专门制定了《员工行为规范》，内容包括思想品德、语言规范、行为规范、形象规范、工作规范等，按规范对员工进行培训，用规范对员工行为进行约束，特别关注服务窗口员工的形象，如前台员工、门岗保安、上门维修服务员、会议服务员、入室服务员、项目经理等。

（2）物业管理模式、类型差异。如中海物业的“规范化发展，网络化运营，信息化管理，专业化增效”模式，特别是“专业化增效”管理思路极具物业管理行业前瞻性的差异特征；中航物业的“经营型”模式鲜明地突显了企业品牌的个性特色。

(3)服务内容、特色差异。如物业的家政中心、房屋租售中心、商务中心、会所等都体现了差异化的服务内容，而服务特色应体现在可靠、便捷、贴心、人性化、家庭味等方面。

3. 人才队伍建设

(1)技术人才。物业管理的技术人才主要是指适应于各类物业房屋设备、设施的施工、安装、维修、保养及具有专业和综合管理能力的技术人才。随着现代城市建设的发展，越来越多的智能化高层、超高层物业群拔地而起，房屋、设备、设施的科技含量越来越高，使得相关设计、施工、维修、保养及其技术管理的难度越来越大。物业管理的技术人才不再是传统房屋修养的作业人员，而是具有大规模、高科技、智能化物业知识和技能的专家，如建筑、强电、弱电、电梯、空调、机械、计算机、网络、信息等方面的专家。技术人才要在学习、培训上下功夫。

(2)管理人才。物业管理的主业是对物的管理和对人的服务。因此，物业管理的管理人才，不仅要熟知自然科学知识，而且要熟知社会科学知识；不仅要懂得对物业、对企业的管理，更要懂得对人、对社区的服务；不仅是能够统领队伍、独当一面的干将，还是会管理、会理财、会计算机、会公关、会文书等综合能力强的多面性人才。

(3)营销人才。物业服务企业要形成自己的服务品牌，就必须进入市场，在市场中营运自己的品牌，这就需要一批能了解市场、适应市场和赢得市场的营销人才。这些人才应有丰富的物业管理经验，应精通物业管理及其相关的法律法规，应有创新和独到的项目策划能力，应具备较强的市场意识、公关意识及市场活动能力。营销人才不在多而在有用，成功的市场拓展有助于企业资产规模的增加。

(4)员工队伍。员工队伍是实现品牌战略的主力军，服务企业服务质量的好坏，员工素质、工作态度、工作积极性是关键。企业要在保持队伍稳定、不断提高队伍素质上下功夫，如在工资分配、福利、用人机制、激励机制上下功夫，开展劳动竞赛，员工技能培训、技能比武，员工职业生涯导航等，组织员工谈心、座谈活动以及文体活动，丰富员工生活，多途径、多方位调动员工工作的积极性，做好服务工作。

物业管理行业已进入品牌竞争的时代，品牌化、规模化是行业发展的必然要求，这对想要做大、做强的物业管理企业来说是个巨大的挑战。只有起步早，做好规范化、规模化的管理和服务，才能在社会上站稳脚跟，才能将企业做大、做强。

### （二）物业服务企业的诚信建设

1. 重视诚信建设

在物业管理品牌建设的过程中，诚信建设十分重要。多年来，房地产行业始终没有停止诚信建设的步伐。政府的积极倡导，社会与媒体的关注和呼吁，众多物业服务企业自身的努力探索和实践，使全行业的诚信建设取得了不少成效，涌现出一批注重社会责任、诚信意识强的优秀企业，也出现了一些加强诚信建设的典型事件和典型人物，行业形象开始改变。但客观地讲，全行业的诚信建设还没有得到根本性的改善，还存在诸多问题，不尽如人意。诚信建设还没有真正成为全行业各企业自觉的、积极的、主动的自我意识、自我约束和自我要求，而是注重形式的多、注重宣传的多、注重表面文章的多。

2. 正确认识诚信的本质

诚信的本质是什么？通俗地讲，诚信是为人处世的基本理念、基本原则。那么，诚信与法律又有什么关系呢？

首先，诚信的要求与法律的要求处于两个不同层面。其次，守法是诚信的及格线，是诚信建设的出发点，而不是诚信建设的目的。只有在守法的基础上才能谈诚信建设；否则应先进行法制教育。最后，诚信的标准高于法律的要求。

有这样一种说法：法律不禁止的就是允许的。从法律的角度看，法律没有禁止的行为都是可行的，但从诚信的角度分析就不尽然了。企业和个人的行为不仅要考虑法律的约束，同时要兼顾社会责任和传统道德的约束，健全的法律是社会发展和社会进步的重要前提和保障，但任何一个法律体系都是残缺的完整，都存在着或多或少、或大或小的“漏洞”。真正意义上的诚信建设要求企业和个人从主观上“忽视”这些漏洞，不去钻法律政策的空子，进而用诚信的高标准去要求自己，去主动弥补这些“漏洞”。只有这样，才能把诚信建设引向深入。

3.诚信建设的层次

物业服务企业的诚信建设可分为以下几个层次：① 言有信，行有果。“信”和“果”应该是客观、真实、全面的。② 言必行，行必果。这是高一个层次的诚信建设，它的实现首先要求物业服务企业作出承诺时实事求是，留有余地；其次，不以任何理由为没有完全兑现的承诺找借口，在任何情况下，只要有实现承诺的可能，就要千方百计克服困难去实现承诺。③ 从可持续发展的角度来认识、进行企业的诚信建设。这是诚信建设的更高标准。诚信建设只有成为企业的自我意识、自我约束和自我要求，才能把全行业的诚信建设引向深入，从而创造出更加优质的物业管理品牌。

**（三）物业管理品牌形象策划**

1.企业形象策划的原则

(1)个性化原则。企业形象策划从根本上说就是要塑造企业的个性。首先，要突出物业管理行业区别于其他行业的个性，把形象设计的要素与企业的要素结合起来，显示出物业服务企业的特征；其次，要突出本企业与其他物业服务企业明显不同的经营理念及风格；最后，要根据不同竞争者的特点确立相应的“差别化战略”，奠定自己在物业管理市场中独特的位置，避开或击败竞争对手。

(2)社会化原则。企业形象策划设计的目的，就是要让企业得到社会大众的认可，从而使企业的形象得以提升。在进行形象设计时，既要自觉适应并引导社会心理，又要积极顺应时代发展。

(3)系统化原则。在进行形象策划时，要注意系统化，力争将企业理念、战略识别、品牌形象、员工行为规范及形象定位统一起来。

2.形象策划程序

(1)实态调查阶段。其内容包括公司主要管理者的个性、企业的发展历史、当前市场竞争的生存环境及企业文化活动和发展战略等。

(2)分析研究阶段。对实态调查取得的资料进行整理、归纳、分析。分析报告一般包括企业经理的个性分析、市场及竞争对手分析、企业文化现状分析。

(3)创意策划阶段。经过以上阶段后，就可以与企业相关工作人员一起酝酿、构思对企业形象系统进行设计的总思路，通过大家的讨论，形成最后方案。

(4)设计策划阶段。设计思路形成后，可对设计中的外在与内在形象系统进行定位。外在形象系统主要包括标志、广告、服饰、形象及象征性字体等；内在形象系统主要包括经营理念、企业精神、制度规范及公关策略等。

3.形象设计策划的步骤

(1)由企业形象设计专家进行设计；

(2)由专业制作人员制作；

(3)企业有关工作人员参与认可。

完成这三个步骤以后，整个企业形象设计工作才算完成。当然，这仅仅意味着企业个性塑造的初步完成，只有该企业形象设计得到企业全体员工和社会公众的广泛认同，变成全体员工自觉执行的企业规范和社会公认的企业形象才算最终完成。

### 三、物业管理品牌传播

为了提高知名度，物业服务企业除了进行形象策划外，还要对品牌进行适宜的宣传，使广大消费者了解、认识、接受并选择其服务。

品牌宣传，首先要确认潜在愿意接受其管理服务的目标客户，其次要根据受众群选择媒体。媒体很多，包括电视台、电台、报纸、刊物、杂志、互联网等。确定媒体之后才能考虑投放方式。物业服务企业在进行宣传时一定要做好以下具体工作：

#### (一)经济性分析

在物业服务企业确定传播策略之后，必须注意控制投放的力度和频度，这关系到企业的运营成本。经济成本是物业服务企业考虑的第一要素，成本和所取得的效益必须匹配。

#### (二)突出本品牌物业服务企业的管理实力

实力主要体现在物业管理的资金及人员规模、专业化程度以及从业人员的素质与专业水平等方面。物业服务企业的实力能够给人一种理性上的认同与信任，使客户在思想上接受物业服务企业的品牌。

#### (三)注意业绩的描述

物业服务企业的业绩描述可以加强人在感性上的认识，包括管理的建筑面积、种类，业主的反映、媒体的报道情况，行业内的评价等，因此，对业绩的描述应恰当、合理，不应夸大其辞，也不应轻描淡写。

## 本章小结

本章主要讲述了品牌及品牌的重要性、物业服务企业品牌，物业服务企业品牌建设的具体内容。

## 关键概念

品牌　品牌管理　物业服务企业品牌建设　品牌宣传

## 基础知识训练

1.简述品牌的含义与重要性。

2. 简述物业品牌管理的内容。

3. 物业品牌建设与管理的具体环节有哪些?

## 实践操作训练

案例讨论:谁是“王经理”?

张老师一家人兴冲冲地来办购房手续,一进售楼处就找“营销部王经理”。

置业顾问个个一脸茫然:“王经理? 哪个王经理!? 我们营销部没有姓王的同事! 经理也不姓王!”站了半天,却没有一个人接待张老师一家人。张老师对此很不满意,后悔在这里买了房!

问题:从品牌建设的角度寻找该公司存在的问题,并找出解决对策。

# 第十五章　物业风险管理

## 本章要点

风险管理的含义及风险的内容；风险识别；物业风险管理的内容；物业管理过程中的紧急事件及处理。

## 知识目标

1. 掌握物业管理风险的阶段及内容；
2. 掌握物业管理风险等级的评估；
3. 掌握物业管理过程中的风险防范措施。

## 能力目标

1. 学会对物业管理过程中的风险进行识别；
2. 掌握紧急事件的处理方法。

## 案例导引

事件描述：某日上午9:30左右，物业的控制中心接到报警，得知C座六楼某业主家厨房附近的窗户有浓烟冒出。该中心立即通知安防员携带消防工具赶到现场，并及时关闭了六楼的电源总开关及燃气总阀。安防员来到现场时正遇该业主返回，便协助业主迅速打开房门，此时屋内烟雾较大，厨房基本已经被浓烟覆盖。安防员迅速打开各窗户，在做好自我防护措施后进行了灭火操作。事后确定是消毒柜短路引发的火灾。

事件处理：由于发现及时，当值安防员在监控中心的指挥下快速赶到事发地将火扑灭。此次火灾烧毁了业主家的部分橱柜及一些餐具等，部分天花板被熏黑。由于扑救及时，火灾未对业主财产造成更大损失。

事件点评：物业管理单位工作到位，安防员训练有素，处理方式正确、果断，避免了更大的损失。

**思考题：**

物业管理与服务中存在哪些风险？如何防范？

# 第一节　风险管理概述

物业管理涉及的关系复杂，风险无时无处不在。物业管理风险如果不加以合理防范，在一定条件下就有可能演化为突发的、影响比较大的紧急事件。因此，物业管理风险的合理防范和紧急事件的有效处置，是物业管理企业普遍面临且无法回避的问题。

## 一、风险与物业管理风险

1. 风险

企业在实现其目标的经营活动中会遇到各种不确定性事件，这些事件发生的概率及其影响程度是无法事先预知的，这些事件将对经营活动产生影响，从而影响企业目标实现的程度。这种在一定环境下和一定限期内客观存在的、影响企业目标实现的各种不确定性事件就是风险。简单来说，风险就是在一段特定的时间内和一定的环境条件下，人们所期望的目标与实际结果之间的差异程度。

2. 物业管理风险

物业管理风险是指物业管理企业在服务过程中，由于企业或企业以外的自然、社会因素所导致的应由物业管理企业承担的意外损失。

## 二、风险管理的含义及目标

1. 风险管理的含义

风险管理是一个识别、确定和度量风险，并制定、选择和实施风险处理方案的过程，主要包括风险分析、风险评估和风险控制。

2. 风险管理的目标

在风险事件发生前，风险管理的首要目标是使潜在损失最小，其次是减少忧虑及相应忧虑的价值。在风险事件发生后，风险管理的首要目标是使实际损失减少到最低程度。

# 第二节　物业管理风险识别

物业管理的风险类型包括早期介入的风险、前期物业管理的风险和日常物业管理风险，其中，日常物业管理风险按行为主体可分为业主（或物业使用人）在使用物业和接受物业服务过程中的风险、物业管理项目外包服务过程中的风险、市政公用事业单位服务过程中的风险、物业管理员工服务过程中的风险、公共媒体宣传报道中的舆论风险等。

## 一、物业管理早期介入的风险

物业管理早期介入的风险主要包括项目接管的不确定性带来的风险和专业服务咨询的风险。

1. 项目接管的不确定性带来的风险。

有的物业管理企业在还没确定取得项目接管权的时候就投入了较多的人力、物力和财力，但因为种种原因，最终未被建设单位选聘，物业管理企业不仅蒙受了人、财、物的损失，企业的品牌形象也受到了损害。

2.专业服务咨询的风险

物业管理早期介入涉及面广、时间长、技术性强、难度大，当物业管理企业不具备足够的具有相当专业技术能力和物业管理操作经验的人员全过程参与时，将难以发现在项目规划设计和施工等方面存在的隐患和问题，其提供的专业咨询意见和建议也可能出现不足和偏差。此外，如果不能与建设、施工和监理单位有良好的沟通和配合，早期介入中提出的合理化建议将得不到重视和采纳。以上两个方面都有可能导致物业在建成后的管理运作中出现一定的风险。

## 二、前期物业管理的风险

前期物业管理的风险有许多，但最主要的是合同风险。合同风险具体包括三个方面：

1.合同期限的风险

《合同法》第四十五条规定："当事人对合同的效力可以约定附条件。附生效条件的合同，自条件成就时生效。附解除条件的合同，自条件成就时失效。"前期物业服务合同是附解除条件的合同。《物业管理条例》第二十六条规定："期限未满、业主委员会与物业管理企业签订的物业服务合同生效的，前期物业服务合同终止。"因此，前期物业服务合同的期限具有不确定性，物业管理企业随时有可能被业主大会解聘。一旦被提前解约，企业对物业管理项目的长期规划和各种投入将付诸东流，企业将蒙受损失。但如果企业过多地考虑这一因素，致使前期的规划和投入不到位，可能会带来操作上的短期行为，也会引发业主(或物业使用人)与物业管理企业的矛盾和冲突。

2.合同订立的风险

在订立前期物业服务合同时，物业建设单位居于主导地位。物业相关资料的移交，物业管理用房、商业经营用房的移交，空置房管理费的缴纳等均需要物业建设单位的支持与配合。因此，建设单位在与物业管理企业订立前期物业服务合同时，可能会将本不该由物业管理企业承担的风险转嫁给物业管理企业。此外，一些物业管理企业为了取得项目的管理权，在签订合同时盲目压低管理费用，这将影响到接管项目后正常经营活动的开展；一些物业管理企业在签订合同时没有清晰约定有关责任，或忽视免责条款，甚至作出一些难以兑现的承诺，导致在接管后发生不测事件(业主家中财物被盗、人员伤亡等)时处于被动局面，在合同内容上的任何疏忽都有可能成为业主向物业管理企业索赔的理由。

3.合同执行的风险

前期物业服务合同是具有委托性质的集体合同，由建设单位代表全体业主与物业服务企业签订。虽然这种合同订立行为是法规规制的结果，但在业主入住和合同执行的过程中，由于业主缺乏相应的法规知识或其他原因，可能会发生对前期物业服务合同的订立方式、合同部分条款和内容的不认同、不执行，从而引发业主与物业管理企业之间的纠纷。

前期物业服务阶段处于各种矛盾交织的特殊时期，工程遗留的质量问题、设施设备调试中未解决的问题等都会影响业主的正常生活，由此引发对前期物业服务合同的争议和纠纷，若处理不当，将会诱发管理风险。

## 三、日常物业管理风险

日常物业管理的风险包括两个方面：一是业主(或物业使用人)在使用物业和接受物业

服务过程中存在的风险；二是物业管理日常运作过程中存在的风险。

### （一）业主在使用物业和接受物业服务过程中存在的风险

1. 物业违规装饰装修带来的风险

业主（或物业使用人）违规装饰装修，不仅会造成物业共用部位损坏、安全隐患和邻里纠纷等，增加物业管理的运行、维修和维护成本，还会使物业管理企业承担一定的物业装饰装修管理责任。

2. 物业使用带来的风险

在物业的日常使用过程中，当业主（或物业使用人）对物业的使用出现不当行为和不当使用物业时，如高空抛物、改变物业使用功能、堵塞消防通道、损毁共用设施设备和场地等，是难以确定责任人的；或业主（或物业使用人）因物业的“瑕疵或当事人的疏忽”而发生意外事故，造成他人人身伤害或财产损失的情况下，物业管理企业就要承担一定的法律责任风险。

3. 法律概念不清导致的风险

在公共安全、人身财产的保险和财产保管方面，业主（或物业使用人）往往对物业管理安全防范主体的责任认识不清，误将本应由公安机关或业主自身承担的安全防范责任强加给物业管理企业，导致物业管理企业与业主（或物业使用人）之间的纠纷增加，物业管理企业为此投入大量的人力、财力和物力，造成不必要的消耗，承担额外的责任。

### （二）物业管理日常运作过程中存在的风险

1. 管理费收缴风险

业主（或物业使用人）由于各种原因缓交、少交或拒交管理费，是物业服务活动中比较突出的问题。由于物业管理企业普遍缺乏有效的追缴手段，因此管理费收缴风险是物业日常管理服务中常见的风险之一。

2. 在公用事业费用代收缴中存在的风险

在公用事业费用（如水电费等）的代收缴以及公共水电费的分摊中，物业管理单位居于收取和缴纳的中间环节，如业主（或物业使用人）不及时、不足额缴纳相应费用，势必导致物业管理企业蒙受经济损失，承担其不应有的风险。

3. 管理项目外包存在的风险

物业管理服务项目外包是物业管理运作中常见的现象。在对项目外包单位的选择，以及订立合同、实施管理的诸多环节中，物业管理企业虽然可采取多种手段加以控制，但潜在和不确定的因素依然存在。如选择的外包单位的专业服务行为不符合物业管理服务要求，虽然物业管理企业可要求其予以整改，但其后果往往是业主（或物业使用人）仍将责任归咎于物业管理企业。

4. 物业管理员工服务存在的风险

物业管理企业未能按照物业服务合同的约定，导致业主人身、财产安全受到损害的，要承担相应的法律责任。物业管理员工违规操作引发的问题，法律上称为“雇主责任”，物业管理企业也应承担其下属员工不当行为的赔偿责任。

5. 公共媒体在宣传报道中的舆论风险

在物业管理操作中，由于物业管理服务不到位、矛盾化解不及时、投诉处理不当和与各方沟通不及时等，均有可能导致物业管理的舆论风险。舆论风险不仅会影响物业管理企业的品牌形象，而且会给物业管理企业带来经济上的损失。

6. 公用、共用设施设备管理风险

物业公用、共用设施设备本身的隐患及公共设施设备管理的不善都有可能影响业主或非业主使用人的人身和财产安全。由于物业内公共设施设备的多样性和分散性，导致风险无处不在。物业服务企业面临这些风险，不仅要承担经济赔偿的民事责任，直接责任人和企业主要负责人还可能因此而承担刑事责任。

## 第三节　物业管理风险的评估

### 一、风险评估的含义

风险评估是在风险事件发生之前或之后（但还没有结束），对该事件给人们的生活、生命、财产等各个方面造成的影响和损失的可能性进行量化评估的工作，即量化测评某一事件或事物带来的影响或损失的可能程度。风险评估包含风险辨识（辨识风险的数量、种类）、风险分析（分析风险的概率、条件）、风险评价（评价风险的影响、价值）三个步骤。

### 二、风险评估的任务

风险评估的任务是识别组织（或项目）面临的各种风险；评价风险概率和可能带来的负面影响；确定组织（或项目）承受风险的能力；确定风险消减和控制的优先等级；推荐风险消减对策。

### 三、风险评估的方法

在风险评估过程中可以采用多种操作方法，包括基于知识（Knowledge-based）的分析方法、基于模型（Model-based）的分析方法、定量（Quantitative）分析方法和定性（Qualitative）分析方法。无论何种方法，共同的目标都是找出组织面临的风险及其影响，以及目前的安全水平与组织安全需求之间的差距。

（一）基于知识的分析方法

在进行基线风险评估时，组织可以采用基于知识的分析方法来找出目前的安全状况和基线安全标准之间的差距。基于知识的分析方法又称作经验方法，它牵涉对来自类似组织（包括规模、商务目标和市场等）的“最佳惯例”的重用，适合一般性的信息安全社团。采用基于知识的分析方法，组织不需要付出很多精力、时间和资源，只要通过多种途径收集相关信息，识别组织的风险所在和当前的安全措施，与特定的标准或最佳惯例进行比较，从中找出不符合的地方，并按照标准或最佳惯例的推荐选择安全措施，最终达到消减和控制风险的目的。

基于知识的分析方法最重要的在于评估信息的收集，信息源包括：

（1）会议讨论；

（2）对当前的信息安全策略和相关文档进行复查；

（3）制作问卷，进行调查；

（4）对相关人员进行访谈；

（5）进行实地考察。

为了简化评估工作，组织可以采用一些辅助性的自动化工具，这些工具可以帮助组织拟订符合特定标准要求的问卷，然后对解答结果进行综合分析，在与特定标准比较之后给出最终的推荐报告。市场上可选的此类工具有多种，Cobra 就是典型的一种。

（二）基于模型的分析方法

2001 年 1 月，由希腊、德国、英国、挪威等国的多家商业公司和研究机构共同组织开发了一个名为 CORAS 的项目。该项目是一个基于面向对象建模、采用 UML 技术的风险评估框架，它的评估对象是对安全要求很高的系统，特别是 IT 系统。CORAS 考虑到技术、人员以及所有与组织安全相关的方面。通过 CORAS 风险评估，组织可以定义、获取并维护 IT 系统的保密性、完整性、可用性、抗抵赖性、可追溯性、真实性和可靠性。

与传统的定性和定量分析类似，CORAS 风险评估沿用了识别风险、分析风险、评价并处理风险这样的过程，但其度量风险的方法则完全不同，所有的分析过程都是基于面向对象的模型来进行的。CORAS 的优点在于：提高了对安全相关特性进行描述的精确性，改善了分析结果的质量；图形化的建模机制便于沟通，减少了理解上的偏差；提高了不同评估方法相互操作的效率。

（三）定量分析方法

进行详细的风险分析时，除了可以使用基于知识的评估方法外，最常见的还是采用定量和定性分析的方法。定量分析方法的思路很明确：对构成风险的各个要素和潜在损失的水平赋予数值或货币金额，当度量风险的所有要素（资产价值、威胁频率、弱点利用程度、安全措施的效率和成本等）都被赋值时，风险评估的整个过程和结果就都可以被量化了。简单说，定量分析是试图从数字上对安全风险进行分析评估的一种方法。

定量分析中有几个重要的概念：

（1）暴露因子（Exposure Factor，*EF*）：特定威胁对特定资产造成损失的百分比，或者说损失的程度。

（2）单一损失期望（Single Loss Expectancy，*SLE*）：或者称作 *SOC*（Single Occurrence Costs），即特定威胁可能造成的潜在损失总量。

（3）年度发生率（Annualized Rate of Occurrence，*ARO*）：即威胁在一年内估计会发生的频率。

（4）年度损失期望（Annualized Loss Expectancy，*ALE*）：或者称作 *EAC*（Estimated Annual Cost），表示特定资产在一年内遭受损失的预期值。

定量分析的过程如下：

（1）首先，识别资产并为资产赋值；

（2）通过威胁和弱点评估，评价特定威胁作用于特定资产所造成的影响，即确定 *EF*（取值在 0～100%之间）；

（3）计算特定威胁发生的频率，即确定 *ARO*；

（4）计算资产的 *SLE*：$SLE=$资产价值$\times EF$；

（5）计算资产的 *ALE*：$ALE = SLE \times ARO$。

下面举例说明：假定某公司投资 500000 美元建了一个网络运营中心，其最大的威胁是火灾，一旦火灾发生，网络运营中心的估计损失程度是 45%。根据消防部门推断，该网络运营中心所在的地区每 5 年会发生一次火灾，于是得出了 *ARO* 为 0.20 的结果。基于以上数据，该公司网络运营中心的 *ALE* 将是 45000 美元。

可以看出，定量分析中有两个指标是最为关键的：一个是威胁事件发生的可能性（用 *ARO* 表示），另一个是威胁事件可能引起的损失（用 *EF* 来表示）。从理论上讲，通过定量分析可以对安全风险进行准确分级，但这是有前提的，即可供参考的数据指标是准确的。事实上，在信息系统日益复杂多变的今天，定量分析所依据的数据的可靠性是很难保证的，再加上数据统计缺乏长期性，计算过程又极易出错，这就给分析的细化带来了很大困难。所以，目前在信息安全风险分析中已经很少采用定量分析或者纯定量分析方法。

**（四）定性分析方法**

定性分析方法是目前采用最为广泛的一种方法，它带有很强的主观性，往往需要凭借分析者的经验和直觉，或者业界的标准和惯例，为风险管理诸要素（资产价值、威胁的可能性、弱点被利用的容易度、现有控制措施的效力等）的大小或高低程度进行定性分级，例如分为"高""中""低"三级。

定性分析的操作方法多种多样，包括小组讨论（例如 Delphi 方法）、检查列表（Checklist）、问卷（Questionnaire）、人员访谈（Interview）、调查（Survey）等。定性分析操作起来相对容易，但也可能因为操作者经验和直觉的偏差而使分析结果失准。与定量分析相比较，定性分析的准确性稍好，但精确性不够，定量分析则相反；定性分析没有定量分析那样繁多的计算，但要求分析者具备一定的经验和能力；定量分析依赖大量的统计数据，而定性分析没有这方面的要求；定性分析较为主观，定量分析基于客观；定量分析的结果很直观，容易理解，而定性分析的结果则很难有统一的解释。组织可以根据具体的情况来选择定性或定量的分析方法。

## 四、格雷厄姆风险评价方法（*LEC* 法）

*LEC* 法是一种常用的风险评价方法，可计算每一项已辨识出的危险源所带来的风险。其风险值 $D$ 由三个主要因素 $L$、$E$、$C$ 的指标值的乘积表示，即 $D=L\times E\times C$。

$L$——发生事故的可能性大小。事故发生的可能性大小用概率来表示时，绝对不可能发生的事故概率为 0，必然发生的事故概率为 1。人为地将发生事故可能极小的分数定为 0.1，必然要发生事故的分数定为 10，介于这两者之间的情况定为若干中间值，如表 15-1 所示。

**表 15-1　发生事故的可能性大小**

| *L* 分数值 | 事故（事件）发生的可能性 |
|---|---|
| 10 | 完全可以预料 |
| 6 | 相当可能 |
| 3 | 可能，但不经常 |
| 1 | 可能性小，完全意外 |
| 0.5 | 很不可能，可以设想 |
| 0.2 | 极不可能 |
| 0.1 | 实际不可能 |

$E$——暴露于危险环境中的频繁程度。人员出现在危险环境中的时间越多，危险性越大。规定连续出现在危险环境中的情况为10，而非常罕见地出现在危险环境中为0.5，介于两者之间的各种情况规定若干个中间值，如表15-2所示。

**表15-2　暴露于危险环境中的频繁程度**

| $E$分数值 | 暴露于危险环境中的频繁程度 |
|---|---|
| 10 | 连续暴露 |
| 6 | 每天工作时间内暴露 |
| 3 | 每周一次，或者偶然暴露 |
| 2 | 每月一次暴露 |
| 1 | 每年几次暴露 |
| 0.5 | 非常罕见地暴露 |

$C$——事故产生的后果。事故造成人身伤害与财产损失的变化范围很大，所以规定分数值在1～100之间。轻微伤害或较小财产损失的分类规定为1，造成人员伤亡较多的规定为100，其他情况的数值在1～100之间，如表15-3所示。

**表15-3　事故产生的后果**

| $C$分数值 | 发生事故产生的后果 |
|---|---|
| 100 | 大灾难，许多人死亡 |
| 40 | 灾难，数人死亡 |
| 15 | 非常严重，一人死亡 |
| 7 | 严重，重伤 |
| 3 | 重大，致残 |
| 1 | 引人注目，需要救护 |

$D$——风险值，$D=L\times E\times C$。确定$D$值后，关键是确定风险级别的界限值，而这个界限值并不是长期固定不变的。在不同时期可根据具体情况确定风险级别的界限值，以确定持续改进的措施，如表15-4所示。

**表15-4　风险值**

| $D=L\times E\times C$ | 危险程度 | 风险等级 |
|---|---|---|
| $D>320$ | 极其危险，不能继续作业 | 5 |
| $D$值在160～320间 | 高度危险，要立即整改 | 4 |
| $D$值在70～160间 | 显著危险，需要整改 | 3 |
| $D$值在20～70间 | 一般危险，需要注意 | 2 |
| $D<20$ | 少有危险，可以接受 | 1 |

$LEC$法虽然比较科学，但难以确定各种因素的准确数据。各种因素数据的确定，需要建立在经验判断的基础上。如对于发生事故的可能性($L$)和事故产生的后果($C$)，同一工作

过程中的不同的人员可能得出不同的评价结果。

由此可见，项目组应结合项目特点，应用定性评价和定量评价危险源风险的方法综合确定评价结果，如先进行定量评价，再进行定性评价，最后补充调整。

## 第四节 物业管理风险的控制

在物业管理活动中，风险是客观存在和不可避免的，在一定条件下还带有某些规律性。虽然不可能完全消除风险，但可以通过努力把风险缩减到最小限度。这就要求物业服务企业主动认识风险，积极管理风险，有效地控制和防范风险，以保证物业管理活动和人们生活正常进行。

物业管理风险防范的具体措施应根据物业管理活动时间、地点和情况的不同区别处理。

### 一、物业服务企业要学法、懂法和守法

物业服务企业在订立物业管理相关合同前要注重合同主体的合法性，合同服务的约定应尽可能详尽，避免歧义。在合同订立中要明确相关服务标准、服务质量、收费事项、违约责任、免责条件和纠纷处理的方式等。在参与投标、接管项目和提供服务等各个环节中自觉执行物业管理相关法律法规，并充分运用法律武器保护自身的合法权益，切实提高风险防范的法律意识、合同意识、公约意识和服务意识。

### 二、物业服务企业要抓制度建设、抓员工素质和抓管理落实

物业服务企业要建立健全并严格执行内部管理的各项规章制度和岗位责任制，不断提高员工服务意识、服务技能和风险防范意识，通过机制创新、管理创新和科技创新改进经营管理方式，提高管理水平和效率，降低运营成本，增强企业自身的市场竞争能力和抵御风险能力。管理中要特别注意对事故隐患的排除，在服务区域的关键位置设立必要的提示和警示标牌，尽可能避免意外事件的发生。

### 三、妥善处理物业管理活动相关主体之间的关系

#### （一）妥善处理与业主的关系

物业服务企业在向业主提供规范、到位、满意服务的同时，应通过业主公约、宣传栏等形式向业主广泛宣传物业管理的有关政策，帮助业主树立正确的物业管理责任意识、消费意识和合同意识，使他们既行使权利，又承担相应的义务。

#### （二）妥善处理与开发建设单位的关系

物业服务企业要通过加强早期介入，帮助开发建设单位完善物业项目设计，提高工程质量，节约建设资金等，努力引导开发建设单位正确认识物业管理活动。

#### （三）妥善处理与市政公用事业单位及专业公司的关系

按照《物业管理条例》第四十四条的规定，在物业管理区域内，供水、供电、供气、供热、通信、有线电视等单位应当向最终用户收取有关费用。物业服务企业应当按此规定，与有关单位分清责任，各司其职。对分包某项专业服务的清洁、绿化等专业公司，要认真选聘，严格要求，并在分包合同中明确双方的责任。

（四）妥善处理与政府相关行政主管部门、街道办和居委会的关系

物业服务企业应妥善处理与政府相关行政主管部门、街道办和居委会的关系，积极配合各级政府主管部门的工作，主动接受行政主管部门、街道办和居委会对服务工作的指导和监督。

### 四、物业服务企业应重视宣传，树立良好形象

物业服务企业要与政府、行业协会、业主大会和新闻媒体等相关部门建立良好的沟通与协调机制。在风险与危机发生后，应当从容应对，及时妥善处理，做好相关协调工作，争取舆论支持，最大限度地降低企业的经济和名誉损失。

### 五、适当引入市场化的风险分担机制

物业服务企业可以为其接管物业的共用设施设备购买保险，若发生楼宇外墙墙皮脱落伤及行人或砸坏车辆等意外事件，由保险公司承担相应的赔偿责任。

风险管理是一门新兴的管理学科，它以观察实验、经验积累为基础，以科学分析为手段。因此，物业服务企业要重视研究风险发生的规律，提高防范和控制风险的能力，把握风险的规律性，引入先进的风险管理技术规避、转移和控制风险，并针对不同类型的物业管理风险建立相应的应急预案，以防范风险和应对紧急事件。

## 第五节　紧急事件处理

### 一、物业管理紧急事件

（一）物业管理紧急事件的含义

物业管理紧急事件，是物业管理服务活动过程中突然发生的，可能对服务对象、物业服务企业和公众产生危害，需要立即处理的事件。

（二）紧急事件的性质

(1)紧急事件能否发生、何时何地发生、以什么方式发生、发生的程度如何，均是难以预料的，具有极大的偶然性和随机性。

(2)紧急事件具有复杂性，不仅表现在事件发生的原因相当复杂，还表现在事件的发展变化也相当复杂。

(3)不论什么性质和规模的紧急事件，都会不同程度地给社区、企业和业主造成经济上的损失或精神上的伤害，危及正常的工作和生活秩序，甚至威胁到人的生命和社会的和谐。

(4)随着现代科技的发展和人类文明程度的提高，人们对各种紧急事件的控制和利用能力也在不断提高。

(5)面对突如其来的、不可预见的紧急事件，必须立即采取行动，以避免造成灾难和扩大损失。任何紧急事件都有潜伏、暴发、高潮、缓解和消退的过程，抓住时机就可能有效地减少损失。面临紧急情况要及时发现、及时报告、及时响应、及时控制和及时处置。

物业服务企业在处理紧急事件的过程中，通过对处理原则、处理程序和处理策略的正确理解和运用，将更有助于有效地处理紧急事件，降低物业管理风险。

## 二、处理紧急事件的要求

(1)在发生紧急事件时,企业应尽可能努力控制事态的恶化和蔓延,把因事件造成的损失减少到最低限度,在最短的时间内恢复正常。

(2)在发生紧急事件时,管理人员不能以消极、推脱甚至是回避的态度来对待,应主动出击,直面矛盾,及时处理。

(3)随着事件的不断发展、变化,对原定的预防措施或应对方案要能灵活运用,能根据各种环境与条件有针对地提出有效的处理措施和方法。

(4)在紧急事件发生后,应有一名管理人员在现场统一指挥,安排调度,以免出现“多头领导”,造成混乱。

(5)处理紧急事件应以不造成新的损失为前提,不能因急于处理而不顾后果,造成更大的损失。

## 三、处理紧急事件的过程

紧急事件的处理可以分为事先、事中和事后三个阶段。

### (一)事先准备

1.成立紧急事件处理小组

紧急事件处理小组应由企业的高层决策者,保安部门、质量管理部门、技术部门领导及法律顾问等共同组成。

2.制订紧急事件处理备选方案

紧急事件处理工作小组必须细致地考虑各种可能发生的紧急情况,制订相应的行动计划,一旦出现紧急情况,小组就可按照应急计划立刻投入行动。对物业管理常见的紧急事件,不仅要准备预案,而且要针对同一种类型的事件制订两个以上预选方案。

3.制订紧急事件沟通计划

紧急事件控制的一个重要工作是沟通。沟通包括企业内部沟通和与外部沟通两个方面。

### (二)事中控制

在发生紧急事件时,首先必须确认危机的类型和性质,立即启动相应行动计划;负责人应迅速赶到现场协调指挥;应调动各方面的资源阻止事件可能造成的恶果;对涉及公众的紧急事件,应确定专人向外界发布信息,避免受到干扰,影响紧急事件的正常处理。

### (三)事后处理

对于紧急事件的善后处理,一方面要考虑如何弥补损失和消除事件后遗症;另一方面要总结紧急事件处理过程,评估应急方案的有效性,改进组织、制度和流程,提高企业应对紧急事件的能力。

## 四、典型紧急事件的处理

在物业管理服务过程中经常面临的紧急事件有火警,燃气泄漏,电梯故障,噪声侵扰,电力故障,浸水、漏水,高空坠物,交通意外,刑事案件,台风袭击等。

（一）火警

（1）了解和确认起火位置、范围和程度。

（2）向公安消防机关报警。

（3）清理通道，准备迎接消防车入场。

（4）立即组织现场人员疏散。在不危及人身安全的情况下抢救物资。

（5）组织义务消防队。在保证安全的前提下接近火场，用适当的消防器材控制火势。

（6）及时封锁现场，直到有关人员到达现场为止。

（二）燃气泄漏

（1）当发生易燃气体泄漏时，应立即通知燃气公司。

（2）抵达现场后要谨慎行事，不可使用任何电器（包括门铃、电话、风扇等）和敲击金属，避免产生火花。

（3）立即打开所有门窗，关闭燃气闸门。

（4）情况严重时应及时疏散人员。

（5）如发现有受伤或不适者，应立即通知医疗急救单位。

（6）燃气公司人员到达现场后，应协助其彻底检查，消除隐患。

（三）电梯故障

（1）当乘客被困电梯时，消防监控室应仔细观察电梯内的情况，通过对讲系统询问被困者并予以安慰。

（2）立即通知电梯专业人员到达现场救助被困者。

（3）被困者中如有小孩、老人、孕妇或存在因人多而供氧不足的情况时须特别留意，必要时请消防人员协助。

（4）督促电梯维保单位全面检查，消除隐患。

（5）将此次电梯事故详细记录并备案。

（四）噪声侵扰

（1）接到噪声侵扰的投诉或信息后，应立即派人前往现场查看。

（2）必要时通过技术手段或设备确定噪声是否超标。

（3）判断噪声侵扰的来源，针对不同噪声源，采取对应的解决措施。

（4）做好与受噪声影响业主的沟通、解释。

（五）电力故障

（1）若供电部门预先通知大厦/小区暂时停电，应立即将详细情况和有关信息通过广播、张贴通知等方式传递给业主，并安排相应的电工人员值班。

（2）若属于因供电线路故障而使大厦/小区紧急停电，有关人员应立即赶到现场，查明并确认故障源，立即组织抢修；有备用供电线路或自备发电设备的，应立即切换供电线路。

（3）当因发生故障而停电时，应立即派人检查并确认电梯内是否有人，做好应急处理；同时立即通知住户，加强消防和安全防范管理措施，确保不至于因停电而发生异常情况。

（4）在恢复供电后，应检查大厦内所有电梯、消防系统、安防系统的运行情况。

（六）浸水、漏水

（1）检查漏水的准确位置及所属水质（自来水、污水、中水等），设法制止漏水（如关闭水阀）。

(2)若漏水可能影响变压器、配电室和电梯等,通知相关部门采取紧急措施。

(3)利用现有设备及工具排除积水,清理现场。

(4)对现场进行拍照,作为存档及申报保险理赔的证明。

**(七)高空坠物**

(1)在发生高空坠物后,有关管理人员要立即赶到现场,确定坠物造成的危害情况。如有伤者,要立即送往医院或拨打急救电话;如造成财物损坏,要保护现场、拍照取证并通知相关人员。

(2)尽快确定坠落物来源。

(3)确定坠落物来源后,及时协调受损/受害人员与责任人协商处理。

(4)事后应检查和确保在恰当位置张贴"请勿高空抛物"的标识,并通过多种宣传方式使业主自觉遵守社会公德。

**(八)交通意外**

(1)在管理区域内发生交通意外事故,安全主管应迅速到场处理。

(2)有人员受伤,应立即送往医院,或拨打急救电话。

(3)如有需要,应对现场进行拍照,保留相关记录。

(4)应安排专门人员疏导交通,尽可能使事故不影响其他车辆的正常行驶。

(5)应协助有关部门尽快予以处理。

(6)事后应对管理区域内的交通路面情况进行检查,完善相关交通标识、减速坡、隔离墩等的设置。

**(九)刑事案件**

(1)物业管理单位或控制中心接到案件通知后,应立即派有关人员到达现场。

(2)如证实发生犯罪案件,要立即拨打 110 报警,并留守人员控制现场,直到警方人员到达。

(3)禁止任何人在警方人员到达前触动现场任何物品。

(4)若有需要,关闭出入口,劝阻住户及访客暂停出入,防止疑犯乘机逃跑。

(5)积极协助警方维护现场秩序和调查取证等工作。

**(十)台风袭击**

(1)在公告栏张贴台风警报。

(2)检查和提醒业主注意关闭门窗。

(3)检查天台和外墙广告设施等,防止坠落伤人,避免损失。

(4)检查排水管道是否畅通,防止淤塞。

(5)物业区域内如有维修棚架、设施等,应通知施工方采取必要防护和加固措施。

(6)有关人员值班待命,并做好应对准备。

(7)台风过后要及时检查和清点损失情况,采取相应措施进行修复。

## 本章小结

本章主要讲述了物业管理过程中不同阶段可能遇到的风险,风险评估和风险控制策略,紧急事件的类型及处理措施。

## 关键概念

风险　物业管理风险　风险评估　紧急事件

## 基础知识训练

1. 风险的基本含义是什么？
2. 日常物业管理中的风险主要包括哪些方面？
3. 在制定物业管理风险防范措施时应把握的主要内容是什么？
4. 紧急事件的概念是什么？
5. 处理紧急事件的要求是什么？

## 实践操作训练

事件描述：某小区一业主反映每天晚上后半夜在家里听到“嗡嗡”的声音，影响入睡，于是向物业管理单位反映，希望得到及时处理。

请阐述正确的处理方法及步骤。

# 第十六章　物业经营管理

## 本章要点

物业经营管理的内涵；物业经营管理的内容；物业经营管理的对象。

## 知识目标

1. 了解物业企业开展经营管理的类型；
2. 学习和了解物业经营管理的主要内容及经营管理趋势。

## 能力目标

学会结合实际情况，创新经营管理具体项目及内容。

## 案例导引

在物业管理中，“多种经营”并不是一个新鲜的话题。早在电子商务、社区养老和O2O等营销模式还未出现之前，物业多种经营已经悄然开始。

社区租赁：绿城作为社区租赁标杆企业，其业务主要包括房屋返租业务、二手房经纪业务两部分。绿城服务的返租业务由2014年8月开展筹划，2015年与优客逸家合作成立“绿城优客”，2016年集团重点拓展“返租房”业务，发展迅速。“绿城置换”为绿城租售物业，在园区公共区域刊登租售广告，以及协助租赁磋商等，盈利来源主要是收取佣金。绿城在全国范围内的物业代理及经纪办事处超过40家。

社区教育：万科物业的“四点半学堂”是万科教育团队打造的课后托辅创新品牌，主要解决孩子放学后无人接、作业无人管的问题，计划在全国11个城市建立150家连锁店。主要通过与儿童产品服务供应商合作，引入课程教师，以时间计价的方式入驻，然后万科再通过统一招生的抽成获得利润。

**思考题：**

不同类型的物业项目开展的经营管理内容是否一样？为什么？

## 第一节　物业经营管理概述

随着房地产投资规模的不断扩大和投资形式的多样化，人们对物业经营管理的需求与日俱增。物业的业主或投资者希望通过物业经营管理，不仅使其物业在运行和使用过程中能够保值，而且实现增值。这就要求物业管理从传统的物业运行管理服务，向策略性的物业资产价值管理方向拓展。

企业资产中房地产资产通常占相当大的比重，其管理质量的好坏，对于企业成本与收益、股东回报和企业主营业务的顺利开展，有着至关重要的影响。因此，企业房地产资产管理在企业经营决策中扮演着越来越重要的角色。与传统的企业不同，许多现代企业尤其是跨区域的大型企业，越来越将其工作重点放在核心业务上，而将非核心业务和服务管理留给更专业的行家。企业房地产资产管理通常属于企业的非核心业务，因而企业正逐渐将其发包出去，这就为物业管理行业提供了新的市场。

## 一、物业经营管理的内涵

物业经营管理又称物业资产管理，是指为了达到业主的目标，综合利用物业管理（Property Management）、设施管理（Facilities Management）、房地产资产管理（Real Estate Assets Management）、房地产组合投资管理（Real Estate Portfolio Management）的技术、手段和模式，以收益性物业为对象，为业主提供的贯穿于物业整个寿命周期的综合性管理服务。

物业经营管理突破了传统物业管理活动仅局限于"对房屋及配套的设施设备和相关场地进行维修、养护、管理"的局限，强调为业主提供价值管理服务，满足其物业投资收益或企业发展战略及主营业务发展目标的需求。

物业经营管理活动既包括了以保证物业正常使用的运行操作管理，也包括了将物业作为一种收益性资产所进行的资本投资决策、市场营销、租赁管理、成本控制、物业价值和经营绩效评估等经营活动。写字楼、零售商物业等收益性物业完全可以像一个一般的工商企业那样，通过物业经营管理活动，为业主或投资者创造利润和回报。

由物业经营管理的概念可以看出，物业经营管理不是一个特定的专业领域，而是由物业管理、设施管理、房地产资产管理和房地产组合投资管理随着市场需求的变化，不断拓展、交叉和融合的结果。

由于设施管理和房地产资产管理在我国尚处在萌芽阶段，而物业管理行业的发展已经相对比较成熟，因此传统物业管理企业从物业管理拓展到物业经营管理，有着得天独厚的竞争优势。由于为业主提供了具有更高附加价值的服务，物业管理企业的这种拓展，必将为其自身发展提供更广阔的前景。

## 二、物业经营管理活动的管理对象

物业经营管理活动的管理对象通常为收益性物业，主要包括写字楼、零售商业物业、出租型别墅或公寓、工业物业、酒店和休闲娱乐设施等。这些收益性物业通常出租给租户（又称租客、承租人）使用，可获得经常性租金收益，是房地产投资信托基金和机构投资者进行商业房地产投资的主要物质载体。

### （一）写字楼

写字楼是为商务、办公活动提供空间的建筑，主要由作为办公空间的办公室部分和公用部分（如电梯、楼梯、卫生间、饮水间、走廊等）构成，包括企业自用写字楼、出租写字楼和自用出租复合型写字楼三种类型。政府办公楼虽然具有写字楼的功能，但在其使用和公共性方面，与一般写字楼有所区别。

由于大多数服务型企业没有能力拥有写字楼或基于业务经营的特性不愿意拥有写字楼，因此存在着一个巨大的写字楼投资和租赁市场。由于写字楼的业主或投资者通常不是物业经营管理的行家，为了持续保持写字楼的市场竞争力，提升写字楼的市场价值，通常需要采购高标准、高质量、专业化的物业经营管理服务。

我国尚无统一的写字楼分类标准，专业人员主要依照其所处的位置、楼宇设计装修状况和收益能力等进行分类。国外通常将写字楼分为甲、乙、丙三个等级。

1. 甲级写字楼

甲级写字楼具有优越的地理位置和交通环境，建筑物物理状况优良，建筑质量达到或超过有关建筑条例或规范的要求，其收益能力能与新建成的写字楼建筑媲美。甲级写字楼通常有完善的物业管理服务，包括二十四小时的维护、维修及保安服务。

2. 乙级写字楼

乙级写字楼具有良好的地理位置，建筑物实物状况良好，建筑质量达到有关建筑条例或规范的要求；但建筑物的功能不是最先进的（有功能陈旧因素的影响），有自然磨损存在，收益能力低于新落成的同类建筑物。

3. 丙级写字楼

丙级写字楼已使用的年限较长，建筑物在某些方面不能满足新的建筑条例或规范的要求；建筑物存在较明显的实物磨损和功能折旧，但仍能满足低收入租户的需求并与其租金支付能力相适应；相对于乙级写字楼，丙级写字楼的租金虽然较低，但仍能保持一个合理的出租率。

写字楼分类在很大程度上依赖于专业人员的主观判断。人们很容易区别甲级写字楼和丙级写字楼，但如果要区别甲级写字楼和乙级写字楼就比较困难。实践中，人们常从租户在寻租或续租写字楼时考虑的因素出发，通过判别写字楼的吸引力来对写字楼进行分类。从这个角度出发，对写字楼的分类一般要考虑如下十二个因素：所处的位置、交通方便性、声望或形象、建筑形式、大堂、电梯、走廊、室内空间布置、为租户提供的服务、建筑设备系统、物业管理水平和租户类型。

（二）零售商业物业

零售商业物业是用于零售商业经营活动的建筑，包括从小型店铺到大型购物中心的各种零售商业空间。不论一宗零售商业物业的产权是统一的还是分散的，为了实现业主总体利益的最大化，非常需要集中统一的专业化物业经营管理服务，以选择优良租户，优化零售商业物业空间内的零售商业的业态组合，保持和不断提升该零售商业物业对顾客的吸引力，增加商场人流以增加其营业额，并最终实现零售商业物业业主和投资者的收益目标。

零售商业物业的分类主要依据其建筑规模、经营商品的特点及商业辐射区域的范围三个方面。零售商业物业通常分为如下六种类型：

1. 区域购物中心

区域购物中心（Shopping Mall）是指规模巨大，集购物、休闲、娱乐、饮食等于一体，包括百货店、大卖场以及众多专业连锁零售店在内的超级商业中心。其建筑面积在10万平方米以上，有效商业服务半径可达到200千米，由专业购物中心管理集团开发经营，业态业种的复合度高（全业态、全业种/行业经营，高度专业化与高度综合化并存）、行业多、店铺多、功能多。

区域购物中心定位于家庭式消费，通过设置大面积百货和超市大卖场及大量不同行业的各类专卖店、家居家电、儿童及青年游乐设施、文化广场、餐饮，以覆盖老中青幼四代各个层次不同类型的顾客，再辅以满足各类消费者之需的各类专业店。此外，还设置各类特色店以吸引国内、国际游客，能满足各种层次顾客的一站式购物消费和一站式享受(文化、娱乐、休闲、餐饮、展览、服务、旅游观光)需求。

区域购物中心所包含的内容比较广泛，在服务功能上体现为复合性，在经营管理上体现为一致性，在服务设施上体现为完整性，在服务范围上面向商圈内所有居民。因此，区域购物中心不是各类商家简单的集合，而是一个高效运作的统一体。

2. 市级购物中心

市级购物中心的建筑规模一般在 3 万平方米以上，其商业辐射区域可覆盖整个城市，服务人口在 30 万人以上，年营业额在 5 亿元人民币以上。在市级购物中心内，通常一家或数家大型百货公司为主要租户；男女时装店、家用电器设备商店、眼镜店、珠宝店、摄影器材商店、男女鞋店、体育健身用品商店等通常也可作为次要租户进入中心经营；银行分支机构、餐饮店、影剧院、汽车服务中心等也常常成为这些市级购物中心的租户。按所服务对象的不同，市级购物中心有高档和中档之分。

3. 地区购物商场

地区购物商场的建筑规模一般在 1 万～3 万平方米之间，商业服务区域以城市中的某一部分为主，服务人口达 10 万～30 万人，年营业额在 1 亿～5 亿元人民币之间。地区购物商场中，中型百货公司往往是主要租户，家具店、超级市场、图书及音像制品店、礼品店、快餐店、男女服装店、玩具店等常常是这类商场的次要租户。

4. 居住区商场

居住区商场的建筑规模一般在 3000～10000 平方米之间，商业服务区域以城市中的某一居住小区为主，服务人口为 1 万～5 万人，年营业额在 3000 万～10000 万元人民币之间。居住区商场内，日用百货商店和超级市场通常是主要租户，自行车行、装饰材料商店、普通礼品店、音像制品出租屋、药店等常常是这类购物中心的次要租户。

5. 邻里服务性商店

这些商店的建筑规模一般在 3000 平方米以下，且以 500～1000 平方米建筑面积者居多，服务人口在 1 万人以下，年营业额在 3000 万元人民币以下。方便食品、瓜果蔬菜、日用五金、烟酒糖茶及软饮料、服装干洗、家用电器维修等的经营者通常是这些商店的租户。

6. 特色商店

特色商店的特色主要表现在其所经营的商品或服务的特殊性，以及经营方式的灵活性方面，如专为旅游者提供购物服务的旅游用品商店、精品店商场、物美价廉的直销店或仓储商店、有较大价格折扣的换季名牌商品店等。这类商店的建筑规模、商业服务半径、服务人口、年营业额等差异较大。

除了上述区分零售商业物业的方法，人们还常从另一个角度来区分，即不管商场的规模多大，零售商业物业基本上有两种存在形式：一是只有零售业的独立的建筑物或建筑群；二是作为某综合用途物业的一部分。目前国内外以办公、酒店、住宅或文化娱乐设施为主的综合用途物业开发通常将零售商店包括在内，成为整体开发的一部分。例如一幢办公大楼，也许将其中的一层或若干层作为商场之用，北京中国国际贸易中心就是典型的例子。这种做法的优点是，整体开发的各种使用用途为这些零售商店提供了现成的市场。当然，综合用途物业内零售商场的规模往往受到一定的限制。

（三）出租型别墅或公寓

用于出租经营的居住建筑主要有别墅和公寓，这是经营性房地产的重要类型。为了保持较高的出租率和租金水平，需要物业管理企业为业主或投资者提供招租、租赁管理、维护与维修、安全与卫生、资本与预算管理等物业经营管理服务。

1.别墅

别墅(Villa)是指在风景区或在郊外建造的供休养的住所。从环境上看，别墅与城市或者大规模的居民聚居点具有一定的距离，周边环境质量比较高。从建筑形态上看，别墅建筑独立建造，豪华舒适，层数较少，并带有一定规模的院落。

我国的别墅概念与欧美发达国家的有很大的不同，我国通常把独立式住宅、联排住宅、低密度复合住宅等统统称为别墅，出现了独栋别墅、联排别墅、叠拼别墅、叠加别墅、双拼别墅，甚至"空中别墅"等概念。实际上除独立式住宅外，其他均不具有别墅类产品的独有性。而国外把住宅(House)与别墅截然分开，住宅属于柴米油盐酱醋茶的现实生活范畴，而别墅则属于浪漫生活的范畴。

2.公寓

公寓(Apartment)是指包含有许多住宅单元的建筑物，通常不分割产权出售，供出租或短期居住。具体类型包括复式公寓(一套公寓住宅的诸房间在相连的两层楼上)、花园公寓(公寓建筑中的底层能通向后院或花园的住宅)和单间公寓(由单独的多功能房间、厨房或小厨房及一间浴室组成的公寓住宅)。

（四）工业物业

工业物业是指为人类生产活动提供入住空间的物业，包括工业厂房、仓储用房、高新技术产业用房、研究与发展用房(又称工业写字楼)等。用于出租经营的工业物业常常出现在工业开发区、工业园区、科技园区和高新技术产业园区。

工业物业管理通常与企业生产活动的流程与空间需求特征相关，必须保证能源供应和内部运输系统的通畅。同时还要兼顾物业资产的有效利用及运行成本对企业生产成本和经营利润的影响。随着越来越多的生产经营企业将其关注重点转向企业的主营业务，将工业物业管理工作外包给专业化的物业管理企业的现象越来越普遍。

（五）酒店和休闲娱乐设施

酒店和休闲娱乐设施是为人们的商务或公务旅行、会议、旅游、休闲、康体娱乐活动提供入住空间的建筑，包括酒店、休闲度假中心、康体中心、赛马场、高尔夫球场等。传统上，这类物业的经营管理活动由酒店管理行业负责，但因为许多这类物业是由房地产开发企业投资建设的，所以其经营管理活动也与房地产行业密切相关。以新加坡最大的房地产商嘉德置地为例，酒店和出租公寓的经营管理与房地产开发投资、房地产金融服务并列为其三大主营业务。在国际休闲娱乐行业流行的分时度假经营模式也通常由物业经营管理公司负责。

虽然酒店和休闲娱乐设施同属于一个大类，但在软硬件设置和运营管理模式方面各有特色。酒店与休闲娱乐设施的差别主要表现在：

(1)服务对象不同。酒店的服务对象主要是商务和观光客人；而休闲娱乐设施的服务对象则是以休闲、娱乐、保健为目的的度假旅游者、培训人员或会议客人。

(2)地理位置不同。酒店通常位于市中心或其他交通便利的地方;而休闲娱乐设施则大多位于滨海、山地、湖泊、温泉等自然风景秀丽的度假胜地。

(3)服务内容不同。酒店的服务以住宿、餐饮和商务功能为主,康体、娱乐功能为辅;而休闲娱乐设施则以康体、休闲、娱乐功能为主,餐饮、住宿功能为辅,只提供基本的商务服务。

(4)建筑设计和装潢风格不同。酒店追求的星级标准的豪华气派、富丽堂皇,强调与都市风格相匹配;而休闲娱乐设施的设计大多采用田园式、民居式或别墅式的建筑风格,强调与大自然融为一体,追求纯朴简洁、清新淡雅、就地取材。

## 三、物业经营管理服务的目标

物业经营管理服务的目标,是从业主的角度出发,在物业经济寿命的全寿命周期内,持续满足租户的正常空间使用需求,在实现物业各期净收益最大化的基础上,保持和提高物业的市场价值以及未来发展潜力。

这里所说的业主,既包括直接持有物业产权的企业或机构,也包括这些企业或机构背后的投资者。

## 四、物业经营管理企业

物业经营管理企业的发展过程,通常是从物业管理起家,逐渐向上延伸,过渡到物业管理与资产管理并重的复合型企业。也有少量房地产资产管理企业,通过向下延伸,发展成综合的物业经营管理企业。实践中,大量的物业经营管理企业仍以物业管理企业的名义出现,但其管理能力已经大大突破了传统物业管理的范畴。

### (一)物业经营管理企业的性质

物业经营管理企业通常以公司的形式存在。公司是指依法定程序设立的,由两个以上股东共同出资经营,以营利为目的,具有法人资格的经济组织。可以看出,作为公司,一般应具有以下五个特征:① 依照有关法律进行登记注册;② 由两个以上股东共同出资经营;③ 以营利为目的;④ 具有法人资格;⑤ 是经济组织。

物业经营管理企业的性质与物业经营管理工作的性质密切相关。物业经营管理属于服务性行为,同时又是经营性行为,因此,物业经营管理企业既是服务性单位,又是经营性企业组织。现代物业经营管理企业完全按照自主经营、自负盈亏、自我约束、自我发展的机制来运作,靠提供经营管理服务获得报酬,取得盈利。

### (二)物业经营管理企业的分类

物业经营管理企业可划分为管理型、专业型和综合型三种。

1. 管理型物业经营管理企业

管理型物业经营管理企业是具有策略性物业管理能力的企业,它受业主委托对物业经营管理绩效承担综合责任,在物业管理活动中处在总包的位置。管理型物业经营管理企业的工作重点在于物业管理工作的规划与计划、物业市场营销与租赁管理、预算与成本管理、专业物业管理服务采购与分包商管理、现金流管理、绩效评价和客户关系管理等。管理型物业经营管理企业的出现,是业主需求变化和物业管理行业发展的结果,有利于提升物业管理工作的管理内涵,提高物业管理体系的运行效率,为业主提供更加满足其多元化目标需求的服务。

2.专业型物业经营管理企业

专业型物业经营管理企业是在物业运行过程中具有某种专业管理能力的企业，通常以专业分包的形式出现，也以直接接受业主委托的形式出现，业主在成本、绩效或成本加绩效合同的基础上获得物业管理业务。物业管理工作涉及的建筑设施设备的维护保养、建筑的维护与维修、环境绿化、停车场管理具有很强的专业性，设立专业型物业经营管理企业，面向更广泛的物业范畴，在物业管理的某个环节提供专业管理服务，既能提高管理效率和质量，也能有效控制和降低管理成本，提高物业经营管理企业的劳动生产率和效益。

3.综合型物业经营管理企业

综合型物业经营管理企业是同时具备物业策略管理和物业运行管理能力的企业。综合型物业经营管理企业一般在公司总部设置管理层，履行策略性物业管理的职能，同时还设置若干专业化的分公司，履行物业运行过程中专业物业管理的职能。随着网络和通信技术的发展和普及，物业经营管理企业越来越多地借助现代计算机和网络技术来提高物业管理的服务水平。同时，信息技术的应用，物业管理思想和企业战略的转变，使越来越多的综合型物业经营管理企业将物业管理中的运行管理工程分包给专业物业管理企业，加速了综合型物业经营管理供应商内策略管理和运行管理职能的分离。

鉴于物业经营管理企业通常要对多个地点的多个物业同时实施管理，因此从管理的层次上，又可以分为公司管理、现场管理和现场作业三个层次。管理型和综合型物业经营管理企业还能为业主提供物业管理顾问、咨询服务。

## 第二节　物业经营管理的层次与战略性工作

### 一、物业经营管理的层次

物业经营管理的内容与物业类型和业主持有物业的目的密切相关，通常将其分为物业管理或设施管理、房地产资产管理和房地产组合投资管理三个层次。其中，物业管理或设施管理以运行管理为主，房地产资产管理和房地产组合投资管理以策略性管理为主。

#### （一）物业管理

物业管理的核心工作是对物业进行日常的维护与维修，并向入住的客户或业主提供服务，以保障其始终处在正常的运行状态。对于居住物业，物业管理就是物业经营管理的全部内容。然而，对于收益性物业或大型非房地产企业拥有的自用物业，除了物业管理，还要进行相应的资产管理和组合投资管理工作。此时的物业管理除了进行物业的日常管理外，还要执行资产管理所确定的战略方针，以达到组合投资管理的目标。

#### （二）设施管理

设施管理是一种新型的房地产服务业务，其主要功能是通过对人和工作的协调，为某一机构（企业或事业单位）创造一个良好的生产、办公环境。设施管理的对象，主要是高新技术企业用房、医院、科研教学设施、大型公共文体设施、政府和企业办公楼等物业，服务对象通常为拥有房地产的非房地产企业或机构。随着社会经济的发展，越来越多的机构开始认识到，房地产作为一种重要的战略资源，其良好的管理对创造一个益于员工健康的高效生产办公环境、降低房地产使用成本、保持房地产价值、配合机构发展战略的实现，均具有十分重要的意义。因此,各类机构对设施管理专业服务的需求日益增加。

(三)房地产资产管理

房地产资产管理从对物业、设施和租户的管理上升到聘用多个物业管理企业和设施管理公司来同时管理多宗物业。房地产资产管理公司负责管理物业管理企业和设施管理公司,监督它们的行为,指导它们为物业发展制订战略计划,以便使这些物业在所处的房地产子市场内实现价值最大化,满足房地产组合投资管理者的要求。

(四)房地产组合投资管理

房地产组合投资管理的视野更加广阔,包括理解和实现物业业主的投资目标;评价资产管理公司的表现;审批资产管理公司为维护物业资产结构安全、功能先进,保持其市场竞争地位而提出的更新改造计划;以经风险调整后的组合投资回报最大化为目标来管理资产;以及在合适的时机购置和处置物业资产。

房地产投资的利润是通过三种基本途径创造出来的:一是在极好的条件下购买物业(从开发商或原业主手中);二是在持有期间以现金流量的现值最大化为目标来经营物业;三是在合适的时机售出物业。物业经营管理公司代表个人投资者或机构投资者来促使这三个目标的实现,实际上就是以物业业主的角色在工作。

## 二、物业经营管理不同层次之间的关系

物业管理或设施管理、房地产资产管理和房地产组合投资管理的作用是相互关联的。在一个小型房地产投资组合里,某一种层次的管理可能同时扮演三种角色。在这里,物业管理和设施管理是定位在现场操作层面的管理,其主要作用是为租户提供及时的服务和保证物业获得持续的收入和现金流。

而资产管理通常不在现场,其管理者负责几处不同的物业。资产管理一般按照物业类型、地理位置或两者结合起来(如北京的写字楼或长江三角洲地区的公寓)的分类原则来管理物业,因此比现场物业管理具有更广阔的视角。资产管理公司作为物业投资者或业主的代表,"管理"物业管理企业。更确切地说,资产管理公司通过监控物业的运行绩效来聘用、解聘和调配物业管理企业。资产管理通过物业管理的工作来实施自己的战略计划,并在资产持有期间努力满足投资者的投资目标。

## 三、物业经营管理中的战略性工作

(一)确定战略

大多数投资者对金融市场都有较为深刻的理解,但对那些缺乏实际物业投资经验的投资者来说,需要了解投资股票和直接物业投资的差异。首先需要明确的是频繁改变资产组合是不切实际而且不经济的,因此根据发展战略认真确定初始组合非常重要。有必要通过买卖来维持和提高当前资产组合的质量,但如果能严格精确地定义资产组合的相关属性,就可以有效缩短调整期。众所周知,物业资产是非流动的且一般是不可分的,而且把已经确定用于现有物业的资金投资到其他项目上也存在风险。与此同时,投资者还需要有应对机遇的愿望和能力,因为这些机会总是发生在最不可能发生和最不方便操作的时候。

每宗物业都具有独特的区位和其他法律及物理上的特点,使它和其他项目有所区别,即使它们表面上可能比较相像。因此,市场调研不仅很难操作,而且一旦情况发生改变,调研

结果的适用性也不强。因此，人们开发了一些监控工具来帮助资产管理人员及时了解市场行情。目前在英国已有至少八九种主流的监控工具，尽管这些监控工具有不同的误差和特点，但在市场表现和评估信息的基础上，都可以用来对物业资产的资本增长率、租金变化和收益变动等绩效指标进行监测。

（二）确定标准

资产投资者还需要结合对市场的跟踪、分析判断，确定不同市场条件下的投资标准。这些投资标准包括现金流、租金波动和基于市场交易的收益变化。

尽管投资者的目标是建立一个"完美"的资产组合，并通过投资者或其顾问确定的投资规模、地点和物业类型来形成，但这更多地只是一个目标而不是一种现实。简单地说，要实现和维持理想的投资组合非常困难、昂贵和耗时，风险也较大。

（三）构建信息基础

提出一个建议和制定一个策略的首要前提是有足够的信息可用。因此，必须有一个可靠的足以使资产组合中的各个单元都得到合适评价的数据库。

对搜集到的信息应当进行分类保存。正如上面提到的，可能用到的信息量很大，最好系统地搜集而不是直到需求产生时才开始进行。在低成本的计算机硬件和功能强大、操作简单的计算机软件问世后，数据搜集、分类、存储和重新获得信息的工作变得比较容易了。

（四）决策分析

决策分析是对各种可能的方案进行分析比较的过程。通常对某一问题的解决方案不止一种，每种方案的结果都具有某种或大或小的不确定性。近年来，制定决策的过程越来越复杂，投资决策主要取决于两个关键因素，即预期收益和风险水平。

（五）资产组合

资产组合理论的原则是投资者应当把一些合适的持有物进行分散投资，从而有效地抵消一部分风险。这种理论的假设是投资者是理性的，愿意在可以接受的风险水平上追求最大的收益。如果两个投资项目的潜在收益水平相同，那么投资者将选择低风险的那个方案。在任何情况下，都将选择收益最大和风险最小的那个组合。这个原则获得了广泛的认可，并且被归纳为一句话："不要把鸡蛋放在同一个篮子里。"

在一定收益水平上具有最小风险的资产组合被认为是有效的，代表这种资产组合的点可以组成一个有效边界曲线。期望收益率是各个组成部分的加权平均数，投资在不同资产上的数量可以被用来作为权重。各个组成部分在一定的收益水平上的风险被组合起来测度资产组合内部的相关系数。

在合适的选择下，整体风险应该尽可能低。换句话说，资产组合的风险将低于各个组成部分的加权平均风险，因为当风险不随时间变化、风险方向也不改变的时候，不同投资方式之间存在补偿。在考虑物业组合中减少风险时，投资者将在可以选择的范围内寻求相关系数为负的投资，例如选择不同的部门和不同的地理区域。

对于任何投资来说，实施这种理论都有一定的困难，特别是对在物理形态上存在差异的物业投资。进一步来说，这种投资的很大部分是根据对未来的预测来确定租金水平的，可能对租金水平和未来的空置水平存在错误预期，这都将影响到整体的收益水平。

## 第三节　物业经营管理的内容

持有股票等证券的成本不过是支付给财务顾问的咨询费用、佣金和买卖时的印花税等费用。相比之下，拥有和管理物业则需要支出各种各样的成本和费用，这些支出不仅数额较大，而且是维持物业正常使用和保证其保值、升值不可缺少的组成部分。物业业主希望由最终使用者承担尽可能多的费用，因此业主不仅尽量避免各种不确定性支出，还力图节省发生在组织、管理和监管过程中的各种支出。但即使租户或者使用者承担了大部分的成本和费用，业主仍然有必要确保租户履行租约，保证物业收益达到预期的水平。资产管理的主要内容本质上就是对成本和收益的控制，主要包括对物业的物理形态和财务状况的管理。

对物业的权利伴随着必须承担的义务。不像证券投资者，在未来某一时间处置其证券之前，可以暂时不必考虑和关心证券的情况；而对于物业投资者来说，即使是最基本的物业收益也要求必要的管理工作，这种工作很可能还伴随一定的成本支出。

例如，在一宗已开发的物业旁边有一小块土地，它本身可能适合进行某种开发，但可能因为排水系统或者其他某项关键服务无法实现，也可能因为规划管理部门认为它没有达到开发要求的成熟度，这块土地无法进行实际的开发运作。即使这样，谨慎的业主也将会每隔一段时间去看看这块土地，以保证没有什么不良影响作用在土地上。他们或者指定的代理人会检查土地的栏护情况，确保邻近土地的使用者没有侵占其土地；他们也要防止他人的某些权利或者名义对自己的土地所有权造成的侵害，因为这些行为可能会使他们今后对土地的开发计划难以实施。他们还要对土地进行等级评定和保险。如果土地的面积比较大，特别是上面有建筑物或者其他东西存在时，往往需要特别的监护和合适的管理，这同时也增加了成本和费用。

### 一、常规工作内容

从日常工作的角度看，具体负责资产管理的物业管理师要使物业处于正常并可接受的水平上，保持合理的开支水平，尽量减少给使用者带来的不便。

在建筑物的经济寿命周期中，累积起来的维修成本很可能大大超过初始投资水平。虽然常规检查可以降低意外损失发生的概率和减少其造成的损失，但仍需有必要的替代措施以随时处理意外事件。技术手册、录像资料、承包商和分包商提供的技术资料都非常重要，它们可以给维护队伍提供比较精确的信息和有效的指导。

在大多数情况下，物业管理师在物业业主授权的工作范围内工作，但如果租户没有很好地履行义务，影响建筑物的使用，那么他们也必须进行一定的应急处理。在这种情况下，必须留有一定的可支配资金来进行调查、拍照、复印资料、搜集并整理电话记录等。

### 二、具体工作内容

#### （一）现金流和成本管理

支出的分配、组织和管理是物业管理师工作的一个重要方面，它完成的质量好坏很可能会对物业的净运营收益和资本价值产生影响，因此，有必要回顾一下支出的几个重要方面：

日常维修费用、计提维修准备金、设施维护费用、保险费、法律和财务费用、工作成本和地方性税收。

相对于总收入，物业业主或投资者更关心净运营收益，因为总收入还必须用以支付各种运营费用，这些费用不仅包括正常的工作费用和在时间与数量上不可预测的支出，还包括监督和检查工作的组织成本。

1.支出的分配

当投资者将物业出租的时候，他们希望让租户在租金之外承担尽可能多的费用。这不仅可以降低各种管理成本，还可以降低各种风险和不确定性带来的意外成本。

但把所有的成本负担都转移给租户既不现实，也不明智，特别是在下列三种情况下：

(1)对用于出租的住宅，一些法律要求使得物业业主必须对物业进行某种程度的直接投资。

(2)由于短期的商业租户会尽量减少对物业的投入，因此业主一般更希望签署一次性包含全部内容的租约，将预期收费纳入租约中。

(3)租户可能对物业的建筑或者某一部分表示不满意，这时为了留住租户，业主不得不降低条件，允许租户承担较少的维修责任，而自己负担大部分责任。

2.费用和成本

物业业主及其代理人一直企图建立一种由租户支付律师签约费、履行租约的相关费用和印花税等费用的习惯。但实际上，一般都是通过法律和双方的协商来确定具体由哪一方来支付这些费用或双方分担的比例。

3.租金

一般来说，按照租约规定进行开支的一方需要说明提供的具体工作或者服务内容，也需要为其分包商的支出行为负责。但是以下四种情况除外：

(1)物业有多个租户，每个租户提供一定比例的租金，作为整体物业的开支来源。实践证明具体操作过程中唯一可行的方法是由业主统一对各种开支进行管理，并从每个租户那里收取相应比例的租金。写字楼基本都采用这种方式。在这种情况下，各个租户在事先都要支付给业主或其物业管理者一定金额的服务费。

(2)租户要各自支付保险费，但不必向业主另外支付一笔用来补偿业主为整体物业提供风险庇护的费用，即租户可能会从业主的物业资产组合中获得降低风险等方面的益处，但他们不必为此而专门付费。

(3)有时租户不愿按租约内容履行责任。此时，业主有可能停止提供相应的服务，直至采取相应的法律手段强迫租户履行租约。

(4)业主可能会面对一项租户的租金没有覆盖的维修或者更新项目。一旦租约停止，可能全部的租金收入都不够进行这项维修或者更新工作。这就要求业主在目前的租约履行期间保持对物业的动态监管，避免发生这种情况。

4.服务费

接受租约的租户需要和业主或者合租者一起对公共设施和区域的日常维护与维修负责，例如整修围墙和疏通排水管道等。一般情况下，由业主出面来进行这些公共部位或者设施的修缮和服务，也可能委托专门的公司来完成这项工作。业主会要求租户按期缴纳相应的费用，然后再汇总进行专项支出。

(1)目的。服务费覆盖的内容本质上应当由业主承担,但实际上是由租户支付的。在一个物业里,这部分服务费不仅包括供暖、排污、电梯、楼梯等公共服务设施费用,还包括针对整体物业的保险或者修复费。

(2)成本分摊。当业主代表租户进行开支的时候,由于涉及不止一个租户,因此有必要在租户中明确成本分摊的比例。例如对于一个购物中心的某个店铺,其支付的租金将覆盖很多种服务,公共服务项目在其支出中所占的比例和其他租户相比可能会有所不同。这些费用将包括整个物业的监管成本,管理人员的工资及其办公室和储藏空间费用、电话费,以及供暖、照明、装修、保洁、营销和促销活动的成本等。

一般分配公共成本的方式是按照单个租户的承租面积占物业总面积的比例计算。按照承租面积分配成本有时并不令人满意,特别是当同一个物业要承担很多种职责,每个租户享受到的服务差别比较大的时候。还有一种方式是以收益为基数,按照一定比例提取公共成本,但这种方法也同样存在一定的问题。因为交费基数的计算在业主控制之外,而且会随着时间的变化而发生改变。可这类成本支出一般都是连续的、周期性的,更新的项目价格一般会越来越高,维修成本会不断增加,这种方法无法保证收取的专项费用能始终覆盖公共成本。

这些公共服务的成本如果未能提前收取,业主将不得不替租户垫付大笔资金。因此很多租约都会要求租户提前支付这笔款项。这种做法可以保证在大笔款项支出时,能够有充足的资金准备。常用的提取方法是以上一年的实际成本为基础,按照通货膨胀率或者类似的指数进行修正,再按照得到的结果进行专项资金的提取。

(3)其他相关费用。每个租户在计算服务费的时候,还必须考虑会计和审计等专业服务的成本。这些费用一般按照租户缴纳的服务费的一定比例计算。

**(二)日常维修和维护**

日常维修和维护的开支来源,需要租约各方通过沟通来确定具体履行方式。

业主会寻找能够承担全部维修成本的租户,这也是目前大多数出租活动处理这个问题的方式。如果物业已经比较陈旧或者破损较严重,租户一般都不愿意接受这样的条款。此时双方就会通过沟通来确定一个大家都可以接受的解决方式,业主会尽可能要求租户来承担修缮责任。对于由业主承担维修责任的物业,很多机构投资者会拒绝参与投资。同时,从长远考虑,业主还必须关注租户的承租意图、用途和财务状况。如果租户承担了主要的维修责任,但是却没有履行或者没有很好地履行,将给业主带来很多麻烦,这些工作可能会给业主带来更沉重的工作负担和财务负担。

**(三)未来维修和维护**

在计划进行新的房地产项目开发的时候,具备物业管理专业知识和能力的物业管理师的参与经常被忽视。实际上,物业管理师的参与,对于提高物业的完善程度、提高物业设备设施的稳定性和高质量使用非常重要。他们还可以对物业内部的装饰材料和布局提出建议。这些因素都将关系到未来的资本金投入和租金水平,以及维护过程的成本,最终影响物业的经济寿命。

开发商的意图将会体现在物业的设计中,因为他们要将物业出售,必须要给市场提供一个具有吸引力的产品,他们往往并不关注物业的折旧问题和长期维护问题。他们的观点与物业长期持有者或使用者的观点可能完全不同。

对于机构投资者投资的工厂、仓库和写字楼物业，由于现在这类供给已经比较充足，因此潜在租户的选择空间比较大，他们也因此变得比过去更为挑剔，特别是在有了专业人员提供建议的时候，他们对租约的安排会有更多的想法。第二次世界大战以来，投资者越来越看重能提供具有吸引力的、合理的、节能的和尽量低的维护成本的物业。

对于商业物业，区位因素更为重要。对其他物业有重要影响的维护费用问题在商业物业上体现得并不明显。这主要是因为这类项目的主要成本是地价或地租，因此对增加建筑和维护成本并不是非常敏感。

设计水平、使用的材料和施工质量都会影响建筑物全寿命周期中的维修成本。理想的物业应该是在设计上比较灵活、专业，在使用中不太需要特别维护的物业。当然，这种物业在经济上不可能是最节省的，典型的物业最有可能是合理的设计和建筑标准与可接受的维修成本的组合。

每个建筑都有维修要求。对于一个新建筑物来说，物业业主可以得到由建筑承包商和分包商提供的使用说明，为物业日常进行的维修、维护和安装等提供处理建议，还可以为相应的成本提供一个估算的标准。维修计划应该是全面且系统的，从短期和长期两个方面来考虑。

**（四）设施设备管理**

设施设备管理问题是物业管理中的一个新问题，其边界并不确定，不同的物业项目、不同的使用者有不尽相同的设施设备管理问题。

从广义上讲，设施设备管理是一种“家务性”活动，与使用者或租客的日常活动密切相关。很多公司都认为保持较高的设施管理水平有助于提高物业的运行效率，并有助于提升物业的对外形象。传统的业主不太关注设施方面的条款，但也只是个程度问题——他们也许会安排物业管理师定期擦窗，但又可能不会安排定期清洁地毯。过高水平的设施设备管理有时候对业主来说并不是一件好事，虽然它对某些租户比较有吸引力，但是会提高管理成本，增加提高租金的可能性，从而会丧失一部分租户。有人建议对设施的管理由使用者自己来做，因为他们对使用的设施最为了解；但同时也有人认为现代建筑中使用的很多仪器和设备很复杂，特别是关系到物业本身运转的一些设备设施，需要专门人员进行管理，这样才能保持较高的效率，并及时实现技术更新。

**（五）物业保险管理**

业主希望一旦发生事故、造成损失，能够获得补偿。这需要事先与保险公司签订合约，每年缴纳一定的保险费，保险公司会按照合同内容为必要的修缮或者重置提供支持。保险赔偿覆盖的范围一般与租约条款相对应。尽管租约中不会明确总额，但是会明确全部补偿需要的各种参数。如果发生投保额度过低的情况，投保方将承担自行支付全部补偿成本和保险实际补偿金额之间差额的风险。因此，投保方将倾向于对物业可能产生的损失进行全额保险。

## 本章小结

本章主要讲述了物业经营管理的含义；经营管理的对象；物业企业经营管理的类型；物业经营管理的具体工作。

## 关键概念

物业经营管理　物业资产管理　物业组合投资管理

## 基础知识训练

1. 何为物业经营管理？其与传统物业管理有何联系与区别？
2. 物业经营管理服务的目标是什么？
3. 物业经营管理中的常规性工作主要有哪些内容？各项内容的核心特点是什么？

## 实践操作训练

某房地产开发商拟建的××花园项目地处城市边缘地带，邻近凤凰山风景区，总建筑面积为20万平方米，全部为高层楼房，小户型、单身公寓为主力户型。物业区域有基本商业配套及健身房、网球场、游泳池、图书馆等。某物业管理公司派出了由行政总监(作为组长)，品质部、市场拓展部骨干组成的早期介入小组，负责为开发商提供物业管理咨询服务。在项目协调会上，开发商介绍，该项目正在施工建设中，预计还有12个月封顶。

会后，该物业管理公司随即制定了早期介入工作方案，内容主要包括：××花园周边交通、商圈情况调查；目标销售群体确定；工程质量监理；设备安装单位确定；项目销售配合方案等。

**问题**

1. 根据本案例提供的材料，该物业管理公司在早期介入工作中有哪些不当和错误？
2. 如果该公司取得了该项目的物业管理权，结合本案例提供的具体条件和情况，其可以在哪些方面开展多种经营服务？(每个方面至少列举一项具体项目)

# 参考文献


[1] 郭宗逵. 物业管理 [M]. 南京:东南大学出版社,2015.

[2] 张作祥. 物业管理概论[M].3 版. 北京:清华大学出版社,2014.

[3] 于学军,李文秀,周文龙. 物业管理实务[M].2 版. 北京:北京理工大学出版社,2015.

[4] 聂英选. 物业设施设备管理 [M] . 武汉:武汉理工大学出版社,2018.

[5] 全国房地产行业培训中心. 物业环境管理与服务[M].2 版. 北京:中国建筑工业出版社,2013.

[6] 佘源鹏. 物业安全管理 [M]. 北京:机械工业出版社,2014.

[7] 李海波. 物业管理概论与实务 [M]. 北京:中国财富出版社,2015.

[8] 中国物业管理协会. 物业管理实务 [M]. 北京:中国建筑工业出版社,2006.

[9] 中国物业管理协会. 物业经营管理 [M]. 北京:中国市场出版社,2014.

[10] 中国物业管理协会. 物业管理实务 [M]. 北京:中国市场出版社,2014.

[11] 郑州市物业管理协会. 物业管理规范操作丛书 [M]. 郑州:河南科学技术出版社,2018.

[12] 臧炜彤. 物业管理概论 [M]. 北京:化学工业出版社,2013.

[13] 王筝. 物业管理概论 [M]. 大连:东北财经大学出版社,2013.

[14] 张雪玉. 物业管理概论[M]. 大连:东北财经大学出版社,2017.

[15] 杨荣元. 物业管理质量[M]. 北京:中国建筑工业出版社,2000.